MERCE Cunningham
Fifty Years

莫斯·坎宁汉的五十年

〔美〕大卫·沃恩 /著　李文祺　刘冰 /译

学林出版社

图书在版编目(CIP)数据

莫斯·坎宁汉的五十年/(美)大卫·沃恩主编；李文祺，刘冰译. -- 上海：学林出版社,2024. (世界舞蹈理论与创作译丛).
ISBN 978-7-5486-2027-3
Ⅰ.K837.125.76
中国国家版本馆 CIP 数据核字第 2024BD5820 号

MERCE CUNNINGHAM: FIFTY YEARS by David Vaughan
Copyright © 1997 by Aperture Foundation, Inc. Text Copyright © 1997 by The Merce Cunningham Dance Foundation and David Vaughan.
Simplifed Chinese translation copyright © 2024 by Academia Press, a division of Shanghai Century Publishing Co. Ltd.
All RIGHTS RESERVED
著作权合同登记号 图字：09-2024-0302 号

出版策划、特约编审 黄惠民
责任编辑 张嵩澜 刘 媛
特约审校 李言实
封面设计 王 畅

莫斯·坎宁汉的五十年

[美]大卫·沃恩 主编
李文祺 刘 冰 译

出 版	学林出版社
	(201101 上海市闵行区号景路159弄C座)
发 行	上海人民出版社发行中心
	(201101 上海市闵行区号景路159弄C座)
印 刷	上海丽佳制版印刷有限公司
开 本	890×1240 1/32
印 张	17.625
插 页	16
字 数	43万
版 次	2024年12月第1版
印 次	2024年12月第1次印刷

ISBN 978-7-5486-2027-3/J·167
定 价 88.00元

这一代人已经构想出了一种运动张力,它如此之强,以至于不必与其他任何事物相比较便为人所知;因此,这一代人不与任何事物相联系,这就是成就这一代人独立、创新,不依赖过去传统或其他外部因素来定义自身的文化精神,这一点对于描绘任何事物来说都非常重要。

——格特鲁德·斯坦因,《肖像与复刻》

译丛编委会

策　划
许　锐

执行策划
陈维亚　张云峰　白　凌　张永庆

主　编
刘　冰　马　南

执行主编
李珊珊　李文祺

编　委
龙皓婕　宋　璇　杨雨洁　乔佳茹　裴婧雯　赵晋鹏
闫　敏　董　潇　成永苹　赵　卉　李大杰　李昕怡

译丛序

北京舞蹈学院(以下简称"北舞")是中国现代舞教育教学的重要发源地和开创者。2024年,正值北舞建校70周年,创意学院现代舞系教师协力组织翻译的"世界舞蹈理论与创作"译丛即将付梓出版,意义非凡。我在20世纪90年代留校,工作初期任职于外事部门,见证并参与了学校现代舞专业的建设与发展。期间,我曾为很多外国现代舞专家担任课堂翻译,也与现代舞专业的师生们并肩"战斗"过,获益良多。在改革开放的背景下,国内外舞蹈文化交流频繁,技术和观念的涌入对中国舞者产生了潜移默化的影响。北舞展现了引领中国舞蹈教育的姿态,成为现代舞教学和实践的探索者和先行者,并于1993年正式创立现代舞专业方向。彼时,玛莎·格莱姆(Martha Graham)、莱斯特·霍顿(Lester Horton)、何塞·林蒙(José Limón)等舞蹈家开放的现代舞技术体系、独特的现代舞编创方法以及创新的艺术思维涌现于北舞校园,对当代中国舞蹈的发展具有重要的启发意义和参考价值。

如果说20世纪上半叶,现代舞还只是呈现出多样化与先锋性特征,到20世纪下半叶,伴随着后现代多元艺术和哲学理论的更替,舞蹈与绘画、雕塑、音乐、戏剧、电影等艺术形式跨界共生,已然成为当代艺术领域的重要成员。本套译丛集结了不少现代舞创作者的实践和理论成果,系统完整地呈现了他们的创作观念和技术应用，是我们对现代舞一次集中的回顾与再思考。

尤为可贵的是，20世纪西方的现代舞舞者也在不断关注及借鉴着东方的哲学和"身体智慧"。露丝·圣·丹尼斯（Ruth St. Denis）、玛莎·格莱姆、莱斯特·霍顿、保罗·泰勒（Paul Taylor）、莫斯·坎宁汉（Merce Cunningham）、崔莎·布朗（Trisha Brown）等现代舞的先驱人物以及今天仍然活跃在舞蹈创作前沿的欧哈德·纳哈林（Ohad Naharin）、依利·基里安（Jii Kylián）等大师，在不同的历史时空中接触和吸收东方思想文化及其身体观，并创造性地将它们运用到自己的观念和创作中。这与我们对西方现代舞蹈艺术的学习相互辉映，充分体现了文明互鉴交流的意义。

当下的中国不仅延续着自身的传统文化，还吸收和借鉴了各国的优秀文化。在这个过程中，中国现代舞人自觉坚守自身的舞蹈文化基因，始终坚持追求和契合优秀的文化传统。这种文化融合并不是简单的同化或替代，而是在尊重传统的基础上，吸收并融入外来文化中的有益元素，发扬中国文化的包容性和开放性。这说明，接受并理解外来文化不以否定自身为代价，立足传统文化也不意味着故步自封，只有抱开放而真诚的心态，才能创造属于今天中国的舞蹈艺术。从更长远的历史时空看，这种开放与融合愈发深刻地体现出中国文化的美美与共、和而不同。中外文化仍然需要相互借鉴、相互促进，文化在结合中创造，方能保有鲜活的生命力。

希望本套译丛能够为中外舞蹈文化交流架起桥梁，使我们以更加开阔的视野与观念走向世界，面向未来。

北京舞蹈学院院长　许　锐

2024年3月

出版说明

> 对我而言,舞蹈是在时间和空间中的运动,它的可能性只取决于我们的想象力和双腿的限制。
>
> ——莫斯·坎宁汉

本书回顾了莫斯·坎宁汉的贡献,展现了他作为个体的独特魅力,更凸显了他作为编舞家的卓越才华。他在战后美国和欧洲艺术史上扮演了开创性的角色,并为我们展现了艺术与生活之间关系的广阔视野。从坎宁汉早先在玛莎·格莱姆舞团担任首席舞者,到1953年在黑山学院成立莫斯·坎宁汉舞团(以及随后与21世纪许多伟大艺术家的合作),再从他创造"机遇编舞"到现在使用名为"生命形态"(Life Forms)的计算机程序所进行的创新,本书记录了他过去五十年的职业生涯。

本书收录了坎宁汉表演和排练的照片以及许多著名摄影师的抓拍照片,这些摄影师有伊莫金·坎宁汉(Imogen Cunningham)、阿诺德·伊格尔(Arnold Eagle)、彼得·胡贾尔(Peter Hujar)、詹姆斯·克洛斯蒂(James Klosty)、安妮·莱博维茨(Annie Leibovitz)、芭芭拉·摩根(Barbara Morgan)和马克斯·瓦尔德曼(Max Waldman)。此外,书里还增添了坎宁汉的编舞笔记和乐谱,以及和他合作多年的艺术家的布景和服装设计。艺术家包括威廉·阿纳斯塔西

(William Anastasi)、多夫·布拉德肖(Dove Bradshaw)、约翰·凯奇、莫里斯·格雷夫斯(Morris Graves)、贾斯珀·约翰斯、小杉武久(Takehisa Kosugi)、马克·兰卡斯特(MarkLan caster)、罗伯特·莫里斯(Robert Morris)、布鲁斯·瑙曼(Bruce Nauman)、野口勇(Isamu Noguchi)、白南准(Nam June Paik)、罗伯特·劳森伯格、玛莎·斯金纳(Marsha Skinner)、弗兰克·斯特拉(Frank Stella)、大卫·都铎和安迪·沃霍尔(Andy Warhol)。

坎宁汉不仅仅是一位特立独行的舞蹈家,他还与约翰·凯奇共同开创了表演艺术中视觉、声音和动作和谐共生的创新思想,对所有艺术和创作过程产生了开创性影响。他们倡导的合作模式在时空交织中让各要素相互依存、共同构建作品的魅力。坎宁汉和凯奇还率先将"机遇编舞"理念融入创作流程,让艺术家们能够超越他们的先入之见。

本书是一份十分宝贵的一手资料,由坎宁汉和莫斯·坎宁汉舞蹈基金会合作完成,其中首度汇集了坎宁汉的众多文章,并特邀作家兼舞蹈历史学家大卫·沃恩(David Vaughan)撰写了传记简介,其中随处可见坎宁汉的发声。此外,书中还附有一份列出坎宁汉舞蹈、视频、电影和活动的图解年表,精选的参考书目和历史事件也一并收录。

中译本序

莫斯·坎宁汉(1919—2009)被公认是美国最伟大的舞蹈艺术家之一,亦是有史以来最重要的编舞家之一。他长达七十年的职业生涯以不断创新著称,拓展了当代艺术、视觉艺术、表演艺术和音乐的边界。他的表演方法以其思想上的简约和身体上的复杂性开创了新局面:他将"物即物"(a thing is just that thing)的概念运用于编舞之中,秉持"舞者舞动,一切便在其中"的理念。他曾言:"舞蹈最深刻地关注着每一个即时的到来,其生命力和吸引力正蕴含在于这种独特的存在。它如同呼吸般准确而短暂。"

莫斯·坎宁汉自幼学习舞蹈。在康尼什学院他首次接触到玛莎·格莱姆的作品,并在之后受邀加入她在纽约的舞团,在那里担任独舞演员长达六年之久。同样是在学院,坎宁汉初遇约翰·凯奇(John Cage),后者成为他实践中最大的影响者、最亲密的合作者以及终身伴侣,直至凯奇于1992年去世。1944年,坎宁汉的第一场表演,仅包含他自己的一系列六个独舞,配乐由凯奇创作。四年后,坎宁汉与凯奇开始与著名的实验性学府黑山学院合作。1952年,坎宁汉与罗伯特·劳森伯格(Robert Rauschenberg)、大卫·都铎(David Tudor)、M. C. 理查兹(M. C. Richards)和查尔斯·奥尔森(Charles Olson)共同创作了被视为首个"偶发艺术"的作品。同样在黑山学院,1953年,坎宁汉首次组建了舞团,用以探索他颠覆传统的思想。莫斯·坎宁汉舞团(最初称为莫斯·坎宁汉与他的舞团)直至 2011 年始终保持运营,坎宁汉担任艺术总监直至 2009 年去世。纵观他的职业生涯,坎宁汉编创了 190 部舞蹈作品以及超过 700 场"事件"表演,其中他将运动片段编织创作成可以在任何地方演出的"事件"表演。

从 20 世纪 40 年代早期开始,凯奇和坎宁汉开始提出许多激进的创新,他们认为舞蹈和音乐可以在同一时空发生,但彼此独立。这种分离使坎宁汉感受到"舞蹈的自由,而不是对音符逐个进行依赖的程序"。坎宁汉和凯奇的第二个飞跃,是使用"机遇编舞",这是一种革命性的创作决策形式,坎宁汉将"机遇"操作应用于决定编舞的元素,如连续性、节奏、时间、舞者数量和空间利用。"机遇编舞"的使用带来了超出了他的想象或思考新见,"不断挑战着想象力"。

坎宁汉终身对探索和创新的热情使他成为将新技术应用于艺术的先锋人物。他将自己在 20 世纪 70 年代的影像工作,视为另一个关键转折点:利用摄影机的移动性、剪辑能力从而改变大小和节奏,以及突出特定的身体部位,以上这些元素原本在观众与舞台的距离之下并不显眼。坎宁汉在 70 岁时仍继续实验,使用计算机软件"DanceForms"探索运动可能性,并将其应用于舞者身上。他继续寻求融合技术和舞蹈的方法:探索了运动捕捉技术,用于创作《手绘空间》(*Hand Drawn Spaces*,1998)、《双足动物》(*BIPED*,1999)、《循环》(*Loops*,2000)和《流动画布》(*Fluid Canras*,2002)诸多舞台作品的舞台布景。他对新媒体的兴趣促使他创立了网络直播系列《星期一与莫斯》,其中展示了坎宁汉及其舞团教学和排练过程的幕后视角。

莫斯·坎宁汉与艺术家罗伯特·劳森伯格、贾斯珀·约翰斯(Jasper Johns)、查尔斯·阿特拉斯(Charles Atlas)以及埃利奥特·卡普兰(Elliot Caplan)等人长期合作,他们不仅为坎宁汉的二十多部舞蹈贡献了各种设计元素,有时甚至在舞台表演的同时实时创作。坎宁汉重新思考了编舞和舞蹈身体在影像中的捕捉方式,深刻影响了视觉艺术领域的发展。

作为一位活跃的舞蹈编导和艺术界的导师,坎宁汉一直活跃直至90岁高龄去世。在他的众多奖项里,其中包括1990年的国家艺术奖和1985年的麦克阿瑟奖学金,2009年获得了"雅各布之枕"舞蹈奖,2005年获得了日本的普雷米姆皇家奖,1985年获得了英国劳伦斯·奥利弗奖,2004年被授予法国荣誉军团骑士勋章。坎宁汉的生活和艺术愿景成为多本书籍和众多重要展览的主题,他的舞蹈作品被巴黎歌剧院芭蕾舞团、纽约城市芭蕾舞团、美国芭蕾舞剧院、白橡树舞蹈项目、里昂歌剧院芭蕾舞团、莱茵河芭蕾舞团和伦敦兰伯特舞团等多个团体演出。

作为我们这个时代最无畏的具有创新精神的艺术家之一,莫斯·坎宁汉的职业生涯被"探索"所定义。跨越七十余年的时间,他将舞蹈重塑为一种新的艺术形式,深刻影响了视觉艺术、电影和音乐的发展。他的思想观念、艺术美学和创作原则一直与全球艺术家产生共鸣。感谢坎宁汉及他的合作者们,让我们生活在一个令人兴奋的艺术融合时代,一个严谨和自由的共存之地。

莫斯·坎宁汉基金会*
2024年 纽约

---

* 关于莫斯·坎宁汉的生平及作品,可参见 https://www.mercecunningham.org/about/history/。

目　录

译丛序 　　　　　　　　　　　　　　　　　　　　i
出版说明 　　　　　　　　　　　　　　　　　　　iii
中译本序 　　　　　　　　　　　　　　　　　　　v

前言 　　　　　　　　　　　　　　　　　　　　001
早年 　　　　　　　　　　　　　　　　　　　　013
20 世纪 50 年代 　　　　　　　　　　　　　　　099
　《舞蹈技术的作用》/莫斯·坎宁汉 　　　　　　117
　《空间、时间与舞蹈》/莫斯·坎宁汉 　　　　　133
　《无常的艺术》/莫斯·坎宁汉 　　　　　　　　165
　安·哈普林舞蹈平台演讲摘录/莫斯·坎宁汉 　　192
20 世纪 60 年代 　　　　　　　　　　　　　　　227
20 世纪 70 年代 　　　　　　　　　　　　　　　319
20 世纪 80 年代 　　　　　　　　　　　　　　　389

20 世纪 90 年代	455
《引发重大发现的四个事件》/莫斯·坎宁汉	494
莫斯·坎宁汉与他的舞者们/莫斯·坎宁汉	497
致 77 岁的莫斯·坎宁汉/加里森·基勒	498
文献目录	500
坎宁汉作品中英文对照表	502
注释	510
译后记	542

* 除非另有说明,《莫斯·坎宁汉的五十年》中的所有舞蹈均由莫斯·坎宁汉编舞并由莫斯·坎宁汉舞团表演。

前　言*

本书记录并歌颂了莫斯·坎宁汉长达半个世纪的舞蹈创作历程。他的第一部作品于1942年8月演出,当时他是玛莎·格莱姆舞团的独舞演员,这也是他与约翰·凯奇合作的开始。我的初衷是能在1992年出版本书,不仅因为1992年代表着周年纪念日,还因为坎宁汉在当时显然处于一个极富创造力的时期,且没有要结束的迹象,因此本书的完成需要有一个节点。

然而,本书的写作和出版充满了变数,1992年都过去了,仍然没有完成,更不用说出版了。那年8月,凯奇去世。坎宁汉曾表示,他从1944年4月和凯奇在纽约一起举办联合音乐会才"真正开启了他的职业生涯"。1994年,他完成了凯奇去世前和他共同商讨的一个项目,这是一部名为《海洋》(Ocean)的作品。由于这实质上是他们的最后一次合作,所以将截止日期推迟两年似乎也合理。因此,本书标题中的"五十年"代表的是从1944到1994年这段时

---

* 在本书中,除非标明出处,莫斯·坎宁汉的话都来自1978年以来坎宁汉跟作者之间的谈话。同样,约翰·凯奇的话若没有标明出处,也来自同一时间凯奇和作者之间的谈话。本书中引用的很多材料都来自坎宁汉舞蹈基金会档案馆中的档案。并非所有的材料都有完整的书目信息,例如,许多年前收集的新闻剪报就没有页码,有些甚至没有日期。一些作者做过的采访,要去追溯具体的日期,也同样不可能了。如果希望得到这些信息,读者就需要一些耐心,这可能是本书的一点不便之处。

期,而《海洋》也正是在这段时间内首次登上舞台。

正如凯奇所期望的那样,坎宁汉在凯奇去世后的日子开始重新创作他当时正在编排的舞蹈《进入》(*Enter*)。三个月后,即同年11月,莫斯·坎宁汉舞团首次在巴黎加尼叶歌剧院演出了这部时长1小时的新作。歌剧院演出的《土堆之景》(*Rideau de scène*)是根据凯奇的一幅画改编的,凯奇在去世前为《进入》选择了这幅画。同样是在加尼叶歌剧院,坎宁汉与埃利奥特·卡普兰最新合作的电影《镜头下的海滩飞鸟》(*Beach Birds For Camera*,凯奇作曲)也首次亮相。

这些事件,无论单个还是一起,都不能标志着莫斯·坎宁汉舞团整个历史中一个时代的终结,即便是凯奇的去世也不能改变这一事实。大卫·都铎很快就接替凯奇担任该舞团的音乐顾问,他与坎宁汉和凯奇的合作始于20世纪40年代末。由都铎作曲的《进入》和《镜头下的海滩飞鸟》都是坎宁汉创作生涯连续性的一部分。都铎于1996年8月去世,几乎正好是凯奇去世后的第四年。自1976年起担任舞团音乐家的小杉武久已经被任命为音乐总监,从而确保了舞团在音乐方面的连续性。

很多人都说坎宁汉的作品是无法用文字来描述的,或者说很难用语言传达其作品的真情实感。坎宁汉本人喜欢用"事实"来谈论舞蹈,而我在撰写本书的过程中,把自己的任务看作汇编一本关于他作品的资料手册。我对这些舞蹈的描述不多,相反,我尽量提供我所能收集到的每一支作品的信息,特别是关于它的创作过程,并尽可能使用坎宁汉自己的语言。回顾关于坎宁汉的文献,我发现大量的错误信息和误解,因此,我希望能提供一些基本信息,帮助未来的作者避免过去的一些错误。我决定尽量减少对坎宁汉作品评论的引用,因为这样的引用会增加本已冗长的文本篇幅。

众所周知,坎宁汉和凯奇在合作过程中提出了许多颠覆性的创新,其中最著名也是最有争议的是舞蹈和音乐的关系,两者都是时间艺术。在他们共同创作的早期舞蹈中,舞蹈和音乐共享一个一致的时间结构,在某些关键点上汇聚,但在其他方面却各自独立。然而随着时间的推移,甚至那些关键点都消失了,这种关系变得更加自由,最终达到了一种状态,即舞蹈和音乐唯一的共同点就是共存于同一时空。

舞蹈结构的其他传统元素也被抛弃了,如冲突与和解、原因与结果、高潮与突降。显然,坎宁汉对讲故事或探索心理关系并不感兴趣,他的舞蹈的主题是舞蹈本身。这并不意味着戏剧性的缺失,但它又不是叙事意义上的戏剧,而是依靠身体动态戏剧性的张力,以及舞台上表演者所处的情境。

凯奇和坎宁汉都广泛地运用了"机遇"的方法:凯奇将这种方法运用到作品的表演过程中,但坎宁汉更倾向在创作中使用此方法,而不是在舞蹈表演中。即便如此,也有人相信舞者在上台前会在幕后抛硬币,然后进行即兴表演。当然,事实并非如此。凯奇喜欢引用印度艺术史学家阿南达·库马拉斯瓦米(Coomeraswamy)的话,他和坎宁汉所追求的是"以自然的运作方式来模仿自然"。坎宁汉的舞蹈并不缺乏结构,但结构是有机变化的,不是提前预设的。

矛盾的是,坎宁汉利用机遇创作的不是混乱,而是秩序。英国音乐评论家德斯蒙德·肖夫-泰勒(Desmond Shawe-Taylor)曾写道,在形式建构中,惊喜和被满足预期,这两个元素同样重要。这两种情况都可能在机遇作品中发生,但我们的期望可能会以意想不到的方式得到满足。即使在一件机遇作品中,限制也来自必须组合在一起的短句中可用的动作素材构成。此外,还取决于对那些素材的选择,而这些素材随后就交由偶然性选择了。结果是,在空间和时间上,舞句会以不可预见的方式放置。然而,才华显然不被排除在外,与任何其他创作方式一样,最重要的是想象力和编舞技术的质量,这将使整个过程发挥作用。

我选择以坎宁汉的作品编年史的形式,按时间顺序编排这本书,处理上述发生的美学发展。当然,读者可以自由地以非线性的方式阅读此书,也许这也有偶然过程。在早期的解构主义实践中,著作《变化:编舞笔记》(Changes: Notes on Choreography,1968)的编辑弗朗西斯·斯塔尔(Frances Starr)让坎宁汉的文本置于机遇编织的方式,目的是让一本书尽可能地像舞蹈。可以说,为了方便读者,我又把它们重新组织了一遍。

以下信息或许可以帮助读者更好地了解一下我与莫斯·坎宁汉及其舞团的关系。1950年,我从英国移民到美国,并在美国芭蕾舞学院获得了奖学金。当时,坎宁汉每周一下午1点会在学校上一节课,凯奇会为他弹奏钢琴。我曾在伦敦跟一位杰出的老师奥黛丽·德·沃斯(Audrey de Vos)一起学习,她不仅教芭蕾舞(以一种非传统的方式),而且还教授她自创的一种现代舞。因此,我对现代舞很感兴趣。我对坎宁汉也有所了解,因为我过去会经常阅读我能找到的所有美国舞蹈出版物。所以我在抵达纽约后一周内就参加了坎宁汉的课程。几个月后,坎宁汉和凯奇就去巡回演出了,再也没有回到学校。不得不承认,我对他的课记不太清楚了(如果早知道我会成为他的档案管理员,就好好记笔记了)。我只记得凯奇在钢琴上重重地敲着,弹奏着《三只瞎老鼠》(Three Blind Mice),而我仍然认为是《天佑吾王》(God Save the King)。由于种种原因,直到1953年4月,我才看到他们的作品。当时我在艾文剧院(Alvin theater)的一个美国舞蹈季上观看了《独舞和三人的十六支舞》(Sixteen Dances for Soloist and Company of Three),这改变了我的生活,从那以后,我几乎从未错过坎宁汉的表演。

20世纪50年代,坎宁汉舞团以外的前卫舞蹈活动仅限于少数几个舞蹈编导,他们中的大多数人都是独立工作的。西比尔·希勒(Sybil Shearer)、凯瑟琳·利茨(Katherine Litz)和梅尔·马西卡诺（Merle Marsicano）等独舞者的作品具有独一无二的个人特色，不属于任何学派。和坎宁汉一样，几乎在同一时间，让·厄德曼（Jean Erdman）、尼娜·方纳洛夫（Nina Fonaroff）、埃里克·霍金斯（Erick Hawkins）和雪莉·布劳顿（Shirley Broughton）也从玛莎·格莱姆舞团脱离出来独立编舞。詹姆斯·沃林（James Waring）的戏剧作品不仅影响了与他合作的年轻舞者，包括露辛达·柴尔兹（Lucinda Childs）、大卫·戈登（David Gordon）和伊冯·瑞纳（Yvonne Rainer），也影响了与他合作的作曲家和画家。曾与汉娅·霍尔姆（Hanya Holm）合作过的艾尔文·尼克莱斯（Alwin Nikolais）开始和自己的舞团一起制作多媒体抽象舞蹈。保罗·泰勒早期的作品晚会是一次大胆的尝试，和坎宁汉一样，他与罗伯特·劳森伯格合作过，劳森伯格不仅给他提供设计，还贡献创意。

1955年，我回伦敦待了一年，其间在《舞蹈与舞者》（*Dance and Dancers*）上发表了一系列文章，讲述了我在纽约的所见所闻，其中我第一次提到了坎宁汉。当时还是坎宁汉舞团成员的雷米·查利普（Remy Charlip）看了我写的东西，并邀请我再次参加他的课程。那时候坎宁汉在租来的工作室里教课，我在那里开始了解他和他舞团的成员，并且我们还经常下课后一起吃饭（这是在凯奇和坎宁汉开始长寿饮食之前的事）。

1959年12月，在第六大道和14街交汇处的一座建筑顶层，坎宁汉开设了自己的工作室，生活剧团之前也在此设立了剧院和工作室。坎宁汉邀请我去他工作室做秘书。那时的我已经开始追求演员的职业生涯，对于演员来说，拥有一份兼职工作，比当服务员或临时工更好，因为只要有时间还可以请假去看戏剧演出。或者，我可以去伦敦待六个月，为编写关于弗雷德里克·阿什顿（Frederick Ashton）的书做研究。

20世纪60年代，先锋舞蹈活动突然激增，其中大部分出自贾德森舞蹈剧场（Judson Dance Theater），该剧场是由音乐家罗伯特·埃利斯·邓恩(Robert Ellis Dunn)在坎宁汉工作室开设的舞蹈创作课程发展而来的,他的妻子朱迪斯·邓恩(Judith Dunn)是坎宁汉舞团的成员。20世纪50年代末,凯奇在纽约社会研究新学校开设的实验作曲课提出的想法,启发邓恩开设了此舞蹈创作课程。尽管贾德森舞蹈剧场以及其中产生的后现代运动的舞蹈编导们否定了坎宁汉作品的某些方面,例如其技术性、戏剧性等,但坎宁汉本人仍占主导地位的事实,他们无疑都深受其影响。

1963至1964年的冬天,凯奇告诉我舞团接到了几份国外演出的邀请,其中有两场在印度(来自萨拉巴伊家族邀请)和日本(来自东京的草月艺术中心邀请)。他和坎宁汉想借这次机会组织一次海外巡演。凯奇问我是否愿意承担组织这样一次巡演的任务,并且作为回报,我将以一名行政人员的身份参加巡演。幸运的是,在这方面经验比我多的路易斯·劳埃德(Lewis Lloyd)也将担任这一职务,当时他的妻子芭芭拉·迪蕾·劳埃德(Barbara Dilley Lloyd)也是舞团的一名舞蹈演员。

那年冬天,我给凯奇、坎宁汉、都铎和他们的同事写信,询问他们谁能帮助我们安排日程。有一天,坎宁汉收到了来自母亲的一封信。母亲在他父亲去世后开始了环球旅行,她在曼谷观看了一场舞蹈表演,还附上了节目单。我给主持人写了一封信,问他们能否推荐一位经纪人或赞助人。四个月后,我收到了《曼谷世界报》(*Bangkok World Newspaper*)的一封信,他们建议我给曼谷音乐集团的主席写信。由于信件和电报的递送延迟,加上乐团的重组,经过了漫长的通信之后,终于得到了回应。整个事件就像滚雪球一样越滚越大,从印度到日本,途中经过曼谷的一项日程,最终变成了一场御前献演。该项目委员会主席鲍里斯·拉德斯基伯爵夫人(Countess Borice Radeski)写道:"我感觉自己就像一只蜂后,无论做什么,其他蜜蜂都会蜂拥而至。这就是曼谷发生的事情,到处都人满为患,人们的热情非常高涨。"虽然经费只有500美元,但赞助商把舞团安排进了更好的酒店,并支付了差额。其他的日程也几乎同样是偶然安排的。有一天,我们在工作室里接待了来自伦敦的戏剧制作人迈克尔·怀特(Michael White),他说他会在7月份为我们预订一周的沙德勒之井剧院(Sadler's Wells),这对我们来说十分重要。

这次巡演持续了6个月,我们也借此环游了世界。从某些方面来讲,这是一次美妙的经历,但在其他方面,这又是一次糟糕的体验,我认为这算得上舞团历史上的一个转折点。虽然,接下来的路不一定越走越顺,但舞团的国际地位已经稳固确立。

我继续担任工作室管理员,有时也担任舞团的巡演经理,偶尔会因为参加一些专业活动而离开。坎宁汉工作室从生活剧团所在的大楼搬到了第三大道498号的另一间工作室。在那待了一段时间后,工作室又搬到了格林威治村的维斯特贝斯(Westbeth)——该舞团自1970年以来一直在那里设有工作室和办公室。作为自己工作的一部分,我私下记录了一些舞团的演出和巡演,包括节目、新闻剪报、照片等。1976年,时任舞团管理员的让·里格(Jean Rigg)提议,我在此的工作应该正规化。她从国家艺术基金会获得了一笔试点补助金,可以支付我作为档案管理员的工资,这是一份兼职工作,为期两年。两年后,很显然这个项目没有设限:坎宁汉、员工和董事会一致决定让我留任这一职位。因此这本书可以看作坎宁汉档案馆的主要项目之一。

在此,我必须感谢美国国家艺术基金会提供的初步试点拨款,并感谢坎宁汉舞蹈基金会续聘我。我还必须感谢约翰·西蒙·古根海姆纪念基金会(John Simon Guggenheim Memorial Foundation)提供的奖学金,使我能够在项目的早期阶段顺利进行研究。还要感谢英格拉姆·梅里尔基金会的慷慨资助,以及麦克道威尔文艺营提供的实习机会,几年前我在那里开始了真正的写作。最后感谢菲利普·莫里斯公司对本书出版的支持。

许多朋友和同事给过我建议,与我交流思想,或只是希望看到本书能完成。在这些人当中，我必须提到两位，而令我非常难过的是，他们没能生前看到这部作品的出版，他们是林赛·安德森（Lindsay Anderson）和戴尔·哈里斯（Dale Harris）。同样，我也要感谢琼·阿克塞拉（Joan Acocella）、理查德·阿尔斯顿（Richard Alston）、查尔斯·阿特拉斯、卡罗琳·布朗（Carolyn Brown）、埃利奥特·卡普兰、雷米·查利普、迈克尔·科尔（Michael Cole）、罗伯特·康菲尔德（Robert Cornfield）、威廉·盖斯基尔（William Gaskill）、阿兰·古德（Alan Good）、马克·兰卡斯特、路易斯·L.劳埃德（Lewis L. Lloyd）、阿拉斯泰尔·麦考利（Alastair Macaulay）、戈登·穆玛（Gordon Mumma）和瓦尔达·塞特菲尔德（Valda Setterfield）给予我的帮助和鼓励。还要感谢让·厄德曼、玛丽·艾玛·哈里斯（Mary Emma Harris）、约翰·赫里克（John Heliker）、乔伊斯·威克·霍尔德（Joyce Wike Holder）、伊丽莎白·耶内尔亚恩（Elizabeth Jennerjahn）、欧文·克雷门（Irwin Kremen）、唐纳德·理查兹、多萝西·贝里亚·西尔弗（Dorothy Berea Silver）、玛丽安娜·普雷格-西蒙（Marianne Preger-Simon）和安妮·苏克特（Annie Suquet）。

坎宁汉舞蹈基金会前任和现任工作人员及董事会成员也为我提供了宝贵的帮助，其中包括斯基普·巴恩斯（Skip Barnes）、阿特·贝科夫斯基（Art Becofsky）、迈克尔·布鲁姆（Michael Bloom）、威廉·库克（William Cook）、马克·法尔（Marc Farre）、苏珊娜·加洛（Suzanne Gallo）、玛琳·霍芬南（Marleine Hofinann）、已故的克里斯·科马尔（Chris Komar）、玛莎·洛梅耶（Martha Lohmeyer）、本尼迪克特·佩斯尔（Benedicte Pesle）、朱迪丝·皮萨尔（Judith Pisar）、让·里格、艾伦·斯珀林（Allan Sperling）、迈克尔·斯蒂尔（Michael Stier）、罗伯特·斯温斯顿（Robert Swinston）、帕特里夏·塔尔（Patricia Tarr）和苏珊娜·韦尔（Suzanne Weil）。我要感谢我的编辑梅丽莎·哈里斯（Melissa

Harris)，她最初向莫斯·坎宁汉提议编写一本照片集，这促使我完成了一份很长时间悬而未决的手稿。同样在光圈出版社（Aperture），我想感谢这本书的设计师温迪·伯恩（Wendy Byrne），以及大卫·弗兰克尔（David Frankel）、伊万·瓦塔尼安（Ivan Vartanian）和出版商迈克尔·霍夫曼（Michael Hoffman）。

我还必须感谢以下人员的帮助：贾斯珀·约翰斯工作室的莎拉·塔（Sarah Taggart）、罗伯特·劳森伯格工作室的档案管理员大卫·怀特（David White）、野口勇基金会的档案管理员艾米·豪（Amy Hau）、纽约表演艺术公共图书馆舞蹈收藏策展人马德琳·尼科尔斯（Madeleine Nichols）、约翰·凯奇信托执行董事劳拉·库恩（Laura Kuhn）、斯德哥尔摩博物馆馆长埃里克·尼斯伦（Erik Naslund）、兰伯特舞蹈团档案管理员简·普里查德（Jane Pritchard）、玛格丽特·罗德（Margarete Roeder）、巴黎埃里克·萨蒂基金会档案馆的奥内拉·沃尔塔（Ornella Volta）、阿尔弗雷德·A.克诺夫公司的编辑兼国际协调员苏珊·D.拉尔斯顿（Susan D. Ralston）、普瑞斯维（Preserve）的执行董事莱斯利·汉森·科普（Leslie Hansen Kopp）、埃伦·雅各布斯（Ellen Jacobs）、巴瑞什尼科夫制作公司的克里斯蒂娜·斯特纳（Christina Sterner）和表演艺术服务公司的米米·约翰逊（Mimi Johnson）。还要感谢西雅图华盛顿大学康沃尔学院档案馆以及北卡罗来纳州罗利市的档案馆和历史馆提供的资料。

当然，最重要的是，我必须感谢莫斯·坎宁汉本人，感谢他为本书所做的工作，也感谢他耐心地回答我的问题。我将永远感激邦妮·伯德（Bonnie Bird）和约翰·凯奇，他们为我编写本书留出了很多宝贵的时间。这本书是为了纪念坎宁汉，也是为了纪念所有过去和现在的莫斯·坎宁汉的舞者。

大卫·沃恩
1997年1月于纽约

你必须热爱舞蹈才能坚持下去，因为舞蹈不会给你任何回报，没有手稿可以保存，没有可以挂在墙上或在博物馆展出的画作，没有可以印刷和出售的诗篇，只有那转瞬即逝的瞬间，让你感到自己还活着。因此，舞蹈不适合摇摆不定的灵魂。

尽管舞蹈通过视觉引起心灵共鸣，但除非行动立即显露出意义，否则心灵会立即拒绝它的含义。仅凭运动学心灵不会信服，意义必须清晰，或者语言必须熟悉且易于理解。

动觉是一种独立而幸运的能力，它让我们所有人都能体验到舞蹈的快感。

但条理清晰只是诗歌的最低要求，就像我们生活中的一切，语言总是在不断变化。我们的情感不断地被天上的新面孔、飞向月球的新火箭和耳边的新声音所带动，但这些情感本质是相同的。

你不能将人与其行为或他身边的行为分开看待，但你可以观察以不同方式分解这些行为是什么感觉，允许激情展现出来，而这种激情，对于每个人来说，都有其独特的方式。

很多人很难接受，舞蹈和音乐除了时间因素和分配时间之外，没有任何共同之处。大脑可以反应出音乐所暗示的美丽，或者色彩表现出来的美丽。但是，在另一种极端，我们可以在迪斯尼电影中野生动物运动时的伴乐中看到和听到。它剥夺了动物们本能的节奏，使它们成为漫画形象。没错，这是一种人为安排，但又有多少事物不是如此呢？

舞蹈所带给人的感受取决于对这门语言的熟悉程度，以及与舞蹈语言相关的因素。在这里，这些因素可能是音乐、服装以及舞蹈的场地。

喜悦、爱慕、恐惧、愤怒、幽默,所有这些都可以通过我们熟悉的图像"清晰"地表达出来。所有的一切,无论是宏伟或贫乏,都取决于观察者的看法。

在一些人看来是精彩的娱乐的事物,在另一些人看来只是无聊和烦躁;在一些人看来毫无价值的事物,在另一些人看来却是宏大而有意义的。

艺术无优劣。

——莫斯·坎宁汉

早年

引　言

森特罗利亚 1919—1937 年

　　莫斯·坎宁汉,原名莫斯尔·菲利普,1919 年 4 月 16 日出生于华盛顿州的森特罗利亚小镇,一家人住在 F 街和第一街交叉口的西南角。他的父亲克利福德·D. 坎宁汉(Clifford D. Cunningham)是一名爱尔兰裔律师,他的母亲梅姆·乔赫(Mayme Joach)来自一个斯拉夫血统的家庭(她的祖父来自布拉格)。尽管坎宁汉表示,他的父亲在镇上有一定的表演天赋[1],而且喜欢去镇上看杂耍表演①,但他的父母都与戏剧没有任何联系。

　　我想,我的父母确实都有冒险的潜质。他们两个人都离开了美国中部,到西部发展事业。我母亲从明尼苏达州来这边学校教书,我父亲从堪萨斯州过来学习法律。有一次我问他,为什么不在西雅图这样的城市里实习,他说这是他深思熟虑后的决定,因为他希望能够运用各种法律,经手无论是宅地案件还是为凶手辩护。他说他觉

---

① 原文 vaudeville 指的是一种起源于法国,兴盛于 19 世纪末至 20 世纪初,在美国和加拿大尤为流行的综合性舞台表演艺术形式。

得在森特罗利亚会很自由,且以他的性情,我也能猜出他不想让别人告诉他该怎么做。[2]

坎宁汉是家中三个幸存的儿子中的第二个(有一个儿子在童年时不幸去世)。他的两个兄弟多温(Dorwin D. J.)和杰克(Jack)都追随父亲进入了法律行业。这个家庭是罗马天主教徒。坎宁汉说过,他的母亲描述过他三岁时在教堂的过道上跳舞的情景[3],而且他就读的第一所学校是位于森特罗利亚的圣玛丽学院[4]。大约10岁时,坎宁汉如愿进入了当地的一所舞蹈学校,在那里他学习了水手的角笛舞。他唯一看过的舞蹈是父母带他去森特罗利亚的自由剧院看的歌舞杂耍表演,他还记得母亲带他去看一个巡回剧团的演出《里奥·丽塔》(Rio Rita)。后来,弗雷德·阿斯泰尔(Fred Astaire)的电影给他留下了深刻的印象。他回忆道:"除了跳舞,站在舞台上和剧院里产生的想法更让我着迷。"[5]

一段时间后,坎宁汉参加了莫德·M. 巴雷特夫人(Maude M. Barrett)的学生们举办的表演会,巴雷特夫人和坎宁汉一家去的是同一所教堂,她还开办了一所舞蹈学校"巴雷特舞蹈学校"。最初这所学校位于她家的车库里,后来迁至北塔大道 608-10 号的一间工作室里。坎宁汉曾说过:真正让我迷上戏剧的,是巴雷特夫人在这场表演会上的表演:

> 她身穿一件黄色连衣裙出场,开始挥舞印第安球杆,并且一直在跟现场观众交流。然后她从衣服上扯下一样东西,后来我发现那是一条松紧带,她借助双手在舞台上走来走去,仍然在和观众交流。里奥·丽塔,算了吧!

这段经历对坎宁汉产生了深刻且振奋的影响。然而,直到一两年后,他才真正开始跟随巴雷特夫人学习。坎宁汉和其他五六

个当地的孩子每周去上课,巴雷特夫人会教他们跳她在杂耍表演里跳过的踢踏舞:

> 她的迷人之处在于,她能让每个人都与众不同。我现在能听到她的声音,她让声音的质感和节奏变得与众不同……她还教了我一次,我想只有一次,但我永远记住了,就是我后来在《滑稽可笑的相遇》(*Antic Meet*)中使用的那只脚(一种一只脚沿地板旋转的动作)。她说"这是我过去常跳的舞",然后她给我们展示了这个令人惊叹的动作。
>
> 她的女儿玛乔丽(Marjorie),比我大一岁左右。在森特罗利亚农舍会堂,有时是学校等各种各样的小地方,他们有时会问巴雷特夫人有没有人能来跳舞,所以玛乔丽经常跳踢踏舞。当我跟随着巴雷特夫人一起学习时,我和玛乔丽开始在这些会堂、小俱乐部里演出,有时甚至是在小剧院里。
>
> 我记得巴雷特夫人教了我们一整套软鞋舞动作。有一年夏天,我们在当地的集市上跳了起来。当时我得到了一顶德比帽和一套椒盐色的西装,我不知道她从哪儿弄来的,当然也不适合我,但没关系我还有鞋和手杖。玛乔丽可能戴了一顶大帽子,穿一袭长裙,这是一场非常精彩的舞蹈。
>
> 第二年的时候,我当时可能还在上初中,我们的表演越来越多了,于是,我们布置了一个展示舞厅。我记得我们有两支舞:其中一支可能是巴雷特夫人版的探戈,用的正是阿斯泰尔电影《大陆》里的音乐;另一支我不记得了,但我知道我们有两支。我有一套借来的礼服,也不合身,而她有一件长裙。随着时间的流逝,我们渐渐地做了更

> 多的事情。我们除了一起跳踢踏舞，我还会跳一支独舞，然后我们会来一场压轴表演。我有一场特别的表演，当时巴雷特夫人说："我要教你一支俄罗斯舞。"我根本不知道这是什么。她接着说："我在西雅图看到了一位俄罗斯舞者，我相信你能跳得和他一样好。"她或许记得她所看到的，所以她编了这个舞蹈。我穿着俄罗斯服装，黑色缎面裤子，白色缎面衬衫，脚踩着假靴子，头上还戴着帽子，在地板上做了所有的那些动作。这就是我们的表演，我们总共有四支舞。

1934 年 5 月 14 日，坎宁汉在中央自由剧院巴雷特舞蹈学校的学生们的独奏会上表演了这支"俄罗斯舞"（伴着穆索尔斯基的音乐）。在同一场表演中，他还跳了《苏格兰的回忆》(Scotch Review)（由哈利·兰黛[Harry Lauder]作曲）和《水手的角笛舞》(Sailors' Hornpipe)，还与玛乔丽·巴雷特（Marjorie Barrett）一起完成了《软鞋双人舞》(Soft Shoe Duet)。

1935 年夏天，坎宁汉上高三前和巴雷特夫人、玛乔丽，还有她的小儿子利昂（Leon）和钢琴家法尔夫人（Mrs. Fale），一起开启了一场"短暂而难忘的表演之旅"[6]。他们开着巴雷特夫人的老爷车，后备箱里装着戏服，沿着西海岸一直到洛杉矶，在业余场所、剧院，甚至"一部分夜总会"等，只要有观众的地方演出。

> 我记得有一次，我们冷冷地挤在一个类似衣橱的地方，那是唯一一间更衣室。而位于舞台后方，我们的老师则在大厅前面做最后的准备。最后她匆匆回来看了一眼，笑着说："好吧，孩子们，我们没有化妆品，所以咬住嘴唇，捏捏脸颊，开始吧。"她身上总散发一种戏剧般的能量和奉献精神。这是一种对舞蹈的热爱，一种把跳舞当作瞬息而

愉快的生活方式。后来我与那些把舞蹈当作传递社会信息或用作心理试验的舞者们接触交往,都没有让我体会到巴雷特夫人带给我的那种感觉,即舞蹈最深切的关注点是每一个瞬间的到来,它的生命力、活力和吸引力就在于这种纯粹的独特,就像呼吸一样准确而瞬息万变。[7]

坎宁汉于1936年毕业:

在1936年森特罗利亚高中的年度活动中,有六项活动以莫斯·坎宁汉的名字命名,这在他同学中是最多的。他曾担任过初中班的班长和高中年刊的助理编辑,参加过初中和高中的戏剧社、担任校刊编辑、音乐俱乐部成员、学术俱乐部成员、戏剧俱乐部成员、Hi-Jinx(俱乐部)成员,歌剧演出,Hi-Y(俱乐部)成员以及表演和音乐比赛。[8]

他的一些同学关于他的回忆:

贝拉·克雷格(Beulah Craig)说:"他的舞蹈技巧与其他方面相比显著出众。如果Hi-Jinx俱乐部要表演,莫斯肯定会进行团体和个人表演,并编排许多舞蹈动作来展示他的艺术才华……"

梅蒂尔·英格拉姆(Mertyl Ingraham)还记得他们小时候在一个夏天的傍晚开车经过坎宁汉家,听到他在弹钢琴。莫斯是一位出色的爵士乐演奏家[9]。

高中毕业后,坎宁汉为了"离开森特罗利亚",追随哥哥,一起在华盛顿特区的乔治华盛顿大学修读文学、戏剧史和演讲。但他一年后又退学了,重新回到了森特罗利亚。

西雅图 1937—1939 年

坎宁汉仍然想在剧院里演出,而他父母的观点对当时一对小镇夫妇来说是不同寻常的。他们认为,如果这是他想要的,他就应该坚持自己的追求。于是,他们去西雅图找了内莉·C.康尼什(Nellie C. Cornish),她于 1914 年在西雅图创办了康尼什学院,即现在的康尼什艺术学院,这是"美国西部第一所提供综合艺术培训的学校",包括戏剧和舞蹈。坎宁汉夫人在那里认识了一位女士,她认识康尼什小姐,并向她担保康尼什小姐为人体面,做事也严肃认真,坎宁汉先生对她印象深刻。关于父亲的态度,坎宁汉说无论如何都是"人们应该做他们想做的事,只要他们为之努力。他很坦率,从来没有给我施加任何压力,也没有给我的人生道路带来任何障碍。所以我就去了,这感觉太棒了"。

康尼什小姐是第二位在早期对坎宁汉产生巨大影响的杰出女性,"她就像巴雷特夫人一样,对你所做的事情充满了激情和兴趣,康尼什小姐尤其如此"。他记得康尼什小姐说过,这里没有成绩,也没有课程表。"我想,如果西雅图有一所这样的学校,那纽约会有什么样的学校呢?但我很快发现,纽约没有这样的学校。事实上,我发现的唯一一所同样提供开放体验的学校是黑山学院。"

"我去了戏剧系,"坎宁汉多年后对一位采访者说,"我记得我在一部俗气的戏剧《麦克白》中扮演一个女巫,但康尼什小姐觉得,如果你要从事一门艺术,你就必须了解其他艺术。"[10]戏剧专业的学生们也要上舞蹈课,正如坎宁汉所说,"无论如何我都想跳舞"。玛莎·格莱姆舞团的一名舞蹈演员邦妮·伯德也曾在这所学校学习[11],跟格莱姆舞团的其他两名舞蹈演员多萝西·伯德(Dorothy Bird,这两位演员没有关系)和尼娜·方纳洛夫一样。康尼什小姐请求格莱姆放她走，以便她能去那里教书。她在坎宁汉来的时候就开始教学了，坎宁汉也很快就从戏剧专业转到了舞蹈专业。

> 我们在早上8点左右有一节舞蹈技巧课，差不多一个半小时。第一年，我们每周都有几节体操课，由多丽丝·丹尼森（Doris Dennison）老师给我们上。后来又有了一门戏剧课，从11点上到12点半。有一年，我们跟一位名为亚历山大·科连斯基（Alexander Koriansky）的老师在一起学习，他是位非常了不起的教师，教授斯坦尼斯拉夫斯基体系，是一个非常有趣的人。有一天，他竟然带我们去美术馆上戏剧课，然后还给我们讲解中国的花瓶，真是太有意思了……然后我们会每周上一次戏剧课和艺术史课。我会在音乐课上学一会儿钢琴，下午早些时候，我们会上舞蹈编创课，然后是排练，晚些时候要上一些其他类型的技巧课。晚上的排练，可能是戏剧课，也可能是其他类型的舞蹈技术课，这取决于你所参加的课程。其中，第一年主要是上戏剧课。[12]

邦妮·伯德还记得坎宁汉第一次出现在她的课堂上时的模样：

> 他看上去很年轻，大约18岁，骨架宽阔，身材修长，长着一副萨堤尔（希腊神话中好酒色，半人半羊的森林之神）的模样。他头发剪得很短，微微卷曲，整个人出奇的平静，直到教室突然掀起一阵爽朗的笑声，他才变得活泼起来。在这一点上，他也有很强的自我意识，所以当他受到同学们的直接关注时，他真的脸红了。我记得，也可能是因为我为了纠正而拍了他。

莫斯·坎宁汉的自拍像，1939年

这项课堂所授的技巧就是当年的格莱姆技巧。他们还上过芭蕾舞课，这个课程由玛莎·格莱姆的舞蹈家内勒·费舍尔（Nelle Fisher）的姐姐艾琳·弗利齐克（Irene Flyzik）和多萝西·费舍尔（Dorothy Fisher）教授，还有编舞课和音乐课。我到那里的第一年，拉尔夫·吉尔伯特（Ralph Gilbert）是我的伴奏，他后来去了纽约，成了玛莎·格莱姆的杰出伴奏。莫斯是一个非常安静的学生，他非常勤奋……现在想想那一年的活动，让我感到惊讶的是，我们尽可能创造性地利用来自我、拉尔夫和学生们的每一点素材，因为在那一年里，学生们全身心地投入表演当中。当然，这些人并非成熟的舞者，稍显青涩，他们在学校和女士俱乐部为少数观众表演。我记得我甚至还去了当时位于贝灵汉的华盛顿西部州立学院，总统邀请我们去那里演出。[13]

我们的节目有时以格莱姆的技巧展示开场，有时主要展示伯德编排的舞蹈作品，包括她在创作课上编排的一套前古典舞蹈，这套舞借鉴了路易斯·霍斯特（Louis

Horst)教授的舞蹈:第一年是前古典形式,第二年是现代形式。伯德在的第一年,还花费了很多心血用吉尔伯特作曲的音乐创作了一部舞蹈作品,名为《西班牙之舞》(Dance for Spain),这部作品跟当时的西班牙内战有关。1938年3月18日和19日,坎宁汉首次在康尼什举行的演出中表演该舞蹈,随后于5月6日在西雅图摩尔剧院上演的节目"帮助受伤的西班牙战士对抗纳粹军队"[14]中又跳了该舞。森特罗利亚报纸上有一则新闻报道了三月份的演出,其标题就是"跳康尼什舞的当地男孩"。[15]

1938年4月29日和30日,在康尼什学院芭蕾舞老师艾琳·弗利齐克的学生们的表演会上,坎宁汉在一个名为《夏利瓦里》(Charivari)的组曲中扮演了一名神枪手,还跳了舞,并配上了斯美塔纳歌剧《被出卖的新娘》(The Bartered Bride)[16]的音乐(不过坎宁汉不记得这件事了,也不记得和弗利齐克一起学习过)。前一年的12月19日,作为康尼什合唱团的一员,他在华盛顿体育俱乐部的年度圣诞音乐会上演唱了圣诞颂歌。尽管他已不再是戏剧专业的学生,但他还会出现在学校的各种戏剧作品中,包括两部受欢迎的英国戏剧,喜剧《乔治和玛格丽特》(Georgeand Margaret)[17]和悬疑剧《了不起的克利特豪斯博士》(The Amazing Dr. Clitterhouse)[18]。坎宁汉还记得曾出演过《贵人迷》(Le Bourgeois Gentilhomme),当时科里安斯基让演员们把自己想象成莫里哀剧团和樱桃园(the Cherry Orchard)中的一员。

1938年夏天,伯德和坎宁汉在康尼什大学的第一年结束时,她去了加利福尼亚州奥克兰米尔斯学院的暑期学校任教,坎宁汉去当了她的助手。当时加州的一位编舞家莱斯特·霍顿在这个学校教授另一个讲习班,他为学生们创作了一部新作品《征服》

（Conquest），讲述了墨西哥历史上为争取经济和社会公正而进行的斗争。卢·哈里森（Lou Harrison）为其创作了音乐，他俩还合作设计了布景。霍顿的助理兼编舞是贝拉·莱维茨基（Bella Lewitzky），她和坎宁汉是领舞，多萝西·赫尔曼（Dorothy Herrmann）伴舞，她也是伯德在康尼什的学生。

莱维茨基记得霍顿的排练经常持续到凌晨两点。"除了乔斯芭蕾舞团里的汉斯·祖利格（Hans Zullig），莫斯的脖子是我见过最长的。他总是很安静，当事情产生困难时，他就不去理会，沉浸在自己的世界里了。"[19]根据霍顿的传记作者拉里·沃伦（Larry Warren）的说法，坎宁汉后来"回忆起编舞时，霍顿坐在椅子上抽着雪茄，不知怎么地就设计出了巧妙的托举动作，还有莱维茨基只需要稍微听从编舞指示，就能跃向空中"[20]。1938年8月5日，《征服》在米尔斯学院上演[21]。

1937到1938学年结束后，吉尔伯特决定去纽约，这就意味着伯德必须为康尼什舞蹈系寻找一名新的伴奏，这个职位的人还要为她和她的学生的编舞作曲。她首先问了哈里森，他是一个舞者兼音乐人，曾在米尔斯和她一起工作过，但他不愿意离开旧金山。哈里森建议她去联系当时住在加州卡梅尔的年轻作曲家约翰·凯奇和他的妻子谢妮娅·安德烈耶夫娜·卡舍瓦罗夫（Xenia Andreyevna Kashevaroff）。伯德去找了他们，凯奇同意接受这份工作。

凯奇1912年出生于洛杉矶，曾与理查德·布利格（Richard Buhlig）、阿道夫·韦斯（Adolph Weiss）、亨利·考威尔（Henry Cowell）和阿诺德·舍恩伯格（Arnold Schonberg）一起学习过作曲，他已经有了自己独树一帜的想法。伯德说："约翰非常会启发学生，当时学生们的创新性工作呈现出一个全新的维度。我记得他把地板当大黑板用，在上面画画，还让学生们通过时间和空间的划分来认识时间，并给他们做了视觉类比。"[22]

第二年，伯德要去纽约待两周，这期间凯奇继续教授编舞课。

坎宁汉说,这是"一种启发,突然间带给我们一种非常精确、非常严格的东西——你必须思考,而不仅是靠感觉来决定接下来要做的事,要学会思考,这是一种不同寻常的体验"。凯奇自己在谈到这些课程时会说,他试图达到"一种舞蹈和音乐可以同时创作的方式,而不是一方等待另一方的完成,将音乐去匹配舞蹈或将舞蹈与音乐匹配在一起。所以我教舞者们如何用打击乐器进行创作"。

1939年,凯奇在霍斯特的《舞蹈观察者》(*Dance Observer*)杂志上发表了一篇题为《目标:新音乐,新舞蹈》("Goal:New Music, New Dance")的文章,作为"打击乐与现代舞的关系"系列文章的一部分。文章开头写道:"打击乐是一场革命,其音律和节奏长久以来都受限于19世纪的音乐。今天,我们正在为它的解放而战。"凯奇接着预言性地写道:"未来,随着电子音乐进入我们的耳朵,我们将听到自由之音。"最后,凯奇写下了他当下的一些想法:"舞蹈和音乐要同时创作。音乐和舞蹈组合的形式应该是所有内容的必要结合,这样音乐就不仅仅是伴奏了,它将是舞蹈不可分割的一部分。"[23]

在康尼什,凯奇组建了他的第一支打击乐队,乐队成员包括谢妮娅·凯奇(Xenia Cage)、艺术体操老师多丽丝·丹尼森、音乐老师玛格丽特·詹森(Margaret Jensen)和坎宁汉。该团体于1938年12月9日和1939年5月19日举行了音乐会。凯奇和坎宁汉在其中一场演出中认识了画家莫里斯·格雷夫斯,据说,他当时以为这是一场传统形式的音乐会,并打算去捣乱。"演出刚开始,他却被深深折服激动大喊'耶稣无处不在',最后不得不被人抬出去。"[24]

1939年1月30日,西雅图交响乐团赞助了一个名为"芭蕾舞史"的节目,作为蒙特卡洛俄罗斯芭蕾舞团(Ballet Russe de Monte Carlo,1939年2月16至19日)美国巡演的前奏。伯德和她的团队在这个节目中表演了她的法国宫廷舞[25]。俄罗斯芭蕾舞团到达后,开始为《彼得鲁什卡》(*Petrouchka*)招募演员。坎宁汉和其他一些学生去了,尽管他们当时对这部芭蕾舞一无所知。有一次,林肯·柯恩斯坦(Lincoln Kirstein)的芭蕾舞团队来到西雅图，坎宁汉还偷偷溜进后台去观看了他们演出(柯恩斯坦曾表示，他于1938年在康尼什与坎宁汉相识，也许是在芭蕾舞团队访问之际[26])，他还见到了韩芙丽·魏德曼剧团。("我一点也不喜欢他们。")

凯奇记得，坎宁汉给他留下的第一印象是他非凡的跳跃能力，"其次，他一生所拥有的品质就是对舞蹈的渴求。那时候，他追求的不是创作自己的舞蹈，而是跳舞本身"。然而，伯德的学生们以"康尼什舞蹈家"的名义表演的节目中开始出现了由坎宁汉编创的舞蹈，包括独舞《不平衡进行曲》(Unbalanced March)，以及与多萝西·赫尔曼编舞并合跳的双人舞《爵士乐史诗》(Jazz Epigram)。例如，1938年11月30日在西雅图埃克斯俱乐部，以及1939年1月初在塔科马的普吉特音乐学院的两场表演。这些作品创作于伯德第二年教授的现代形式编舞课上。在坎宁汉的回忆录中，这些舞蹈的音乐(分别由保罗·亨德密特[Paul Hindemith]和恩斯特·托赫创作)均来自凯奇为班级演奏的现代钢琴作品集，学生们会从这些作品中选择一些用于学习。

1939年3月24日，康尼什舞团在康尼什剧院举办了一场"滑稽舞蹈音乐会"，在这场音乐会中，坎宁汉、赫尔曼和塞维利亚·福特(Syvilla Fort)表演了《消瘦的结构》(Skinny Structures)，他们各自都编排了一个独舞，然后三人共同编排了一支三人舞作为压轴(这些独舞源自舞者们为一个晚会准备的娱乐节目，坎宁汉在晚会上还表演了一场软鞋独舞[27])。其余的节目包括由伯德编舞的作品：《凯西·琼斯的三个清单》(Three Inventories of Casey Jones，雷·格林[Ray Green]配乐)、《想象的风景》(Imaginary Landscape，凯奇配乐)和《埃菲尔铁塔上的婚礼》(The Marriage at the Eiffel Tower，凯奇、亨利·考威尔和乔治·麦凯[George Mckay]配乐；让·科克托[Jean Coctea]编写)。坎宁汉(在这次音乐会上，他首次以名字"Merce"出现)在伯德的三部作品中都有舞蹈表演,并在最后一部中扮演了领舞的角色。

《想象的风景》是另一种舞蹈,创作于伯德的一节课上。其间"引发了这样一个问题,即在一个不受时间限制的空间'对话'中,当观众只看到舞者身体单一部位的移动时,他们会有什么样的反应"[28]。伯德根据这个想法编排了一段舞蹈,凯奇为此创作了一首音乐《想象中的风景 1 号》(*Imagination Landscape No.1*),"这虽然很自然,但实际上是一部原始的声音实验音乐作品(photomusique concrete),因为在那个年代没有磁带,使用了恒频和变频的乐器记录(当时主要用于音频研究),还有钹和弦乐钢琴(亨利·考威尔的手动弱音三角钢琴)。最初的演出在两个单独的演播室里进行,声音由两个麦克风接收,在操控室合成"[29]。这段原始录音是由约翰·凯奇、谢妮娅·凯奇、多丽丝·丹尼森和玛格丽特·詹森在康尼什学院的广播室里制作的[30]。

科克托的《埃菲尔铁塔之旅》(*Les Maries de la Tour Eiffel*)最初是在 1921 年为罗尔夫·德麦尔(Rolf de Mare)的瑞典芭蕾舞团创作的,当时的音乐是由六人组的成员创作的。凯奇希望延续这种集体作曲模式,于是邀请了在华盛顿大学任教的麦凯和当时在圣奎丁监狱的考威尔为这首曲子作曲。这首乐曲使用了各种乐器,"从玩具口哨到两架钢琴"[31]。凯奇的作品《垃圾音乐》("Rubbish Music")取自 19 世纪沙龙作品的合集,伯德和她的丈夫拉尔夫·冈德拉赫(Ralph Gundlach)是讲述者。

为了打开学生们的艺术视野,约翰·凯奇、谢妮娅·凯奇和邦妮·伯德组织了一次展览,其中包括了西北部画家马克·托比(Mark Tobey)的一幅作品和保罗·克莱(Paul Klee)的一幅素描。伯德还将凯奇介绍给了南希·威尔逊·罗斯(Nancy Wilson Ross),当时她和建筑师丈夫查尔斯·罗斯(Charles Ross)住在西雅图,她刚刚开始研习东方哲学,在这方面有了一定的权威。克莱的展览开幕前不久,即从 1939 年 1 月 26 日至 2 月 9 日[32],罗斯受邀在康尼什大学演讲,她选择了"现代艺术的象征"作为主题。这是凯奇在他的《沉默》(Silence)一书中提到的关于"佛教禅宗和达达主义"的演讲,罗斯在她的演讲中特别提到了这一点[33]。坎宁汉不记得他当时在场了。

罗斯开始相信,这些年来生活在西北地区的艺术家们深受禅宗哲学的影响。例如,托比最近刚从中国和日本旅行回来,他在那里学习了哲学和绘画,他渴望分享"他在俳句和禅宗故事等方面新获得的知识"。罗斯后来写道:

> 为什么这些早期与禅宗哲学、美学和幽默的接触会得到如此积极的回应呢?难道仅仅是因为禅宗的"时代"神秘地到来了,以至于我们中的许多人开始有了不同的感受、思考甚至行动吗?莫里斯·格雷夫斯开始用新的方法画新的物体,他的书名《内眼中的未知鸟》(Little Known Bird of the Inner Eye)和《欢乐的幼松》(Joyous Young Pine)引起了人们的想象。约翰·凯奇开始尝试音乐和声音的新方向,莫斯·坎宁汉则开始探索舞蹈的新可能……我们生活的环境,是否有助于我们欣赏早期中国宋代的山水和禅意画作(Zen sumi-e 指禅宗墨画,是一种源自中国传统绘画风格的艺术形式),以及对我们来说既古老又新颖的视觉和绘画方式呢?幸运的是,西雅图美术馆可以向我们展示一些绝佳的范例。可以肯定的是,我们中的一些人在一种与自然的"参与性神秘"中长大的。在那个与中国宋代绘画非常相似的西北太平洋环境中,在我们内心深处,我们感受到了宏大与亲密之间的关系,正如雪山与苔藓之间那种微妙的关系。我们习惯了雾的神奇,时而隐藏,时而显露,也习惯了瀑布"永远在变化,但也时时都一样",就像环绕的大海。我

们曾偶然瞥见一处奥秘,比如一粒豆荚、一朵花、一块长满青苔的石头,其本身就蕴藏着深奥之谜,它们能够唤起和连接我们对夕阳延伸到一望无际的雪山后面一样广阔的感受。[34]

伯德认可他们都受到西北部气候和地形的影响。

伯德还回忆起他们对当地土著居民的传说很感兴趣。坎宁汉的一个好朋友乔伊斯·威克在华盛顿大学学习人类学(后来在林肯内布拉斯加州大学任教),坎宁汉在康尼什的第二年时,她于某天下午参加了那里的舞蹈课,还参加了表演(威克是凯奇打击乐团的成员,曾在《埃菲尔铁塔的婚礼》中饰演伴娘。坎宁汉表示,她也是"一位出色的交际舞演员,我们曾经整夜跳舞"。凯奇回忆起那段日子"乔伊斯·威克和莫斯·坎宁汉过去常常连着三天不吃饭,攒够了钱,以便第四天能在西雅图最好的餐厅用餐"[35])。据伯德说,威克对坎宁汉有很大的影响:"威克对收集和分析鉴赏印第安人的舞蹈很感兴趣,她努力训练在一定程度上就是为这项工作做准备。"她在康尼什试镜时,跳了一支完整的印第安仪式舞(Indian trance dance)。威克表示,这场舞"跳得完全不对",但她确实与美国印第安人一起生活和工作了几个月,亲眼目睹了他们的舞蹈,其中大多数舞蹈是在冬天看到的,那时他们不能在户外捕鱼或狩猎。坎宁汉曾与伯德夫妇一起陪同威克前往美国印第安原住民保留地观看仪式。

伯德表示,通过威克,坎宁汉当时"迷恋上"夸富宴①的古老传统和印第安人的仪式。西北部印第安人的舞蹈是一种精神上的舞

---

① 夸富宴(potlalch),是指在北美印第安部落特别是太平洋西北部的一种传统文化活动,指的是一种豪华的宴会或礼仪,通常包括丰盛的食物、馈赠、舞蹈和歌唱,以及社会上的各种仪式和仪式性交流。这种活动在印第安文化中具有重要的社会、文化和经济意义,常常用来展示财富、社会地位和社区关系。

蹈，与西南地区的群体性舞蹈截然不同，因为它总是独舞。只有当一个人"与一首歌产生共鸣"且精神饱满时，他才会跳舞。威克也是莫里斯·格雷夫斯的朋友，他也和她一起去了印第安人的居住区。

1939年夏天，本宁顿舞蹈学院在米尔斯学院举行了第六届培训班，旨在向"西方固有的影响力"敞开大门，让学校更容易接触到该地区的学生。人们认为，其结果将"永远影响整个舞蹈领域的丰富性和稳定性"[36]。那年夏天，玛莎·格莱姆、汉娅·霍尔姆、多丽丝·韩芙丽（Doris Humphrey）和查尔斯·魏德曼（Charles Weidman）都将在本宁顿任教。伯德安排了坎宁汉、多萝西·赫尔曼和乔伊斯·威克以及她的其他学生来参加这些课程。（坎宁汉说，他和威克是搭便车去的加州）赫尔曼是坎宁汉在康尼什的另一位朋友，也是他的好舞伴，他说"这是位非常美丽的舞者"。后来，赫尔曼嫁给了班上的另一位同学，爱德华·韦斯顿（Edward Weston）的儿子科尔（Cole），且在搬到加州后放弃了舞蹈。

在米尔斯，坎宁汉参加了博阿斯小姐教授的"打击乐伴奏"课程、诺曼·劳埃德（Norman Lloyd）教授的"舞蹈节奏基础"课程以及玛莎·希尔（Martha Hill）、阿奇·劳特尔（Arch Lauterer）和本·贝利特（Ben Belitt）[37]教授的"实验性创作"课程。到达米尔斯后不久，在那里的美术馆，坎宁汉和赫尔曼表演了伯德最近为他们编排的双人舞。据伯德说，人们对西海岸如此高水准的训练感到惊讶："他们经过了两年非常艰苦的训练，有大量的表演经验，虽然在许多方面他们还年轻，略显稚嫩活泼，但他们的态度和专注力都令人惊叹。"约翰·凯奇和齐妮娅·凯奇也前往了奥克兰，在7月27日举行了一场打击乐表演会，坎宁汉也参加了演出[38]，这场音乐会还在《舞蹈观察者》[39]上得到了路易斯·霍斯特的好评。

玛莎·格莱姆要等到暑期学校开学两周后才能到达米尔斯，她不在的时候，埃瑟尔·巴特勒（Ethel Butler）替她教学。当她在班上看到坎宁汉时，打电话给格莱姆说："他是我见过的最了不起的人。"那时格莱姆和母亲一起在圣巴巴拉,巴特勒让她马上赶过来"抢在别人之前得到这个人……他实在是太棒了"[40]。暑假期间,学校拍摄了一部名为《年轻的美国舞蹈》(*Young America Dances*)的纪录片,在上课的开场镜头中,人们一眼就能认出坎宁汉。

1939年8月11日,课程最后一天,在"舞蹈专业主课舞蹈技术结课展示"中,莫斯(被叫作"Mercer")跳了多丽丝·韩芙丽的《新舞蹈》(*New Dance*)中的"男子舞",这个舞蹈由查尔斯·魏德曼编排。其他表演者还包括魏德曼本人、何塞·林蒙和格雷戈里·麦克杜格尔(Gregory MacDougall)。坎宁汉还在路易斯·霍斯特的课堂上演了他自己的作品《快步,蔓延》(*Courante*①, *Contagion*)。

> 在本宁顿时期,盛行的关于舞蹈结构的观点,来源于音乐结构。霍斯特的思想渗透在他所谓的"前古典形式"和另一门名为"现代形式"的课程中,但这些"形式"并非真正的形式,它们更像是一种风格。你必须先学习前古典舞蹈,因为那是创作舞蹈的根基。但我和凯奇的合作让我产生了这样的想法,即音乐体系本身并不重要,时间才是关键,所以可以在舞蹈和音乐之间使用时间结构。我并不认为路易斯的观点是必要的,虽然我很钦佩他。[41]

看来,正如埃瑟尔·巴特勒所预测的那样,多丽丝·韩芙丽希望坎宁汉加入韩芙丽·魏德曼舞团,他还获得了佛蒙特州本宁顿学院的奖学金。但后来玛莎·格莱姆告诉他,来到纽约就可以进

---

① "Courante"是一种舞曲,起源于巴洛克时期的古典音乐。它通常是一种快节奏的舞蹈,常见于巴洛克时期的舞曲组成中,尤其是在法国的舞曲组合中。"Courante"这个词在法语中意为"奔跑"或"跑步",因此直接的英文翻译是"running"或者"dash",但通常在舞蹈领域被保留为其特定的音乐舞蹈术语。

她的舞团跳舞,坎宁汉接受了这一邀请。格莱姆对多萝西·赫尔曼也说过同样的话,但她拒绝了,因为她是加拿大公民。夏末,当坎宁汉回到森特罗利亚的家中时,他告诉了父母自己去纽约的打算。据他回忆,他的母亲惊讶得张大了嘴,但他的父亲安慰她说:"让他走吧,他无论如何都会走的。"坎宁汉在康尼什的整个时光里,他的父亲都很支持,还给了他一笔不多但足够的生活津贴。坎宁汉曾提出要找一份兼职工作,但当他告诉父亲自己每天都在学校忙什么时,他的父亲说:"这就够了。"第二年,康尼什小姐给了他一部分奖学金。

康尼什大学的课程是三年制的,然而他们不会授予学位。如果坎宁汉要完成这门课程,必须举办一场自己编舞的毕业表演会。除非学生提出要求,否则他们会在没有老师协助的情况下准备这场表演会[42]。正是在 1940 年春天,塞维利亚·福特的毕业表演会上,凯奇创作了他的第一首钢琴曲《酒神》(*Bacchanale*),该曲模仿了甘美兰管弦乐队的曲风。但当格莱姆为他提供去纽约的机会时,坎宁汉知道他必须接受。即便如此,在康尼什的经历对他来说还是非常重要的,尤其是与凯奇的初次接触。坎宁汉从未忘记过康尼什,差不多 40 年后,当他的舞团又回到那里时,有人指引他去记者招待会的房间,他就打断了那个人的话:"哦,你是说在康尼什小姐的公寓里吧?"

1939—1941 年

1939 年 9 月,坎宁汉抵达纽约。当他来到玛莎·格莱姆的工作室时,格莱姆说:"哦,我没想到你会来。"坎宁汉回忆:"我当时什么也没说,但我想,'你不太了解我,女士'。"坎宁汉每天跟她上两次课,直到他为首演开始排练。坎宁汉是第二个加入格莱姆舞团的人。在美国芭蕾舞学校接受过训练的埃里克·霍金斯曾在大篷车芭蕾舞团跳过舞,还曾为该舞团编排过芭蕾舞《表演作品》(Show Piece),他也于 1938 年加入了格莱姆。那个时候,格莱姆就开始在自己的新作品中为这两个人设计角色,从《每个灵魂都是马戏团》(Every Soul Is a Circus)开始,霍金斯扮演指环王,坎宁汉扮演一名杂技演员。在一个叫作"三角"的三人舞中,他们会和格莱姆一起出现。

这些表演于 12 月在纽约圣詹姆斯剧院(St. James Theater)举行,算是"假日舞蹈节"的一部分,其中还包括大篷车芭蕾舞团的表演,以及韩国舞者崔承喜(Sai Shoki)和卡梅莉塔·马拉奇(Carmelita Maracci)与她的舞团,分别于两个晚上举办的独立表演会。《每个灵魂都是马戏团》的第一场演出是在 1939 年 12 月 27 日,再次以"莫斯"(Mercer)的名义跳舞的坎宁汉写信给邦妮·伯德:

> 我的首演非常激动人心,但演出后半程所预期的平静并没有实现,因为这在纽约是不现实的。在这座城市里,行动、时间、生活等都是如此的迅速,以至于"平静"这样一个相对缓慢的事物是不可能实现的……
>
> 《(美国)档案》([American] Document)无疑是人们希望在这个时代看到的最令人振奋、最激动人心的舞蹈作品。虽然我在表演和排练中已经看过十几遍了,但它仍然令我震撼。至于玛莎,看到她就会想知道为什么其他人要尝试走路!卡米(即卡梅莉塔·马拉奇)举办的音乐会上有一场精彩绝伦的舞蹈表演,她真是一位出色的舞者![1]

南希·威尔逊·罗斯当月来访纽约,在看过格莱姆舞团后,她也写信给邦妮·伯德:

> "莫斯"在《马戏团》里的表现十分出色。他看起来像毕加索在玫瑰时期所作的画作里的那个漂亮男孩,穿着灰粉相间的衣服,动作优美[2]。多年后谈起这段往事,坎宁汉说:"玛莎是一个非常了不起的人,她非常漂亮,而且会跳舞,这是事实。"

1991年,格莱姆去世后,坎宁汉在接受采访时说道:

> 玛莎·格莱姆是一位非凡的舞蹈家,她正在创造一种独特的、具有美国特色的戏剧形式。回想我在纽约的最初几年,我现在和当时的感受一样,多么幸运能和她同台演出。
>
> 她身材矮小,但为人处世却很受人尊重。和她跳舞

时,我完全感受不到我们之间的身高差异。与她在舞团共事的那几年,带给我一种在别处都无法获得的舞蹈体验,我对此心怀感激。[3]

这并不是坎宁汉第一次到纽约时唯一去看的舞蹈:

> 我想去萨沃伊舞厅(Savor Ballroom),本来不该去的,但我还是去了,那里真是太棒了。我忍不住想跳舞,于是我走到一个角落,一个人跳舞。过了一会儿我意识到周围有一圈人在看我,很尴尬,就离开了。

除此之外,坎宁汉还体验了一些其他的夜生活:

> 我以前有时会去一个名叫"乡村先锋"的夜总会听爵士乐,听艾迪·海伍德(Eddie Haywood)这类人的音乐。有一天晚上,我正准备离开,那时候已经是午夜了,老板马克斯·戈登(Max Gordon)突然对我说"先别走",于是我就留下了。然后进来了一拨人,两个黑人女性和三个黑人男性,其中一个女人站到了一根柱子旁边,仰着头唱了起来,她就是比莉·哈乐黛(Billie Holiday)。她唱了两个小时,音乐节奏感非常特别,你会被她的歌词所吸引,她随着节拍哼唱的方式令人惊讶。

在纽约的第一年,坎宁汉还与一个小剧团合作了一次。他出演了卡明斯的《他》(*Him*),"演了好几次,甚至不是在剧院,而是在某人的公寓里"。

1940年夏天,格莱姆舞团参加佛蒙特州本宁顿艺术学院的驻场。8月11日在学院剧场,格莱姆舞团演出了《每个灵魂都是马戏团》与两部新作品《忏悔者》(*El Penitente*)和第一版《致世界的信》(*Letter to the World*)[4]。坎宁汉在《忏悔者》中扮演基督形象和《致世界的信》中扮演一个叫马奇的角色。

关于格莱姆的工作模式,坎宁汉说,他记得当时格莱姆想为舞团编一支双人舞,于是就邀请自己和她一起工作。谈到扮演马奇时的独舞,他回忆道:

> 我想好了一些东西,然后拿给她看,她会用不同的节奏重新编排,并且重新变换重拍。她还增加了一个环节,她会在独舞中间加入进来——在纽约的第一次演出中,她忘记上场了,她的缺席使我不得不开始即兴表演……
>
> 到纽约的第二年,我开始去美国芭蕾舞学校学习舞蹈,这个建议实际上是格莱姆提出的,她说:"去向林肯(柯恩斯坦)讨教讨教吧。"

格莱姆并没有建议舞团的许多其他舞者这样做过。事实上,尼娜·方纳洛夫认为唯一可能的另一位就是内勒·费舍尔,她一开始就接受过芭蕾舞训练。至于坎宁汉,她说:"有人认为他来自另一个世界,他作为一个整体出现,会以别样的方式看待和思考事物。她这样做是合理的,出于某种原因,莫斯这样做也是合理的,但对我们来说,没有人会想到这样做。"[5](方纳洛夫也去了芭蕾舞学校,但没有告诉格莱姆)

柯恩斯坦曾问坎宁汉,既然是一名现代舞者,为什么要学习芭蕾?坎宁汉回答说他喜欢跳舞。柯恩斯坦给了他部分奖学金,在格莱姆排练和表演(当时很少)的空闲时间,坎宁汉会尽可能按时来上课。

为了1941年1月20日将在曼斯菲尔德剧院举行的纽约首演,格莱姆对《致世界的信》进行了大幅度的修改,并对那一季后续的演出进行了完善,首场于同年4月7日在吉尔德剧院举行[6]。坎宁汉塑造的马奇深入人心,他的跳跃式入场("亲爱的马奇,进来吧")成为芭芭拉·摩根记录下的一张著名照片。埃德温·丹比(Edwin Denby)在米娜·莱德曼(Minna Lederman)的季刊《现代音乐》(Modern Music)中评论了这一季,他写道,格莱姆"拥有三位优秀的舞者,简·达德利(Jane Dudley)、埃里克·霍金斯和莫斯·坎宁汉,他们有各自的舞蹈风格,而且都能展现得淋漓尽致"。他接着又更详细地评价了坎宁汉:

> 坎宁汉是三位舞者中最有可塑性的那一个,他的幽默、灵动以及动作的完整性都使我眼前一亮。他跳跃时张开的双臂舒展轻盈,这种场面我从未见过。[7]

1941年夏天,格莱姆舞团再次来到本宁顿艺术学院的第二季驻场。格莱姆在那里编排了另一部新作《潘趣与朱迪》(Punch and The Judy),该作于8月10日在学院剧场首演。坎宁汉在里面扮演了珀伽索斯这一角色(在希腊神话中,珀伽索斯是一匹具有翅膀的神马,被认为是智慧、创造力和灵感的象征),其在节目说明中被描述为"使我们能够想象、逃避或实现的力量"[8]。

12月28日,《潘趣与朱迪》首次在纽约科尔特剧院上演。丹比再次为坎宁汉在《致世界的信》中的舞蹈(在同一节目中表演)点赞,称"他正以他独有的方式,成为高贵和感人的舞者,是我心中最优秀的美国舞者之一"[9]。

那是1941年的秋天,我们在第五大道尽头的玛莎·格莱姆工作室汇合,准备参加4点半的课程。

上课时间延迟了一会儿,有三个女人进来了,显然是格莱姆在等她们,这三个人坐下后,课程开始。

我认出了其中一个女人,凯瑟琳·康奈尔(Katherine Cornell),她是格莱姆小姐的朋友。开始上课后,我们发现另外两个女人是海伦·凯勒(Helen Keller)和她的同伴。课堂继续进行着,她们静静地坐在一旁。凯勒小姐的同伴拉着她的手,通过手的接触,向她描述正在发生的事情。

课堂结束后,凯勒小姐问能不能摸一下其中一个舞者。于是格莱姆小姐让我站在把杆旁,凯勒小姐和她的同伴来到我身边。我正对着把杆,看不见她,但能感觉到她的两只手搂住了我的腰,像鸟儿的翅膀那样柔软。我开始做小跳跃,她的手指仍在我的腰间,轻轻地移动着。我停了下来,听懂了她对同伴说的话。

"那么轻盈,就像心灵一样。"

——莫斯·坎宁汉,1996年

1942 年

在纽约的第三年，坎宁汉搬进了东 17 街 12 号的一间阁楼里，这座房子位于第五大道和联合广场之间，他在那里住了很多年。格莱姆的工作室就在附近，位于 13 街和 14 街之间的第五大道上。坎宁汉渐渐减少了去美国芭蕾舞学校上课的频率，除了去上格莱姆的课和排练之外都会独立工作。

> 我开始担心格莱姆的作品在很多方面对我来说过于单一，我想这是因为我见识到了其他多种多样的舞蹈，并且还学习了芭蕾。所以我开始每天给自己上一节课，努力做一些新的尝试。我不想说自己全知全能，因为并没有，但我会尝试已知，然后在此基础上创新，看看还能发现什么……

1942 年 3 月 14 日，格莱姆舞团在芝加哥演出了一部爱国主义作品《大地光明》(Land Be Bright)，坎宁汉在其中饰演一名叫扬基的演说家[1]，然而这部作品只上演了两次就封箱了。坎宁汉还在《美国档案》中扮演过对话者的角色，这个角色最初由演员小豪斯利·史蒂文斯(Houseley Stevens, Jr.)扮演。

本宁顿表演会

1942年8月1日,坎宁汉和格莱姆舞团的两名成员让·厄德曼和尼娜·方纳洛夫,在佛蒙特州本宁顿学院的剧场举行了一场他们自创作品的联合表演会,舞团也再次来此驻场。他们每个人都表演了独舞,厄德曼和坎宁汉还一起跳了他们共同编排的三支双人舞:《光明的种子》(Seeds of Brightness)、《我们的信条》(Credo in Us)和《即兴创作》(Ad Lib)。坎宁汉的独舞《文艺复兴的证词》(Renaissance Testimonials)分为两个部分:职业和自白(Profession-Confession)。厄德曼回忆道:

> 我们一起办表演会是约翰·凯奇的主意,他和我的丈夫约瑟夫·坎贝尔(Joseph Campbell)想让我们远离玛莎的影响。于是,在他们的催促下,我们就开始了。《光明的种子》是一支开场舞,小巧而精致,但路易斯(霍斯特)可能会觉得它太抒情了。
>
> 《即兴创作》采用了爵士乐的风格,我们和约翰一起决定用这个结构——也是约翰的一贯做法。我负责蓝调主题,而莫斯负责快节奏的主题,我们致力于各自的主题,并就我们的目标达成一致。就好像我们是爵士乐手一样,都有着明确的主题,所以我们能知道彼此的动作主题,也知道如何将它们联系起来。[2]

事实上,正如标题所示,《即兴创作》至少有一部分是即兴创作的,本宁顿的一些人对此感到震惊。据厄德曼回忆,索菲·马斯洛(Sophie Maslow)曾来到后台问:"你并不是真的在舞台上即兴表演,对吗?"

其中最具雄心壮志的双人舞是《我们的信条》，讽刺了当代美国价值观，节目单中提供了一段文字示例：

> 他们是幸福的夫妻。
> 他们的关系和谐，他们装模作样地穿越一个圣地。
> 啊，但是什么！这种模式被打破了。难道他只是机器吗？她虚无缥缈，但是……
> 很快也会破灭。
> 于是，他开始寻找属于格里利的荣耀，她踯躅其后。时光不再。
> 然而，令人不寒而栗的是，她在挖掘过去时，挖到了祖传的金子，然后他就被压制住了。但这并不是灵丹妙药。
> 沸沸扬扬又干呕，如今终于付出了百般的努力；这是个启示！
> "啊，这样的眼睛。"
> 但仍然是一具行尸走肉。

根据厄德曼的说法："根据坎贝尔的建议，我们说的剧本译自法国超现实主义杂志《牛头怪》（Minotaur）。然而，它确实是莫斯写的。"[3] 这首曲子的音乐是凯奇创作的，他和他的妻子谢妮娅刚从芝加哥搬到东部（1941年，他们搬到了芝加哥。在那里，凯奇应拉兹洛·莫霍利·纳吉（László Moholy-Nagy）的邀请，在芝加哥设计学院教授音乐实践课）。那年夏天，凯奇夫妇先是和佩吉·古根海姆（Peggy Guggenheim）住在一起，被后者赶出家门后，他们就住在厄德曼和坎贝尔位于格林威治村的公寓里。作为回报，凯奇为《我们的信条》做了配乐。"莫斯和让选定了音乐的长度和节奏等，我只需要按照他们的要求来写即可"（凯奇没有参加本宁顿的演出)。配乐是"由舞蹈的舞句构成的一套讽刺角色组合……使用的乐器有哑锣、易拉罐、筒鼓、电子蜂鸣器、钢琴,还有收音机和留声机"[4]。

1942年10月20日和21日,这一节目在纽约西16街的韩芙丽·魏德曼工作室剧院再次上演,还加入了坎宁汉的另一部独舞作品《图腾祖先》(*Totem Ancestor*),同样是凯奇配乐,这首作品一直保留在他的剧目中,直到20世纪50年代中期。标题表明,坎宁汉在编舞时借鉴了他在西北部看到的美洲印第安人的舞蹈记忆。他并不否认这种可能性,尽管他怀疑自己的舞蹈中是否有具体的参考内容:

> 我想是某种原始形象,我不太记得这支舞了,它很短,最多两到三分钟,也许更短。沿着舞台左上到舞台右下的对角线进行表演,凯奇在舞蹈完成后创作了音乐。有些动作要用膝盖跳跃,我记得一名舞者在表演结束后,在后台试着跳,然后摔倒了。最初我想为这个标题做一个设计,这样任何人谈论到这个舞蹈都必须使用一些文字以外的东西来描述它。[5]

《图腾祖先》是为数不多的由莱娜·贝洛克(Lena Belloc)用拉班舞谱(Labanotation)记录的坎宁汉的舞蹈之一。

1943 年

1943 年 2 月 14 日,坎宁汉和让·厄德曼受邀在芝加哥艺术俱乐部重演他们在 1942 年夏天的本宁顿表演会的内容。这一次,他没有表演《文艺复兴的证词》,但增加了两支新独舞《以大屠杀的名义》(*In the Name of the Holocaust*)和《微光》(*Shimmera*),两部作品均由凯奇配乐。之后这两支舞就再也没有表演过,至少没有以这两个名字表演过。坎宁汉觉得,他完全有可能用不同的名字又跳过一遍,"这种情况有时会发生",但无法证实。《以大屠杀的名义》是他第一支以詹姆斯·乔伊斯(James Joyce)的《芬尼根守灵夜》(*Finnegans Wake*)为灵感的舞蹈,灵感来源于"乔伊斯《以圣灵之名》(*In the name of the Holy Ghost*)的话剧。这支舞带有宗教色彩,很可能与我的天主教成长背景有关"[1]。凯奇为舞蹈创作的音乐后来被重新发现,并经常作为音乐会曲目演出。

凯奇在西雅图举办了首场打击乐音乐会后,又在奥克兰、旧金山和芝加哥等地举办了其他音乐会。坎宁汉和厄德曼在芝加哥举办音乐会的前一周,凯奇于 1943 年 2 月 7 日,一个星期天的夜晚,在现代艺术博物馆举办了他的纽约首秀。坎宁汉与其他一些舞者,比如厄德曼、玛丽·安东尼(Mary Anthony)和大卫·坎贝尔(David Campbell)以及谢妮娅·凯奇、格莱姆的钢琴家海伦·兰弗(Helen Lanfer)等人[2]就像在西雅图的表演一样加入其中。

同年春天，现代艺术博物馆还上演了由五个"小夜曲"组成的系列演出，主要由新音乐作品组成。其中第三首由伦纳德·伯恩斯坦（Leonard Bernstein）指挥，里面包含了三部与西班牙诗人费德里科·加西亚·洛尔卡（Federico Garcia Lorca）有关的作品：西班牙舞蹈家拉·阿根廷（La Argentinita）创作的芭蕾舞《奇尼达斯咖啡馆》（El Café de Chinitas）；西尔维斯特·雷维尔塔斯（Silveststre Revueltas）创作的《向加西亚·洛尔卡致敬》（Homage to Garcia Lorca）；还有一部查瑞拉歌剧《风依旧》（The Wind Remains），创作于加西亚·洛尔卡的《五年之后》（Asi que pasen cinco anos）之后，由保罗·鲍尔斯（Paul Bowles）配乐并改编。坎宁汉是这部作品的舞蹈导演，还出演了小丑的角色。这部作品是在博物馆礼堂的小舞台上表演的，奥利弗·史密斯（Oliver Smith）的布景进一步限定了这个空间，还有一个舞台中的小舞台。科米特·洛夫（Kermit Love）设计了服装，但由于准备不及时，舞者们不得不自备服装。坎宁汉还为自己创作了"两支小舞蹈"。

那年夏天，玛莎·格莱姆和她的舞团在上一季度大部分时间里都不活跃，尽管暑期学校已经不再继续，他们还是作为驻留艺术家回到了本宁顿。7月18日，学院剧场举行了一场《死亡与登场》（Deaths and Entrances）的预演，戏服都是临时制作的，坎宁汉以"诗意宠儿"（poetic beloved）的形象出现。1943年12月26日，这部作品在纽约46街剧院正式首演。同一天晚上还演出了《塞勒姆·肖尔》（Salem Shore），这是一部为格莱姆创作的独舞，坎宁汉还在台下念了一段文字。埃德温·丹比再次特别表扬了坎宁汉："在舞团的所有舞者中，莫斯·坎宁汉的长舞段、他的轻盈以及始终智慧的头脑都表现得非常出色。"[3]

1944 年

约翰·凯奇再次鼓励坎宁汉自立门户。1944 年 4 月 5 日,两人第一次在西 16 街的韩芙丽·魏德曼工作室剧场举办了他们首次联合举办的音乐和独舞表演会。坎宁汉曾写道:"我的起点在这里[1]。当晚,我跳了 6 支独舞,凯奇创作了三首曲目,他也为舞蹈作曲。"[2] 其中一支独舞是《图腾祖先》,其余五支分别是《三重节奏》(Triple-Paced)、《无焦之根》(Root of an Unfocus)、《随意投掷》(Tossed as It Is Untroubled)、《往事随风》(The Unavailable Memory of...)和《自发之地》(Spontaneous Earth),都是新作品。坎宁汉给自己设计了服装,实际上整场表演都是他自费制作的,他和凯奇还自掏腰包租了剧场,支付了印刷宣传海报和节目单(凯奇为此设计了排版)以及节目和广告的费用。

独舞均为两到三分钟,其中一个持续了五至六分钟。我在每个节目间都要换装,换得很快,这是我和巴雷特夫人在杂耍表演中延续的传统。[3]

《三重节奏》

这个舞蹈分为三个部分,每个部分都有不同的节奏,这就是标题的含义：一部分速度适中，一部分非常慢，最后一部分非常快。

《无焦之根》

这支舞蹈与恐惧有关。它从对个体外部的自觉意识开始，然后在时间的流逝中结束，个体从光明中匍匐而出。时间结构允许这样的发展，而我觉得更传统的结构，比如主题与变奏、ABA结构等，无法表达这种情感。

它分为三个大的小节，每个小节根据其节奏结构，长度为8-10-6拍。时间结构以平方根来表示，所以第一节长度为8×8，第二节长度为10×10，第三节长度为6×6，舞蹈时长为5分钟（1½′-2½′-1′）[4]。

这种使用时间结构的方法使我们可以独立工作。凯奇除了在结构关键点（structural points）之外不需要和舞蹈联系一起，而我可以在不参考音乐节拍的情况下，自由地改变音节中舞句和动作的速度和重音，同样只使用结构关键点作为我们之间的识别。以这种方式产生的五个舞蹈，每一个都有不同的时间结构和长度，这是我最初对特定舞蹈动作的研究发现。[5]

尽管坎宁汉在杰奎琳·莱斯凯夫（Jacqueline Lesschaeve）出版的《舞者与舞蹈》（*The Dancer and the Dance*）系列采访中也将《无焦之根》描述为"与恐惧有关"，但在与卡尔文·汤姆金斯（Calvin Tomkins）交谈时，他却努力淡化了作品的这一方面：

> 许多现代舞观众喜欢《无焦之根》这部作品，因为在他们看来，这似乎与情感意义有关……他们认为这部作

品与恐惧有关。就我而言,这与恐惧没有直接关系。这部作品最重要的一点,也是所有人都忽视的,它的结构是基于时间的,就像广播节目一样。作品整体被切分为时间单位,舞蹈和音乐会在每个单位的开始和结束时结合在一起,但这两者之间是彼此独立的。关于音乐和舞蹈可以分离的想法就是由此发端,从此,它在我们作品中的分离现象只会越来越广泛。[6]

让·厄德曼在《瓦萨校友杂志》(*Vassar Alumnae Magazine*)上详细地描述了这种舞蹈的动作:

> 其中的一个特色动作是从前到后的弧线踢腿,它将舞者的身体和面部转向一个新的方向。当摆动的脚触地时,重量会从一只脚快速且不均匀地转移到另一只脚,同时,头和眼睛转向相反的方向。因此,尽管舞者在向后走,但感觉自己仿佛在向前走,似乎在寻找着什么。恐惧感不是通过面部表情来传达的,而是通过不规则的、痉挛式节奏,令人捉摸不透的"行走",以及舞者徒劳地奔向每个新目的地的强度来传达的。这种恐惧也通过空间模式传达出来。在舞蹈的第一部分,舞者调度空间覆盖了整个舞台;在中间部分,舞者似乎只能在更小的区域里频繁转动。最终,他完全不能移动了,只能倒下在地板上进行循环的后仰。膝盖快速翻转起身。这一过程连续快速地重复了许多次,最后,这位舞者单膝俯地,身体弯曲,近乎无力地走下舞台。[7]

这支独舞中提出的音乐和舞蹈之间的关系,与之前现代舞中常见的做法不同。在现代舞中,作曲家会在编舞完成后,先得到舞蹈的节拍,然后再根据节拍来创作音乐。凯奇说:"我们能够各自独立地工作了,摆脱了将一样东西与另一样东西相适应的束缚。我早就有这样的想法,让这两种艺术在不相互追随的情况下合作,但直到创作出了《无焦之根》,我们才真正取得了一些进展。"与《图腾祖先》一样,《无焦之根》一直保留在坎宁汉的剧目中,直到20世纪50年代中期。

《随意投掷》

脑海中笑容的外化[8]。

作品名又是"乔伊斯式"的,这是对《芬尼根守灵夜》中"因为它参差不齐所以不受限制"这句话的转述。这首"预制钢琴"音乐是"以7乘7的节奏结构做成的有节奏感的欢快舞蹈配乐"[9]。

> 这服装就像一个小丑……舞蹈也非常难……衣服是黄色的紧身衣,脚上穿着什么东西,但不是鞋子,还有一个用金属丝制成的头套,它会晃动,就像小丑的轮廓一样(可惜鞋子和头套均未保存下来)。这种舞蹈充满了快速且细微的晃动动作,其中包括大量地用脚跟起落的动作,非常困难……

《往事随风》

> 我想那是一首华尔兹,我只记得这些。我想要一条裤子和一件外套……

这是另一个"乔伊斯式"的标题。凯奇说:"我们在为这部作品起名时,想从书中获取一些灵感,于是就做了大量的浏览工作。这一想法是玛莎·格莱姆提出的,只是我们看的书和她看的不同,我们看的基本上都是《芬尼根守灵夜》,还有埃兹拉·庞德(Ezra Pound)的诗,当然还会看一些格特鲁德·斯坦因和卡明斯的作品……除了莫斯翻阅的那些书之外,他对文字和舞蹈动作一样,总是有一种自然的感受。当他谈到舞蹈就像步伐一样时,他的意思是他可以起身立刻起舞,他也可以用同样的方式处理文字。"乔伊斯对坎宁汉的影响在后者的作品中可以看出,比如《我们的信条》等。

《自发之地》

这个名字选自卡明斯 1923 年作的诗集《郁金香和烟囱》(*Tulips and Chimneys*)中的"战争 II"("哦,甜蜜的自发的大地……")。

> 那是一支抒情舞蹈,这是我对那支舞蹈最好的记忆。
> 我记得自己试图从那些舞蹈中寻找一些东西,即使在那时,我对每个舞蹈中的动作,而非它们的主题,都有一些不同的想法。除了《图腾》之外,这些舞蹈都是在我和约翰创作的节奏结构下完成的。

埃德温·丹比身为观众一员,观看了这场舞蹈表演,他在《纽约先驱论坛报》(*New York Herald Tribune*)上评论道:

> 昨晚,在位于 16 街昏暗的韩芙丽·魏德曼工作室里,莫斯·坎宁汉和约翰·凯奇呈现了一场独舞和打击乐的演出。整场演出具有极高的审美价值,观众都是有见地的,非常享受其中并为他们鼓掌喝彩。

这是坎宁汉的第一次个人"单飞"表演，尽管他在玛莎·格莱姆的舞团中担任独舞演员时已为舞蹈观众熟知。作为一名抒情舞者，他的天赋异禀。他的身材酷似毕加索早期油画中的少年杂耍者。作为一名舞者，他的脚背和膝盖都非常灵活和敏捷，他的舞步、奔跑、屈膝和跳跃都轻盈迅速。他的躯干能够在垂直轴上敏感地旋转，肩部轻松自如，头部智慧地平衡。他的手臂又长又轻，飘浮着，但很少有主动动作。这些都是优点，特别适合抒情的表达。

　　作为一名舞者和自己独舞的编导，坎宁汉的身体节奏感细腻而清晰。他的舞蹈建立在身体运动时的节奏和不规律的舞句长度上，他能完美地表现出感情的起伏，带给人一种极其精致的审美愉悦。他的创作在形式和动姿上独一无二；它们看起来自由而笃定。

　　坎宁汉的作品能给人带来一种极度的优雅感性。另一方面，也许因为它们是独舞，也许因为它们缺乏学院派芭蕾舞风格特有的体态的张力，所呈现出来的效果给人一种距离感和孤立感。这样的风格可能是因为坎宁汉还是一名年轻的舞者，刚刚挖掘自己的戏剧潜力。但我从未见过这样一场独舞晚会的首演，能够如此具有品味、技术成熟、舞蹈素材的独创性以及表达的自信。[10]

　　1944年夏天，坎宁汉被聘为佩里—曼斯菲尔德工作室的教师，任教6周，这是夏洛特·佩里(Charlotte Perry)和波蒂娅·曼斯菲尔德(Portia Mansfield)在科罗拉多州的落基山脉边上举办的一个艺术夏令营。坎宁汉在繁重的课程安排下，依然完成了这项教学任务。他教授的是一些与格莱姆所授技巧相近的东西，加入了一些自己的修改。此外，他还排练出迄今为止最雄心勃勃的作品。

《四壁》

  我写了一个长达一小时的舞剧,准备在佩里—曼斯菲尔德夏季剧院上演,凯奇为此还创作了一首钢琴曲。我问他能否把乐谱写得简单些,不确定钢琴演奏者在这种情况下的能力。我们设计了一个包括剧本和舞蹈时长的节奏结构,然后他只用钢琴白键就创作出了作品。这个节奏结构使我有自由的空间,可以与舞者和演员合作,而不必将文字和所有动作与特定的音符对应,尽管我们仍然遵循结构性的联系。[11]

  坎宁汉邀请阿奇·劳特尔合作,他曾设计过格莱姆的《致世界的信》和《死亡与登场》的舞台,同时也是佩里—曼斯菲尔德学院暑期课程的教师,指导并合作设计了《四壁》这部作品。劳特尔提前给了他一份草图和平面图,上面潦草地写着"这样你可以开始了"。因为凯奇没钱去科罗拉多州演出,他为钢琴独奏写了乐谱,由德鲁萨·威尔克(Drusa Wilker)演奏。根据凯奇的说法,这个包含两首歌曲的乐谱其实被视为预示了对菲利普·格拉斯(Philip Glass)和史蒂夫·莱奇(Steve Reich)等作曲家的音乐:"它满是重复的段落,而且都是用白色琴键弹出的,以 C 大调创作,音乐不断前进。不管是这个乐谱还是《我们的信条》,我都会将音乐延伸到文字部分,为文字留出发挥空间,然后再继续播放这首音乐。"坎宁汉对这首曲子还有另一段记忆:

  凯奇并没有参加暑期班,排练的时候,阿奇·劳特尔指出他在某个部分过于冗长:"你必须删掉那段音乐。"我同意这个部分拖沓,但删掉音乐不是解决问题的办法,我不会选择那样做。在寻求另一种解决方式中,我改变了舞蹈动作,重新排设了场景时序。换句话说,就是用不同的方式使用规定的结构时间。下一次排练时,劳特尔说:"你看,音乐缩短了就好多了。"[12]

去年,坎宁汉在纽约写的这个剧本虽然在某些方面来说并不成熟,但这绝非新手之作。对一位当代的报纸作家来说,这是一部讲述"某种类型的美国家庭生活"的独幕剧[13],但它的效果更接近于现代意义上的希腊悲剧。事实上,奇怪的是,它让人想起了20世纪三四十年代,英国诗歌戏剧短暂复兴时期创作的某些戏剧,比如 T. S. 艾略特(T. S. Eliot)的《家庭团聚》(*Family Reunion*)。《四壁》也很自然地会让人联想到玛莎·格莱姆的表现主义风格和含糊不清的心理现象。剧中的这个家庭的确算得上是典型的"某种类型的美国家庭":一个柔弱但慈爱的母亲,一个沉默寡言的父亲,他们有一对叛逆的儿女,女儿有一个无能的未婚夫,再加上会说话的"6个近邻"(可能是朋友和亲戚)和会跳舞的"6个疯子"。开场说明:人们理应知道自己的家庭多年以来形成的刻板模式,尤其是在父母身上,并且一直在完全顺从这种模式。男孩(坎宁汉饰)内心一直在逃避,只有在客观条件允许的时候才会在外部观察。女孩(朱莉·哈里斯[Julie Harris]饰)不论何时内外都在与之抗争。

接下来的情节是戏剧化的:女孩暂时不愿和她无能的未婚夫结婚,于是女孩的哥哥建议未婚夫应该对她更热情些,但当未婚夫试图这样做时,女孩杀了他(在台下),男孩和女孩似乎都陷入了疯狂;最后,这个家庭的成员都被孤立了,可能永远被关在罪恶和恐怖的监狱里。该剧以放荡不羁的自由诗体写成,偶尔押韵,整体充满了生动复杂的多层次意象,而且有些地方受乔伊斯的影响很大:

男孩:我灵魂里所有的疯子,以无声、优雅、廉价的姿态阵型进入——进入了由铅火焰编织的祖尔登。

进入了被来自远古陷阱所困扰的马格多利德——带着记忆中的波登之火、安培之水、布隆德之气以及麦凯琳的金线等礼物入场。

罪孽深重的女士,收集爱情毒药的女士,被盲人抚摸而被弄疯了的女士,穿着浸湿丝绸的女士,走进颓废的、成熟的、被吞噬的灵魂,把我的愤怒变成火焰,带我飞向更疯狂的视野。[14]

一部基于佩里—曼斯菲尔德工作室拍摄的素材而剪辑出的电影,经历了几个夏天,包含了《四壁》中的几个简短片段,这些片段是露天拍摄的。在第一幕中,一群妇女(近邻们)身着灰色长裙,戴着黑色手套,双手紧握,贴在腰上,排成一条直线走着,在转弯处会形成一个直角。然后,另一群人(那些"疯子们")身着红色服装,动作更加自由,尽管这仍然是传统的 20 世纪 40 年代的现代舞风格。唯一可以说,预示了坎宁汉后期作品中的构图元素,一个舞句的部分被拆分,并从一个组传递到另一个组。在另一段节选中,五位主要演员在来回踱步,并意味深长地看着对方,有时跪下,做出互相伸手的动作,或者用一只手抓住另一只的肘部,然后慢慢地将手向下移动到手腕(朱莉·哈里斯就是这么做的),他们也会以简单的步行方式移动。最后,坎宁汉单独出现在一个狂野的独舞片段中:他做了一系列的腿部画圈和向后的扇形踢腿动作,整个人都处于一种旋转的状态(可能类似于厄德曼在《无焦之根》中描述的那样)[15]。

舞蹈记录者埃尔斯·格雷林格(Els Grelinger)是佩里—曼斯菲尔德那年夏天的奖学金获得者,她参加了下午的排练,为了接替帕特里夏·伯什(Patricia Birsh,后来的伯奇)演出。她记得当时的音乐节拍很难数清,因为期间有很长一段时间的静默,是没有声音的,甚至有时舞者不得不数到 135 左右。坎宁汉没有解释这部剧的含义,至少没有向演员们解释。两位女主角会随着台词的交替做一些简单的肢体动作。

　　整个布景很漂亮,墙壁,甚至是柱子也都布置成了透明的,你可以看穿一切。这两个女人,夏洛特·佩里和波西亚·曼斯菲尔德,真是不一般。波西亚·曼斯菲尔德多年来一直经营着一个杂耍表演,他们提供了很多不同种类的东西,很多人都能在这里有所收获。

《四壁》曾在科罗拉多州演出过一次,之后就再也没有完整地演出过了。然而,坎宁汉的确将自己角色的节选片段纳入了自己的独舞中,后来又将其命名为《独白》(*Soliloquy*)。

· · ·

在佩里—曼斯菲尔德工作期间,坎宁汉还抽出时间与朱莉·哈里斯和莱拉·达纳(Leora Dana)一起出演了费伦茨·莫尔纳(Ferenc Molnar)的《天鹅》(*The Swan*)[16]。

《田园之歌》

1944 年 11 月 20 日,坎宁汉和凯奇在弗吉尼亚州里士满的女子俱乐部举行了他们在外地的首场演出。除了《四壁》的选段外,还表演了《田园之歌》,这是坎宁汉第一次随着埃里克·萨蒂(Erik Satie)的音乐跳舞,凯奇安排为其演奏[17],这段音乐选自维吉尔·汤姆森(Virgil Thomson)不久前为凯奇演奏(并演唱)的戏剧交响乐《苏格拉底》(*Socrates*)中的第一乐章。节目说明上写着:

隐藏在一切事物之外的东西，只有个人和个人的想象力"天空的味道，大海的眼泪，粗壮的树枝，树叶周围的风，无生命体之美丽"，并且追求这些东西，将这些事物吸引到人类感知和触摸之中。[18]

凯奇对这部作品印象深刻，他希望坎宁汉能为剩下的配乐编舞，但坎宁汉觉得自己无法独自完成。

我曾想过如何与其他舞者一起合作，但始终没有得到任何机会，因为那时我真的没什么名气。当时我仍然和格莱姆在一起工作，身边没有任何合作伙伴，所以我对这件事的想法都被搁置了，直到多年后这件事又提了出来[19]。我不想跟格莱姆训练出来的舞者合作，我可能会对芭蕾舞者更感兴趣。

我读了《苏格拉底》（摘自《柏拉图对话录》）这本书，但实际上这本书是关于宴会的。我想，好吧，它对我来说用处不大，但我也许可以尝试用音乐作曲造句的方式编一支独舞。于是，我便开始工作。我记得我试着用胳膊做了点什么动作，也许我可以在一处地方做点尝试，我还查看了乐谱……每隔一段时间，约翰就会来为我演奏，我则遵循着音乐的乐句结构继续编舞。

1945年1月9日，在亨特学院的剧场里，坎宁汉在纽约的第二场个人独舞节目上表演了《田园之歌》。

与此同时，坎宁汉对格莱姆的工作方式越来越不满。

在那篇关于勃朗特家族的文章《死亡与登场》中，她对我和埃里克有一个想法：她让埃里克代表黑暗的一面，而我代表光明的一面。这就像她想象的那样,我们从来都不是一个完整的人。

我必须要说,在表演《忏悔录》(Penitente)这部作品时,我有一些作为一个个体的感觉。当我们表演《阿帕拉契亚之春》(Appalachian Spring)之前,我在那个夏天去了佩里—曼斯菲尔德教书。当格莱姆(在本宁顿)为这部作品做准备工作时,我不在身边。于是,我一回来就开始进入工作排练了。她说:"我不知道你是'传教士'、'水手'还是'魔鬼',"这角色分配并不明晰,但她说:"为什么你不试着工作起来?"

于是,我和钢琴家海伦·兰弗一起合作编了一支舞。完成后,我请了玛莎过来观看。我在结尾处设计了一种手势,我想,她既然谈到了传教士,而我又将成为一个浸礼会传教士,所以我做了一个谴责某人的手势。她看着这一切说:"哦,这很好,现在我知道该怎么处理作品剩下的部分了。"我不记得玛莎改了舞蹈,但当我在电视上看到它时,已经变了,我竟然认不出来了。

但玛莎总会带给人惊喜。我在回想和她跳舞的那段时光,我们俩之间总有一种奇妙的默契。如果你能轻松地适应这种工作,并且能以上面这种方式行动或思考,那么玛莎就会是一个很好的舞伴……我记得在《死亡与登场》中,有一段双人舞,我们必须一起走下舞台,那段设计太棒了。

1944年10月30日,在华盛顿哥伦比亚特区的国会图书馆里,格莱姆为其三部新作举办了一场演出,包括《阿帕拉契亚之春》。每部作品都有当代著名作曲家的配乐:艾伦·科普兰(Aaron Copland)的《阿帕拉契亚之春》、保罗·亨德密特的《赫洛蒂雅德》

(*Herodiade*)和达利斯·米尔豪（Darius Milhaud）的《想象之翼》(*Imagined Wing*)。据尼娜·方纳洛夫回忆，格莱姆对最后一首曲目"深恶痛绝"：

> 玛莎不想操心太多，于是她把这件事交给了我们。她只是给了我们一些关于主题的想法，大概是一个女人独自在城堡或是什么地方。我记得莫斯和我编排了一个双人舞，之后就再也没有这样做过，那时玛莎就开始在编舞上放手了。她过去常常凭直觉用人，从他们身上挖掘出已存在的东西，但我们并没有精心设计过。我总觉得玛莎丢掉的东西有时比保留下来的东西更有价值。在《致世界的信》中，她让莫斯做了一系列非常惊人的动作，这些在其他舞蹈里从来没有出现过，有些华丽，又有些怪异。我记得她让莫斯做侧手翻的时候，有一种奇怪的动作，从来没见过，但编排在这里却又让人着迷。[20]

坎宁汉在《阿帕拉契亚之春》和《想象之翼》中的角色是他在格莱姆的剧目中创作的最后两个角色。正如格莱姆自己所说，"他尽可能地在这里待得久一些"[21]。

1945 年

1945 年 1 月,在坎宁汉与凯奇的第二场音乐会中,他第一次在纽约表演了《独白》,同时也是一次新的独舞。

《神秘的冒险》

在这里,坎宁汉首次与一位纽约艺术家合作:

> 我们问大卫·海尔(David Hare)是否愿意帮助我们,他答应了。他用石膏或类似的东西给我做了一个头套,但我戴上后发现它太重了。你一旦开始移动,头就会突然歪向一边。我没法儿把它拿下来,因为它卡住了,头套上没有任何通气孔,我快要窒息了。最后我说这行不通。
>
> 杰奎琳·布雷顿(Jacqueline Breton,海尔的妻子)不开心了,因为她想让大卫为这个舞台设计服装,但没办法,我向他们解释并把有问题的地方给他们看了,他们看到这样行不通,但仍然觉得是我的错。
>
> 然后舞台上有一个形状奇怪的物体,这是大卫的设计,我和约翰制作了它。我们将两块木头放在一起,站立的高度和我差不多高,呈 V 形。它的底部并非平直切割,

有一些东西支撑住它使其站稳,然后在背后有两条用金属线制作的臂膀。我们在它身上加了一些流苏,一碰它就会微微颤动。这个物体位于舞台斜后方,我和它有一种特殊的关系,我会离开,弯下腰,然后再回到它身边。

这支舞节奏很快,很多跳跃,我会像蚊子一样在前面跳来跳去,来回快速移动,上上下下。这支舞分为几个部分,有内在的逻辑结构,其中两个部分需要与这个奇怪的物体互动。

这个物体是由胶合板制成的,我们在上面涂了油漆,基本上是绿色系和黄色系的,看起来就像是森林里的东西。服装是黑色的,上面有一些东西凸出来,还有一个修改过的头饰。后来我们又重新制作了这个物体,我还重新设计了服装,加上了一个头套和一副手套,手套的两只爪子并不一样。

音乐采用了"预制钢琴"曲,"遵循了莫斯·坎宁汉的节奏框架,这个谱记很传统"。[1] 在《现代音乐》中,埃利奥特·卡特(Elliott Carter)将凯奇的乐谱形容为:"为预制钢琴演奏的一种奇妙幻想。这首配乐是由各种奇怪而微妙的声音混合而成的迷宫,这是一场内容和情绪中性的声音演奏,给了舞者很大的发挥空间。"[2] 埃德温·丹比写道:

> 莫斯·坎宁汉是玛莎·格莱姆舞团中一位杰出的独舞演员,也是她手下的年轻舞者中最有天赋的一位,他昨晚在亨特学院剧场举办了一场独舞表演。尽管他去年的第一场独舞在观众中取得了明显的成功,但第二场就不一样了。然而坎宁汉先生作为一名舞蹈演员的非凡功绩一如既往,对一名舞蹈爱好者来说也同样具有吸引力。

在现代舞的技术方面,坎宁汉是仅次于格莱姆的大师。他总是富有表现力,他的腿脚具有很强的弹跳力和敏捷度,躯干和颈部灵活多变,手臂和手的动作清晰,这些都使他的舞蹈十分惊艳。更妙的是,他的舞蹈所表现出的不同力度和速度,以及他对即兴和动作协调的注重,让他的动作看起来永远都不会风格化或形式化。

坎宁汉先生体态优雅,动作姿态新颖,将一个在舞台上独自跳舞的人,以一种罕见的美感呈现出来。当他独自出现时,可以使人联想他在寻找某种无形的东西,他在尝试一个把戏,他过得很不如意,或者他只是在开玩笑。坎宁汉以十足的想象力和微妙的表达手法证明了可以通过舞蹈来抒情:悲伤的舞蹈很庄重,欢快的舞蹈很幽默。其中有一个有趣的舞蹈叫《神秘的冒险》,它的舞台表演里会出现一个怪异的物体(由大卫·海尔设计),虽然这个表演很长,但现场一直都十分活跃。

简而言之,坎宁汉先生是一位极具天赋和智慧的舞蹈家。对于舞蹈爱好者来说,他所做的一切都赏心悦目。但他的抒情独舞变化还不够敏锐,吸引不了那些本该感兴趣的观众。他并没有在舞台上客观地塑造不同角色,而是根据自己的性格抒情化。他的风格徘徊在抒情和表现之间,在喜剧性舞蹈中表现得最为出色,其中分裂的人格是一种优点。像坎宁汉先生这样的舞蹈大师是很难得的,他的创作能力对现代舞蹈来说具有极高的价值。然而,就目前来看,他最擅长的是在群舞作品中发光发热,因为他的性格会与其他舞者形成鲜明对比。他的独舞虽然在品味上无可挑剔,但在表达上还不够大胆,实现不了与普通观众的交流。但他有望成为一名伟大的舞蹈家,而我们希望这样的人能越来越多。[3]

几周后,丹比写道:

> 年轻的现代舞者们……已经把注意力从反抗社会转移到轻快的舞蹈表现上来。他们正在接受芭蕾舞课程,聆听舞曲节拍,学习贴近观众的舞台风格和利落敏捷的步法,只要有机会,他们就会轻盈跳跃。也许他们很快就会在舞台上穿得像在台下一样优雅,他们更多追求的是专业的完美表现,而不是富有创造力的个性……
>
> 坎宁汉先生让人深刻领悟到纯粹的现代技术中蕴含纯舞蹈的价值。他是一位能够像一只玩耍的动物一般松弛、抒情、富有活力的舞者。他能运用重复的手法表达观点,每次重复都会有些不同,但每个不同之处的舞句编排都异常清晰。他会使用不同的动力和速度来表现他的舞蹈,他的即兴发挥自然流畅,这使他的动姿看起来不那么程式化。
>
> 他拥有的这种弹性的身体节奏在我看来是一种独特的美国特色,并且在约翰·凯奇音乐富有弹性的音句支持下得以精巧呈现。但坎宁汉的舞台角色仍然过于保守,不适合进行单人表演。他要么是一个"孤独的青年",要么是一个"快乐的流氓",你也希望他表现得更坦率一些,或者看到他和不同的人互动。一个如此健硕的身体也应该强壮有力,把每个舞句都做得干净利落。一个严肃的单人表演会承担更多表达的风险,但像达德利—马斯洛—贝尔斯舞蹈团体这样友好的普及者无法让你对冒险抱有太大的期望。坎宁汉以他诗意风格和才华横溢做到了这一点,他没有理由不成为一位伟大的舞蹈家。[4]

1945年5月17日和19日,玛莎·格莱姆在国家剧院演出了

《神秘的冒险》这部作品,这是坎宁汉最后一次随她的舞团演出。丹比发现,与坎宁汉自己的节目相比,这里的效果"更差":

> 《神秘的冒险》将他描绘成一种幻想出来的有趣的动物,他戴着黑色帽子,上面有长长的触角在颤动着,黑色紧身衣上还挂着彩色的羽毛簇一颤一颤的。这种生物行走和跳跃时具有持续轻盈的弹性,每当它看到一个奇怪的物体时,它就会进行观察,走远后再靠近它,然后轻轻地跳跃着前进。如果不是因为它有着奇妙的节奏——体现出一只知更鸟在一个陌生的鸟场里悠闲地玩耍,这将是一场看起来很可笑的演出。表演中没有模仿动物的动作,但却有一种非人类世界的舞蹈错觉。这是一种很难达到的微妙效果,但这是一种很难得的原创。
>
> 然而,这种效果的秘密在于,这个人物偶尔会有一种意想不到的完全静止的状态。这一点在海尔最初为坎宁汉制作的更朴素(没那么多抖动的装饰)的服装和更重的头饰上更为明显。
>
> 凯奇总是创作出十分细腻悦耳的乐谱。[5]

1946 年

约翰·凯奇说:"我为莫斯写了太多音乐,以至于他总是渴望有其他人创作的音乐。"1946 年 5 月 12 日,坎宁汉在亨特剧场举行了第三场纽约表演,这场表演确实展现出更丰富的音乐多样性:一个新独舞作品《邂逅》(*The Encounter*)由凯奇创作音乐,另一首由艾伦·霍瓦内斯(Alan Hovhanes)作曲,第三首是由贝比·多兹(Baby Dodds)即兴演奏的爵士鼓。另一个改变是加入了一个三人舞《佐迪尔达公主和她的随从》(*The Princess Zondilda and Her Entourage*),由阿列克谢·海耶夫(Alexei Haieff)作曲。

《向瓦哈肯祈祷》

这支舞蹈由霍瓦内斯作曲,副标题是"古亚美尼亚神王"。亚美尼亚裔的霍瓦内斯可能也为这支舞蹈提供了灵感,或者为标题提供了灵感,坎宁汉自己也不记得了。

《快速蓝调》

这个作品的舞蹈和音乐都是在一个固定结构内即兴创作的。

我想尝试一下不受约束的即兴创作,但我已经有了一些关于爵士动作的想法。鼓手不会跟着我走,他是自由的,换句话说,就是音乐和舞蹈分离了。我试图给鼓手一些视觉线索,让他知道舞蹈中的某些点,并知道什么时候该停止。我记得我试着向贝比·多兹(坎宁汉是通过乔治·阿瓦基安认识他的)解释这一点,他是一位了不起的爵士即兴鼓手。我认为自己解释得很清楚,但每次排练的时候,他总是跟着我。我记得我一直想骗他,我累坏了,因为情况太复杂了。

所以,舞蹈和音乐分离的想法是行不通的。我做不到和他分离,因为如果我改变了,他会很快意识到这一点,然后和我一起改变,而不是说,他自己改变,做他自己不一样的事情,这是他做不到的。但我认为,作为一件作品,把这两者结合一定非常有趣,尽管它们并不符合我脑海中的想法。他站在舞台上,或者说他被从乐池中升起,我忘了是哪一个了,但他站了起来,所以被看到了。我们只演过一次。

贝比·多兹给出了自己的解释:

有一次我为莫斯·坎宁汉在纽约举办的舞会打鼓,那次的工作有所不同。他听说过我的鼓艺,于是有一天来到我住的地方,请我为他打鼓。我说不知道他想要什么,他让我先打起来。在我开始的时候,他说:"这就是我想要的,我会为其编排一套动作。"他问我是否愿意独奏,我告诉他这对我来说没什么区别。这就像你演过一场表演,就可以演完所有场次一样。我们只有一次排练,在演出前一天的一个半小时。我以前从未见过那样的舞蹈,直到现在还不知道他到底想要表达什么。

在莫斯·坎宁汉的独舞演出上,我们仅用鼓和舞蹈来表演。这有点像我的独奏演出,当然,我还必须跟其他人保持配合。有时我得在跳跃时敲钹,在转身时滚奏。当然,舞蹈都是他的构思,我不知道他接下来要做什么。这也和其他演出一样,因为你永远不确定演员会做什么,如果他认为这会让表演变得更加精彩,他可能会做一些与排练完全不同的动作。也就是说,如果他灵活多变,那我也必须足够敏捷,才能更好地配合他们。但我很容易就跟上了莫斯·坎宁汉的编排,对我来说自然而然。当你像我一样打了这么久的鼓,你就能感觉到那些东西。你不必确切地知道你要做什么,但事情就是这样发展的。我为那场独舞表演打鼓感到很兴奋,节目也大获成功。[1]

《佐迪尔达公主和她的随从》
(莫斯·坎宁汉的戏剧幻想,分为三部分)

与《我们的信条》一样,有一个坎宁汉写作的文本:

斯威夫特的序言

致敬!我们希望在幕布升起之前向您问好!当今一粒尘埃中蕴含着怎样的世界?
收集锯末来争取时间以达到任何目的?
为什么今天要教人言语?
喋喋不休地述说着挤在官殿门廊上的朝圣者。
这偶像崇拜礼仪简直荒谬至极。
撒网,数网,快速挥网——沉网,发网,使网持久。
佐迪尔达公主和她的随从。你只需要按照你已经开始的方式继续前行。小姐,你一定会到达那里的。

皇家游行
斯威夫特后记

治疗瘟疫的灵丹妙药,用厚布包装着。给未来的自己。佐迪尔达失去了她的礼节,母亲留给她的肩章。

我们被抛弃了。但世界是什么?为什么要思考它呢?多么奇怪的想法!

去西画廊,我的伙计,不论发生什么。

佐迪尔达挥舞她的军刀来平息暴徒——然后就失去了平衡,是吗?

幸福生活之幻想![2]

坎宁汉记得:

这就像一出小型中世纪戏剧,我们有一个短暂的开场,然后我们说了一些话。中间部分是一场舞蹈,我们换了服装,穿了一些可以变装的衣服,这样就可以变换造型了。最后,在结尾处我们又换了回来,这就形成了一个小的连续剧情流程。有一个固定的布景装置,我们以某种方式移动了它,从中间打开。它改变了,空间和外观也变了,然后我们在结束时又再次将它合拢,就像一个小旅行团一样。

(这种结构多少会让人想起格莱姆的《忏悔录》)

《佐迪尔达公主和她的随从》中的主角由弗吉尼亚·博斯勒(Virginia Bosler)扮演,她记得自己"打扮得很漂亮,对自己很满意",而坎宁汉和凯瑟琳·利茨则是她的侍臣,他们"在我背后调情,密谋把我洗劫一空,甚至会把我彻底毁灭"。有一幕,她骑在坎宁汉的背上绕着舞台转,利茨拉着她的手。舞蹈动作有时是跟随着音乐的,但有时却给人一种"即兴"的感觉,让人觉得她的角色从来都不是设定好的,"但我们必须抓住一些关键的东西"[3]。

室内的合奏曲(演出乐器包括长笛、巴松管、小号、小提琴、大提琴和钢琴)由阿列克谢·海耶夫创作,他与凯奇的音乐风格截然不同——他的音乐是新古典主义的、晚期斯特拉文斯基风格(Late-Stravinskyan Style,巴兰钦后来用他的《嬉游曲》[*Divertimento*]创作了一部芭蕾舞剧,并委约他创作了另一部未能上演的芭蕾舞剧)。海耶夫亲自指挥了这场演出。凯奇表示,他试图消除审美偏见,尽可能让这种偏见不出现在自己的音乐作品里。

● ● ●

6月份,坎宁汉在吉纳维夫·琼斯(Genevieve Jones)位于匹兹堡的工作室里教授课程,并和凯奇在匹兹堡剧院举办了一场演出,他在这场演出上跳了多达9个独舞[4]。那一年,他仅有的另一场演出是10月在纽约中央针业高中与让·厄德曼和尤里科(Yuriko)共同举办的一场演出,当时他跳了三个独舞。

1947 年

《四季》

坎宁汉和凯奇迄今为止最雄心勃勃的作品来自一个颇为出人意料的源头。1946 年,林肯·柯恩斯坦成立了一个芭蕾舞协会,其主要目的是为乔治·巴兰钦(George Balanchine)提供一个环境,使他可以无需考虑商业因素地创作芭蕾舞。1946 年 11 月 20 日,芭蕾舞协会的第一场演出就上演了巴兰钦的《四种气质》(*Four Temperaments*)以及重新演绎的莫里斯·拉威尔(Maurice Ravel)的歌剧《小孩与魔法》(*L'enfant et les sortileges*)。

芭蕾舞协会创办的第二个目的是给柯恩斯坦一个机会,促进年轻的编舞、作曲和画家之间的合作(正如他之前在大篷车芭蕾舞团[Ballet Caravan]芭蕾巡回舞团所做的那样,大篷车芭蕾舞团是一个历史上存在的舞蹈团体,它是由美国芭蕾舞团的创始人之一,林肯·柯恩斯坦,以及著名芭蕾舞者兼编舞家乔治·巴兰钦于 1936 年共同创建的。这个团体旨在推广现代舞蹈和美国原创舞蹈,也是对欧洲传统芭蕾的一种新探索。在芭蕾旅行表演团期间,他们演出了许多具有独特风格和主题的作品,并为当时的舞蹈界带来了新的观念和艺术形式)。1947 年春,巴兰钦去往巴黎歌剧院担任芭蕾舞团的客座大师,在他缺席的一个晚上,演出了以下芭蕾舞作品：第一部由卢·克里斯滕森(Lew Christensen)编舞，卡特·哈曼(Carter Harman)作曲，罗伯特·德鲁(Robert Drew)设计《黑脸》(*Black face*)。第二部是《牛头怪》(以之前的节目版本重新呈现，经过一些修改)，由约翰·塔拉斯(John Taras)作曲，埃利奥特·卡特编舞，琼·朱尼尔(Joan Junyer)设计。第三部是《四季》，分别由坎宁汉、凯奇和野口勇担任编舞、作曲和设计。1947年5月18日，该节目在纽约齐格菲尔德剧院上演。

1946年，柯恩斯坦在维吉尔·汤姆森的公寓里见到了凯奇，他问凯奇是否愿意为芭蕾舞协会写一首作品(当然，柯恩斯坦在更早之前就见过坎宁汉，先是在康尼什，之后在坎宁汉在美国芭蕾舞学校上课的时候)[1]。当时，柯恩斯坦显然不像后来那样轻视现代舞(现代舞蹈家艾里斯·马布里[Iris Mabry]在芭蕾舞协会举办的第二场节目中表演了舞蹈)，他大概看过一些坎宁汉和凯奇的演出，但他的确告诉过坎宁汉，希望芭蕾舞剧能有一个开头、中间和结尾。就坎宁汉而言，他"更感兴趣的是乔伊斯和印度人关于生命即循环的理念。因此，四季也许是一个主题"[2]。

《四季》的标题最初被宣布为《西北仪式》(*Northwestern Rite*)[3]，坎宁汉原本希望它能由莫里斯·格雷夫斯设计。他和凯奇几年前在西雅图见过莫里斯·格雷夫斯，从他的笔记中可以清楚地看出，他受到了西北地区气候、地形、印第安艺术和传说等方面的启发，这些都深刻地影响了曾在那里生活和工作过的其他艺术家。在坎宁汉为这部芭蕾舞剧所做的笔记中，有一份名为"西北海岸印第安绘画"的目录，收录在了前一年(1946年9月30日至10月19日)西57街15号的贝蒂·帕森斯画廊举办的开幕展中。然而，在这些笔记中，坎宁汉也确定了一个单独的人物，那就是他自己的角色，印度教神毗湿奴(毗湿奴[Vishnu]是印度教中的主要神祇之一，被认为是宇宙的保护者和守护者。他有多种形象和化身，在印度教的神话中扮演重要角色)，这表明他内心里不仅只有美国印

第安神话。他在笔记中还写道:"生长在同一片土地上的人们是有共性的!"

1946年夏天,坎宁汉去森特罗利亚看望他的父母,还去西雅图与格雷夫斯讨论了《四季》这部作品。但格雷夫斯还是决定不亲自创作这部芭蕾舞剧,而是委约日裔美国雕塑家野口勇设计布景和服装。野口勇曾为格莱姆设计过几支舞蹈,并将于次年为芭蕾舞协会巴兰钦和斯特拉文斯基设计《俄尔甫斯》(Orpheus)。设计师的变化自然会导致最终呈现在舞台上的舞蹈意象的本质变化,但坎宁汉和凯奇仍根据他们最初的想法决定了舞蹈的结构。

《四季》这部作品试图传达印第安人对四季的传统看法:宁静(冬天)、创造(春天)、包容(夏天)和毁灭(秋天)。它以《冬日序曲》为结尾,节奏结构为2,2;1,3;2,4,1,3,1……这些声音是由单音、音程和合音组成的音域(有各种各样的不同编排)[4]。这些数字还表示各部分的时间长度(以分钟为单位),其顺序如下:

前奏曲 I
冬天
前奏曲 II
春天
前奏曲 III 夏天
前奏曲 IV 秋天
结尾(前奏曲 I)

据坎宁汉的笔记表明,他想把《四季》改编成一部传统意义上的正统芭蕾舞剧,也就是说,一部既要有主题又要有编排结构的作品(不管它是否有开头、中间和结尾)。笔记比他后来的实践更充分地表达了他的想法,其中涉及了作品的各个方面:戏剧动作、诗意意象、编舞结构、运动质感、舞台、出入口。这些也证明了坎宁汉只要愿意去做,就有能力处理严肃的,甚至是深刻的主题。

坎宁汉在节目总介绍里写道:

> 我试图引用神话故事,用自己的话来说,就是一段自然时间的延长。如果说时间和季节是分不开的,那么在我看来,时间和舞蹈也是分不开的。每个季节的序曲都试图捕捉生活中或人类生命里可能存在的时刻。[5]

坎宁汉还表示,这些前奏"就像一些具体的事件:一场爱情双人舞,一个人独处……可以说,季节本身就更加抽象了"。

《四季》是一部相对较短的作品(最多18分钟),但它包含了一个宏大的主题,即使是这样,正如凯奇曾经说的那样,"井然有序"。凯奇和坎宁汉仍然按一个共同的节奏结构进行工作。凯奇后来写道,这首曲子是"一种东印度哲学概念的表达"[6]。他的配乐无疑为芭蕾舞协会节目中的音乐增添了更多的特色,其中一些音乐还委约保罗·亨德密特、伊戈尔·斯特拉文斯基(Igor Stravinsky)、埃利奥特·卡特和维托里奥·里蒂(Vittorio Rieti)等人创作。柯恩斯坦后来评论说,这首曲子"听起来很像克里斯蒂安·辛丁的《春之絮语》(Rustles [sic] of Spring)",这是对它的不公平的贬低[7]。《四季》实际上是当代最优美的芭蕾舞配乐之一,这个管弦乐作品细腻、清晰、不乏点睛之笔。"这些声音是由单音、音程和合音组成的音域(有各种各样的编排)"[8](编曲是在卢·哈里森、艾伦·霍瓦内斯,甚至汤姆森本人的协助下完成的)。

芭蕾舞协会表演团的一些舞者都是专业人士,比如吉塞拉·卡恰兰扎(Gisella Caccialanza),她是恩里科·切凯蒂(Enrico Cecchetti)的学生,曾在巴兰钦的第一个美国芭蕾舞团和柯恩斯坦的芭蕾巡回舞团中跳过舞。还有一些人,比如塔纳奎尔·勒克莱克(Tanaquil LeClercq),是美国芭蕾舞学院的学生,以前几乎没有在公共场合跳过舞(他和坎宁汉一起跳了"夏天"那一场的双人舞)。所有人都"受过古典舞训练,习惯了韵律舞句,不习惯在没有音乐支撑限定动作的情况下跳舞或静止不动"[9]。

尽管坎宁汉说他并没有提前准备好所有的动作,但从他在钢琴乐谱上的精确注释可以明显看出,他在排练前做了精心的准备,而且工作进行得很快。坎宁汉记得负责安排排练(排练在美国芭蕾舞学院进行)的克里斯滕森问他进展如何,当坎宁汉告诉他快完成时,克里斯滕森说,如果那样的话,他的一些排练时间将留给其他编舞,坎宁汉拒绝了。有些动作对芭蕾舞演员来说很难,坎宁汉有时不得不修改他最初的想法。他和舞者们谈论了这部作品,并表示"这可能是我唯一一次这样做"。比阿特丽斯·汤普金斯(Beatrice Tompkins)也认为,没有其他编舞的人这样做。勒克莱克后来谈到凯奇和坎宁汉时说:"他们非常了不起,而且做事很认真。很多编舞都被他们的音乐淹没了,但坎宁汉不会。他真的很懂行,他总会给你一些有价值的东西,很令人惊喜。到了春天,女孩们绑起了马尾辫,这总是引起一阵大笑,莫斯对此很生气。"[10]

野口勇的设计自然给作品带来了一种日本而非印第安的感觉,但这并不意味着违背了最初的想法。坎宁汉意识到了西北地区和日本之间的密切联系。另一方面,正如坎宁汉不久后了解到的,野口勇也有自己的想法:

> 我把《四季》看作是对时间流逝的纪念。时间可以是一天,从黎明到炎热的正午,再到寒冷的夜晚。时间也可以是一年,正如标题所暗示的那样,或者是一生。
>
> 开始时,这里一片黑暗或虚无(在有意识之前)。下着雨,光线慢慢变亮,又逐渐消失,然后再次变亮,跳动着,并且越来越强烈。

突然间一闪（镁闪光），黎明到了（所有这一切都是用灯光机器完成的）。鸟儿（男孩用喙，女孩用尾羽）起舞到天明，光线变得更加炙热，悸动的热量变得强烈，直至猛烈地爆发出火焰（光线投射到各处）。

秋天随之而来，带着奇异而柔软的月亮形状，接着是寒冷的冬天。下雪了，一行行凝固的冰线刺穿了天空（用绳索制成），末日之人走进了黑暗。

虽然《四季》只上演了三次（实际上总共有五场，在三个不同的场合上演），但我一直觉得这是我最拿得出手的一部作品。演出服装滑稽而悲伤，就像人类的处境一样，造型有点像麦克·森内特（Mack Sennett）的浴衣，像尾羽似有似无的鸟儿。红色塑料纸锥形状的喙安装在白色圆盘上，被舞者叼在嘴里。[11]

坎宁汉愿意调整以采纳野口勇的想法，尽管并不容易做到：

这里有一些道具和面具，面具非常难戴，因为你需要用日本人的方式——用嘴持。面具很漂亮，但是戴上之后跳舞就会变得相当困难。我在"夏日"这一幕中，使用了一种柳条形状的道具，这是我和坦尼·勒克莱克（Tanny [LeCleraq]）的双人舞段落。在某一刻，三个男孩带着这个柳条状的东西出场，并透过它看过来，仿佛你正站在河岸边，被一群偷窥的男孩围绕——那是一个非常美丽的造型。

在一次采访中，野口勇对坎宁汉给他更多的发挥空间表示赞赏，这与玛莎·格莱姆有时施加的限制形成了鲜明对比。采访者弗朗西斯·赫瑞吉（Frances Herridge）评论道"道具比舞蹈还多"，并问及"为春天的到来而燃放鞭炮"这一幕：

> 那应该是演出中没人会注意到的微小噪声——音乐的一部分。我们只进行过一次完整的排练，你知道周日剧院存在的问题，那里一切都很混乱。我本打算在幕布上用真实的雪和雨的动态图片作为背景，但在最后一刻，我们换了剧院，齐格菲尔德剧院没有摄像设备。我不得不冲出去找一些积雪，用幻灯片把它投影出来。
>
> 坎宁汉和我在服装设计上没有达成一致，一些我用于象征"春天"的道具，他却用于"夏天"，但这是一个进行实验的好机会！[12]

芭蕾舞协会早期的演出不是在西 24 街的中央针业高中礼堂，就是在亨特剧院，这两个地方都不适合进行大型的芭蕾舞表演。然而，这个原本计划在针业高中上演的节目，于 1947 年 5 月 18 日星期日晚上，在优雅宽敞的齐格菲尔德剧院上演了，并于次日再次上演。

芭蕾舞协会的年鉴上有一段关于《四季》的描述：

> 《四季》采用了多种戏剧手法，以一种巧妙的组合方式，增强了随着天气、昼夜时间和一年周期而变化的情绪的氛围。移动的火、雪晶、冰雹、水滴和雨的设计投射在透明的幕布上，一场精心策划的小爆炸预示着春天的到来。舞蹈演员们在他们的基本服装上添加了各种各样适宜的面具和道具，比如像鸟一样的帽子和"死亡面具"。一丛丛野山茱萸、蝴蝶网和一只大风筝，随着游行队伍穿过舞台。最后，一个巨大的结晶形成的几何形状的轮廓覆盖了整个场景。

色彩有鲜明的重点,补充了音乐中精致平衡的音色。舞蹈轻盈、故意戏谑,欢快但严肃。芭蕾舞协会首季结束时的表演赢得了热烈的掌声。[13]

埃德温·丹比一直是坎宁汉作品的拥护者,他在《肯扬评论》(Kenyon Review)中写道,《四季》的创作宣告了"一位杰出的编舞天才"的出现:

> 他的作品虽然不属于古典风格,但受过古典训练的演员却把它展现得清晰有致。作品的主题是天气的变化和由此引起的主观状态的变化,这是梭罗(Thoreau)传统的主题。这些舞句简短却清晰,可塑性强且富有想象力。尽管情感是颤动而细腻的,但这个作品在舞蹈结构上表现出强大的力量。坎宁汉很可能会被视为与杰罗姆·罗宾斯(Jerome Robbins)一样有天赋的编舞家,尽管他的风格像罗宾斯一样深奥却直言不讳。[14]

几年后,柯恩斯坦写道:"芭蕾……温柔而美丽,但它没有什么技术性吸引力,对受过芭蕾舞训练的舞者来说也不是特别有趣。"[15] 在之后的一次采访中,他说,"《四季》算是《水磨坊》(Watermill)[16] 的'曾曾祖母'"(《水磨坊》是罗宾斯的戏剧作品,纽约城市芭蕾舞团[New York City Ballet]于1972年演出过),但人们必须先了解柯恩斯坦对《水磨坊》的看法,才能判断这番评论是否意在赞扬。然而,芭蕾舞协会年鉴的一位匿名作者写道:"这部作品,也许是芭蕾舞协会第一季所提供的所有合作作品中最极端的一部,但就其本身而言,它也是最成功的合作。"[17] 这一评价即便不是柯恩斯坦本人亲自撰写,也是他认可的。

无论如何,芭蕾舞协会变为纽约城市芭蕾舞团后,于1949年1

月在纽约城市中心剧场(City Center)第一次表演了《四季》。坎宁汉以客座艺术家的身份出现,帕特·麦克布莱德(Pat McBride)[18]出演吉塞拉·卡恰兰扎的角色,她也曾在一年前的芭蕾舞协会的演出中出现过。值得一提的是,1948年9月至12月,坎宁汉曾受邀(他认为这可能是受穆里尔·斯图尔特[Muriel Stuatt]的要求)到美国芭蕾舞学院(School of American Ballet)任教。

• • •

大概是因为忙于准备芭蕾舞,坎宁汉在1946到1947年都没有举办自己的作品演出。1947年秋天,他开始为12月14日在亨特剧院举行的一场演出进行排练了。显然,他对群舞作品越来越感兴趣。该演出包括了《佐迪尔达公主和她的随从》的复排,他本人和6位女性的新作《德罗门侬》(*Dromenon*),还有一支新的独舞《敞开的道路》(*The Open Road*),由卢·哈里森作曲,另外还有《无焦之根》和《神秘的冒险》的重演。

《德罗门侬》

> 该舞蹈涉及许多女性角色,她们团结在一起是为了唤起一种精神,这种精神存在于她们以及随之而来的行动之中。[19]

演员阵容中的6名女性大多来自坎宁汉自己的班级(他已经开始独立授课),其中包括格莱姆舞团的舞蹈演员多萝西·贝里亚,她在格莱姆工作室见过坎宁汉,当时坎宁汉来给约翰·巴特勒(John Butler)和马克·莱德(Mark Ryder)教授角色课程。贝里亚说,坎宁汉与她共事过的一些人不同,他做事很有条理。他的课程和排练都按固定的时间表进行,从音乐会的前三个月起,每周一、周三和周五的五点进行排练,确保了这部作品的按时完成。"我们没有进行额外的排练……这是对合作伙伴的一种尊重,这种感觉会传达给别人。"贝里亚表示,《德罗门侬》表演的是"某种希腊仪式",其舞蹈编排包括"大量的空中动作"。然而坎宁汉并未提及这部作品的意义。[20]

坎宁汉的服装由画家索尼娅·塞库拉(Sonja Sekula)设计,是一件棕色羊毛紧身衣。他穿上后,塞库拉直接在衣服上进行了绘制。(1973年,坎宁汉在《独舞》[Solo]中再次穿上了这套服装)。此外,坎宁汉亲自设计了女士的服装——灰色褶皱绉布制成的长款束腰外衣,头饰是凯奇收集的松枝。之后,这支舞蹈就再也没有表演过了。

《敞开的道路》

这支独舞的官方名为《西部舞蹈》(Western Dance),"唤起对美国西部工作景观的回忆"[21],哈里森写道:

"坎宁汉风格"当时还不存在,我们都在尝试各种各样的东西。我们确实在一起谈论了这个作品要传达的精神,我试图在音乐上表现出这种精神,部分通过使用科普兰风格的声音和节奏来实现,他的风格当时被视为是典型、实用的美国和"西方"风格。记忆中,我从未在录音室中数着已经编好的舞蹈作品节拍,然后再为之创作音乐。所以,除非莫斯另有说明,我可能是先作曲,然后再让他编舞。这不是我通常为舞者工作的方式,事实上,恰恰相反。[22]

这部作品的音乐,就像《佐迪尔达公主》一样,是一首室内乐合奏,在首演时由作曲家指挥,后来在巡演中以他的钢琴版本演奏。

按照尼克·克雷维茨基(Nik Krevitsky)的说法,这种舞蹈"似乎和《比利小子》(Billy the Kid)一样明确参考了牛仔乡村。为了做到精简,也许偶尔会导致画面胜过动作,但还是有一些不错的素材。当它变得更加自如并展现真实本色时,应该是一支令人愉悦的作品"[23]。坎宁汉似乎也有同样的看法,因为当他于1950年5月在纽约再次表演这支舞蹈时,对它进行了彻底的修改。

1948 年

1948年2月底,坎宁汉和凯奇应邀参加了在纽约波基普西的瓦萨学院举行的全国大学艺术研讨会,会议的主题是"当代社会中的创意艺术"。坎宁汉在一个戏剧舞蹈小组上发言,将舞蹈定义为"特定时间和空间下有组织的动作"。在解释现代舞和芭蕾之间的区别时,他强调,"舞蹈不需要,也确实不该带有文学意义"。瓦萨学院的一份刊物里写道:"另一方面,坎宁汉先生认为不存在'抽象'舞蹈,因为舞蹈本身是由人的肢体动作组成的,其永远不可能是抽象的。"坎宁汉还谈到了编舞和作曲家之间的一种新关系,即"一种相互依存的合作关系"。在接下来的提问环节,坎宁汉被问到"舞者在创作之前是否有必要树立一个明确的想法"?坎宁汉先生表示,舞蹈可以有两种构思方式:(1)编舞可能会先有一个想法,在创作过程中,这个想法通过舞蹈形式不断完善并实现;(2)他可能从一个简单的舞步或模式开始……随着基本模式的发展,其创作逐渐获得意义[1]。

另一篇报道称,坎宁汉"觉得舞蹈的意义在于行动,不应该试图传达一个观念。对他而言,舞蹈是用来反映人类行为的一种形式,因此,它绝不是一种抽象艺术"[2]。这可能是坎宁汉发展舞蹈美学要素,首次公开发表并刊登在印刷品上。

在坎宁汉独自工作的四年里,他和凯奇曾有过一两次离开纽约举办单独音乐和舞蹈演出的经历。1948年3月,芭蕾舞协会重新上演《四季》后不久,他们就开始了接下来几年的第一次巡演。

> 1948年春,凯奇和我在进行巡回演出,共同举办音乐和舞蹈表演。1948年4月,在弗吉尼亚州的一所大学(弗吉尼亚州法姆维尔州立师范学院)里,我们要做一场讲座演示。我们抛弃了传统的演讲和演示方式,在听众(大部分是学生)面前展示了一段简短的舞蹈和音乐。首先,我们讲解了节奏结构以及将要表演的这个特殊的结构,然后我们开始各司其职,他在侧台弹奏钢琴,我独自在舞台上表演。
>
> 我记得,这个结构是8×8,分为2-2-1-3。在完成任何一节,任何8之后时,我们都会一起尝试,无论是舞蹈还是音乐,而且每一次都会赢得公众的掌声。我解释说,我们并不指望能完成,更在意其中的过程。但出乎意料,我们做到了。[3]

路易斯·霍斯特也参加了本次讲座演示,他在事后表示:"玛莎·格莱姆永远不可能做到这一点。"从那时起,这支舞蹈再也没有表演过。

在西行之前,两人于1948年4月3日至8日首次访问了北卡罗来纳州的文科学院黑山学院[4]:

> 我们借了索尼娅·塞库拉的车,我们有几天日程,包括在弗吉尼亚的一次。约翰说我们应该去趟黑山学院——因为我们期间有几天时间。他听说过这个地方,一直想多了解一些,所以我们开车去了那里。那是在4月的春天,我们在那里待了一个周末。那几天一直在下

雨,我记得所有活动都是在大餐厅以及格罗皮乌斯建造的悬臂式建筑——工作室里进行的。我们住在学校里,约瑟夫·阿尔伯斯(Josef Albers)也在,他问我们是否愿意为学生们做些什么,所以我们举办了几场讲座。约翰和我以非正式的方式进行了演奏和舞蹈,随后又与学生们进行了交流。

那是一段美好的时光,太棒了……两天后,我们开车离开,那时雨已经停了。我们回头时,看到他们在挥手,那里有很多学生,我们还看到了他们在车底下放给我们的礼物。我们不得不停下来,回去把他们给我们的小罐子和小零食等所有东西拿上。阿尔伯斯邀请我们在夏天再来上课……

关于这次访问的报道被刊登在《黑山公报》(*Black Mountain Bulletin*)上:

"约翰·凯奇和莫斯·坎宁汉于4月访问了黑山学院。"

约翰·凯奇创作音乐。他是个年轻人,擅长为钢琴创作音乐,将其转变为打击乐和音调的组合。节目结束后,在社区喝完咖啡,约翰·凯奇回答了他打算做什么以及为什么要做这些事情的问题。他表示他对时间,比对和声更感兴趣。他的音乐是根据时间的持续性来构建的,一个大型作品中的每个小单元都反映了整体特征,就像微观宇宙一样。他觉得音乐的最高用途就像一个人"创造"的任何东西一样:通过作品秩序来整合一个人的全部才能。作品主要是为创作者提供这一功能,但"艺术"(一个人"创造"的任何东西)的好处在于,它可能对另一个人(有创造力的表演者或观众)产生同样的力量。而且,由于整合可能会在一个陌生人身上自我发现,自我认知,一个新的社会也许有一天会通过我们自我获得的协调,逐渐从当前的"精神分裂"中形成。它始于音乐,以共同的人性结束。

或者,比如说,跳舞。莫斯·坎宁汉是一位舞者,他会创作、表演和教学。和凯奇一样,他现在的关注点主要集中在时间,动作中的时间,而不是造型上。坎宁汉和凯奇在一起工作,或者应该说他俩是分开的。实际上,他们在商定了节奏结构后,分别进行了舞蹈和音乐的创作。这同样保证了在已知限制内的创作自由,避免了动作和音调的常规同步。莫斯·坎宁汉为黑山呈现了一系列舞蹈练习和舞蹈创作,这是一次非常美丽而有力的精神集中的表达,在动作中体现。他在这里与学生们一起工作。

这两位艺术家在创作有秩序的、能表达整个人类的作品之前都很谦卑,且对自己的生平经历轻描淡写。自他们访问以来,迸发出的创作能量和创新活力已经在学院中,无论是在创作还是在反响方面都得到了显著的展现。[5]

坎宁汉和凯奇巡演的最后一站,在密苏里州斯蒂芬斯学院的"新艺术周末"(1948年5月7日至9日)举行,期间还放映了玛雅·德伦(Maya Deren)的电影。诗人兼评论家约翰·马尔科姆·布林宁(John Malcolm Brinnin)是该活动的主持人[6],他当时在斯蒂芬斯学院任教。坎宁汉在音乐会上首演了一支新的独舞《梦》(*Dream*)。

《梦》

《梦》是一部抒情作品,时长不短(五分钟),或者在我看来很长。我记得这支舞里要保持很久的平衡,必须单脚站立很长一段时间,然后是立半脚尖(relevé)——在站了很长时间之后,你必须立起半脚尖并保持一段时间。

凯奇的音乐是一首钢琴曲，"是遵循舞蹈的节奏结构创作的，它采用了一组固定的音域，并在表演中依赖手动或用踏板维持共振"。[7]

在黑山的第一个夏天

坎宁汉回忆1948年夏天时说：

阿尔伯斯问约翰是否认识有趣的画家，也能来黑山教书。约翰在这方面是一个非常坦率的人，他推荐了比尔·德·库宁（Bill de Kooning），因为他知道比尔和伊莱恩（Elaine）一文不名，事实上他们刚刚被赶出家门。所以比尔和伊莱恩去了黑山，那个夏天我们都在那里。我对那个夏天印象深刻，我记不起那里的所有人了，除了巴基（巴克明斯特·富勒，Buckminster Fuller）和利波尔德（理查德和他的妻子，舞蹈家露易丝·利波尔德[louise lippold]）。我们在那里遇到了 M. C.（玛丽·卡罗琳，Mary Caroline）理查兹，他们问约翰是否愿意在夏天举办一些小型音乐节目，他想了想，决定不做大杂烩，而是表演萨蒂的所有作品。比如利用晚饭后的半小时，每周演出三次。地点要么在餐厅，要么他们去我们住的房间，那里有可以打开的窗户和钢琴，他会弹，人们可以坐在外面观赏。所以他演奏了所有作品，甚至是包含管弦乐等，或某种其他方式呈现出来，他们还演出了《苏格拉底》。

这一系列的高潮是萨蒂的戏剧《梅杜斯之恋》（Le Piege de Meduse），凯奇在纽约公共图书馆的珍本藏书中发现了这部剧，乔治·布拉克（Georges Braque）为其插图。它曾由达利斯·米尔豪夫人在巴黎演出,并在米尔斯学院再次演出。

比尔·德·库宁为话剧设计了一些东西,伊莱恩当然也在其中。我们想不出该找谁扮演男爵,于是试着去考虑在场的人,但似乎没有合适的。最后,可能是伊莱恩或约翰或其他什么人建议了巴基,我们问他,他答应了。他表演得非常出色,非常认真。这真是一次了不起的经历。

坎宁汉饰演乔纳斯,一只机械猴子。在海伦·利文斯顿(Helen Livingston)的指导下,早期的排练并不顺利。当她不得不要离开时,舞团决定请阿瑟·佩恩(Arthur Penn)来接任导演工作。佩恩曾是去年黑山学院的学生,并回来教表演课。佩恩对文本的即兴创作方式给了演员们更大的自由和信心,特别是与富勒的合作,起初,富勒在公开场合排练时很拘谨,但在佩恩的指导下,富勒变得更加灵活,最终完成了凯奇所说的"出色"表演。

富勒自己回忆道:

那群人决定要演一出戏,他们想让我参演。我说:"我不会演戏,我从来没演过。我能做的就是即兴说话,但我做不了任何需要排练的事情。"

他们说:"你必须试试。你将成为埃里克·萨蒂的《美杜莎的诡计》(*The Ruse of Medusa*)里的新星,你将成为美杜莎。"[8]

根据伊莱恩·德·库宁的说法,她接受了弗里塞特(Frisette)这个角色,因为她"唯一的台词就是'是的,爸爸'"。

学校里最英俊的学生威廉·施劳格(William

Schroger)被选中扮演她的追求者,他同样没什么台词。小说家艾萨克·罗森菲尔德(Isaac Rosenfeld)扮演男主人公脾气暴躁的管家。但重要角色还是巴基,他的角色有点像 W. C. 菲尔兹式(W. C. Fields)的贵族①,总是说些不合逻辑的话。巴基的马拉松式演讲清楚地表明他有着惊人的记忆力,所以我们对他在喜剧方面的天赋并不意外。排练很多次后,我们才能在他表演作为一个心不在焉的男爵时,面对那些滑稽动作不失控。学生导师阿瑟·佩恩担任导演。事实上,他在发掘完全业余的人的特征方面很有独创性,我被他为弗里塞特设计的那种俏皮、轻快的步态和扑朔迷离的手势深感沉醉。[9]

至于设计,伊莱恩·德·库宁是这样说的:

> 因为似乎没有人感兴趣,所以我设计了布景和服装——与其说是"设计"(Design)不如说是"分配"(Allocate)。比尔用他16岁时在荷兰的一家装饰店学到的技术,把一张笨重的大桌子和两根不起眼的柱子改成了华丽的粉色和灰色大理石。电话、烛台、羽毛笔、墨水瓶、放大镜、温度计和巴基的礼帽等道具清单交给了学生,学生们被告知有整整一个月的时间来设计足够大和华丽的东西。玛丽·奥腾(Mary Outten)是一位漂亮的女孩,是一个会踩缝纫机的"巫师"。她用我们在镇上;以每码60美分的价格买的纱布,给我做了一件非常漂

---

① W. C. 菲尔兹是一位美国著名的喜剧演员、电影制片人和作家,活跃于20世纪上半叶。他以幽默风趣、滑稽搞笑的表演风格而闻名,经常扮演一些滑稽而魅力十足的角色。在这里所提到的 W. C. 菲尔兹式的贵族是指一种以幽默和滑稽为特色的、可能有点不拘一格的、与传统贵族形象有所不同的角色。

亮的维多利亚时代的白色连衣裙。她还在巴基的卡其色工装裤上缝了灰色缎带条纹，营造出一种优雅的滑稽效果。

约翰·凯奇演奏了萨蒂的配乐，莫斯为他的角色创作了精彩的小插曲舞蹈。[10]

根据黑山学者马丁·杜伯曼（Martin Duberman）的说法，"佩恩认为坎宁汉的舞台感几乎算得上是奇迹：他'真的存在于那里，以一种我几乎没见过的方式存在'"[11]。

坎宁汉：他们给我做了一个桩子，让我坐在上面。我忘了我穿着什么了，我必须坐着不动，然后站起来，在镜头之间穿梭起舞。

伊莱恩·德·库宁：演出当晚一切都完美无瑕，观众都觉得这是一场精彩的项目，就那样结束了，当晚没有照片，也没有录音。（事实上，克莱门斯·卡利舍尔［Clemens Kalischer］拍摄了几张照片）布景和服装被保存了一段时间就不见了。第二年，我在鲁迪·伯克哈特（Rudy Burckhardt）的电影《茱萸少女》（*The Dogwood Maiden*）中穿了这件可爱的裙子（那年夏天，他也在黑山放映了他的城市电影），然后这条裙子也不见了。[12]

除了演奏音乐，凯奇还在那年夏天做了一场题为"为萨蒂辩护"的演讲。当时很多人都没有把萨蒂的音乐当回事，凯奇和维吉尔·汤姆森是例外。汤姆森向凯奇介绍了很多萨蒂的音乐，包括我们已经看到的《苏格拉底》。凯奇的演讲给出了这种节奏结构的进一步定义，这是他和坎宁汉在过去五六年里一直在研究的内容：

在结构领域,即各部分及其与整体关系定义的领域,自贝多芬以来只有一种新观念。这种新观念在安东·韦伯恩(Anton Webern)和埃里克·萨蒂的作品中得到体现。对贝多芬来说,乐曲的各个部分是用和声来定义的,而萨蒂和韦伯恩则通过时长来定义它们。结构问题是基本问题,在这个问题上达成一致是如此重要,所以现在人们经常会问贝多芬是对的,还是韦伯恩和萨蒂是对的?我会立即明确地回答说,贝多芬是错的,他的影响力之广泛令人遗憾,使音乐艺术失去了活力。[13]

1948年8月14日,《美杜莎的诡计》首次上演,也仅演了一场。杜伯曼提到过要把这部作品推广到纽约,但无果而终[14]。然而,坎宁汉以《猴子舞》(Monkey Dances)之名将这部作品纳入了他的独舞剧目库。8月20日,也就是《美杜莎的诡计》制作一周后,坎宁汉与路易丝·利波尔德在黑山举行的一场音乐会上,《猴子舞》首次在表演会上独立演出。该表演节目中还包括另一支新的独舞《俄瑞斯忒斯》(Orestes)和《转移:五章组曲》(A Diversion),这是他自己、利波尔德和萨拉·哈米尔(Sara Hamill)的三人舞,哈米尔也是从纽约来黑山避暑的。

《俄瑞斯忒斯》

《俄瑞斯忒斯》是坎宁汉公开涉足希腊悲剧领域的唯一一次,这个领域为玛莎·格莱姆的许多舞蹈提供了主题。这个故事讲了俄瑞斯忒斯为了替父亲阿伽门农复仇,杀死了他的母亲克吕泰涅斯特拉(Clytemnestra)和她的情人埃癸斯忒斯(Aegisthus)。1949年3月9日,在一篇关于在瓦萨学院舞蹈表演的文章报道里,坎宁汉和凯奇宣布这部作品是"舞蹈和音乐组合的一部分,其中将包括更多俄瑞斯忒斯生活的场景。在这个片段中,俄瑞斯忒斯正纠结于是否应该杀死自己的母亲"[15]。在另一篇关于瓦萨演出的文章中写道,《俄瑞斯忒斯》"并不像人们预期的那样是悲剧,莫斯·坎宁汉的《俄瑞斯忒斯》是悲剧性的,虽然人们已经意识到了,但是毕竟灾难还没有实现"[16]。当被问及这支舞蹈时,坎宁汉唯一的评价是:"天哪,太戏剧性了!"显然,更大的计划被放弃了;《俄瑞斯忒斯》只上演过7次,而且从未在纽约演过。凯奇说,这个作品有时是在无声中表演,因为他的音乐不适合"如此戏剧化的主题"。

《转移:五章组曲》

这支舞蹈的配乐是凯奇的《玩具钢琴组曲》(*Suit for Toy Piano*),该组曲"使用了一个有限的音域,即从中音C以下的E到中音C以上的F的9个'白'键。这9个音只用于这个组曲的第五部分的第三和第四首,第一首和最后一首只使用了五个音调,从G到D"。同样,这部作品是根据7,7,6,6,4的节奏结构创作的[17]。

在接下来的两三年里,《转移:五章组曲》这个作品经历了多次不同版本变迁,在其中一次还附带了一个节目说明:

> 由五个部分组成的组曲,可能被视为与克里希纳和牧羊女的传说有关[18]。①

坎宁汉和多萝西·贝里亚对这些音符感到惊讶(然而,坎宁汉说过,他1953年的舞蹈《七重奏》(*Septet*)的倒数第二节是根据印

---

① 克里希纳和牧羊女的传说(The legend of Krishna and the Gopis),克里希纳是印度教中的神明之一,被描述为吸引牧羊女的魅力无比。传说中,克里希纳和牧羊女们之间有各种各样的故事和互动,这些故事被视为对爱情、忠诚和超越个人欲望的探索。因此,这句话暗示了这个组曲可能在一定程度上反映了这些传说或与之有关的主题和情感。

度的克里希纳传说改编的)。贝里亚只记得她喜欢这部作品,因为她有一套漂亮的绿松石服装,"下摆有一层黑色天鹅绒,这让它变得很重,所以它在舞动时产生了很多动态……那支舞里有很多腿部的动作,是一部快乐、欢快的作品"[19]。坎宁汉说:"最后我们设计了一个小小的庆祝仪式。"

• • •

坎宁汉和凯奇的作品在本质上经常被描述或被指责为"达达主义"。当然,两人都渐渐地拒绝接受别人对于音乐和舞蹈的既定观念,在他们的言论和作品中勇于表达观点。他们深受马塞尔·杜尚(Marcel Duchamp)思想的影响,更不用说他的生活和作品了,杜尚的艺术经常与"达达主义"联系在一起。早在1944年,纽约朱利安·列维画廊举办了一场作品展,展示了杜尚对国际象棋的兴趣相关的作品,凯奇为作品展贡献了一幅名为《棋子》(Chess Pieces)的平面设计作品,由音符的方块构成[20]。至少从1939年初,南希·威尔逊·罗斯在康尼什的演讲开始,凯奇就已经意识到"达达主义"和他的另一个兴趣——禅宗之间的相似之处。凯奇写道:"两者之间能够存在联系,但'达达'和禅宗都不是固定的有形事物,它们会不断变化。在不同地点、不同时间,以完全不同的方式激发行动。"[21]

至于坎宁汉,就他的舞蹈具有"达达主义"的品质而言,可以说它们与佳吉列夫(Diaghilev)的俄罗斯芭蕾舞团和罗尔夫·德麦尔的苏多伊芭蕾舞团(Rolf de Mare's Ballets Suedois)所呈现的某些芭蕾有关,如《游行》(Parade)、《停泊地》(Relache)、《墨丘利》(Mercure)和《玩偶匣》(Jack-in-the-Box,所有这些作品里都有萨蒂的音乐,这绝非巧合),与美国现代舞早先的任何作品都不相关。

1949 年

1949年对坎宁汉和凯奇来说是忙碌的一年。1949年1月14日和22日，坎宁汉在纽约城市芭蕾舞团首演季的两场《四季》演出中作为客座艺术家亮相。2月初，两人还是开着索尼娅·塞库拉的车，第二次踏上了美国巡演的旅程。他们的第一站是伊利诺伊州的温内卡，受到舞者西比尔·希勒和住在诺斯布鲁克的灯光设计师海伦·莫里森（Helen Morrison）的邀请。希勒曾提出为坎宁汉编一支独舞，并在坎宁汉抵达后进行了排练。该舞于1949年2月3日在北岸县日间剧院演出，这是坎宁汉第一次也是唯一一次在自己的演出上表演另一位编舞家的作品。希勒本人在《沙丘新闻》上评论了这场表演，她把这支舞蹈命名为《一个女人视界中的男人世界》（A Woman's Version of a Man's World），这实际上是它的副标题，实际标题是《潦潦草草》（Scribble Scrabble）[1]。这支舞蹈之后再也没有表演过。

坎宁汉和凯奇顶着恶劣的天气一路向西，汽车在结冰的道路上不停地打滑，有时甚至会偏离道路：

我们离开芝加哥的那一天起得很早，因为我们的下一站是俄勒冈州的波特兰市。我们开车出了市，在一个卡车停靠点买了杯咖啡，我们坐在那里看地图。旁边的

> 一位卡车司机问约翰:"你干嘛呢?"我们说:"我们计划去波特兰旅行。"他说:"你们疯了吗?"我们说:"不,我们在巡演,那里是我们的下一站。"他说:"好吧,但我建议你从亚利桑那州过去。"
>
> 于是,我们开始向南行驶。那时我们又偏离了公路,最后沿着某个地方往下走,终于走出了雪地。我们到达了亚利桑那州的弗拉格斯塔夫,那里雪堆得很高,有14或15英尺高,我们刚过去,就又开始下雪了,通行道被关闭了……

进入加州后,他们听说北方的天气依然恶劣,于是决定把车停在萨克拉门托,坐火车去俄勒冈州,在科瓦利斯的俄勒冈州立学院和波特兰的里德学院演出:

> 我在俄勒冈州的一所大学里为莫斯的独舞伴奏后,莫斯去了女子体育部的办公室拿支票。部门负责人对节目并不满意,她问莫斯是否真的坚持要收费。随之而来的是一场讨论:我们需要这笔钱去参加下一场演出……那里的舞台很小,还很低,莫斯每跳一次,他的头都会从视野中消失。[2]

· · ·

在那之前,坎宁汉和凯奇在他们的巡演过程中,已经回到了他们的家乡——西部。20世纪40年代末,他们走上不同道路的时机似乎已经成熟。凯奇十几岁的时候就辍学了,他去了欧洲,去了巴黎、马德里和柏林等地。[3] 现在,他接到了《纽约太阳报》的任务,负责报道法国和西西里岛的音乐节。在维吉尔·汤姆森向(包括皮埃尔·布列兹[Pierre Boulez][4]在内)法国音乐家的介绍下,他和坎宁汉于1949年3月24日,也就是他们巡演的最后一场音乐会结束10天后,在新阿姆斯特丹号上起航。他们于1949年4月1日抵达阿姆斯特丹[5]。在短暂访问巴黎后,凯奇得知他获得了古根海姆奖学金。随后,他们前往西西里岛,凯奇将在那里报道国际当代音乐协会在巴勒莫举办的春季艺术节。

> 在巴勒莫歌剧院,有一些让人大开眼界的围巾舞;在陶尔米纳,在希腊剧院上演欧里庇得斯的《独眼巨人》(The Cyclops)时,同样有一些让人大开眼界的藤蔓舞。事实上,最令人兴奋的是意大利一个小山村(拉韦洛)的男孩们跳的民族舞,它被称为马罗奎纳(Maroquina),属于阿拉伯风格,非常狂野,但同时又很克制。伴奏靠野蛮地敲打巨大的自制手鼓加上人声吟唱,十分震撼。[6]

凯奇和坎宁汉经罗马回到巴黎,当时在美国学院的画家约翰·赫里克在那里为凯奇安排了一场音乐会(正是凯奇建议给赫里克1947年的超现实主义画作中的一幅取名为《危险之夜》[Perilous Night],这也是他自己的一部作品的名字[7])。凯奇从巴黎南下去参加普罗旺斯艾克斯的另一个艺术节。与此同时,坎宁汉在圣路易斯岛的勃艮第酒店找到了一个房间,在那里节俭地生活着。他还在萨勒瓦克租了一间工作室,按照他的习惯,独自一个人工作,并观摩奥尔加·布拉金斯卡娅(Olga Preobrazhen Skaya)和诺拉夫人(Madame Nora)的课程。

那年夏天,一位年轻的美国戏剧专业的学生玛丽安娜·普雷格在巴黎就读了让-路易斯·巴劳特(Jean-Louis Barrault)和罗杰·布林(Roger Blin)的学校,她曾在格莱姆舞团见过坎宁汉。当她得知画家埃尔斯沃思·凯利(Ellsworth Kelly)和坎宁汉住在同一家酒店,而坎宁汉正在找一间工作室时,她向坎宁汉介绍了自己。普雷格告诉坎宁汉,在巴劳特的学校教"现代舞"的杰奎琳·黎凡特(Jacqueline Levant)在萨勒普莱耶有一间舞蹈工作室,愿意让他使用,条件是让他去授课。坎宁汉欣然同意。在剩下的时间里,他每周去教三次课。除了普雷格和黎凡特,后来著名的加州行为艺术家雷切尔·罗森塔尔(Rachel Rosenthal)和弗朗索瓦·坎顿(Francois Canton)也是他的学生。

> 法国人对时间的想法很独特。如果一节课的时间是从早上六点半到七点半,他们觉得自己可以在这一小时内的任何时间赶去上课,至少这堂课上会不断有新的面孔出现。[8]

坎宁汉对他在巴黎看到的舞蹈并不怎么欣赏:

> 罗兰·佩蒂(Roland Petit)的巴黎芭蕾舞剧(Les Ballets de Paris)可以与我们的音乐喜剧相媲美,但它不像我们的音乐喜剧那样流畅,而且从整体上看,我们的音乐剧有更好的舞者。他们的芭蕾舞剧比我们的音乐剧更有趣,因为芭蕾舞剧不会假装严肃,但艾格尼丝·德·米勒(Agnes de Mille)和杰罗姆·罗宾斯比佩蒂更擅长编舞。[9]

他还记得在夏乐宫看过一位名叫珍妮·索拉纳(Janine Solane)的现代舞者的表演:"那里似乎有穿着金色跋脚鞋的数百名女孩,随着巴赫的音乐跳舞……我简直不敢相信,成群的人从舞台的一侧跑到另一侧。"[10]

6月,坎宁汉和凯奇应邀在画家让·赫利昂(Jean Helion)位于天文台大道的工作室里演出。他们在纽约认识了赫利昂,他娶了佩吉·古根海姆的侄女佩根(Pegeen)。一天,在巴黎加入他们的坎宁汉和赫里克在巴黎圣母院附近散步时,遇到了塔纳奎尔·勒克莱克和贝蒂·尼科尔斯(Betty Nichols),后者是巴兰钦芭蕾舞协会的另一名成员,刚刚来巴黎度假。坎宁汉邀请他们加入自己的演出,他们很快就开始排练了(勒克莱尔告诉尼科尔斯,"我们来这里是为了三个月的文化假期,一周后我们就又会穿回紧身衣了")[11]。

演出于 1949 年 6 月 10 日下午 5 点举行[12]。

> 我邀请了很多人,他们来了站着看我们的演出,我表演了几支舞,他们很喜欢,这一切都是为了以后的节目做准备。这里剧院环境的奇妙之处在于,人们可以迅速而轻松地呈现一些东西,而且成本相对低廉。我表演了两支独舞、一支双人舞和一支三人舞,还受到了媒体的关注——好评。[13]

这个短评可能指的是莫里斯·普歇特(Maurice Pourchet)在 1950 年《芭蕾年鉴》上的一篇文章中提到的:

> 我的一位同事曾在《艺术》(Arts)杂志上撰文说,他们的舞蹈伴着无调性的音乐和"预制钢琴"(piano "préparé"),这种柔美和罕见的体态之美,会使我们对神秘主义产生信仰。[14]

其中的二人舞和三人舞都是根据凯奇的音乐新编的舞蹈。

《爱的艺术》

1943 年与勒克莱尔合作的同一主题音乐的双人舞(外部乐章

为预制钢琴演奏,四个乐章中的内部乐章为打击乐器演奏)。

《不合时宜的激情》

这个三人舞的标题是音乐标题《不合时宜的激情》(1944年)的粗略翻译或意译(也是由"预制钢琴"演奏)。

观众中有爱丽丝·B.托克拉斯(Alice B. Toklas)、阿尔贝托·贾科梅蒂(Alberto Giacometti)、罗伯托·玛塔(Roberto Matta)、玛莎·格莱姆的女恩人贝萨比·德·罗斯柴尔德(Bethsabee de Rothschild)、美国钢琴家二人组亚瑟·戈尔德(Arthur Gold)和罗伯特·菲兹代尔(Robert Fizdale)、男爵莫莱(Moley,曾任纪尧姆·阿波利奈尔[Guillaume Apollinaire]的秘书),以及巴兰钦的另一位美国芭蕾舞演员玛丽·埃伦·莫伊兰(Mary Ellen Moylan)。托克拉斯告诉坎宁汉,她喜欢该作品,"因为它如此'异教'"。

第二场演出于7月11日在小型的"鸽巢剧院"(Theatre du Vieux Colombier)上演,由法国无线电传播协会的埃赛俱乐部(Club d'Essai)举办,名为"即兴晚会"(Soirée de l'Imprsamu)。这场演出由音乐、歌曲和短小场景组成,其中包括马克斯·雅各布(Max Jacob)的一场戏,他的演员邀请坎宁汉重复表演了他节目中的三段舞蹈。

画家帕维尔·切利彻夫(Pavel Tchelitchew)曾与勒克莱克和尼科尔斯同船横渡大西洋,并带他们游览了巴黎。他还带他们去和莱昂诺尔·菲尼(Leonor Fini)一起喝茶,菲尼曾在巴黎歌剧院为巴兰钦设计过《水晶宫》(Le Palais de cristal,C大调交响曲),现在正在为纪念戴安娜·库珀女士的花园庆典设计服装。菲尼邀请尼科尔斯在派对上与米洛拉德·米斯科维奇(Milorad Miskovitch)共舞,由于没有舞蹈编导,尼科尔斯推荐了坎宁汉,他安排了一段双

1953 年，三人舞（1949 年，《不合时宜的激情》的后期版本）
照片中的演员从左至右分别是：玛丽安娜·普雷格、雷米·查利普、乔·安妮·梅尔舍（Jo Anne Melsher）、安妮塔·丹克斯（Anita Dencks）、保罗·泰勒和卡罗琳·布朗（接替受伤的维奥拉·法伯〈Viola Farber〉）
摄影：小路易斯·A. 史蒂文森（Louis A. Stevenson, Jr.）

人舞作为庆典的开场（舞者们被告知待温莎公爵和公爵夫人入座后才能开始表演）。受邀参加派对的女性被告知，除非是处女，否则不能穿白色。勒克莱尔不知道这一点，穿了一件红裙子。正如尼科尔斯看到的那样，"我们可能是那里唯一的'处女'"[15]。

坎宁汉在旅行后得出的结论是：

> 欧洲很迷人，但并非必不可少要去之地。巴黎是一座美丽的城市，宜居宜乐。那里的食物很棒，在公园仿佛置身于乡村，还有博物馆，所有这一切都很棒。但我从未

1949年,《两步舞曲》中的莫斯·坎宁汉
摄影:沃尔特·斯特拉特(Walter Strate)

见过与美国相媲美的舞蹈,在这里跳舞是一种娱乐,一种值得观看的表演,如果有足够的布景和服装,也许会引起轰动……我在这里看过歌剧芭蕾舞,几乎和美国一样,都是一样滑稽。我开始怀疑,除了民间舞和美国舞,还有没有别的舞蹈了。我渴望能回来再和舞者们一起合作。我要在1月15日前往亨特剧场的一场演出,整个夏天我都在为此准备。[16]

然而，在 1950 年 1 月的那场音乐会之前，坎宁汉要以纽约城市舞蹈剧场的名义，参加 1949 年 12 月在城市中心剧场的一系列演出，这是许多小尝试之一。他们试图将一些自我风格鲜明的个人和团体临时聚集起来，组建一个现代舞"剧目团"，人员包括坎宁汉、瓦莱丽·贝蒂斯（Valerie Bettis）、尼娜·方纳洛夫、伊芙·金特里（Eve Gentry）、凯瑟琳·利茨、艾瑞斯·马布里（Iris Mabry）、何塞·林蒙舞团、查尔斯·魏德曼舞团、达德利·马斯洛·贝尔斯三人组和汉娅·霍尔姆团体（Hanya Holm Group）。12 月 18 日晚上的演出中，坎宁汉首次在纽约表演了《猴子舞》，并首演了一支新的独舞：

《两步舞曲》

这段音乐是萨蒂的音乐厅歌曲《女神的帝国》（*La Diva de "l'Empire"*）的器乐版本，凯奇指挥室内乐团在首映式上演奏了该曲（《猴子舞》也是如此）。（在后来的演出中，凯奇以钢琴独奏的形式演奏了这首乐曲。）坎宁汉大概是在巴黎创作了《两步舞曲》，而且可能在早些时候的舞会上穿了自己为这支舞蹈设计的服装。当然，他也曾穿着这身服装让阿诺德·伊格尔为他拍过照片。

当被问及这首与音乐厅相关的独舞中是否有素材来自巴雷特夫人时，坎宁汉说："中间部分是一段软鞋舞，只是更精致。转身时，我在舞句的末尾加了一个停顿，这可能是她带给我的灵感，我只是把它放大了。"雷米·查利普记得坎宁汉从舞台侧幕中跳了出来，似乎一个跳跃就能把舞台的大部分对角线调度都覆盖了。

1950s

1950 年

坎宁汉在巴黎表演的两支新舞蹈都收录进他 1 月份的作品表演中了。塔纳奎尔·勒克莱克再次出演《不合时宜的激情》(现已更名为《游戏》[*Games*]),并收录于《爱的艺术》中;贝蒂·尼科尔斯留在了欧洲,她在这个作品中的角色由帕特·麦克布莱德饰演。坎宁汉还与多萝西·贝里亚、米莉·丘吉尔(Mili Churchill)和安纳利斯·韦德曼(Anneliese Widman)一起表演了两支四人舞,包括《转移:五章组曲》的第三部改编作品和一支新作品《黑暗之池》(*Pool of Darkness*)。还有四支独舞:包括《两步舞曲》和《猴子舞》的重演、《梦》在纽约的首次演出,以及新的独舞《黎明之前》(*Before Dawn*)。

《黑暗之池》

《黑暗之池》是一部严肃的作品——可能从心理学上来说。本·韦伯(Ben Weber)做的音乐非常严肃,篇幅很长。它是在编舞之前写成的,我给了韦伯一些想法,关于它如何切分成不同的部分。舞蹈编排遵循了词句的表达方式,而不是严格地跟随节奏,因为它在传统意义上并不那么有规律,它更加注重"表现力"……

现场充满了急促的奔波。有一个片段是他们在四处奔跑，可能和心理学有关，但我认为舞者不必总是跑，所以我设计了一个旋转，这种旋转要依靠他们的背部来完成。我想这样就好多了，尽管这很难做到。对他们来说，学习做这件事非常困难，因为他们会按照以往被教的方式去做，而这并不是我想看到的。我记得还有一些敏捷的动作，对他们来说也很难，因为他们不习惯做快速或任何复杂的脚步动作。

关于韦伯的配乐，凯奇说：

这些音乐都是我可以演奏的音乐。但是，通过尝试其他音乐，我们觉得还需要一位音乐人，因为这些音乐都超出了我的能力范围。本·韦伯的作品就是一个例子，我们必须找到一个能在排练中演奏这首曲子的人，因为当时他们是跟着音乐排练的。我们从巴黎回来后，我带来了布列兹的第二钢琴奏鸣曲。我曾经见过作曲家莫顿·费尔德曼（Morton Feldman），他说，全美国只有一个人能演奏这种音乐，他就是大卫·都铎。从那以后，莫顿、大卫和我经常在一起工作。

都铎于1926年出生在费城，是一位杰出的管风琴演奏家和钢琴家，他与当代作曲家的音乐联系在一起，许多作曲家都专门为他写过曲子。当时，他是作曲家斯特凡·沃尔普（Stefan Wolpe）社交圈里的一员，他曾和沃尔普一起学习作曲。凯奇邀请都铎演奏韦伯的作品，他说都铎一定会喜欢它，然而得到的回答却是都铎忍受不了——"这首曲子太浪漫了，而且是半音阶的十二音阶音乐"。从那时起，都铎就与坎宁汉和凯奇紧密联系在一起了。

《黑暗之池》让那些很乐意看到坎宁汉以更正统的方式跳舞的评论家感到高兴：

> 坎宁汉先生是意识世界的主角，三个女人的三人舞代表冲击着他的意识，然后退回到梦境世界的力量。舞蹈开始时，他独自一人，从一种恍惚的状态中走出来，达到了近乎歇斯底里的恐惧的高潮。后面的帷幕打开了，他一动不动，三个女人从黑暗中显现出来。她们带着恶毒的攻击性，环绕在他的意识轨道周围，最终让他变得疲惫不堪，毫无生气。当帷幕将她们遮掩在视线之外时，他以一种机械的运动方式，在盲目的困惑中旋转。《黑暗之池》像许多现代舞一样，是一种挫折感的表达，但它坦率、有力且充满意义……[1]

事实上，坎宁汉放弃了这部作品。贝里亚清楚地记得，韦德曼一直在问坎宁汉关于这些动作的心理动机的问题，他无法或可能不愿回答，所以坎宁汉对此感到不满（引用的描述使舞蹈听起来与后来的作品《危机》[Crises]惊人地相似）。

尼克·克雷维茨基在评论《梦》和《黎明之前》这两支独舞时，表达了对那场演出和坎宁汉当时作品的普遍不满：

> 坎宁汉先生是当今伟大的舞者之一，无论舞蹈动作如何，他的表演总能带给观众一种美妙的动感体验。然而，我们不能忽视，也无法否认，他正处于一个创造性的阶段，这使得整个节目不如理想的那么出色。莫斯·坎宁汉是一名拥有非凡体魄的舞者，他的身体素质能够满足任何要求。他的技术和舞蹈动作同样足以应对舞蹈界的任何苛求，并且他不吝于展现这一点。然而，其作品本

身很少有高潮,形式上(除了重复的元素)在舞蹈过程中被吞噬,或消失,或从未形成一个具体的结构。在一系列的舞蹈片段中,我们捕捉到了一闪而过的精彩瞬间,以及那些舞蹈构思,它们以一种撩人的序列挑逗着观众的好奇心,但它们都没能达到我们对于莫斯·坎宁汉能力的期望。但这并不意味着他是一个没有能力接受编舞挑战的舞者,他已经在过去的独舞和大型芭蕾舞《四季》中展示了自己的能力。[2]

我们可能会质疑坎宁汉是否真的对"营造高潮"感兴趣。20世纪40年代末,凯奇曾师从吉塔·萨拉巴伊(Gita Sarabhai)学习印度音乐和哲学(作为交换,凯奇教授了当代音乐和对位法的课程)[3],还参加了铃木大拙(Daisetz T. Suzuki)博士在哥伦比亚大学举办的禅宗讲座。这些研究深刻地影响了他对音乐创作的看法。坎宁汉也去听了几场讲座("在排练允许的情况下"),他关于结构的观念和凯奇一样,越来越受到这些东方哲学的影响。如前所述,《四季》体现了一种源自东印度群岛和美洲印第安群岛的生命周期观。

凯奇和坎宁汉在那段时间经常光顾位于大学广场的雪松酒吧,那是纽约画家最喜欢的聚会地点,同时,他们还经常参加8街艺术家聚集地——"俱乐部"的会议(这个聚集地由罗伯特·马瑟韦尔[Robert Motherwell]于1949年创立),以及后来围绕德·库宁为中心的继任组织的活动。凯奇在那里发表了他的《关于虚无的演讲》("Lecture on Nothing"),此文写作节奏结构与他的音乐作品相同。在随后的提问环节,凯奇本着禅宗精神,"不管被问到什么问题,都会给出六个事先准备好的答案中的一个"[4]:

> 每个人心中都有一首歌，
> 其实它并不是歌：
> 这是一个歌唱的过程，
> 当你歌唱时，
> 你就在那里。[5]

比起其他舞蹈和音乐，坎宁汉的舞蹈和凯奇的音乐与这一时期的艺术有着更多的共同之处。20世纪40年代兴起的抽象表现主义流派最为重视绘画的实际过程，即画家在作画时的"动作"或"姿势"，比如说杰克逊·波洛克（Jackson Pollock）让颜料在画布上滴落的方式。正如迈耶·夏皮罗（Meyer Schapiro）所写的那样，"在无尽的混乱纠缠和不规则的曲线中，带有自我参与感的线条让我们印象深刻，这些线条与其说是事物，而更像是冲动，是在我们眼前出现和变化的令人兴奋的动作"[6]（波洛克绘画的电影片段中，他在画布上盘旋，将颜料滴在画布上，好像在与画布共舞）。这类的绘画作品，与其说是由艺术家有意识决定的有限且程式化的设计，不如说更像是某个似乎能够无限延伸至画布之外的任意片段。

坎宁汉演出的观众似乎更多的是画家和诗人，而不是舞者或音乐家。然而，坎宁汉和凯奇的作品与抽象表现主义画家的作品有着本质上的区别。用卡尔文·汤姆金斯的话来说，抽象表现主义画家作品的主题仍然是"痛苦的自我"[7]，或者正如马克·罗斯科（Mark Rothko）和阿道夫·戈特利布（Adolph Gottlieb）所坚持的那样，"只有悲剧和永恒的主题才是有效的"[8]。当然，这样的内容正是坎宁汉希望他的编舞和凯奇的音乐能避免的（罗斯科和戈特利布似乎与上一代的编舞家如玛莎·格莱姆和何塞·林蒙更为相似）。和马塞尔·杜尚一样，坎宁汉和凯奇希望自己创作的作品不是"他们个人感情的输出"[9]。

1950年春天，坎宁汉回到了黑山学院。伊丽莎白·耶内尔亚恩是他于1948年在那里授课时的一位学生，她成了该学院的舞蹈教师，并邀请坎宁汉夏天去那里教授一周的课[10]。坎宁汉还受邀在巴吞鲁日的路易斯安那州立大学暑期任教，并为路易斯安那州立大学的舞团编排了两部作品，在那里的夏季艺术节上演。这两首音乐都是萨蒂创作的。

《华尔兹舞和拉格泰姆游行》

我去了那里，我记得走进一个房间，那是他们工作的地方，那里有一群形形色色的人。导演布兰奇·达菲（Blanche Duffy）说：“这里是路易斯安那州立大学舞蹈团……正如你所看到的，他们各式各样……现在你把那个家伙带过来，他以前只来过一次，但他非常渴望。”所以我在那里教了两周的课，这段时间要结束时，他们会有一些节目，我和这些人一起编过些独舞。这个地方太热了，大约45分钟后，他们就停止工作了。我就想，我能为这个团体做些什么？于是，我们白天很晚上课，并且在晚上排练，因为晚上会稍微凉爽一些。我为十几个人（一个庞大且奇怪的团体）编排了这支华尔兹舞，也是给萨蒂的……

我成功地完成了这部作品。我尝试让演员们在舞台上四处走动，布兰奇对此非常高兴，因为我认为她以前从未设法让所有人同时移动过。这种走动并没有持续很长时间，也就两分钟左右，所以我想我应该再做一部作品。我看了看这群人，最后挑了六人，两男四女（我觉得他们更有活力），随后我创作了《拉格泰姆游行》这部作品，时长也只有两到三分钟。

我不清楚我们为《华尔兹舞》的表演做了什么服装，我们可能从衣柜里翻出了一些旧服装，有可能是南方美女的装束。而在《拉格泰姆游行》中，我让他们穿上我找到的旧衣服，其中有裤子和外套。他们有一个巨大的衣柜，我只是把衣服挑出来，说："你穿这个"，这些都是混搭的。此外，我还表演了几支独舞。

••••

坎宁汉位于东17街的阁楼并不大，无法进行舞蹈课程，所以他不得不租用工作室。玛丽安娜·普雷格从巴黎回来后，有一段时间是他唯一的学生。不久之后，雷米·查利普、苏迪·邦德（Sudie Bond）、雷切尔·罗森塔尔、弗朗索瓦·坎顿和朱莉·沃尔特（Julie Walter）也相继加入进来。坎宁汉教了他们《拉格泰姆游行》，他们在几个节目中都表演了这部作品。

查利普曾是库珀联盟学院的一名艺术生，他的同学、德国画家玛丽安娜·本雅明（Marianne Benjamin）带他参加了德国现代舞蹈家哈拉尔德·克鲁茨伯格（Harald Kreutzberg）的音乐会：

> 他是我见过的第一个舞者，我完全被他迷住了，从那时起我就决定要成为一名舞者。她给我讲了莫斯的故事，说如果我想成为一名舞者，就应该跟着最好的舞者学习。我们一起去纽约城市芭蕾舞团看了《四季》，那是我第一次看他的作品。我记得我坐在包厢里，不太明白发生了什么。我记得有雪，那是野口勇在布景上投影出的白点，但这一切对我来说都很奇怪。我读过卡洛·布拉西斯（Carlo Blasis）的一本书，其中的一句话是，如果你要学习，就要和大师一起学习。所以我想我应该跟莫斯一

起学习,但我太害羞了,即便后来通过卢·哈里森在社交场合认识了他……[11]

在1950至1951年演出季,坎宁汉再次担任美国芭蕾舞学院的教职,直到1951年春天,他和凯奇离开去巡演(1951年3月26日,他在那里上了最后一节课)。

1951 年

20世纪50年代初,凯奇开始使用"机遇法"来创作音乐。他和坎宁汉正在创作一部新的大型作品《独舞和三人的十六支舞》。

为了便于构思,凯奇绘制了一系列大型图表,用于规划节奏结构。在使用这些图表的过程中,他第一次接触到了一种全新的音乐创作方法——一种使他很快就利用了"机遇"的方法。他说,"不知何故,我得出了一个结论,我可以根据这些图表上的移动来创作,而不是根据我自己的品位"。[1]

作曲家克里斯蒂安·沃尔夫(Christian Wolff)向凯奇介绍了《易经》或称《周易》,这本书刚刚由他父母创办的万神殿图书公司(Pantheon Books)出版[2]。凯奇一看到用来识别卦名的图表,就把它与自己的图表联系起来,并发现这本书可以作为他一直在追求的"机遇"操作的基础。他的第一部涉及偶然性的作品是《变化的音乐》(*Music of Changes*,一首钢琴曲),之后又创作了《想象中的风景第4号》(*Imaginary Landscape* No.4,由12台收音机录制的,每台收音机有两个"演奏者",一个控制波长,另一个控制音量)。

这两部作品都沿用了凯奇一直使用的平方根节奏结构(square-root rhythmic structure)。他绘制了节奏、时长、声音种类和动态等要素的图表,然后通过投掷硬币在其中做出选择,就像从《易经》中获得卜辞一样。

> 价值判断不是作品的核心,也不是创作、表演或者聆听的核心。关系的概念缺失了,任何事情都有可能发生。一次"错误"无关紧要,因为一旦发生任何事情,它就自动成为事实。[3]

坎宁汉开始思考如何将类似的方法应用到编舞中,他首次在《十六支舞》(*Sixteen Dances*)中进行了实践。

《独舞和三人的十六支舞》

《独舞和三人的十六支舞》这部作品对我的工作有着特殊的意义。这是一部很长的作品(53分钟),意在填满整晚的时间。这也是第一次将"机遇编舞"操作运用到创作技术中。

编舞关注的是有表现力的行为,这部作品中包含着印度古典美学中的九种永恒情感。其中,四种光明,四种黑暗,平静是第九种,有着很强的感染力。这部作品的结构意在让每一个舞蹈与一种特定的情感相关联,舞蹈后面都会跟一段插曲。虽然顺序是光明和黑暗交替出现,但"悲伤"和"恐惧"孰先孰后似乎并不重要,所以我通过抛硬币来决定。同样在"恐惧"之后的插曲中,即第14段插曲,我把四位舞者各自的动作图表作为素材,通过"机遇编舞"操作来决定动作的连贯。

　　这部作品有一个整体的节奏结构,凯奇通常在舞蹈创作后为其配乐。他为钢琴和小型管弦乐队创作了这首曲子,其中有很独特的打击乐声音。虽然每个舞蹈都是一个独立的实体,但我们开始以"诗意许可"(poetic license)①为由,忽略了舞蹈过程中的衔接点。[4]

　　顺序变成了:愤怒、幽默、悲伤、英勇、可憎、奇妙、恐惧、情色,最后是平静。除了情色是双人舞,平静是我们四个人的舞蹈外,其他的都是独舞。独舞关注的是特定的情感品质,但它们都会以形象而非个人的形式呈现——用一个大喊大叫的战士代表着可憎,一个坐在椅子上的人代表着幽默,一个戴着鸟面具的人代表着奇妙。

　　许多独舞后都有尾声。恐惧之后是一个四人舞,有一小组动作,每个舞者都不同,是通过偶然的方式编排的。也就是说,序列、时长和空间方向都是通过投掷硬币来决定的。我第一次有这样的经历,当我在处理它时感觉到了"混沌再次降临"[5]。

　　我们花了很长时间排练这部作品(据多萝西·贝里亚的说法,大约有一年)。这个舞蹈很奇特,真的很奇特,会令人眼前一亮。我记得琼·斯金纳(Joan Skinner)来接替米莉·丘吉尔的位置时,她很喜欢这支舞,并以一种极为精彩的力度演绎出来……似乎这就是为她而作。如果你第一次遇到需要协调的事(在身体层面,我之前从未遇

---

① 诗意许可,意味着为了增强作品效果而故意偏离通常的规则或惯例。坎宁汉的作品中,可能涉及对传统舞蹈形式、动作逻辑或表演结构的非传统处理,以达到独特的视觉和感官效果,从而挑战和扩展现代舞的表现力和观众的感知边界。这种诗意的自由度使得他的作品不受常规约束,允许他通过舞蹈来表达内心的情感和想法,而不必受到传统舞蹈形式的限制。

1951 年,《独舞和三人的十六支舞》中的莫斯·坎宁汉
摄影：格尔达·彼得里奇（Gerda Peterich）

到过），从一种状态转换到另一种状态都要协调好，你要怎么做？如果你要接受这个想法，你会怎么办？你必须努力奋斗，并试图找到从这些情感状态中直接过渡到另一种的最直接的方法。第一部分的末尾有一段快步舞，节奏非常快，我记得有一个地方，他们坐下来休息了 4 拍。多萝西·贝里亚说："在这个舞蹈中，要快速地休息。"

在这些作品中，我尝试获取对于空间利用的不同想法。以吉格舞为例，我们四个人会呈扇形展开，然后再聚拢……在表达愤怒的情绪时，我们会用一些幅度较大的动作来展现,并伴随着刺耳的声音;战士最后会向自己开枪或打自己,然后爬下舞台,发出一些可怕的声音。这是一个庞大而又复杂的工作,因为当时涉及很多复杂的因素,尽管结构并非固定不变,但每个部分都非常清晰。因此,你不仅要处理这一点,还必须处理好所有表达性事物的观念……

有关舞蹈编排、音乐和服装设计中的形式概念,已经由坎宁汉另一位主要合作者雷米·查利普描述过:

>音乐和服装都遵循一种严谨的安排,允许每支舞蹈都有所变化。在音乐方面,约翰·凯奇从第一支舞蹈开始便使用了一套特定的64种声音,随后每对舞蹈用八种新的声音来替换八种旧的,最终组成一套全新的声音。第一首曲子以刺耳尖锐的声音开头,而最后一曲的声音则持续响亮而悠长。服装也是以类似的方式变化,一开始以深沉暗淡而温暖的色彩开头,每一支舞变换一次服装,并以凉爽而明亮的颜色结尾,营造最终宁静的意境。
>
>坎宁汉先生对于舞蹈顺序的编排是基于这样的信念:任何事情都有可能是遵循其他事情而发展,事件的实际顺序源于偶然而非选择,由此产生的经验是自由发现的,而不是受限忆忆的。[6]

还有各种"附加物和道具"一应俱全,其中一些由凯奇和坎宁汉亲手制作。在第十二支舞的三人舞中,坎宁汉回忆道,"有两个女孩用篮子拖着另一个女孩,她们穿着白色透明的连衣裙,就像小孩子一样"。查利普为坎宁汉在"完美独舞"中打造了面具,这副面

莫斯·坎宁汉在 1951 年的《独舞和三人的十六支舞》中饰演"可憎的战士"
摄影：格尔达·彼得里奇

具的灵感来自约翰·赫里克的一幅画。他在坎宁汉的脸型石膏模具上制作了这个面具（赫里克在画这幅画之前，特意去纽约美洲印第安博物馆看了一下西北印第安面具[7]）。

在《可憎战士的民谣》(Ballad of the Odious Warrior)中，坎宁汉穿着一件由他的两个朋友，安东尼·拉伦比（Antoinette Larrabee）和康斯坦斯·史密斯（Constance Smith）制作的奇异拼接外套，上面还装饰着一些流苏、蕾丝、铃铛、金属饰品和珠子。在这个独舞中，坎宁汉设计了"人声、喊叫声、呻吟和咕噜声……有人认为这支舞是在表达一位被猎物吓到的猎人，有人则将其视为陶醉在狂欢中的醉汉。"[8]之后出现了一支两个女孩的"蓝调"双人舞，她们"穿着一种褶皱式的装束"。

・・・

凯奇和坎宁汉在春天又去了西部。在西雅图，坎宁汉表演了一支新的独舞。

《变奏》

这是另一支"机遇编舞"的舞蹈，坎宁汉给自己设置了一个几乎无解的问题：

> 它们是经典的芭蕾舞步，按照"机遇"的顺序排列而成，而这几乎是不可能的，我做不到。你需要在没有准备的情况下完成四周单腿转体（Pirouettes）。有一天，我突然在工作室工作时找到了一种实现方法，但没法再重现了。它有三个部分：行板（andante）、大舞姿（adagio）和小跳（allegro）。前两个是分开的，而且从大舞姿直接进入小跳。虽然并不是很长，最多两到三分钟，但是也不太可能做到。我加入了一系列芭蕾舞步，并且每走一步都努力去想出做到它的办法。然后我用"机遇法"将它们组合起来，但也不是所有舞步都出现了。我在某个地方演出时，告诉后台的人负责控制灯光的开关。我记得在演出中，我正在空中尝试做这些动作，然后灯灭了……那个家伙真的做到了，他完成了他的工作……所以我意识到这件事必然存在一定的局限性——那些舞步本来就足够困难了。

坎宁汉用到的舞步包括："空中跳跃打击动作（entrechat，空中打击动作（cabriole），空中画圈（the rond de jambe），转的准备动作。"[9]尽管这个独舞被认为是"不可能"完成的，但有一位评论家说，"打消了所有认为他没有掌握舞蹈技巧的怀疑"[10]。然而，路易斯·霍斯特感觉这是"芭蕾独舞"，尽管这些动作在"机遇"的过程中发生了变化，但"在现代舞节目中似乎没有一席之地"[11]。

大卫·都铎记得和坎宁汉排练这只独舞时："他没有去跟随音乐，但他知道自己在时间上的位置。我认为这对他之后作品中建立自己的原则有帮助。我学习的是不能只听从音乐的节奏，还要以时间的方式去看待它。"[12]

◆ ◆ ◆

在1951年夏季的某一天，坎宁汉在马撒葡萄园岛（Martha's Vineyard）进行了一场表演，其中包含另外一支新的独舞：

《想要变成鸟的男孩》

> 几年前的一个夜晚，我在马撒葡萄园岛的一个狭小的空间里，无音乐伴奏，却跳了两三支舞。后来，观众中一位女士走出来问我是如何在没有音乐的情况下还能跳舞的，因为没有节奏。在那个特别的时刻，在那个滑稽又黑暗的小空间里，一只华丽的蛾子飞进来，在灯光周围进行了一场最引人注目的舞蹈。我指着它，以此作为回应。[13]

这支坎宁汉不太记得的独舞，再也没有被表演过。

舞蹈技术的作用

―― 1951 ――

莫斯·坎宁汉

由于舞者是以身体为媒介来进行工作的,而身体既是最有力的,同时也最脆弱的,因此对舞者来说,理解和把握身体的运动方式是十分必要的。

舞蹈技巧就是通过身体行动来训练一个人的能量,以便身心可以在必要时刻最大限度地释放这份能量。舞者的能量,经过严格的训练,无论持续时间多么短暂,都是生命能量的放大镜和聚焦点。

换句话说,舞者的技术储备只是一种手段,仅仅是通往精神世界的途径。每天练习时所使用的肌肉,只有充分理解它引领和持续动作的方式,才能最大限度地发挥训练有效性。正是在身体的长度、宽度和维度上,在肌肉动作的维持下(保持静止状态也是一种动作),舞蹈才得以构建它的形象。

舞蹈训练中最重要的是投入。只有坚定而心甘情愿地投入,课堂作业就不再是一个半小时的纯体操式训练,或是最差的日常苦差事,而是将课堂内的规矩也变成了舞蹈的一部分。这并不是说每堂课都会提供一个机会来肆意表达自我,而是每堂课都允许舞者沉浸其中,并推动舞者将身体和精神融合在一起。

身体作为一种媒介和能量的来源,只有当舞者为自己设定规矩,对自己的训练进行严苛要求之下,才能获得表演时的身心自由。

艺术过程本质上不是自发的过程,而是一种创作过程。艺术可以按自然运作形式组织动作，但本质上是人发明了这个过程。为了这个过程，人类衍生出一套规矩，来使这个过程发挥作用。这套规矩的建立也不是一个自发的过程，它涉及日常训练、维持肌肉弹性、保持大脑对行为的控制、持续期待情绪参与身体运动等，无论是新的还是更新的，都不是以一种自发方式实现的。艺术对所有能量的需求都是不自发的，但最终的合成体可能是自然而然的结果。自发的意义在于把意识、身体和精神合为一体。学习舞蹈技术的目的不在于出色地做一些事，而在于把每件事都做好，不论实际身体技术所需或多或少，但求达成完美，把控每一个细节。昂首阔步，从而唤起神的灵魂，这似乎比以某种不可思议的方式在空中跳跃、蠕动，只留下自己的形象要奇妙得多。正是出于这个原因，舞者努力追求完美的、经过千锤百炼的身体技术，以尽可能令人倾倒的方式展示并获得认同。舞者们不是在炫耀，而是在展示；不是以陈列的方式哗众取宠，而是通过训练后的身体动作来传递人类精神的柔情。

舞者一生都在学习，因为对他们来说，舞蹈的过程就像生活一样，是一个持续不断的成长过程。舞者对身体的控制不是习得之后就可以掉以轻心的，而是必须脚踏实地坚持训练，就像日常呼吸一样不可或缺。每天，舞者都在更新旧体验，增添新认知。每一种新的运动体验，都是在先前动作的基础上或依照身体动作的最初印象衍生而成。这些新体验需要被发现、被感知，并充分发挥其意义，从而丰富舞蹈记忆。

显然，动作的可能性是无限的，但对动作组成的理解是舞者技艺的最高境界。如果把脊柱当作半径的中心（就像动物把脊椎当作身体的核心一样），那么动作可从这个中心向外进行，也可以把这个过程反过来，从外向中心进行。腿和胳膊只是背部的一个显露，是脊柱的延伸。无论是坐着、站着、伸展四肢，还是在空中跳跃，你会发现附属器官是与脊柱相连的，它们只在脊柱显现时才会显现出来。例如，速度不是指脚或手臂以某种奇妙的节奏乱动，而是指脊椎带动腿和手臂运动的频率。与此同时，脊柱可以让腿和脚快速舞动，并通过控制核心，让手臂保持静止，似乎悬浮在空中一样，反之亦然。

此外，脊柱不仅可以是胳膊和腿的动力来源，而且它本身可以像弹簧一样蜷缩、伸展、绷紧和放松，还可以绕着自己的轴线旋转或向其他方向伸展。观察人们对于十九世纪大多数音乐及我们所熟知的爵士乐的身体反应，我们会觉得很有趣，甚至觉得非同寻常。第一种身体反应通常会立即显现在胳膊和腿上，第二种则会显现在躯干上，或者有明确的视觉迹象显示，运动的动力（无论圆周大小）都始于躯干。这并不特别，因为它是力量的根源，但看到这种现象还是很有趣的。

当然，每个人都可以跳跃、坐下再站起来，但是舞者更为明显地证明了这一点：腾空动作确立了与空气的关系，而坐下的过程（而不是处于坐姿的位置），则赋予了舞蹈丰富多彩的生命品质。

舞者的技术储备涉及很多方面。首先必须了解身体正确的垂直位置以及如何做到并保持这一姿势。这涉及身体的平衡问题，以及身体一部分对另一部分的支撑问题。如果人们把躯干作为平衡中心和垂直轴，那么平衡的问题始终与中心部分有关，手臂和腿在两侧以各种方式相互平衡，并相互对抗。如果一个人将躯干作为源动力本身，将脊柱视作视觉平衡转变的驱动力，那么问题在于感知平衡的变化，在任何方向和任何时间中可以到达多远，然后立即向任何其他方向和其他时间移动，而不必通过实际重心转移、节奏中断还是其他方式，中断运动流。因此，躯干的动力是持续的，不会在不同方向转换移动的过程中流失。

保罗·韦斯（Paul Weiss）在《自然与人》（*Nature of Man*）中说：

> 意志被用来训练身体，使之成为技术的载体——即习惯性地行动以实现心中构想的目标来训练身体。掌握一项技术并没有什么乐趣。人们必须首先专注于不同的动作和步

骤,再通过一遍遍地按顺序重复这些动作,来巩固它们之间的联系。但付出也有回报,当你主动地去学习技术时,你的身体和大脑会保持一致,因为你愿意主动去掌握这些技术时,你会要求记住自己在做什么,并且保持身体不干扰头脑的意图。只要没有任何事物激起大脑或身体去对抗所获得的技术,这个技术就可以长久地解决大脑和身体之间的冲突。虽然学到的技术可以让身心在相当长的一段时间内协同工作,但它们往往会迫使其中一方进入固定模式。一个人掌握的技术越多,他就越有可能过于僵化,无法克服身心之间的对立。在大脑和身体面对新情况时,这种对立是无法避免的。

西方舞蹈(主要在美国)在任何正式或技术意义上都没有探索过一件事——就是规范使用面部表情。印度古典舞蹈是我们所知的为了明确地表达意图而频繁使用面部表情的一种舞蹈,比如说用一个特定的面部形象来表示愤怒,另一个来表示英雄等。但在美国,人们虽然对各种表现性动作都进行了大量的技术探索,却很少或压根没有形成对面部的正式认知。身体的每一个部位都会经受各种各样的运动,只有面部被任其自由发展。

音乐和舞蹈的共同要素是时间,当时间作为组成部分出现时,就是节奏。作为协调这两门艺术的要素,在考虑短句和比短句长的部分时,它更为有用,而不是重点放在重音和单个节拍这些细微之处。在音乐和舞蹈的关系中,如果只专注于节奏的细枝末节,会造成互相影响,音乐与舞蹈过于对应彼此,既无益于音乐,也剥夺了舞蹈的自由。然而,从舞句出发创作,则会导致一种相互独立,或两种时间艺术的相互依存。如果音乐或舞蹈的连续性允许,重音、均匀或不均匀的节拍就会出现在其中(也就是说,在音乐中的重音是音乐连续性中的事件,它不一定出现在舞蹈中,反之亦然)。

在协调舞蹈和音乐时,不应该让一方完全融入另一方,因为那将导致一方对另一方的依赖,失去了它们原始的那种独立性。舞蹈和音乐可以通过时间结合在一起,也可以通过与舞句有关的特定的时间节奏结构结合在一起,这些舞句指明了舞蹈与音乐的交汇点,从而赋予了两者表达和反对相同结构思想的自由。

柏拉图在《蒂迈欧篇》(*Timaeus*)中说:"时间是永恒的动态图像。"时间是我们日常生活的本质,能够赋予舞蹈一种特质,使舞蹈在其最美丽的时候,成为生命中最高境界的动态图像。

1952 年

1952 年,虽然没有春季巡演,但是坎宁汉短暂回访了一趟黑山大学。他在那里授课并表演了《六支短舞蹈组舞》(*Suite of Six Short Dance*),还录制了音乐。这套节目仅为此地创作,再未演过。

这个夏天很忙。六月,位于马萨诸塞州沃尔瑟姆市的布兰迪斯大学要举办一场创新艺术节。伦纳德·伯恩斯坦是艺术节的音乐总监,委约坎宁汉为 6 月 14 日在大学新建的露天剧院举行的音乐会创作两部作品。"那里有很多天竺葵,却没有厕所。"

《孤独人交响曲》(节选)[1]

伦纳德·伯恩斯坦要我去为他所说的"具象音乐"(由皮埃尔·谢弗[Pierre Schaeffer]和皮埃尔·亨利合作)编舞。不管对观众意味着什么,它确实是直接在磁带上创作,并通过磁带和扬声器播放。伯恩斯坦认为这段音乐应该播放两次,且第二次紧紧跟着第一次,因为它很独特。然而,我不认为视觉上的重复会吸引人,就分别设计了两段独立的舞蹈:第一段独舞为我自己,第二段舞蹈为 11 人的团体,显然是混在一起的。团体中包括一些很棒的舞者是跟我从纽约来的，而其余的学生，他们作为舞者还不够熟练，作为舞台表演者也不够灵活。我不能说舞团的大部分人都跳得很好，不想假装。我突然想到，这些舞者能做一些日常的动作。这些被接受为日常生活中的动作，为什么不能在舞台上表现呢？对于这些动作，我运用了"机遇"程序。

服装都贴近日常生活，来自菲林的地下室，总共花费才30美元。

由于音乐不像舞者通常那样可数拍子，使得那些舞蹈技巧尚不成熟的表演者摆脱了对音乐的依赖。时间变成了一个声音和动作共同发展的互动场域。通过现成动作（Found Movement），使他们摆脱了尴尬或恐惧，表演变得真实而自然，非刻意为之。这样的表演让他们能够真正享受舞蹈。

当你看到这些混杂在一起的人，你如何开始？

"机遇程序"完全适用这里。

Ⅰ—独舞：动作简单到复杂/重复舞句。

Ⅱ—集体舞：大部分未经训练，图表上的动作包括简单的步伐：如跑、走、小跳、大跳等。同时，还有一些哑剧姿势：如睡觉、锉指甲、梳头、各种流行舞步、洗手等。

舞者们有时会同时做其中一件事，但并不一致。比如，当十个人洗手，每个人都有自己的节奏。任何事件或事件组所花费的时间长度是通过将"机遇程序"应用于秒和分钟来获得的。一个特定的序列可能有15秒的持续时间。

5人锉指甲 } 持续时间15秒
5人梳头　 }
4人小跳　 }[2]

对于这支舞,考虑到大多数舞者都是业余的,我严格控制了时间(事实上,坎宁汉在这个舞蹈中只用了两三个来自布兰迪斯大学的学生,没有为艺术节创作的其他作品里的学生多[见下文])。比如一段 15 秒的舞蹈,但允许每个人自由的安排锉指甲或小跳的时间。至于舞者从空间的哪里跑,虽然有精确的设定,但也是以"机遇"的方式获得的。既定的方向也是严格的。

例如:

2 人跑步　　}
4 人睡觉　　}12 秒
8 人兔子抱　}[3]

这支舞蹈排练了好几个星期,第一次排练的时候,动作是严格按照每个人自己的调度和位置安排,由我负责定时提醒。但过了一两周,舞者们开始意识到彼此在空间中的位置。这增加了一种视觉线索。[4]

从历史视角来看,《孤独人交响曲》的节选标志着日常动作首次纯粹地被用作表演中的动作,不再具有模仿的意义。正如杜尚在"现成品"中提出的新论点所言:"任何事物只要艺术家说它是艺术,都可以是艺术。"坎宁汉在这里陈述了这样一个观点,即如果他说某个动作是舞蹈,那么任何动作都可以是舞蹈。在这部作品中,舞蹈与音乐的关系——即同时发生的关系——代表了坎宁汉和凯奇在过去十年中一直在共同努力的逻辑结论。

我觉得自己对那段音乐的兴趣并不大,处理它的唯一方法肯定不是靠数拍子,那显然是不可能的,也不是基于对声音的想法,受到声音的影响。一开始我就不喜欢这个想法——你总是会慢一拍,因为电子声响走得太快了,你永远无法准确把握住节奏,除非它是经过计数的,否则绝不可能做到。因此,我想,好吧,我将根据时间长度来创作舞蹈,于是我对独舞和群舞作品都设定了这个程序,每个部分都有不同的音域,但关键在于计算出舞蹈的任何部分需要多长时间,我知道每个部分的长度。当然,因为声音一直保持不变,所以必然逐渐出现了一些"Cue"点。

工作环境很糟糕,管理艺术节的人什么都不知道,他们都认为表演不可能成功——不是兰尼,他不在那里。在那里的人对戏剧一无所知,没有经验,他们总是认为你不知道自己正在做什么。相对于舞台的情况,我是在一个非常困难的空间中工作……

《婚礼》

伯恩斯坦委约坎宁汉创作的另一部作品性质截然不同——是对斯特拉文斯基的合唱芭蕾舞剧《婚礼》的新版本进行编排。该剧最早由佳吉列夫的俄罗斯芭蕾舞团于1923年在巴黎演出,由伯拉尼斯拉瓦·尼金斯卡编舞。坎宁汉在合唱部分选用了四五个来自布兰迪斯大学的学生,但依旧是由他自己的舞者领舞,主演也是由经验丰富的表演者担任。《婚礼》只演出过一次。

坎宁汉邀请了他班上的一个学生唐纳德·麦凯尔(Donald McKayle)参加布兰迪斯大学的演出。纽约的舞者最初在市里排练,后来去了布兰迪斯大学。麦凯尔记得在《婚礼》中,坎宁汉遵循音乐和戏剧理念,包括一些没有叙事内容的舞蹈以及他自己的运动感的独舞。他们听着音乐的录音进行排练,在编舞中紧跟音乐不断变化的节拍。尽管麦凯尔不记得舞者在认真数拍子,但默契使他们始终保持一致。

麦凯尔与安纳利斯·韦德曼的双人舞捕捉到了父母的失落感；在其他地方，他们的舞蹈展现了"大的、空间的、跳跃的动作"，并没有特别尝试俄国农民风格。然而，有"一种原始的质感，不复杂"。

麦凯尔认为，动作是提前设定的，就像《孤独人交响曲》中不同的动作一样，"其中如果没有任何东西紧随其后，就会出现一个复杂的技术组合，然后你必须看看表或去洗手，要想完成这些不同的任务是一个巨大的难题"，完全没有计数。舞者没有选择的自由，舞蹈是既定的（尽管坎宁汉的独舞每次都在改变，随着他对它的兴趣增加）。即使在排练中，团体版本中的思想序列依然保持不变，舞者唯一的自由是他们表演模仿姿态的方式。

对于《交响曲》，"雷米是用'机遇'的方法完成服装设计，他做了一张图表，然后去菲琳地下室找灵感"。灯光设计师约翰·兰茨福德·瓦兹（John Ransford Watts）却拒绝与"机遇方法"有关联。麦凯尔后来看到这个名为《拼贴》(*Collage*)的作品时，他觉得十分与众不同——部分序列是一样的，但出现在不同的时间。[6]

• • •

结束布兰迪斯的表演之后，坎宁汉紧接着在纽约的舞者工作室教授了为期六周的夏季课程（6月16至7月25日）[7]。之后，他和凯奇回到黑山，受到音乐系主任卢·哈里森的邀请，后者已经成为该校音乐系的负责人[8]。他们还将在伯恩斯维尔附近的一所美术暑期学校任教，该活动从7月30日到8月19日，由位于格林斯伯勒（Greensboro）的北卡大学女子学院（Woman's College of the University of North Carolina）组织，这里设有舞蹈项目[9]。凯奇教授作曲，与舞蹈学生合作。坎宁汉在这里的助手是乔·安妮·梅尔舍，她曾是曼哈顿表演艺术中学的学生，15岁时就开始跟随坎宁汉学习。三人开着凯奇和坎宁汉找到的福特A型汽车往返于黑山和伯恩斯维尔之间。此时，还有一个问题：坎宁汉患有阑尾炎，却不愿抽出时间去做手术疗养。坎宁汉的医生谢勒·厄普顿·劳顿(Shailer Upton Lawton)告诫他要尽量少跳舞，只要有机会就在胃部敷一个冰袋。不知何故，坎宁汉安然度过了这个夏天，并没有发生紧急情况。

伯恩斯维尔暑期学校与镇上的帕克威剧场（Parkway Playhouse)有合作，在那一季上演了五部剧，以音乐喜剧《蓬岛仙舞》(*Brigadoon*)结尾，其中"舞蹈、音乐和戏剧节目相结合"[10]。坎宁汉负责编舞，扮演了哈利·比顿这个角色。同时，坎宁汉、凯瑟琳·利茨、M. C. 理查兹、查尔斯·奥尔森、弗朗茨·克莱恩(Franz Kline)、希尔达·莫利(Hilda Morley，斯蒂芬·沃尔普［Stefan Wolpe］的妻子)、尼克·切尔诺维奇(Nick Cernovitch)和雷米·查利普这些住在黑山的艺术家们，编写、制作并表演了另一部放荡不羁的音乐喜剧，名为《征服布伦希尔德》(*Occupe-toi de Brunhilde*)[11]，标题借鉴了费多(Feydeau)的一场滑稽剧《照顾阿梅莉》(*Occupe-toi de Brunhilde*)[11]。

那个夏天还见证了一场更有意义的表演：

> 1952年，凯奇在黑山暑期学校组织了一次戏剧活动，是这种类型的首次尝试。大卫·都铎弹奏钢琴，M. C. 理查兹、查尔斯·奥尔森读诗。罗伯特·劳森伯格的白色绘画挂在天花板上，他亲自播放唱片。凯奇演讲，我跳起了舞。这部作品长达四十五分钟，我记得，在这四十五分钟里，我们每个人都有两段时间来表演。观众面对面坐在表演区中间，椅子呈对角线排列，无法直接看到正在发生的一切。在我跳舞的时候，有一只狗追着我在空间里到处跑。一切都不是故意为之，只是事实如此，一系列事

件的复杂性,观众可以根据自己的选择来处理。[12]

时间限制也都是按照"机遇"的方法确定的。咖啡杯放在座位上,当被端到观众面前时,表演结束了。据凯奇说,这次活动还"涉及……电影、幻灯片和收音机"[13]。理查兹和奥尔森"站在梯子上朗诵"。凯奇朗诵的是"我在茱莉亚学院的演讲",最后以"一根绳子,一场日落,每个都在起作用"结尾[14]。

无论是参与者、观众或是没有到场的人,对这一事件的描述在许多方面都迥然不同。毫无疑问,这是由于每个人的反映都具有主观性。例如那天晚上,弗朗辛·杜·珀莱西·格雷(Francine du Plessix Gray)在日记中写道:

> 今晚八点半,约翰·凯奇登上脚踏梯。直到十点半,他谈论了音乐与禅宗佛教的关系,期间放映了一部电影,狗在舞台上奔跑狂吠,12个人在没有任何事先排练的情况下跳舞。一架准备好的钢琴响起,口哨声吹响,婴儿尖叫,四个穿白衣的男人端上了咖啡。艾迪斯·皮亚夫(Edith Piaf)的唱片在世纪之交的机器上以双倍速度播放……[15]

没有其他的记载提到这12名舞者,珀莱西·格雷似乎也记得这个活动比实际时间要长。

卡尔文·汤姆金斯在《纽约客》(*The New Yorker*)上为凯奇写的简介中补充道:静止的照片被投影在墙上[16]。迈克尔·柯尔比(Michael Kirby)在他的《偶发艺术》(*Happenings*)选集的前言中补充了更多信息:他和其他人都说凯奇读的是"关于麦斯特·艾克哈特(Meister Eckhart)的演讲"。根据柯尔比的描述,只有理查兹站在梯子上,而"查尔斯·奥尔森和其他表演者被'安插'(planted)在观众中,每个人在轮到自己的时候站起来说一两句台词。"柯尔比说,电影被投射到"天花板上",并描述:"一开始,他们表演的是学校的厨师,然后是太阳,随着图像从天花板滑下墙壁,太阳落山了。"[17]

芭芭拉·哈斯克尔(Barbara Haskell)在惠特尼美国艺术博物馆1984年展览《砰!波普艺术、极简主义和表演艺术大爆发,1958—1964》(*Blam! The Explosion of Pop, Minimalism, and Performance 1958-1964*)的目录中进一步阐述,她说凯奇朗读了"中世纪德国神秘主义者麦斯特·艾克哈特的摘录后,他用收音机演奏了一首作品……接着,都铎把水从一个桶倒到另一个桶里,而劳森伯格则把抽象的幻灯片和电影片段投射到天花板上"[18]。"如果这个记载是准确的,那就说明都铎演奏过凯奇的《水上音乐》——这是当年的一部作品。"[19]据玛丽·艾玛·哈里斯的说法,那年夏天,弗朗茨·克莱恩(Franz Kline)在学院创作的一幅黑白画也在展览之中,此外还有劳森伯格的四幅全白画作。正如哈里斯所说,"对于表演中究竟发生了什么,存在着相当大的分歧,这既是对表演成功的衡量,也是对在场人的错误记忆的表现"[20]。

凯奇在策划这个活动时,受到了他对禅宗的热爱以及安托南·阿尔托(Antonin Artaud)的《剧院及其重影》(*The Theater and Its Double*)的影响。W.C.理查兹那个夏天正在翻译这本书,她在每一章完成时都向朋友们大声朗读。

> 我们从阿尔托那里得到一个观念:戏剧可以在没有文本的情况下进行。即便有文本也无须决定其他的动作、声音、活动,等等。一切都是自由的,而不是捆绑在一起。所以,不是舞蹈表达音乐或音乐表达舞蹈,而是两者可以独立地并行,互不制约。这种理念不但可以延伸到

音乐和舞蹈,还包括诗歌和绘画以及观众。这样,观众就不会把注意力集中在某一个特定的方向。[21]

这一事件与《孤独人交响曲》的编舞可以说是凯奇与坎宁汉美学的结晶——中间派,以时间为结构,创造出一种凯奇所谓的"无目的、无组织的状态,但却拥有实用性和功能性"[23]。这些表演关键性地确立了凯奇和坎宁汉——美国先锋艺术领袖的地位。他们的影响不仅体现在舞蹈和音乐上,还体现在绘画和戏剧上。

1948年秋天,劳森伯格还是黑山学院的学生,他在凯奇主办的萨蒂夏季艺术节之后的那个学期入学,并于1949年春季学期结束时离开学校。1951年春天,劳森伯格在纽约遇到了凯奇和坎宁汉,当时他正在贝蒂·帕森斯画廊举办他的首次个展。凯奇说:"从一开始,我们之间就有一种绝对认同感,或者说完全一致。"[23]劳森伯格1951年秋天回到黑山,他们三人在那里度过了接下来的夏天。正是在黑山,凯奇和坎宁汉第一次看到了劳森伯格的全白画作,这给予了凯奇莫大勇气,创作了他的"无声"作品《4分33秒》。在那个夏季,劳森伯格从全白画作转为全黑画作,将报纸条蘸上黑漆,粘在画布上。10月,他和赛·汤伯利(Cy Twombly)一起去了罗马,后者也在黑山度过了那个夏天。[24]

1951年春天,坎宁汉和凯奇在西部巡演时,曾在丹佛停留,卡罗琳·布朗和她的丈夫,作曲家厄尔·布朗(Earle Brown)观看了坎宁汉的舞蹈。卡罗琳的童年在马萨诸塞州的菲奇堡度过,她的母亲玛丽昂·赖斯(Marion Rice)是丹尼斯肖恩(Denishawn,此处指Denishawn school of Dance and Related Arts)体系的一位忠实教师。卡罗琳在母亲的指导下学习舞蹈,后来在马萨诸塞州诺顿的惠顿学院学习哲学,但一直没有放弃对舞蹈的追求。除此之外,她还根据陀思妥耶夫斯基(Dostoevsky)的《卡拉马佐夫兄弟》(The

Brothers Karamazov)编排了一部芭蕾舞剧,演员全是女性。在丹佛,卡罗琳·布朗参加学习了坎宁汉在简·麦克莱恩(Jane McLean)工作室教授的课程。"莫斯开了两堂大师课,我都参加了。我从未见过这样的动作——来自这样安静的一个中心,却饱含动物般的权威和人类的激情。"[25]凯奇告诉她,坎宁汉正在寻找一个舞伴,最好不是来自纽约的某个舞蹈工作室的舞者,一个可以根据他的舞蹈风格和审美来塑造的人。当时,卡罗琳并没有想到自己能成为这个舞者——她甚至没有想过要把舞蹈作为自己的事业。

1951年夏天,布朗夫妇访问纽约,再次遇到了凯奇,并通过他认识了莫顿·费尔德曼和艺术家理查德·利波德(Richard Lippold)和雷·约翰逊(Ray Johnson)等人。他们都住在曼哈顿门罗街134号的同一幢公寓里。[26]据卡罗琳·布朗所说,凯奇"非常慷慨地鼓励厄尔",敦促他尽可能地创作音乐。除此之外,都铎在樱桃巷剧院的音乐会上也演奏了一首厄尔的作品。后来,布朗夫妇回到丹佛过冬。当都铎的巡演音乐会经过此地时,他们提供了住所。

1952年8月,布朗夫妇彻底离开丹佛,搬到了纽约。卡罗琳·布朗想继续参加坎宁汉的课程,但她仍没有认真考虑成为一名舞者。她的规划仍是继续在哥伦比亚大学学习哲学。然而,厄尔·布朗最终说服了她,她转而进入茱莉亚音乐学院的舞蹈系,以便获得学位成为一名教师。[27]秋天,坎宁汉从黑山回来后,卡罗琳也开始在斯图尔特·霍德斯(Stuart Hodes)的舞者工作室上他的课。该工作室位于东8街,在百老汇和大学之间。坎宁汉记得自己在那里注意到她,并认为"她会跳舞"。

秋冬两季,坎宁汉开始和固定的学生一起创作《机遇组舞》(*Suite by Chance*)。在冬天的某个时候,该作品的片段在工作室进行了表演,由苏迪·邦德、乔·安妮·梅尔舍、玛丽安娜·普雷格、雷米·查利普和坎宁汉本人参加了表演。坎宁汉记得,"一些抽象表现主义画家"也参加了这次表演,其中包括菲利普·古斯顿(Philip Guston)和布拉德利·沃克·汤姆林(Bradley Walker Tomlin)。

空间、时间与舞蹈

―― 1952 ――

莫斯·坎宁汉

舞蹈是一种时空艺术

古典芭蕾通过保持文艺复兴时期的舞台思维，保留了一种线性的空间形式。 美国现代舞起源于德国表现主义和众多美国先驱者的个人情感，其将空间划分成一系列的块状区域，或者常常只是舞台上的静态小山，实际上与舞台区域的更大空间没有关系，只是通过时间的联系而形成形状。 一些来自德国舞蹈的空间思想将空间解放，并留下了与之联系的瞬时感觉，但通常这样的空间感往往不够明显可见，因为身体物理动作是轻盈的，就像天空没有大地，天堂没有地狱。

舞蹈的幸运之处在于时空不可分割，这是每个人都能看到并理解的。 身体静止和移动都占据着同样多的空间和时间，静止或移动，两者没有孰轻孰重，只是看到舞者在移动就是件愉快的事。 如果动作周围的空间和时间是相对静止的，运动就会变得更加清晰。 除了舞者个人技巧和清晰度之外，还有一些诀窍可以让观众清楚地看到舞者的动作。 在芭蕾舞中，会形成大幅度动作或舞姿的各种舞步，以其步法及所蕴含的动力，成为观众可以引导他的视觉和情感感知进入最终动作的共同基础。 这有助于界定节奏，事实上，更多时候是在定义节奏。 在现代舞中，人们倾向或希望摆脱这些"不必要的、芭蕾式的"动作，但同时又希望动作的幅度和活力与芭蕾有相同的效果。当然,这往往使得舞者和观众略感不足。

从另一个角度来说,现代舞蹈最好的发现之一就是利用身体的重力,也就是说,与通过上升到空中来否认(从而肯定)重力相反,身体的重量顺应重力而下降。"重"这个词是不准确的,因为它的意思不是像一袋水泥下落时的重量(尽管我们都曾目睹这样的场景),而是一个活生生的身体坠落时的沉重感,一种有意识的坠落其最终的目的还是上升。这不是一种迷恋,也不是用沉重来强调轻盈,而是事实本身。就其性质而言,这种移动会使空间看起来像一系列不连贯的点,同时现代舞中也缺乏明确的连接动作。

许多画家都有一种直觉,他们正在创造一个无限可能的空间,舞者也有这种感觉。模仿自然界创造空间的方式,将各种元素:重的、轻的、大的、小的置于其中,这些元素虽各不相关,但又互相影响。

关于编舞的形式方法——有些源于一种确信,这样或那样的交流是必要的;另一些人则认为思想追随内心,即形式追随内容;有些人认为音乐形式最合乎逻辑,最耐人寻味,并基于此创作——最令我感到好奇的是,现代舞中普遍存在一种总体感觉,即源于更早的前古典形式的19世纪形式,是唯一可取、明智的,甚至可能是唯一可以采纳的正式动作。这似乎与现代舞的思想背道而驰——由于现代舞"现代"的特性,艺术家持续寻找新的或据称是新动作的想法,把心理学作为一种非常灵活的内容基础,希望能够表达"时代"的情感(尽管还有其他什么可以表达的呢)——但又觉得没有必要寻求另一种基础来承载这种情感。事实上,要么旧的形式已经足够好,要么进一步阐释旧形式才是唯一可行的途径。这主要包括主题和变奏,以及相关的手段——重复、倒置、发展与操纵。还有一种倾向,暗示着一场危机——人们参与其中,又以某种方式退出危机。

现在我不再认为危机意味着高潮,除非我们愿意承认每阵微风都有高潮(我是这样认为),但这就会抹杀掉高潮,因为它过剩了。由于我们的生活，既是由自然而来，又是由报纸报道的，充满了危机，以至于人们已经麻木不觉，那么很明显生活会继续下去，而且进一步地，每一件事都可以并且是彼此分离的，比如：报纸头条的连续性。高潮更适合那些沉溺于新年狂欢夜的人。

比起主题和操控的"阻碍"，更加使人自由的是一种基于时间的形式结构。 现在，时间可能会因为普通的斤斤计较而变得非常麻烦，但如果我们可以将结构看作是一个时间的空间，在这个空间里，任何事件可以以任何序列发生，任何长度的静止也可以存在，那么，计数就成为一种通向自由的助力，而不是机械化的约束。 时间结构的使用也将音乐释放到空间之中，使舞蹈和音乐之间的联系成为在结构点相关联的个体自治。 最终，舞蹈可以自由地选择，就像音乐一样。 音乐不需要为了突出舞蹈而无所不用其极，舞蹈也不必为了和音乐一样引人注目而制造混乱。

对我来说，舞蹈是以身体为媒介而进行的精神修习，所见即所得，这一点似乎就足够了。 而且我认为不可能"太简单"。 舞蹈演员所做的事情是所有事情中最真实的，假装站一个在山坡上的人可以做除了站立之外的一切事情，只是一种脱离——脱离现实生活，脱离日出日落，脱离遮挡太阳的云，脱离从云上落下的雨，促使你去杂货店喝一杯咖啡，脱离接替事物的万事万物。

舞蹈是生活的可见行为。

1953 年

1953 年 3 月,在伊利诺伊州厄巴纳的当代艺术节上,《机遇组舞》与《十六支舞》同台亮相,首次公开演出。乔·安妮·梅尔舍代替了安纳利斯·韦德曼的角色。

《机遇组舞》

卡罗琳·布朗学过苏迪·邦德在预演时跳的部分。她说:"纳坦亚·诺伊曼(Natanya Neumann)跳了大部分内容,莫斯只给了我一小段——我想那是我的试演。"这是舞者们第一次在节目中被称为"莫斯·坎宁汉和他的团"。尽管这次表演实际上是坎宁汉与一个临时团体之间的磨合,但这却为后来这个永久性舞团的正式建立奠定了基础。

1953 年 4 月 15 日,在布鲁克林艺术与科学学院举办的一次讲座示范中,《机遇组舞》进行了排练、演出和讨论,坎宁汉解释了舞蹈和音乐实现的方式和原因。通过抛硬币,他决定动作的走向和节拍数。这一灵感源自坎宁汉透过一扇高高的窗户观察大街上人们的偶然关系时得出的想法。在演出结束后的提问环节,一位观众问道,这套组舞是不是抽象舞蹈。坎宁汉回答说,他不明白人类怎么会是抽象的,因为"舞蹈的意义存在于舞蹈的行为中,跳的意义不会超过跳本身"。坎宁汉总结道:"舞蹈是生活的表达。如果这个无效,生活也就无效了。"[1]

几年后,坎宁汉写道,《机遇组舞》如题所示[2],其结构"非常经典",第一章节是行板,第二章节非常缓慢,第三章节稍微快一点,最后一个章节极快[3]。据卡罗琳·布朗说,最后一个章节"有很多齐舞、难度大、旋转和快速的动作,对当时的我们来说,要想做好它并保持一致是非常困难的。这是他后来(20世纪80年代)的风格,只是动作没有那么多,没有那么连续。"[4]

> 至于音乐,是由克里斯蒂安·沃尔夫委约创作的电子乐。电子乐直接在磁带上创作,将其分割、拼接,然后记录在磁带或唱片上。这实际上使录音机成为乐器。舞蹈和音乐是一种共生关系,也就是说,它们同时存在,并相互关联。
>
> 舞蹈是在排练时编排的,最初是为了反对度量的节拍。沃尔夫先生的乐谱以英寸/秒为单位。因此,在排练和表演舞蹈的过程中,我们改变了与秒、分钟的时间关系。[5]

在坎宁汉1968年出版的《变化:编舞笔记》一书的一张节目单清楚地展示了舞者从音乐容易识别的地方接收提示。从更大的意义来说,该作品遵循了一种时间结构——就像早期的舞蹈一样。在其中一页笔记中,他写道:"幕布在空旷的舞台上拉开/第一个四分半钟只有音乐独响/我在6分半的时候登上舞台/女孩们在结构点一起进入舞台。"(笔记接下来的评论:"就是这样")

"每个单独元素"的图表,记录了所有动作的范围、持续时间、空间的方向:

> 这些图表花费了我好几个月的时间(每天都要花好几个小时)来完成。我特意将图表上的动作画得不加修饰、尽量平实。
>
> 在那个时期的现代舞中,几乎不可能看到任何一个动作不被文学或个人联系所僵化,这个舞蹈的简单、直接和无关联的外形(有人认为是抽象和非人性化的)令人不安。我个人的经验是,在与舞者合作时,强烈地展现出他们个人赤裸、强烈和毫不羞愧的特质。我认为这个舞蹈是古典、精确而严肃——无论它的连续性多么与众不同,无论它的动作多么不古典,从传统角度来说,以及舞者所保持的静止姿势可能有多么不古典。这种舞蹈没有受到其他什么提示和参考的影响,仅仅关注于自身的生命力。[6]

雷米·查利普在《舞蹈杂志》(*Dance Magazine*)中详细描述了《机遇组舞》的偶然性。为了这个舞蹈,我们制作了一系列的图表:

> 这种图表展示了各种身体动作(包括舞句与舞姿,其中既有动作,也有静止);同时,还有一种标明了动作时长的图标(一个舞句或舞姿在很长或很短的时间内完成,或在一个动作不可能延长的情况下,如一个舞步,在规定的时间内重复);此外,还有一种在空间上标明了方向的图标(平面图)。
>
> 这些图表规定了动作连续性的物理极限,这并不是偶然产生的。在实际的编排中,我们采用了一种类似于抽签的方法,从这些图表中找到了实际的连续性。也就是说,一个舞者的动作顺序是由图表中编号的动作随机决定的。空间、方向和时间长度也可以在其他图表中找

到。在音乐的重要结构点上，舞台上的舞者数量、上下场时机，以及舞者集体齐舞或单人动作都是通过抛硬币来决定的。通过这种方式，舞者可能上一刻还保持静止，下一刻就开始旋转跳跃。虽然动作本身可能是熟悉或陌生的，但永远不熟悉的是其连续性，因为它已经脱离了寻常的因果关系。由于"机遇"的创作方法，图表中有些动作在不同的空间、方向以及不同的时间长度中被多次使用。另一方面，图表中也有许多动作根本未在最终编舞中出现。[7]

《机遇组舞》也体现了坎宁汉的空间理念。他说："最初是为了让四面的观众都能看到表演。在黑山，我的设想成功了，从四面的观众席看去，都能欣赏到我们的表演。"

将"机遇"应用于空间时，我看到了舞台多方向的可能性。与其只考虑一种方向，即在前场的舞台框架中对观众，方向可以是四面的，还可以是上下的。当以这种方式表演时，出口和入口会被另做安排以适应现有的过道。如果由我们自己安排，过道会被放置在四个角落……

舞者出现在舞蹈区域的一个给定点上。空间中的那个点和时间上的那个特定时刻都是他的中心。舞者停留或移动到下一个点，再到下一个中心。每个舞者都有这种可能性。因此，从一刻到另一刻，从一点到另一点，舞者们分开移动。[8]

1955年11月15日在旧金山，这场被证明是该舞蹈最后一次登场的演出，添加了一份节目说明：

这个舞蹈的所有动作都是通过对选定材料的"机遇编舞"操作来实现的。采用这种方法是为了最大限度释放各种可能性,超越编舞者的常规技能和记忆范畴。这部作品以简洁、抒情的方式呈现,没有叙事性或描绘性形象。舞蹈从一个延伸舒展的独舞开始,最后在整个舞团舞者精妙绝伦的加速舞中结束。[9]

(厄尔·布朗曾说:"[坎宁汉的舞蹈]总是在接近结尾时有一个旋转,像是在追逐尾巴。"[10])

• • •

回顾第一次与坎宁汉工作的这段时期,卡罗琳·布朗说:

厄尔和我搬到纽约之后,和莫斯、约翰、大卫·都铎、雷米·查利普以及尼克·切尔诺维奇成了好朋友。我们经常见面,无论是在晚餐时,还是去42街看电影的间隙,都会谈论当时流行的思想。维奥拉[法伯]有时也参与其中,玛丽安娜[普雷格]也是。而且,由于厄尔正在与约翰和大卫一起做凯奇的磁带项目,我们得以经常见面,讨论想法。那时我们也遇到了一些画家,比如鲍勃(劳森伯格),但不记得当时小贾(画家贾斯珀·约翰斯)是否在场。

那时的兴奋之处是我和一个作曲家生活在一起——在关于"不确定性"和"机遇"的讨论之中,厄尔、莫顿·费尔德曼和约翰都参与其中,每个人都贡献了自己的想法。我认为莫斯听了很多。据我回忆,他虽然没有过多地参与美学讨论,但我认为他确实受到了这些讨论的影响。

那一年里,约翰在莫斯曾使用过的工作室里为舞者开设了作曲工作坊。我们每周晚上见一次面。他运用了很多自己研究的理念,比如利用纸上的瑕疵进行创作,后来莫斯也开始使用这种方法。我们也创作了一些作品——运用约翰的技巧,我编了一个三人舞,叫作《五名舞者的三人舞》(*Trio for Five Dancers*),因为在场上的舞者永远不超过三人。我想我一直是通过约翰了解莫斯在创作过程中的想法。

后来,大约一两年后,约翰在谢里丹广场的工作室附近又开设了另一个工作坊。莫斯从来不在场——他只是在四处徘徊,或在后面听着。雷米创作了一件很棒的作品,采用一种纵横填字游戏的形式,并搭配色彩——一件"机遇"作品。这也是从约翰的课程中延伸出来的一个奇妙的方案,我们每个人都代表着一种颜色。那时的约翰是中间人,如果你有问题,就得找约翰谈。[11]

1953年4月,在第52街艾文剧院举行的美国舞蹈季中,又进行了一次阶段性的尝试:各种不同风格的现代舞团聚集在一起。这次活动被宣传为"最杰出当代舞蹈的两周展演",由贝斯比·德·罗斯柴尔德基金会赞助。坎宁汉在4月18日(星期六)与玛莎·格莱姆舞团共同出演一个节目,4月23日(星期二)又与格莱姆和何塞·林蒙舞团共同演出一个节目。坎宁汉还受邀重演《十六支舞》,其演员阵容与他在1952年1月复排时的相同(在《十六支舞》中演出的纳坦亚·诺伊曼也在格莱姆的《阿帕拉契亚之春》中饰演先锋女性)。

第一场演出引起了一场风波,让人想起1917年加吉列夫舞团《游行》的首演:大多数观众都是一些正统舞团的追随者。他们也许在别的方面没有统一意见,但对坎宁汉和凯奇的一切行为和主张深感厌恶。节目主持人抱怨说,坎宁汉的作品没有中场休息,太长了。

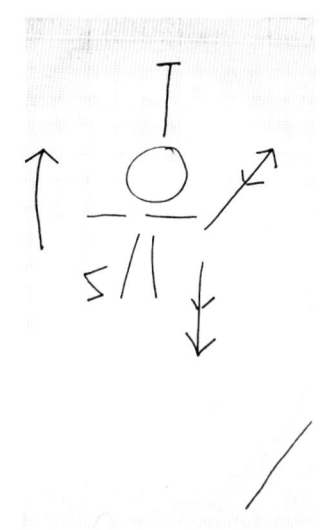

莫斯·坎宁汉为《机遇组舞》制作的图表，1952 年

我经历了一段艰难的时期。但安娜·索科洛（Anna Sokolow）太棒了，她和多萝西·伯德一起来的，坐在一个不喜欢我的音乐（或者说不喜欢任何音乐）的人前面。那个人一直在说话，安娜转身告诉他要安静，但他不听，安娜就转身打了他……从那时起，我们就成了朋友。

6月23日，当坎宁汉再次驻留路易斯安那州立大学巴吞鲁日分校时，他与该校夏季艺术节的学生舞蹈团共同上演了一台节目。坎宁汉表演了他的《变奏曲》、独舞版的《孤独人交响曲》以及一个新舞蹈。

《时空单人组舞》

在为《独舞组舞》（*Solo Suite*）伴奏的《钢琴音乐》（*Music for Piano*）中，凯奇采用了一种"机遇"方法，将音符或音调与"音乐作品所写的纸上的瑕疵"相对应。坎宁汉将这个过程用于他的编舞：

> 舞蹈的空间规划，是由此开始的程序：通过给一张纸上的瑕疵进行编号（每个舞蹈作品一次），并通过随机行为来确定编号的顺序。时间是通过带线条的纸来确定的，每条线代表5秒间隔。再次在纸上标记瑕疵，并通过将这些瑕疵的随机编号与秒数的数量关联，从而得到舞句的时间长度。

> 我制定了一系列动作范围，排序都是偶然决定的。有一支舞蹈是重复的，这就是随机产生的结果。整个舞蹈大约持续了15分钟，这很恐怖，最后一部分非常艰难，全是跳跃动作，我没有跳完它，太难了。每次的跳跃都是

不同的，有时是直腿，有时是双膝弯曲，你都必须重新做一遍。所有的动作我都尽力去完成，这段时间创作过程非常精彩，但执行起来却让人筋疲力尽。我没有多次表演这个作品，整个作品太难了。

正如坎宁汉作品中经常出现的那样，在这些独舞中不难发现自然意象的存在。30多年后的1985年，坎宁汉把其中的一个独舞教给了罗伯·雷姆利（Rob Remley），并告诉他应该像一只藏在长草中悄悄潜行捕食的猫一样去演绎。在这段独舞结束时，坎宁汉跪在舞台右前方，缓缓转头。这是一个令人难忘的画面——坎宁汉转头的速度是如此之慢，几乎让人无法察觉，就像尼金斯基在《牧神的午后》(L'Après-midi d'um Faune)中一样（这段独舞后来由托马斯·卡利（Thomas Caley）再次出演）。

同时，该作品明确指出了坎宁汉作品的发展方向。正如卡罗琳·布朗所写：

> 《时空单人组舞》可能被认为是"坎宁汉经典"。它并不缺乏戏剧性的张力，但它的形式，在空间和时间中的瞬间，就像纯净的水一样——清澈、透明和反光。莫斯从这个独舞开始，展现了他对时间和空间的深度思考……

· · ·

晚夏，坎宁汉再次受邀前往黑山，这次驻地具有重要意义。

> 我考虑了一下，觉得还是必须去，但不愿意独自前往。于是，我说我想带一些舞者一起，不需要任何报酬。为了支付舞者的路费——我必须把他们带到黑山，所以

我们设法找了辆公共汽车。最终我们做到了——一共七人。学校为他们提供住宿和食物，作为回报，我为舞团和学生上课。我早上上课，之后再进行排练。

在前几年里，最初加入坎宁汉培训的舞者是乔·安妮·梅尔舍，后来是卡罗琳·布朗、维奥拉·法伯、安妮塔·丹克斯和保罗·泰勒，其中法伯、丹克斯和泰勒在黑山完成了六个星期的夏季课程。随后三个星期，布朗、梅尔舍、玛丽安娜·普雷格和查利普又加入了该培训。在此期间，他们排练了整部剧目，其中包括三部旧舞蹈——《孤独人交响曲》（现改名为《拼贴》）、《拉格泰姆游行》和《机遇组舞》，以及三部新作——《班卓》(Banjo)、《一角钱之舞》(Dime a Dance，该作品采用了坎宁汉在纽约课上开发的素材)和《七重奏》(坎宁汉在纽约开始创作的作品)。此外，坎宁汉还为自己创作了一个新的独舞。

这些舞蹈于 8 月 21 日和 22 日（周五和周六）在学院餐厅举行的两场音乐会上表演，坎宁汉和他的舞者们与夏季班的三名学生埃塞尔·布罗斯基（Ethel Brodsky）、黛博拉·莫斯科维茨（Deborah Moscowitz）和蒂莫西·拉·法基（Timothy La Farge）一起出演。在排练《一角钱之舞》中的塔兰泰拉时，普雷格扭伤了脚踝，无法参加演出。她在《七重奏》中的角色由丹克斯和法伯分担。

在演出的第一晚，节目的第一部分主要展示了学生的作品，包括丹克斯和莫斯科维茨的独舞，以及泰勒和法伯完成了保罗·泰勒《杰克与仙豆》(Jack and the Beanstalk) 中的母子双人舞。音乐由普雷格编写并用吉他演奏（整部芭蕾舞剧曾于 1955 年在纽约的舞蹈协会音乐会上演出）。下半场由莫斯·坎宁汉和他的舞团表演，节目包括《拼贴》《变奏曲》《班卓》和《一角钱之舞》。查利普被称为"负责表演的企业家"，他说，这意味着他去了一家棉纺厂，以大约十美金一码的价格买了蓝色织物,然后用它做了一个巨大的背景布。节目单由凯奇和厄尔·布朗设计——白底的页面上印有浮凸字母,并由他们两个在学院印刷(据卡罗琳·布朗回忆,凯奇和她的丈夫整个夏天都不在黑山,在音乐会的时候才赶来)。

《班卓》

《班卓》是一部轻松的美式作品,以或多或少正统的方式编舞,配以路易斯·莫罗·戈特沙克(Louis Moreau Gottschalk)的音乐。

我们有一位排练钢琴师为课程伴奏,他试着演奏了这首《班卓》音乐,我记得维奥拉(她自己是个有成就的钢琴家)做了个鬼脸。所以我去找大卫·都铎,我说,我知道你很忙(因为他正准备做一个音乐项目),但你能不能来弹一次,让舞者们听听?于是,有一天他过来了,坐在那里弹奏这首曲子,听起来像是50把班卓琴同时演奏。舞蹈演员们说,现在我们明白了。

《一角钱之舞》

这是一个舞蹈的大杂烩。所有的舞团都站在舞台上,准备跳13支独舞、双人舞和三人舞作品中的7支舞蹈。没有任何一个人事先知道是哪7支舞蹈,这是通过"机遇"的方式决定的。

1953年8月在黑山大学,一位观众在付了一角钱后,从一副牌中挑出一张,指定要表演的舞蹈。标题就是指这种情况。

由钢琴家大卫·都铎演奏的音乐,是他从19世纪大量的文献中精选出来的。[15]

在后来的演出中,决定哪些舞蹈将被表演,以及以什么顺序进行的方法发生了变化:

> 每支舞蹈之间都穿插简短的默剧,由一名舞者从篮子里选择一个物品,例如围巾、帽子、面纱。这个物品提示了下一个要呈现舞蹈的内容。因此,不确定性以一种微小的方式进入了表演。对于舞者来说,最大的问题是要迅速记住这个物体所指代的内容,以便继续表演。此物品也提示着音乐的选择,音乐是大卫·都铎(从"全世界都喜欢演奏的音乐"系列中)选择的19世纪钢琴曲,选择的唯一标准就是它们本身的质量。如果舞蹈表演的时间比都铎演奏的乐曲长,他就从头再开始弹奏,再停止,反之亦然。[16]

开场的默剧是由普雷格表演的,她回忆要"上台给一个想象中的老式留声机上发条,然后放上一张唱片"(她之所以获得这个角色,是因为她曾在巴黎跟随马塞尔·马索[Marcel Marceau]学习)。默剧不仅决定了要跳哪支舞蹈,而且在某些情况下还决定了由谁来跳。所有舞者都学过这些数字所代表的部分舞蹈,必须准备好随时表演它们。然而,《探戈》(The Tango)是梅尔舍(其嘴里含着一朵玫瑰)和坎宁汉的双人舞;《昆虫》(The Insect)是法伯的独舞[17];《折衷》(The Eclectic)是坎宁汉的独舞,如果在演出过程中没有出现,这通常会作为"安可"加演剧目来表演。《一角钱之舞》(标题指的是舞蹈由玛莎、让·厄德曼、凯蒂·利茨和西比尔[希勒]等"不同人的部分舞蹈共同组成的")在舞团成立的第一年后再未演出过，直至 1957 年的 7 月 13 日，坎宁汉在加州马林县安·哈普林（Ann［后改为 Anna］Halprin）的舞蹈平台上举行的讲座展示中表演了名为"贝多芬"的一段独舞[18]。1971 年，他开始在活动中加入《一角钱之舞》中的"奔跑"（Run）部分。该舞团于 1964 年开始推出由各种作品的节选组成的整晚演出。1972 年，他教给克里斯·科马尔一支名为"东方之舞"（Oriental Dance）的独舞，这个独舞最初是为《一角钱之舞》创作的，但最终没有使用；科马在活动中表演了这段舞蹈。

• • •

8 月 22 日（星期六）在黑山演出的节目全部由坎宁汉舞团表演，以《时空单人组舞》开场，随后是另一支新作品《七重奏》，中场休息后是新作品《独舞》（后来称为《无题独舞》［*Untitled Solo*］），最后由《拉格泰姆游行》和《机遇组舞》的前两个乐章收尾。在最后一支舞之前的中场休息时间，餐厅的椅子被重新排列，观众就可以坐在四面环绕的座位上，这正是坎宁汉最初为《机遇组舞》设计的座位方式。

《七重奏》

《七重奏》的标题不是指舞者人数，而是指萨蒂的音乐，尽管其标题为"三个梨形碎片"（*Trois morceaux en forme de poire*），但却分为七个部分。七个部分的"正式标题"出现在后来的节目单中（括号内是萨蒂自己的部分副标题）：

在花园里（开始的方式：适度进行）
在音乐厅（相同的延续：动身）

在茶馆里(Ⅰ：慢板)

在游乐场上(Ⅱ：加速)

在太平间：(Ⅲ：残酷,适度[像一头野兽])

在远处：(此外：宁静)

在结尾：(重复：慢板中)

音乐和舞蹈标题的诗意模糊地表达了这场芭蕾舞的角色,其主题是爱神爱洛斯①,他出现于悲喜交融之中。[19]

当被问及副标题的来源时,坎宁汉回答说,"它们来自我"。换句话说,这些副标题(上面节目单中括号内的文字信息)是他为了排练而创作的,用于识别不同的部分,而不一定反映舞蹈内容。

萨蒂的作品《三个梨形碎片》像他的许多音乐一样吸引了我。它有七个部分,我为六名(三对)舞者创作了一支作品,但出于对萨蒂的尊重,我称之为七重奏。

这是我最后一次采用完全直观的创作方式。我提前计划,并想好了哪段音乐将用于哪支舞蹈,尽管舞蹈不一定适合音乐。我想要一支活泼的舞蹈。

这是一支剧场舞蹈。事实证明,它非常实用——没有布景,只有最简单的服装,也能契合任何大小的舞台。只要凯奇和都铎在身边演奏音乐就好。正如维奥拉·法伯所说,你不仅需要一个有能力的钢琴家,还需要一个有意愿的钢琴家！其他音乐家最初很震惊,因为他们认为这不是音乐应该与舞蹈进行搭配的方式,例如在音乐中

---

① 爱洛斯(Eros)为希腊神话中的爱神,代表着爱、情欲和欲望的化身。在古希腊神话中,爱神爱洛斯是宙斯(Zeus)和阿佛洛狄忒(Aphrodite)之子,被描述为一位弓箭手,用他的金箭射中人们的心,让他们陷入爱河。爱洛斯的形象常被用来象征爱情和情欲的力量。

会有几个响亮的和弦,而我们完全保持静止。[20]

  凯奇写道,《七重奏》的连续性在动作之间并不符合逻辑。有时,它似乎悲伤而崇高,有时又俏皮和令人惊讶。其提供了一种人们无法理解的体验,让人像身处梦境一样,对其中之义一无所知……

  音乐的动作风格多样:从第一乐章的东方主义到流行的法国民谣和音乐厅风格等。萨蒂在创作这首曲子时,把他的想法告诉了德彪西,德彪西说这首曲子缺乏形式。萨蒂给它命名为《三个梨形碎片》。[21]

  其编舞风格也同样丰富:在幕布升起时,三个女人像雕像一样摆成斜线。坎宁汉走过去,在她们中间踱步[22]。第二乐章是他为自己创作的"音乐厅"独舞。正如他在该作品的手稿注释中所写,他的双手平举在脸前,展开,并露出一个或喜或悲的表情。接下来是两段插曲中的第一段,其中一些舞者之间发生了小小的社交互动,在坎宁汉走近其中一位女士并与之握手后,两对舞者相遇并更换了舞伴。第三乐章是坎宁汉和卡罗琳·布朗缓慢而庄重的抒情双人舞。第四乐章以另外两对舞者的快板双人舞开始,在两位女士的舞伴都走了之后,布朗加入并与她们一起表演舒缓的三人舞。最后,坎宁汉和查利普加入布朗,开启了这一乐章的四人舞表演。

  在另一个换位的插曲之后,三对舞者在第五乐章中排成对角线。首先,女人狠狠坠地,男人抓住她们的手,防止她们撞到地板。然后,舞者面对面排成两行,摆出维吉尼亚土风舞(Virginia-Reel)的旋转动作,交换位置,背靠背,男人摇摆着他们的舞伴。他们转入舞台同心圆,最后站在前排,排成一排,男人们以不同的姿势支撑着女人。在第六乐章中,坎宁汉和三个女人摆出了一系列雕塑般的舞姿,这让人不可避免地想起了巴兰钦《阿波罗》中的段落(坎宁汉拒绝这种比较,并说四人舞实际上是指克里希纳[Krishna]和戈比斯[Gopis]的传说——印度教中的经典故事)。① 最后一个动作是一个缓慢的游行式结尾,舞者们在舞台上排成了一排横向流动。布朗从这个队列中抽身出来,绕过舞台,在查利普的支撑下,回到舞台上做了倾斜阿拉贝斯(arabesque penchée)。队形重新组合,慢慢离开舞台,坎宁汉和梅尔舍排在最后。她拉着他的手走下舞台,一边倒着走,一边弯曲身体。[23]

音乐无疑有助于使《七重奏》易于理解,而编舞与音乐一样,时而庄重时而欢快,这就是它诗意的本质。然而,观众并不是都懂得如何接受《七重奏》,因为坎宁汉"一个绝望的小丑的独舞"[24]显得如此滑稽。而且,观众也经常在他"与卡罗琳·布朗的悲哀、多情的双人舞"[25]中继续哄堂大笑。坎宁汉本人似乎也意识到了这个问题,在关于芭蕾的笔记中他写道:"是什么使得一个瞬间的动作庄重,而在下一个瞬间是幽默的呢?"[26]

《无题独舞》
(在第一次演出时称为"独舞")

沃尔夫音乐独舞三部曲中的第一部,是关于瞬间的容纳和爆发的可能性。独舞中设计了大量的动作,包括手臂、腿部、头部和躯干的姿势。这些动作彼此独立,在本质上拥有无限张力,脱离了正常或静止的身体平衡。这些独立的动作用随机的方式连续排列,允许一个或多

---

① 该传说讲述了克里希纳和戈比斯牧女之间的爱情故事。克里希纳是印度教神话中的神明之一,被描绘为美丽的牧童,同时也是智慧和爱情的象征。牧女们是村庄里的牧人的女儿,她们被克里希纳的魅力所吸引,与他展开了一段神奇的爱情故事。这个传说经常被用来表现爱情、奉献和与神的联系等主题。在舞蹈中引用这个传说可能是为了表现某种精神或情感的深度和神秘感。

个动作的叠加,每个动作都有自己的节奏和时长。[27]

　　这是一个难度非常高的舞蹈。大卫·都铎经常来黑山与我一起排练。当然不是每天,因为这支舞在某种意义上是遵照音乐编排的,并不严格,因此我并不是按照音符遵循它。因为克里斯蒂安的音乐是如此复杂,我很难听懂——我的意思是即使不跳舞,想要听懂也非常困难,跳舞更是不可思议。我必须要有某种提示线索,所以大卫会来演奏它。

　　这些身体上的挑战真是可怕,但我不得不挣扎着做到——每当我绝望地坐下来时,大卫会说:"好吧,显然这是不可能的,但我们还是要继续尝试。"在最后的两周里,他每天都来排练。我会先跳一遍,然后他会很耐心地再弹一遍。我们就这样一点一点地推进——我只是无法同时听清和做到。他演奏的时候,我可以听懂——但做起来,尤其同时做2至3种节奏且音乐又完全不同——你会觉得自己随时在偏离航道。

卡罗琳·布朗曾写道:

　　《无题独舞》……尽管它是通过"机遇"方式编舞的,但氛围显然清晰且具有很强戏剧性。早期的独舞——《无焦之根》似乎讲了一个故事,是关于某事……但这时,凯奇和坎宁汉都在对内容采取更具体的戏剧性方式。抛开结构不谈,《无焦之根》的戏剧特征几乎就是在叙事。相比之下,我认为《无题独舞》并不是关于某事,而是关于事物本质。它不讲故事,而是动态地呈现出原始的、直接的、即时的本质——一种现实。[28]

坎宁汉本人也写道：

> 可以说，表演舞蹈在骨子里似乎拥有一种不容置疑的戏剧性。
>
> 在我看来，这种特质只能自然出现，而不能强迫其发生。[29]

· · ·

随着冬天的临近，凯奇和坎宁汉决定，"莫斯·坎宁汉及其舞团"的首次演出的成功，证明了他们在纽约开展演出季是值得的。以 725 美元的成本，他们预订了位于格林威治村克里斯托弗街的外百老汇德·赖斯（de Lys）剧院（现在名为露西尔·洛特尔剧院「Lucille Lortel」），并于 1953 年 12 月 29 日至 1954 年 1 月 3 日的假日周期间举办了 8 场系列演出。在黑山学院的夏季演出中，坎宁汉新增加了三个早期的独舞——《无焦之根》《图腾祖先》和《两步舞曲》，以及他 1949 年在巴黎创作的双人舞和三人舞——《爱的艺术》和《爱的火花》(*Effusions avant l'heure*，后者现在改名为《三人舞》[*Trio*])，还有一个全新的群舞《片段》(*Fragments*)。此外，《机遇组舞》也被完整再现。

那年秋天，坎宁汉第一次有了自己的工作室，它位于西 4 街 224 号的谢里丹广场，坎宁汉的舞者们在这里上课和排练。德·赖斯演出季得到了建筑师保罗·威廉姆斯（Paul Williams）4500 美元的捐赠。和以前一样，凯奇和坎宁汉事必躬亲。凯奇曾请罗伯特·劳森伯格设计节目单，但据卡尔文·汤姆金斯说，他的设计"变得非常复杂，文字叠加在图像和其他文字上，凯奇认为根本不能使用。于是，他付给劳森伯格 100 美元，自己又设计了另一版节目单"。[30] 查利普设计了海报，印刷成几种不同的颜色。

凯奇在会计师的工作表上一丝不苟地记录了所有的数字，他的笔迹与记录的数字一样精致，仔细记下自己借出的每一笔微小的款项。坎宁汉、都铎、卡罗琳·布朗、查利普等人支付了零星开支。其中一些贷款已经还清。其他的朋友则通过在节目单上刊登广告来帮助他们。坎宁汉本人没有收取任何费用，其他舞者一周的排练报酬是 47 美元（当然，他们在整个秋天的排练都没有任何报酬），一周的演出报酬是 87.50 美元。票房净收入不到 3000 美元。

伊莎多拉·班尼特（Isadora Bennett）——著名的新闻代理人被聘为宣传人员，发布了一篇详尽而信息丰富的新闻稿。在圣诞节前的周日，《纽约时报》（New York Times）刊登了一则广告，节目单被列在《纽约时报》和《先驱论坛报》（Herald-Tribune）的周日舞蹈版上。然而，两份报纸上都没有出现评论。在演出结束后的第一个星期，玛格丽特·劳埃德（Margaret Lloyd）在 1954 年 1 月 9 日星期六的《基督教科学箴言报》（Christian Science Monitor）上评论了这个演出季。在 1954 年 1 月 11 日的《新闻周刊》（Newsweek）上有一篇关于凯奇的文章也提到了它。唯一一份评论该演出季的日报是 1954 年 1 月 15 日的德语报纸《构造》（Aufbau），标题为"舞蹈误入歧途"（Tanz auf Abwegen）。另外，三家舞蹈刊物给予了更多关注。在《舞蹈观察者》上，罗伯特·萨宾（Robert Sabin）、尼克·克雷维茨基和路易斯·霍斯特报道了演出[31]。在《舞蹈新闻》（Dance News）中，阿纳托尔·楚乔伊（Anatole Chujoy）报道了演出。而在《舞蹈》杂志中，多丽丝·赫林（Doris Hering）报道了演出[32]。楚乔伊和赫林都认为非"机遇"作品创作比那些机遇作品更可取。

《片段》

这个舞蹈的音乐和画面出现在磁带、科学寓言和原子研究的当代世界之中。中间部分的沉默标志着舞蹈对比的极端。[34]

坎宁汉对《片段》几乎没有印象(在他自己的《变化》一书和杰奎琳·莱斯凯夫对他的访谈书《舞者与舞蹈》中都没有提及)。根据卡罗琳·布朗所说,它把"机遇"方法发挥到了极致,每个部分似乎都是独立创作的,它们之间没有任何联系——"就好像我们在太空中一样"。当时在场的评论人记得它是极其枯燥的,尽管劳埃德认为它"有趣……无关的声音和动作在飞旋,非写实,当然也无交流"[35]。

舞蹈的外围部分是由皮埃尔·布列兹的磁带配乐表演的,中间部分无声。对舞者来说,《片段》对个人技术的要求是具有挑战性的。玛丽安娜·西蒙记得有"很多跳跃","我们学会了很多新的倒地方式"。卡罗琳·布朗补充道,"是的,很疼"[36]。《机遇组舞》和《碎片》在剧目中的保留时间都不长,其中《片段》在德里斯季之后只演出了六次,《机遇组舞》只演出了两次。坎宁汉把这归因于它们的复杂性。保留这些剧目需要大量的排练时间,他更喜欢用这些时间来创作新作品。

1954 年

1954年1月20日,在里斯剧院演出结束不到三周后,该舞团出现在布鲁克林音乐学院的小剧场(当时称为音乐厅),演出曲目包括《机遇组舞》《碎片》《七重奏》《班卓》和《一角钱之舞》。差不多过了一年,1954年12月8日,他们才在同一剧院再次演出。在后来的演出中,他们再次演出了《碎片》《爱的艺术》《班卓》和《拼贴》,还有坎宁汉的两首独舞——《时空单人组舞》和《无题独舞》,以及他们在这一年排练另一支重要的新作品《细微之事》(Minutiae)的首演。

当布鲁克林音乐学院第二次表演时,舞团人员有了一个重要的变动:保罗·泰勒决心专注于自己的编舞,离开了。1953年夏天在布莱克山学院的学生蒂莫西·拉·法基取代了他。

《细微之事》

《细微之事》标志着罗伯特·劳森伯格与坎宁汉固定合作的开始,这一合作持续了十年。

> 我一直对与艺术家们的合作很感兴趣:与野口勇合作,创作了《四季》;大卫·海尔在《神秘的冒险》中穿了

一套帅气但不实用的服装——功能不全是指它太重了，穿着无法做任何事情；与霍华德·贝伊（Howard Bay）合作为布兰代斯版《婚礼》设计了一套平庸的服装和舞台。这些与其说是合作，更像是舞蹈确立之后的设计。

但在《细微之事》中，出现了添加装饰的不同想法。我请罗伯特·劳森伯格来合作为这个作品注入些什么。舞蹈还没有完成，我无法告诉他要做什么，它可以是舞蹈区域内的某物，我们可以穿越它、环绕它，如果他觉得可以，还可以与它共舞。

他制作了一个物体，尽管很美，但我知道它行不通，因为它需要挂在管道上（坎宁汉认为不能保证舞团所在的剧院上方会有飞行空间）。于是，他制作了第二个，我们可以在上面行走、蜷缩和攀爬。它就像自然中的一个物体。[1]

劳森伯格最终制作的三维独立开放构造，与《细微之事》的首演同月，既与他在纽约查尔斯·伊根画廊（Charles Egan Gallery）展出的"红色绘画"（Red Paintings）有关，也与他开始制作的"融合"（Combines）有关，例如《夏琳》（*Charlene*，1954年创作，现藏于阿姆斯特丹的斯特莱克博物馆）。在《细微之事》中，他使用颜料、织物和纸张（大部分来自连环画），以及挂在绳子上、在前面板孔中旋转的镜子。

至于编舞，《细微之事》的标题非常明确。动作规模很小，只是细枝末节，是通过在工作室窗户观察街上行人创造的。至少我在被问及时是这样回答的。但这并不完全属实[2]（后来一场演出的节目单上写着："舞蹈……采用了小而短暂、突然的动作，这些动作是通过在工作室的窗户旁观察街道上的行人找到的。"[3]）还记得

《细微之事》,1954年
从左至右:维奥拉·法伯、玛丽安娜·普雷格和凯伦·坎纳(Karen Kanner)

《细微之事》,1954年
从左至右:卡罗琳·布朗,维奥拉·法伯,凯伦·坎纳,玛丽安娜·普雷格

《细微之事》,1954年
从左至右:卡罗琳·布朗和玛丽安娜·普雷格
摄影:约翰·G.罗斯(John·G. Ross)

坎宁汉在《机遇组舞》中也引用过类似的动作。坎宁汉在进一步解释《细微之事》中的动作时写道：

> 它们大部分是任何人在准备进行更大动作时做的动作，而且是发力之前的动作。这是一种随机程序，每个舞者都有一个独立的线，就像一个独立的生命，偶尔会汇聚在一起。
>
> 劳森伯格制作的物体被添加到舞美中，除了任何物体处于其位置时都可能存在混乱外，没有其他可见的干扰。约翰·凯奇的音乐也被加入进来。因此，现在有三个元素，动作、声音和视觉动作——在这种情况下，视觉动作是指悬挂在物体中的一面小镜子，当我们靠近它时，风会带动它移动。正是在《细微之事》的排练中，我看到了我第一次没有舞者的灯光排演。[4]

坎宁汉将作品中使用的动作种类描述如下：

> 片段/重复：跛行、爬行、行走、跳跃。除了这些动作，还有手、臂、肩或头部的碎片化动作——再加上臀部和身体的动作，都很短暂。[5]

这些一般性的动作类别被进一步细分为"动作领域"清单，每个标题下有多个选择，通过抛掷硬币决定。例如，在"头部"选项下有"常态""侧身转""上下""倾斜""环绕"和"印度"（最后一个大概是指印度舞蹈中使用的头部横向运动）。在"肩部"下有："前后""上下""环绕"。在"手部"下："握紧对方（a）手腕（b）前臂（c）肘关节（d）上臂（e）肩部（f）肩胛骨"。动作可能性以适当的细节列出，在"交叉手指"下，坎宁汉列出了"（a）交叉和交错（b）旋转拇指

(c) 用食指做手势（指向）(d) 用整只手做手势（将手的一侧甩出去）(e) 印度扣 (f) 弯曲手指等"。在"脚"下，列出了一些移动的可能性："拖拉/跺脚/转移重量/滑动/刷过/跳跃/伸展/转身/奔跑/行走/跳跃/弹跳"等。

坎宁汉对自己的"机遇"过程的指导也同样详细。"机遇"决定编舞的每一个元素——表演某个段落的人数、时间、空间和要表演的动作。布景成为舞者们必须处理的另一个元素，"就像布景中有了一些东西"。

舞蹈以坎宁汉的独舞开始，卡罗琳·布朗抱着膝盖坐在台下观看。玛丽安娜·普雷格和雷米·查利普从劳森伯格的布景下滑出来——他们一直在后面等着。大部分的动作由碎片化的舞句组成，玛丽安娜·西蒙还记得，作品中也有很多静止的部分。

• • •

1954 年，坎宁汉获得了他的第一个古根海姆奖学金，用于"创作活动和编舞"[7]。

> 当莫斯·坎宁汉获得古根海姆奖学金的消息公布后，有人问他要用这笔钱做什么。他的回答是一个字："吃"。[8]

事实上，在向约翰·西蒙·古根海姆纪念基金会申请时，坎宁汉在他的项目中列出了"完成涉及埃里克·萨蒂（苏格拉底）音乐的独舞和双人舞部分"，这个项目直到 1970 年才实现，当时他创作了《二手》(*Second Hand*)，"为涉及哑剧和美国民间形式元素的舞团创作作品，这里的民间不仅指西方和新英格兰的舞蹈形式，还包括爵士风格"。

《舞蹈观察者》的一篇文章引述了坎宁汉计划中涉及的"两个基本想法":

> 第一个是关于没有节拍的时间内的舞蹈动作探索,即基于固定节拍的节奏观念不再存在;第二个是使用"机遇"作为寻找连续性的方法,即将连续性视为一个动作接着另一动作的连续性,而不是由心理或主题或其他因果联系起来。

1955 年

舞团在 1955 年的春夏两季进行了首次巡回演出。5 月,他们在纽约哈德逊河畔的巴德学院(Bard College)进行了一次演出,其中表演了一个新的舞蹈。几天后,这个舞蹈再次亮相于纽约亨利街戏院为日本协会的演出中。

《人与春令》

《人与春令》大概就是坎宁汉在 1954 年古根海姆的申请中提到的舞蹈,"尽管它与他在那里的描述不同"。据坎宁汉说,"《人与春令》是一个很长的作品,我们为它花了很长时间。有一次在工作室里展示了它,我记得理查德·利波德来过"。玛丽安娜·西蒙回忆说,作品中又有很长的静默时间。卡罗琳·布朗说,"与我为他所做的其他作品相比,除了《七重奏》之外,对我来说,它似乎是最抒情和最有舞蹈性的,甚至在某种程度上是最传统的,尽管不是传统的配乐"。

那首音乐的作曲,厄尔·布朗说:

> 莫斯给了我他的时间结构,我思考之后放弃了。我以自己的方式创作了这首曲子,与他的时间和他的舞蹈

建立了联系。我记得舞者们或者莫斯对使用音乐且太过熟悉音乐以及过于经常根据音乐表演感到担忧。《春令》的乐谱充满了非常密集,混乱的元素,也有一些地方有一两个长音。音乐的密度波动幅度很大。莫斯在编排这部作品时并没听过我的音乐。当我第一次看到音乐和舞蹈的结合时,我惊讶于缺乏同步性的效果竟如此戏剧化——如果你让自己沉浸其中,那是一种未刻意加入但本来就存在的内在戏剧性。

其中有一个特别的时刻,在小提琴只演奏一个音符的时候,莫斯从侧幕中飞出,一跃而起。他在这一个持续的音符上飞翔。如果不是莫斯作为舞者——不是我作为作曲家——他们就会用戏剧性的音乐来衬托这一跳跃。莫斯的飞跃在戏剧上的效果是惊人的,因为它与那个小提琴音符相结合,比我可能为了支撑它而写的任何东西都更令人惊讶。[1]

这首专门为该舞蹈创作的音乐在首演时是钢琴演奏的形式。1957年11月30日在布鲁克林演出的修订版(实际上是该舞蹈完整版的最后一次演出),是以管弦乐版本演奏的。

至于在服装上的"艺术合作",雷米·查利普认为大部分都是他做的。"我对手风琴褶皱非常感兴趣,大多数女性的服装都是用手风琴褶皱的丝绸制成的,非常漂亮。我现在不确定其他人做了什么——也许我们一起创造了点什么。"[2]

· · ·

7月,舞团在马萨诸塞州李镇的雅各布之枕舞蹈节上表演,与艾莉西亚·阿隆索(Alicia Alonso)和埃里克·布鲁恩(Erik Bruhn)

以及西班牙舞蹈家茉莉（La Mariquita）共同出演一个节目，这是该节目的发起人泰德·肖恩（Ted Shawn）典型的混合了芭蕾、现代和民族舞蹈的节目。秋天，在纽约州的几场演出后（一次是在新城，当时暴雨倾盆，观众在演出结束后无法离开剧院；另一场在萨拉·劳伦斯学院），该舞团飞往西海岸，在圣巴巴拉、洛杉矶（加利福尼亚大学）、旧金山、波特兰、塔科马以及西雅图进行了演出，他们借车在城市间穿行。

在这次巡演中，尼古拉·切尔诺维奇（Nicholas Cernovitch）作为灯光师加入了舞团。切尔诺维奇是查利普的朋友，也曾是黑山学院的学生。他从事摄影和平面艺术以及舞蹈相关工作，还参与了凯奇1952年的戏剧作品。在纽约，他一直在第四大道上的东方书店工作。切尔诺维奇从查利普给他的一本书中了解到舞台灯光，并在后来的几年中成为这个行业备受推崇的人物。

秋天，坎宁汉为生活剧团（Living Theater）制作了保罗·古德曼（Paul Goodman）的戏剧《年轻的门徒》（*The Young Disciple*），副标题是"三幕殉道"（*A martyrology in three acts*），由朱利安·贝克（Julian Becky）导演和设计。剧中音乐《午夜的太阳》（*The Midnight Sunday*）由内德·罗尔姆（Ned Rorem）创作，坎宁汉在舞蹈中也使用了皮埃尔·谢弗的《孤独人交响曲》（《拼贴》的音乐）作为配乐。

无常的艺术 *

1955

莫斯·坎宁汉

  过去的几年里，绘画、音乐和舞蹈艺术的实践发生了重大变革。虽然目前还没有定性，但有一些理念已经形成。这些理念似乎主要关注的是某物在其时间和地点上的确切呈现，而不在乎它对其他事物的实际或象征性的参考意义。每个事物仅仅是它本身。每个事物都被赋予了认可和爱，这是好事。当然，世界的本质——或者说我们现在理解世界的方式——我们知道每样东西实际上或潜在地也是其他事物。因此，在我看来，我们似乎不必为提供了关系、连续性、秩序和结构而担心——因为无法避免。它们是事物的本质，是我们自身、我们的材料和我们的环境。

  如果一个舞者跳舞——这与对舞蹈持有理论、希望跳舞、试图跳舞或在体内记住别人的舞蹈动作不同——但如果舞者跳舞，那么一切都蕴含其中，追求的意义也在那里。就像我住的公寓——早晨环顾四周，问自己，这一切意味着什么？它意味着：这就是我住的地方。当我跳舞时，它意味着：这是我正在做的事情。事物即其本身。如今，在绘画领域，我们开始看到的是画作本身，而不是画家或画作中的对象。我们开始领悟到一幅画的空间是如何构成的。在音乐中，我们开始不再用训练有素的耳朵去聆听音乐。

---

* "机遇编舞"的实际技巧是本文的主题，雷米·查利普将本文刊登在 1954 年 1 月号的《舞蹈》杂志上。

在舞蹈中，跳跃是跳跃的简单事实，以及跳跃所呈现的具体形态。对跳跃的关注消除了认为舞蹈本身意义存在于舞蹈之外的一切的必要性，并进一步消除了对什么动作应该跟随什么动作的因果关系的担忧，释放了对连续性的束缚感，清楚地表明每个生命行动都可以成为自己的历史：过去、现在和未来，它们可以这样被看待，这有助于打破经常困扰舞者步伐的枷锁。

舞蹈与其他事物一样是生活的一部分，在我看来，似乎没有必要再阐述这一观点了。它一直以这样或那样的形式发生，就足以证明了。舞蹈，是身体存在于时空中的表演。当我通过抛掷硬币，也就是通过"机遇"，来编排一个作品时，我在这种方式中找到了我的资源与力量。它不是我意志的产物，而是一种能量，一种我也需遵循的法则。有些人似乎认为，在创作舞蹈时应深思熟虑，或通过研究前人的著作获取灵感。通过扔硬币来决定动作，显得冰冷机械。但是，当我以这种方式创作时，我的感觉是，我接触到了一种远比我个人的创造性更伟大的自然资源与力量，比我自己实践的特定习惯更具有普遍的人性，而且从常见的运动冲动中更有机地涌现出来。

舞蹈是生活的一部分，这似乎是不言而喻的。那么，现在就谈一下舞蹈不是什么。"不是这个，不是那个"。舞蹈不是社会关系，尽管可能会对之产生影响。舞蹈不是强烈地表达感情，比如，对她的热情，或对他的愤怒。我认为舞蹈更为原始，更本能。在其本质上，在其赤裸裸的能量中，以特定的形式涌出激情或愤怒，是可以引导进入各种情感行为的能量源泉。正是这种能量的公然展示，即被调节到足以融化钢铁强度的能量，在一些舞者身上产生了巨大的兴奋。这不是对某件事物的感觉，这是身心的舞动，它是如此强烈，在这短暂的瞬间，身心合一。舞者知道，当他跳舞时，必须牢牢地意识到这一中心。而正是在白热化的融合中，使一个优秀舞者展现出客观和宁静的状态。

我们在舞蹈中的狂喜是自由赠予的礼物，这种能量带给我们令人振奋的时刻。这里所说的并非放纵，而是自由，即对世界的完全感知,同时又与之保持超脱。

在思考当代舞蹈时,我关注的是音乐和舞蹈,我发现,正是与动作的即时性与单一的瞬间相联系,才让人有了自由的感觉。身体腾空而起并不是人自由的思想,而是身体本身在空间的腾跃。而这个动作包含了所有其他的动作,是人的自由,同时也是人的非自由。你看,要想对舞蹈有深刻的认识,一点都不难。它似乎是形而上学悖论的一个天然的双重性。

现在有些观点认为,舞蹈必须表现某种意义,必须与我们意识和潜意识深处的形象有关。我的想法是,没有必要去强求它们。如果这些原始的、宗教的或其他典型的形象存在于我们的内心深处,一旦通道打开,它们就会出现,不管我们喜欢和不喜欢。这只是一个允许它发生的问题。舞者的自律,他的日常仪式,可以这样看:这些使他精神内在能够通过他的肢体自由而必要地表达出来,并将其表现延伸到空间。我的大脑并不比我的双腿更有哲思,但我感受到,它们充满了能量,并且在动作中释放出来(看起来一动不动也是一种令人陶醉的动作)——动作的形态超出了我头脑分析的深度,但对我的眼睛来说清晰明朗,对我的想象力来说十分丰富。换句话说,人是一种两条腿的生物——比其他属性更根本更亲密。我们双腿的表达比"知道"的更多——所有的生物都是如此。因此,如果你真的用你的身体跳舞,而不是你头脑的执行者——你的精神通过躯干和四肢的表现将不可避免地呈现出生命的形态。我们每时每刻都在暴露自己。因此,我们不需要刻意去这么做。我们的种族记忆,我们的本能和自我,都在那里。如果它在那里,它就在那里。我们不需要假装我们必须把它放在那里。在我最近的一个名为《无题独舞》的作品中,我用"机遇编舞"的方法编排了这个作品。然而,可以说,所呈现的舞蹈似乎在其骨子里有一种明显的戏剧性强度。在我看来,这只是一个"允许"这种品质发生,而不是"强迫"它的问题。在我看来,演员或舞者的这种"宁静"是至关重要的。这种宁静使他能够超然,从而自由地呈现。宁静使他自己成为一种自然的"木偶",

他就像在一根像脐带一样的绳子上跳舞——如"自然之母"和"精神之父"不假思索地带动他的四肢起舞。

我使用"机遇"的方法为舞蹈寻找连续性,并不是我希望建立并捍卫的立场。它是目前将我的想象力摆脱陈词滥调的一种模式,它是注意力的一次奇妙的冒险。我们的注意力通常是高度选择性的和高度编辑性的。但是,尝试以另一种方式看待事件,整个姿态的世界,事实上整个物理世界,就像被电流击中一样。

正是对"每一件事"日益增长的兴趣,使我在寻找舞蹈的连续性时使用了"机遇"的方法。在我这里,对于某个特定的作品,涉及对图表的精心使用,图表中绘制了特定的动作、节奏(即动作的持续时间长短和划分),以及呈现的空间和空间划分。动作、时间和空间,这三个要素都有单独的图标。于是,我投掷硬币来决定从动作图表中选择一个运动,以及这个动作的持续时间,以及动作的空间和方向。这种方法可能会让人怀疑,作出的选择是几何和抽象的,不真实且"非人类"的。但恰恰相反,它并不比从飞机上看到的山脉线条更加几何。它也不比任何人类更抽象,它就是这样,它并不从某个事物中抽象而来,而是事物本身,而且允许舞者能够成为他自己。

有一件长时间以来一直让我感兴趣的事情,是我们如何保持平衡。不仅是我们能以许多不同的方式保持平衡,从而找出有多少种方式,而仅仅是我们到底是如何保持平衡以及是如何进行的?用两条腿还是一条腿?跳舞时包含两个要素——重量的平衡,以及重量随着空间和时间移动。也就是说,移动范围更大或更小,时间更长或更短,这取决于身体结构的灵活性。这种灵活性只受制于舞者的想象力,在这方面我们已经有很多成果。我想,我们所做的动作其实相对较少,如果寻找动作的舞者来说,如果他以一种直接简单的方式发现其中一个动作,对他来说可能是最愉快的。我认为,在一个特定的动作中缺乏完整性,或在其自身的形状和节奏的特定限制之外夸大一个动作,会矫揉造作。同样地,在一个特定的动作中,以最小的可见能量的必要性和最清晰的精确性,尽可能充分完成该动作的每一个元素，可能会产生一种风格。 但是，如果为了进一步的效果，为了炫耀而延长姿势，或者为了表演者自我的其他乐趣而把这种感觉抛到一边，那么首先失去的就是宁静，而在急于追赶的过程中，舞者会跌跌撞撞。

建筑师巴克明斯特·富勒曾经说过，他觉得人类通过两种方式在全球范围内迁移：顺风，也就是出海航行，一般都是向东。 逆风，那就是横穿陆地。 这种移动和阻力的图像让我想到，移动和静止的想法可以在舞者的训练方式中得以体现。 主要动机可以是静态的，就是让躯干摆出尽可能灵活的姿势，然后再加上腿部的动作，或者主要动机放在腿部，形成一种移动的情形，而背部和上肢不动保持。这一切的前提是，首先，脊柱和四肢之间存在一种关系，力量关系在脊柱和四肢之间上上下下，而腿部与背部相连的躯干底部既能阻止四肢的动作，又能使其继续。 同时在这两个身体组成部分中获得自由和清晰的感觉是多么奇妙啊！

尽管有人会被引导着去思考，但舞蹈的乐趣并不在于分析。 舞蹈是一种生动的人类活动，就其本质而言，它是我们所有人的一部分，包括观众和表演者。 关键不在于讨论，而在于实践与观赏——不管是什么类型。 在青少年时期，我学习了各种形式的美国流行舞蹈，包括踢踏舞和一种展示性的交谊舞。 但我的老师坚持认为不存在所谓的"踢踏舞"，而就是"华尔兹踢踏舞（The waltz clog, 这是一种结合了华尔兹舞步和踢踏舞技巧的舞蹈，以欢快的华尔兹音乐为伴，以舒缓的节奏演绎）""南方软鞋舞（The southern soft shoe, 这是一种源自南方地区的舞蹈风格，通常包括轻快的步伐和柔软的动作，常配以轻快的音乐）""雄鹿与翼舞（The buck and wing, 这是一种传统的美国舞蹈形式，具有很强的节奏感和技巧性。 这种舞蹈通常包括快速的步伐、踢踏、击鼓和身体动作，常见于19世纪末和20世纪初的美国舞蹈表演中。 在这种舞蹈中，舞者会以独特的方式展示他们的技巧和节奏感，常常伴随着鼓乐和口哨声）"这几种舞蹈。它们每种都有所不同，她还会继续向我们展示他们的区别。 不同的节奏赋予了每种特定舞蹈不同的风格和色彩。例如，在较慢的舞蹈中，节奏允许有一定的重量、摇摆和手臂的停顿，而这在较快的舞蹈中是没有的。这些课程最终导致我们在各个大厅为当地活动进行表演，就像当地活动的娱乐表演者，短暂而令人陶醉的"杂耍巡演"中的表演者。我记得有一次，我们（四个人）蜷缩着站在像一个贮藏室一样的小屋里，很冷，那是唯一的化妆间，位于这次作为舞台的小平台后面，而我们的老师在大厅的前面做最后的准备。最后她匆匆回来，看了一眼我们四个人，笑着说："好了，孩子们，我们没有化妆品，所以咬咬嘴唇，捏捏脸颊，上场吧。"她说这些话时，散发出了一种戏剧能量和奉献精神。我后来与不同的舞者接触，他们关注舞蹈作为社会信息的传递者或作为心理类型的试验场。所有这些接触，都未能打破巴雷特夫人给我的那种感觉，即舞蹈最深切地关注每个独立瞬间的到来，它的生命力、活力和吸引力恰恰源于这种纯粹的独特。就像呼吸一样准确和瞬息万变。

1956 年

1956 年 5 月，该舞团在印第安纳州南本德的圣母大学(University of Notre Dame)进行了一场单独的城外演出，三支新舞蹈在那里首次亮相。不幸的是，音乐会的日期恰巧与该大学的毕业典礼日期重合，所以演出几乎没有观众。

《银河》

《银河》正如其副标题所示，由四个独舞组成。一份节目说明详述了这一想法：

> 这支舞蹈及其音乐的复杂性是为了模仿自然界的复杂情境，在这些情境中，例如空气、土地、火和水同时起作用。[1]

我在编排每一个独舞时，都试图让它在空间上保持其独立性。在他们表演时，可能有一些细节我得调整，但这是我的原则：使每个独舞尽可能地与众不同。我是根据舞者制作的，为特定的舞者制作的，所以确实是一支与其他人毫不关联的独舞。因此，同时有四个独立的部分在进行,但它们不是碎片化的,可能是三或四分钟的舞蹈。它非常快。

我不记得我是写下了舞步,还是直接编舞。但我会编排一个,然后在某种意义上试图忘记它。所以,当我编排另一个时,我不会将其与之前的联系起来,除了以某种方式记住它在空间中的位置。四名舞者之间的随机元素是不连接的,它不是用"机遇"过程创作的,而是根据四名舞者编舞。我只是在那段时间内为每个人创作了一支舞蹈,每个人不仅有不同的动作,而且有不同的结构。它们被设计成既可以一起表演,又可以分开单独表演。

厄尔·布朗的配乐根据他的"开放形式"思想创作,他写道,《银河》是坎宁汉的"第一个真正的即兴舞蹈……这是一支非常严肃和'经典'的舞蹈,非常难跳,也许观看也不易"。他说,坎宁汉担心舞者会相撞[2]。

查利普的服装以其狂放的幻想而著称:布朗的服装上装饰着羽毛,法伯的服装在紧身衣腹部镶嵌有五颜六色的纽扣,普雷格的服装上有一件金色的披风,里面是金属丝绸的,查利普的服装融入了印度刺绣和小镜片。

《奢华的逍遥》

这部作品的副标题是"一次进入未知冒险的领域",是坎宁汉的独舞三部曲中的第二部,由克里斯蒂安·沃尔夫作曲。

三部曲在编舞中使用了"机遇"方法,有时是细小的片段,有时是大范围的编排方式。大卫·都铎会演奏一场钢琴音乐会,这部作品是其中之一。我听到这首曲子后,立即问克里斯蒂安是否允许我用这首曲子编排一个舞蹈。他总是很慷慨地同意了。

《奢华的逍遥》和《无题独舞》的创作原则相同,即将大量的动作模块,整合在一起,这是非常困难的。

这些模块不仅包括身体各部分的动作(例如,坐下用臀部移动),还包括头部和面部——眼睛、眉毛和嘴巴(坎宁汉的自述中列出了这些动作的来源——包括能剧面具、眼部练习和印度书籍)。

你经常用你的手臂做一些慢动作,例如,用脚做一些快速动作——但是手臂又必须做一些大动作——这就产生了一种对立。这对我来说非常困难,我竭力保持节奏,不让它们互相错过。还有并置,由于"机遇"的方式,从一个动作到另一个动作,仅仅只是去做到它,我也没有做什么特别处理,而是尽可能直接去做——这本身就是戏剧的一部分,因为仅仅做到这一点就非常紧张了。它不仅仅是技术的问题,或者是跳跃、多次旋转之类的问题,而是不仅姿势非常尴尬,还要完全完成每个姿势,并让它们产生某种舞蹈的美感。

坎宁汉自己编织了这件服装,一种多色条纹的连身衣,有一条很长的裤腿。"机遇"的可能性也包括服装的变化。

尽管坎宁汉坚持认为这支舞和沃尔夫"三部曲"中的其他两支舞的戏剧性根植于动作本身,但似乎也有可能是创作《无题独舞》的经验使他预见到《奢华的逍遥》中的类似的紧张感,并为之做了准备。无论如何,他的笔记将舞蹈分为四个部分,其标题也预示了一个戏剧性的发展:

＃Ⅰ 孵化计划
＃Ⅱ 重置舞台
＃Ⅲ 审判[5]
＃Ⅳ 结局

在他笔记的其他部分，出现了"胁迫""巫师"等字眼，这似乎表明，通过"机遇"得出的动作组合给他带来了某些特定意象。

编舞遵循了音乐的结构，而且正如坎宁汉所说，"在一定的时间内有一定的动作要做，这创造了一种紧迫感"。最终，《奢华的逍遥》在表演层面，具有噩梦般的可怕难度。

《五人组舞》

《时空五人组舞》（*Suite for Five in Space and Time*，"时空"两字很快就从标题中删掉了）是在坎宁汉早期《时空单人组舞》的基础上增加了三人舞、二人舞和五人舞（坎宁汉最初还计划了一支六人舞，由布鲁斯·金担任第三个男舞者，但金在部分排练期间无法到场，演员就减少到了五个）。在接下来的两年里，这部作品经历了各种修改，并于1958年7月1日在印第安纳州的曼西形成了它的最终版本。在这版本中，坎宁汉的独舞从五支减少到三支，并为卡罗琳·布朗增加了一支独舞《一段漫游》（*A Meander*）。

节目单上写道：

这部芭蕾舞剧的事件和声音围绕着一个安静的中心展开，虽然它静默、不动，但却是这些事件发生的来源。

音乐是凯奇的《钢琴音乐》(4-84)，他写道：

《五人组舞》，1956年，伦敦
摄影：汉斯·怀尔德（Hans Wild）

这段音乐的声音对应乐谱纸上的瑕疵。每页纸上的声音数量和创作的其他方面都是通过"机遇"操作来决定的，动态、节奏和噪声的性质则是由钢琴家决定[7]。

因此，坎宁汉决定以同样的方式来确定一个名为《五人时空组舞》舞蹈的空间点。该组舞最终由七支舞蹈组成。每支舞蹈的空间规划是起点。我用透明的纸作为网格，对演奏空间进行鸟瞰，对瑕疵的地方进行标记和编号，每个舞蹈中的每个舞者都有标记。在二人舞、三人舞和四人舞中，我将每个舞者的标记页面叠加在一起，寻找他们是否有汇聚点，并允许搭档或保持姿势，以形成某种联系。时间是通过有线纸标记的，每条线代表五秒的间隔。之后，再次在乐谱上记录下瑕疵，并通过偶然编号这些瑕疵与秒数的关系来获得舞句的时间长度。

这是最早完全摒弃节拍的舞蹈之一，我们舞者必须依靠自己的舞蹈计时来控制任何舞句的长度和整支舞的时间。

凯奇的《钢琴音乐》与舞蹈一起进行，在时间上是可变的。虽然舞者熟悉声音的顺序，但这些声音不一定每场演出都在相同点上。而且，正如有时发生的那样，随着钢琴家和钢琴的加入，声音增强，原始作品也有了其他的层次。

然而，一个特定舞蹈的总长度，每次都是相同的。经过多次演出，作品的长度变化很小。经过一段时间，比如说，三个月不排练，舞者（当然，假设他们是同一批人）会在两分四十五秒的舞蹈中出现五到十秒的误差[8]。

舞蹈动作是经过深思熟虑的，也就是说，动作或长或短,通常伴随着静止,并允许它们在没有对音乐提示严格遵循的情况下发生。动作可能与声音同步,也可能不同步……

这些舞蹈……都被设计成在四面观众的情况下呈现,并在允许的情况下进行。空间和方向是随机发生的,包容度很高,而不需要调整舞者排列整齐或面向观众[9]。

出口和入口的安排是为了适应现有的过道,或者如果是我们安排的话,那么过道将放置在四个角落。[10]

矛盾的是,也许《五人组舞》最引人注目的特点之一是它经典纯粹与宁静。当被问及这一点时,坎宁汉说:

当我第一次编排它时,就一直认为它具有这种品质。不仅是指形态和其他的什么,而是它清晰地存在方式,它清晰地展现了自身,没有任何粉饰。你必须能够在作品中清楚地展现大动作,不做任何多余的动作。最初我们总是在非常小的舞台上表演,但当我们开始在更大的舞台上表演时,这种特质就展现出来了。舞者们走向舞台——我们知道自己在空间中所处的位置,所以在不增加任何动作的情况下,要运动到你想去的新位置,就要将动作幅度变大。这就是你的方式——不添加东西,让动作本身变得更大。

我认为正是这种因素,以及我们能够保持课程训练的事实,让我们继续前进。我的意思是,跳舞能让人源源不断地有想法,但也只有当你跳舞的时候才会有,你可以一直继续下去。

这种经典元素在双人舞《悬空时刻》(*Suspended Moment*)中尤

其引人注目。不管是不是巧合，它甚至在结构上被构建成一个微型古典芭蕾双人舞。在坎宁汉的第二支独舞《静止》(Stillness)之后，舞台出现了一阵黑暗。当灯光亮起时，坎宁汉正跪在舞台中央，面朝舞台右侧，把布朗横抱在肩上，双臂横展，保持平衡。他维持着这个姿势，慢慢地双膝旋转。旋转结束后，布朗下台。接下来是一系列的支撑姿势，之后，坎宁汉沿着后斜线远离布朗，非常接近地面。他先是一条腿伸出，然后是另一条腿，双臂伸向身体两侧，手掌紧贴地面。在每次把重心从一条腿转移到另一条腿之前，他都会用手指猛烈地敲击地板。在布朗简短的独舞之后，双人舞以"西索恩(Sisonne)"式跳跃（芭蕾训练中常见的分腿跳跃）的结尾迅速结束。

三人舞和五人舞更偏离传统，甚至有些任意。"这些舞者，"凯奇写道，"即使几个人同时在舞台上，也通常是单独或独立的。在这种孤独中，他们之间会进行短暂或延长的相遇。"舞者描绘的独立路径，和他们相遇时形成的聚集体，体现了坎宁汉的空间概念：在其中一个舞者原地跳跃，而另一个迅速沿对角线移动，第三个和第四个短暂地保持支撑的姿势（就像凯奇音乐中的静默一样，坎宁汉的编舞此时也常常以长时间的静止来点缀）。

和以往一样，当舞者们聚在一起时，无论多么随机，他们形成的组合都有一种雕塑般的质感——例如，在三人舞中，两位女舞者面对面站着，双臂伸展，双手合十，手掌平展，男舞者悬在她们的肩膀上。三人舞的最后一个画面令人难以忘怀：玛丽安娜·普雷格独自一人站在舞台上，她将双臂伸直放在身前，肘部上下移动了几次，然后慢慢将它们再次伸直，同时身体后仰。

即使舞蹈从五支减至三支，坎宁汉的独舞仍然证明了其精湛舞技，不仅在高度和速度方面，而且缓慢、持续的动作也完美完成。第一支独舞《随机》一开始，他双脚并拢站立，缓慢弯曲膝盖，直到蹲坐在脚跟上。从这个姿势开始，他先伸出一条腿，接着另一条，然后再次站起来。即使在这个独舞结束时,简单的一个深蹲,也展现了他天生的戏剧感。凯奇音乐发出的孤鸣——在键盘上或钢琴的木架上敲击,或拨动琴弦——营造出一种宁静而澄澈的氛围,在这个氛围中,动作清晰呈现。

《夜曲》
(分为五部分"从黄昏到子夜")

看到舞团在1955年夏天"雅各布之枕"的演出后,泰德·肖恩委约坎宁汉创作了一部新作品:

> 一部新作品?轻松一点的?《夜曲》……我想要的是一支轻松的作品!(坎宁汉总结泰德·肖恩的抱怨)。嗯,全部都是白色的。这支舞被描述为"一连串的会面"——我喜欢这种描述。这是为六位舞者创作的,动作很复杂。我为每个舞者都设计了单独的线条。偶尔,一个舞者的线条会从一个夜曲跨越到下一个夜曲(例如:维奥拉·法伯,第2号和第3号)。我感兴趣的点在于找到一个在音乐和氛围方面相符的"机遇"办法,以《萨蒂五夜曲》的钢琴乐谱作曲。动作舞句在某种程度上不受音乐乐句的影响,也许以声音开始,有时以乐句结束,但有自己的节奏。这种随机的操作赋予了舞者的独立性,他们可能在某处相遇。还有很多时长。其余的由舞者和音乐完成。[13]

《夜曲》是一部白色芭蕾舞剧。有6名舞者,他们会暂时分成几对,然后又分成6个独立个体,在空间中出现,又消失,或仅部分可见。我只保留了零星的笔记和一些照片。其中一条笔记写道:类别——通过步伐、柔和舞姿(Adagios)、身体技巧、姿态(静止)。第四支舞是我和维奥拉·法伯的双人舞,她的柔韧性绝妙非凡![14]

其中一些动作是在坎宁汉的课程中发展起来的:

> 我不仅设置了步法片段,还有半序列——可能会应用在"机遇"的范围上。我一直在努力寻找能够在空间中移动的东西,并且会以不同的顺序出现,但这种安排不可预测。
>
> 音乐是给定的。我把《夜曲》分成几大部分,在舞蹈片段之间有几段静默,我试图在将"机遇"的编排办法应用其中。这些细节或多或少与音乐相关,与节奏相关。我还把每个人的部分分开——不是在每件作品中,而是在一些作品之中。我为每个舞者制定了一套动作,并考虑到他们可能会相遇。当他们相遇,我会按照音乐来进行。我还尽量为每个作品设置不同的动作范围。例如,开场时有三四个舞者——维奥拉和卡罗琳,也许还有两个人,我没有立刻加入。玛丽安娜后来加入进来,这也是"机遇"的一部分。虽然玛丽安娜是在音乐的结构点上进来的,但她的加入仍然是一件"机遇"的事——结构就是这样设定的。
>
> 整个作品中有一些连接的地方,两个人相遇或分离,都在音乐成都连接点上。在某个时候当它变成两个人时,我决定将其编成一段双人舞……我让音乐结构来决定长度。

和《七重奏》一样,坎宁汉为这部作品的五个部分分别起了标题:

上图：《夜曲》，1956年
人物从左到右，前景到背景依次为：维奥拉·法伯、坎宁汉、布鲁斯·金（Bruce King）、卡罗琳·布朗、雷米·查利普和玛丽安娜·普雷格
下图：《夜曲》，1956年
人物从左至右依次为：维奥拉·法伯、布鲁斯·金、雷米·查利普、卡罗琳·布朗和坎宁汉
摄影：小路易斯·A.史蒂文森

♯1 黄昏时的孩子
♯2 夜晚的点点滴滴
♯3 蜕变(从树到人、云、叶子、手臂、水、身体、雾)
♯4 爱
♯5 黑色和悲伤(子夜)

在这种情况下,标题从未被印在节目上,只是简化为副标题"从黄昏到子夜"。

> 我确信,音乐本身,音乐的质量,与动作的质量有很大关系——因为我在使用音乐,我会聆听它,我有唱片。约翰有时会来为排练弹奏。

《夜曲》"拥有一种不同寻常的一致性,实际上是一种浓厚的氛围——宁静而神秘,就像在明亮的月光下看到的风景。"(P. W. 曼彻斯特[P. W. Manchester]将其描述为一场月光下的假面舞会[15])。这部作品几乎是加吉列夫式的合作,编导和艺术家为实现同一个概念而努力。

劳森伯格为《夜曲》设计的舞台布景是他为坎宁汉所做的最漂亮的设计之一。舞台被分为两个区域,每个区域都有自己的氛围。舞台左后方有一层薄纱,透过它可以隐约看到舞者。舞台的其余部分是开放的,沐浴在白光中。凯奇写道:"当夜晚的形象呈现在罗伯特·劳森伯格面前时,他想到了月光。"[16]

> 那是《夜曲》在纽约的首演,在布鲁克林音乐学院的小舞台上。劳森伯格搭建了布景,薄纱是一层透明的白色网,舞台-侧的不透明结构是一块木框,覆盖着白色油布。我们刚排练完,消防员就来了。"你不能用这个,赶

紧换掉。""但演出就在今晚。""所以,换掉它,否则我们将查封你的演出。"他们离开了,一片寂静。劳森伯格说,不用担心,他想办法。我们沮丧地穿好衣服,去吃饭休息,留下劳森伯格(和贾斯珀·约翰斯?)在舞台中央看着油布。

几个小时后我们回来时,发现他们两个人用看起来像橡胶植物的绿色枝丫覆盖框架。舞台已经变成了一个花园,新鲜而湿润。劳森伯格站在一个梯子上,冲着我们微笑。[17]

这个匆忙即兴搭建的布景只在这次演出中使用。正如坎宁汉所说,"他们每次都要到树林里去"。在随后的演出中,这个平面被一个巧妙的可折叠设计所取代,该设计由白色绸缎制成,可以适应任何高度的舞台扩展或收缩。

据坎宁汉说,从平面延伸到舞台两侧的薄纱是"机遇"的选择:

当我决定为维奥拉和我编排双人舞时,在"机遇"的程序下,可能会出现一些关于其他人的部分,但这些部分独立于双人舞之外。所以我想到了后面的可能性,因为这可能是某种分离式的设计,并一直持续到最后……

在双人舞中的一些地方,我们保持静默,或静止。我将其放在音乐结构上——在这一点上舞者静止,我想有两到三个这样的结构点。但后面的人并没有静止,他们并没有贯穿整个作品,他们加入并待了一会儿就走了。

这是坎宁汉最抒情和温柔的双人舞之一,其中有美丽的托举动作。这部作品还包含了一些体现他特色的"雕塑"群像,如"星形"构图。坎宁汉自己的舞蹈角色就充分发挥了空中能力。舞蹈最后的画面令人难忘,坎宁汉站在薄纱后面,上下跃动,双手翻飞,像窗户纱前的飞蛾一样。

图为《夜曲》，1956年，坎宁汉和维奥拉·法伯
摄影：小路易斯·A.史蒂文森、奥斯卡·贝利（Oscar Bailey）

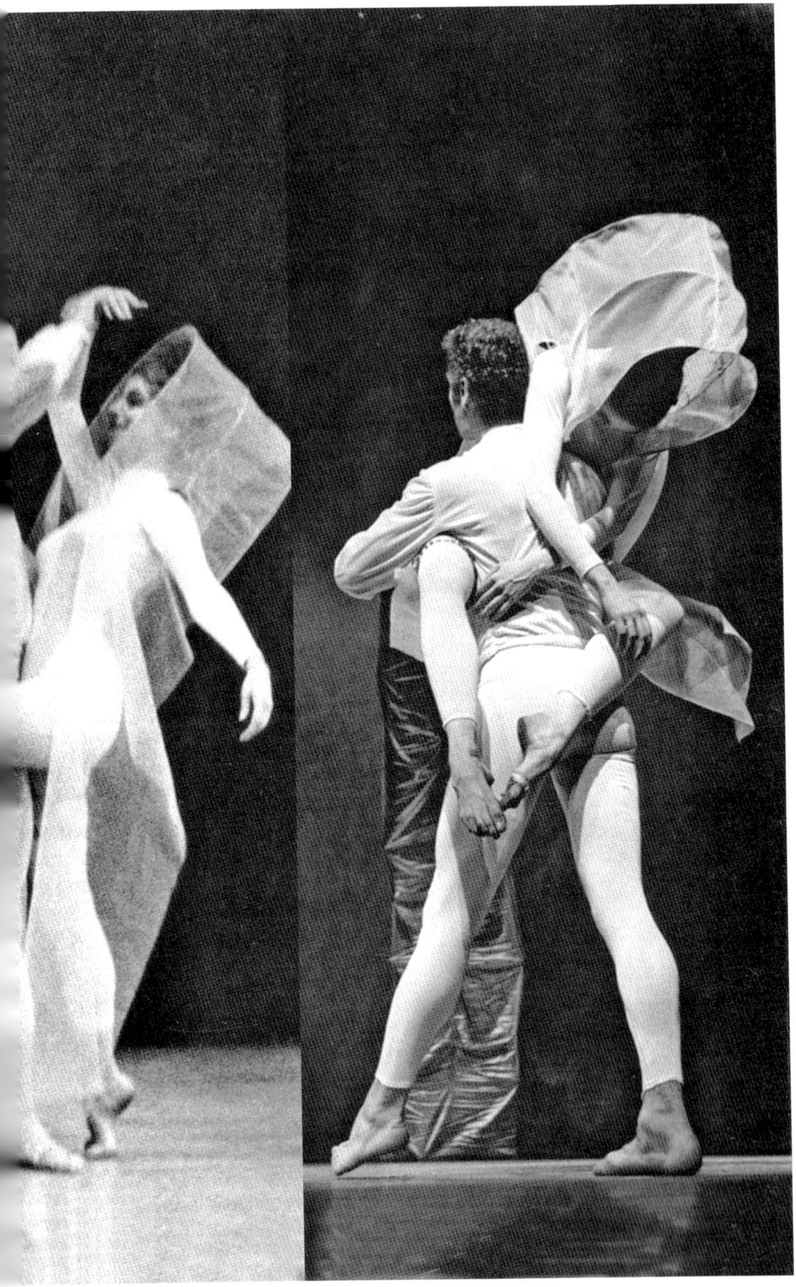

舞者的基本服装是白色紧身衣,女性穿白色练功衣,男性穿白色衬衫(当劳森伯格告诉坎宁汉这一点时,他说:"那我就不设计任何摔倒的动作了")。劳森伯格设计了男舞者的妆容,脸的一边涂成白色,另一边涂成另一种颜色(红色、黄色或蓝色)。女人戴着梦幻头饰——劳森伯格的灵感来自"栖居的贝壳"和"霍尔拜因的水彩"[18]。卡罗琳·布朗在头顶上戴了一个小圆镜,在某些时刻戴着白色的齐肩面纱。当镜子捕捉到光线时,它就像晚星一样闪耀。在与坎宁汉的双人舞之中,维奥拉·法伯戴着一种拱形结构的白色网,网架在金属线框上,套在她的手臂上。玛丽安娜·普雷格佩戴了一个方形的白色头饰,就像一块四角上都镶着流苏的超大帽板。普瑞格戴着手镯,法伯穿着用粉色宝石做成的吊袜带。

1957 年

这一年以 1 月 12 日在布鲁克林音乐学院(还是在音乐厅)的演出拉开帷幕，《细微之事》在此最后一次演出。

4 月 27 日，在坎宁汉的建议下，四位编舞家——雪莉·布劳顿、凯瑟琳·利茨、梅尔·马西卡诺和坎宁汉本人，参加了在亨利街戏院举行的座谈会，由出席的作家担任主持人。随后，现场表演了每个编舞家的作品，其中坎宁汉的舞团表演了《五人组舞》。坎宁汉在该活动中的发言精准又富有诗意：

> 舞蹈的本质是动中有静，静中有动，就像一株植物等待生长，或像闪电在空中悬挂。没有运动就没有静止的存在，没有静止就不能完全表达运动。
>
> 但是，静止本身是自主行动的，在之前或之后都不会受到阻碍。它不是一种停顿，也不是一种预兆。
>
> 如果将舞蹈视为要完成的任务，要传达的信息，那么就会错过沿途的风景。如果一个人的关注点在于自我表达，那么正确的领域应该是心理分析。
>
> 你站在街角等朋友。他迟到了，或者你认为他迟到了。由于他没来，你的焦虑加剧。你以不相关的方式看待每个人和每件事；一切人和事都不是你等待的。最终，

他到了,你发现他根本没有迟到。但是你的焦虑让你看不清楚,平添了更多紧张。

再次站在同一个街角等待,但不再焦虑任务何时能完成。这就是戏剧。在视觉上,你看到的每个经过、行走或静止不动的人都各不相同。行人的动作各异,不同的人站在橱窗前观望,没有任何意图要表现自我,每个人都是非常独特的。每个动作发生时,或当你意识到它时,都是吸引人的。

朋友是否准时到达已无关紧要。你已经是观众中的一员,使用你的感官,观察行动中的人们。

舞蹈源于神性,试图表达这种神性就像把果冻钉在墙上——它只会滑走。如果一个人对舞蹈的热爱,对舞蹈行动本质的敬畏,以及对舞蹈动作所需规则的敬畏,舞蹈才会自然而然地表达出来。

任何一个舞者的生命之源,就是他在一个姿态或动作中的静止。对于想要分享这种生机的观众来说也是如此。也就是说,舞蹈的生命力不在于动作从何而来,而在于舞者做动作时它的实际表现,以及它如何被静止所包围和充盈的。当静止存在于观众的脑海中时,他将感知到运动,就像自己在做一样。

生命中最具启示性和吸引力的时刻,是那些没有过去或未来的时刻——可以说是没有相关性的瞬间,当动作、舞者和观众都不确定性时——当心灵和头脑也像悬在半空中一样。[1]

坎宁汉夏天的大部分时间都在西海岸教学。7 月在旧金山的爱德怀艺术基金会和韦兰·莱思罗普工作室。7 月 13 日,坎宁汉在马林县的安·哈普林舞蹈平台(Dance Deck)做了一次演讲演示。

在那里,他记得在《五人组舞》中的一个独舞中转动头部时,看到了一轮满月。8月,坎宁汉在洛杉矶的格洛丽亚·纽曼·勋伯格(Gloria Newman Schoenberg)和尼克·克雷维茨基的萨克工作室和长滩的舞蹈戏剧学校授课。秋天,他开始在纽约的舞蹈演员工作室(Dance Players Studio)授课,并每周为波士顿舞蹈圈(Dance Circle)授课一次[2]。

他还为11月30日在布鲁克林音乐学院音乐厅的另一场演出指导排练,届时舞团将演出三部新作品和重新修改设计过的《人与春令》——该版本未曾在纽约演出过,然而,这也是它最后一次完整的演出。

《迷宫之舞》
(分为四部分,"没有出口的领域")

这支舞蹈在布鲁克林学院音乐厅首演。小小的演讲厅改造出了一个舞台,宽度相当,但没有深度。舞蹈是为一个正方形的、四边相等的空间设计的。当然,这也有所变通,因为很少有舞台是这样安排的,但明信片确实无法成为一个立方体。我们在第一次演出后便立即开始进行巡回演出,《迷宫之舞》在有适当表演空间的舞台上被多次展示。这个舞蹈变成了一个不同的作品,不仅仅是终于有了足够的空间来完成舞步,而且舞者之间的分离度得以显现,舞蹈编排中的可能性也得以实现。[3]

约瑟夫·马蒂亚斯·豪尔(Josef Matthias Hauer)是一位维也纳学派的作曲家,他发明了属于自己的十二音体系[4]。大卫·都铎将他的音乐带给了坎宁汉,并建议将其用于一支舞蹈。舞蹈的标题取自豪尔的一首四手钢琴曲。

> 这是一支非常几何化的舞蹈,就像音乐一样有序……舞蹈有着建筑般的结构。舞者从未离开过舞台,就像他们身处某种正方体内。我们没有表演很多次的原因是我不想表演它(在不合适的舞台上),所以我做了些别的东西。但我喜欢这个想法——一个你无法离开的地方,但它又充满通道,像一个迷宫一样,没有出口,但你真的不知道这一点。

坎宁汉对这支舞蹈作品的笔记已经遗失了,他对编舞的过程没有明确的记忆:

> 我使用的是音乐结构,考虑到"没有出口的领域",每个人都会停留其中。我为这个空间设置了一个"机遇"的程序,但是记不清是什么了。我认为这也考虑到人们在任何特定的地方停留的那些时间。

玛格丽特·劳埃德写道:"舞者在他们自己的轨迹上移动,大多数时间互不理会,但从未让我们忽视他们。"[5]这可能表明,坎宁汉的"机遇"程序涉及每个舞者的不同动作范围。虽然坎宁汉没有提到米诺陶洛斯的传说,但豪尔的音乐《迷宫之舞》可能促使他使用了那种经常被描述为"古朴"的动作——二维、棱角分明,舞者以侧面形象呈现。

据卡罗琳·布朗说,音乐对舞者来说是"棘手的",难以计数。她记得玛丽安娜·普雷格(婚后改名为西蒙)有一段大舞姿慢板进行缓慢的延伸动作,而其他人在她周围做着"奇怪的旋转动作"[6]。

劳森伯格的布景由一个大的白色立方体组成,六英尺(1.82

米)见方,上面画有黑色的圆圈,直径四英尺[约1.2米](从设计上可以看出,劳森伯格最初计划选用三个立方体,但可能由于空间不足,最后只用了一个)。唯一的色彩点缀是维奥拉·法伯服装上的黄色波尔卡圆点(据布朗说,其他女舞者都讨厌她们的服装)。

安·哈普林舞蹈平台演讲摘录

—— 1957 年 7 月 13 日 ——

莫斯·坎宁汉

舞蹈是一种专注的行为,是一种其他方式无法实现的可见形式。它有着自己的必要性,是一种古老的艺术,也是人类活动的表现。它随着人类在这个世界上的居住而改变,随着人类的习惯而改变。当然,它也有保留不变的部分。从地球的一个角落跳到另一个角落的舞蹈也有相似之处。去年夏天,在墨西哥观看一些民间舞者时,我看到他们用脚的两侧进行移动,包括向空中大跳,这让我立即想到了印度卡塔卡利舞者①也以同样方式进行的狂野跃动。

舞者从两条腿开始,揭示出应用于动作的两个基本要素:第一,任何特定姿势的平衡。第二,如何从这种平衡转移到任何其他平衡。换句话说,如何以一种灵活的方式保持平衡,以便能够以各种方式和不同的强度移动。

但是,如何发现这种平衡,以及这些平衡的变化方法,如何使它们在我们身体中发挥作用呢?首先,人的身体有明确的、规定的局限性。我们不能像蛇那样移动,更重要的是,我们甚至不能完全理解它们是如何移动的,这也是我们对他们感到害怕的原因之一。正

---

① 卡塔卡利舞(Kathakali)是一种源自印度喀拉拉邦的传统舞蹈形式,结合了舞蹈、戏剧、音乐和表情。这种舞蹈以其精致的面部化妆和戏剧性的表演而闻名,舞者通过表达丰富的手势、面部表情和身体动作来讲述古老的故事和神话,这种舞蹈形式强调表演者的技巧和身体的柔韧性,通常需要长期的专业训练才能掌握。

如艾米莉·狄金森所说,这是自然界中"骨骼归零"的生物,即便与我们更靠近。 我们也不能像羚羊或大象,甚至和我们生活中熟悉的狗那样移动。 人体的结构允许某些限定动作。 它们在物种上受到限制,但在物种内,具有无限的变化……

(舞蹈示范1:随机——《五人组舞》)

舞蹈是人体在时间和空间上的运动。 在时间和空间这两个方面,我发现时间更加灵活。

我们可以用更自由、更多样和复杂的方式划分时间,并且仍然能清楚地表达正在进行的活动。 而对于空间,我们当然可以在规定的区域内进行复杂表现,但它看起来,与其说是复杂,不如说是混乱。

通常情况下,舞者处理的是一个由外部惯例所设定的固定空间,就像一个从一侧打开的盒子。

但就舞蹈而言,情况却完全不同。 除了建筑结构上显而易见的开放性外,对舞者来说还有另一种自由。 没有必要面对"正面",将焦点限制在一侧。

在空间上有两个要处理的点,它们相辅相成:

1. 你身体力效点和来源;
2. 被改变的方向。

也就是说,舞者可以处在空间中一个特定点,然后将身体指向空间的任何其他点。 这就像你不断地从你所在的地方移动,并不是你在与下台、上台或中央舞台进行关联。 你永远处于中心位置,如果有多个舞者,每个舞者也是如此。 也许看起来有碰撞的危险,但正如约翰·凯奇所指出的,编舞的定义之一是如何避免碰撞,除非有意为之。

在舞蹈中,人们主要通过模仿来学习。 当然,在很长一段时间里,每天的课程就是在模仿老师所示范的内容。 但不仅仅是要"模仿"练习动作,还有围绕它们的方式,比如如何开始和结束一个练习。 这对于以后很重要,因为正是对每一个瞬间的精准把握,才使得舞蹈有了生命力,如果你在开始前不知道你的位置,你在开始时也不会知道自己在哪里。

(舞蹈示范 2:贝多芬——《一角钱之舞》)

舞者每天进行的这种日常课程或重复,可以说枯燥无味,也可以说令人振奋,这取决于舞者对它的态度。也就是说,它被当作一种舞蹈行为来做,从而可以变得对舞者有意义,或者它被当作一种必要的训练来做。若仅仅机械地参与其中而缺乏精神和心灵的专注,那是毫无意义的。

只要在一个半小时的课程中只发生片刻专注,这种集中注意力的过程,就有机会让你的本能为你服务。不由自主地,人们每天都被迫让自己的本能起作用,走路、下车、提包裹、过马路和转弯,在这些事情中是我们的本能在帮助我们。而在舞蹈课上,可能会出现一种让这些本能以最充分的方式发挥作用的情况,舞者信任的不是他的头脑,而是让我们用两只脚站立的本能,这个本能在世界上的每个婴儿出生时都使他做同样的事情……

在这个意义上,我不明白一个人如何能做出一些抽象的事情。人类所做的一切在某种方式上都是个体的表达。它可能是一个扭曲的行为,但这仍然意味着是人类的行为,即使这种行为是来自人类自身,而不是指向或代表人类。

对我来说,舞蹈中存在着一种超越了动作表达特定情感或意义的思想的狂喜。在一个训练有素的自律舞者所带来的自由气息中,能提供一种崇高感,远远超越任何字面意义的呈现。

(舞蹈示范 3:《无题独舞》)

连续性是指连续的事物。就像有人说,今天早上我要起床喝杯咖啡,随后下楼看看邮件到了没有,之后刮胡子,上技术课,然后吃午饭。我记得在我十岁的时候,因为没有将圣坛摆放整齐而被修女责备。所以在后面做弥撒时,我试图做好这件事,却把我的祭袍点燃。我急忙逃到圣器室把它脱掉,向我母亲解释我需要一件新祭袍。这就是记忆的延续性。而历史是一个大的连续性。

因此,在创作舞蹈的连续性时,一直是发现你觉得或认为一个动作应该跟随另一个动作,一个动作与另一个动作之间的关系意味着什么。

但现在有一种看待连续性的不同方式。在当代艺术和音乐中,主要的兴趣点之一在于每个元素的分离,一个元素与另一个之间保持独立,没有任何联系,它们只是存在于同一时间和空间而已。

在我自己的作品中,为了最大限度地摆脱我自己的情感,或者摆脱我对连续性的记忆和关于动作应该如何接续的想法,我使用了一种"机遇"程序来获得连续性。也就是说,在舞蹈编排中,"机遇"用来决定任何给定动作之后的动作,以及相应的时间和空间,也就是给定动作的持续时间和分配,以及它发生的空间位置。

我对舞蹈连续性的感觉来自这样的观点:生活是不断变化和转变的,我们生活在一个民主社会中,自然界中的人和事物相互独立又相互关联。

(舞蹈示范4:静止——《五人组舞》)

舞蹈是一门独立的艺术,但如果加入其他元素,就会有更多变化。加入音乐、布景、服装、灯光之后,就变成了戏剧。

与音乐一样,在舞蹈元素相互独立的概念上,舞者可以相互分离,与音乐则是时间的关系,即在同一时间发生的关系。这样带来更多的多样性。在这种工作方式中,时间成了结构,成了承载动作的细钢网,而不是音乐主题或动作序列砖石般堆砌其上。

时间不是指脉冲或节拍速度,而是指跨度或长度,而且不是像尺子一样均匀地分割,而是有可能是均匀或不均匀的,就像一棵树或一丛灌木,天气或一年四季。

无论是对于可用来作曲的声音种类,还是对于实际的作曲过程，磁带音乐为作曲家打开了一个以前不可能实现的声音世界。

对于使用磁带音乐的舞者来说，主要关注的是时间，有了它，时间不再是由节拍或特定的脉冲来衡量。它是以每秒多少英寸来衡量的。这种测量时间的方式也被当代作曲家用于传统乐器演奏的音乐。美国钢琴家大卫·都铎在美国和欧洲都创作了许多当代美欧钢琴音乐节目。通常情况下，他用钢琴边上的一个小型普通秒表来保持节奏。但在科隆时，他要在广播电台演出，墙上有一个他可以使用的大秒表。在排练时，他注意到在大表覆盖一秒钟的时间里，他可以弹出比使用小表时更多的音符。

这种工作方式是对舞蹈和编舞性质的一种极端感受。我所说的极端是指脱离了字面的或抽象的束缚。它是一种对艺术材料的现实主义处理方式，完全开放于人类在其行动中所带来的感官感受和情感体验。

这是在坚信人是自然和社会的一部分，并且人在其艺术行为中融入了自己的全部。

（舞蹈示范 5：《拼贴》）

（修订于 1997 年 2 月）

《异形人》

《异形人》是坎宁汉以克里斯蒂安·沃尔夫的钢琴音乐创作的独舞三部曲中的最后一支。前两支分别是1953年的《无题独舞》和1956年的《奢华的逍遥》。这三部作品都代表了坎宁汉想象中更陌生和令人不安的一面。据布朗说,坎宁汉自己有时也会说,他确信自己是个"异形人"。这支舞蹈与其他两个沃尔夫独舞有相似的"机遇"程序,其特点是身体姿势扭曲。布朗曾评论:"舞蹈的关键难题在于人体的局限性。尽管坎宁汉确实为自己设计了三支独舞的动作……"

通过把身体分成几个部分,分别列出这些部分的可能性,然后通过抛硬币来决定动作,把一个动作叠加到另一个上。他发现由此产生的舞蹈编排实施几乎是不可能的,需要数月的排练才能完成。坎宁汉则说:"如果我能够接受一支时间漫长的舞蹈,那么这三部作品将成功地组成一支连续舞,就像套装一样。"但布朗说,"在《奢侈的逍遥》中,最后动作叠加非常困难,舞者们从来未能完全实现"。

《野餐波尔卡》

《野餐波尔卡》是《班卓》(1953)的姊妹篇,它们总是一起演出。(《班卓》时长很短,所以额外的内容使之成为一个利用率更高的节目)。而都铎建议使用戈特沙尔克(Gottschalk)的音乐《目光所及》(*Ses Yeux*)。《班卓》是钢琴独奏,而《野餐波尔卡》的音乐是二重奏,由都铎与凯奇一起演奏。这两首作品在演出了六次之后就从剧目中删除了。[9]

1958 年

1958年5月15日,在纽约市政厅举行了"约翰·凯奇25周年生涯回顾音乐会",一大批杰出的音乐家乐团前来参加。音乐会以《钢琴与管弦乐音乐会》(*Concert for Piano and Orchestra*)的首演结尾,大卫·都铎担任钢琴独奏,而坎宁汉指挥一个由13名演奏家组成的管弦乐队。根据节目说明:

> 这是一个没有乐谱的作品。指挥家和演奏家一样,有自己的任务。他代表了一个可控制速度的计时器……管弦乐队的伴奏可以由任何数量的乐器演奏者参与,而且演出时长不定。[1]

坎宁汉身穿燕尾服搭配白色领带,庄重地站在管弦乐队面前,严肃地转动他的手臂,每次转动代表一分钟[2](就乐谱的术语和方式而言,并非指实时时间)。

5月21日,坎宁汉和卡罗琳·布朗在匹兹堡大学举办了一场音乐会。节目包括《双人组舞》《五人组舞》的双人版本),并加入了布朗的独舞《一段漫游》《爱的艺术》和《人与春令》的组舞。坎宁汉在音乐会上还跳了他在《拼贴》中的另一个版本的独舞(当时仍被称为《拼贴Ⅰ》,未来这个独舞将被称为《拼贴Ⅲ》)。

那年夏天,坎宁汉和他的舞团首次受邀驻场位于新伦敦的康涅狄格舞蹈学院(7月7日至8月17日)。在那里,坎宁汉既教授课程又排练了两部新作品,并于学年结束时在第十一届美国舞蹈节上演出。尽管他发现教学和排练的日程安排非常紧张,而且某些教师显然不认同他的美学观念,但这六个星期时间,学院为他和他的舞者们提供了住宿和膳食。此外,他们可以排练,也不必跑到其他地方去工作,这真是一种奢侈的享受。

《滑稽可笑的相遇》

让我告诉你,荒诞于地球而言必不可少。

——伊万·卡拉马佐夫[3]

"相遇"是指一种比赛式的相遇;而"杂耍的陈词滥调和各种风格的舞蹈取代了比赛本身"[4]。

罗伯特·劳森伯格曾问过坎宁汉关于对他在夏天将要创作的作品的看法。坎宁汉说:"似乎很合理。"于是,在1958年7月12日,他给劳森伯格写了一封信。坎宁汉在凯奇提供音乐而创作的舞蹈笔记上记着,"我几乎没有开始,也不应该开始",内容详细。

临时标题和希望的实际情况:

滑稽可笑的相遇
就像一系列重叠在一起的杂耍场景。

暂定大纲:
第一幕(3分半钟)——全体成员。也许还可以在舞台上放一块大秒表,可以由人打开,也可以自转,或者干脆不转。此外,整个活动可能有点像入场游行。

第二幕(2分半钟)——与卡罗琳(卡罗琳·布朗)的双人舞,我把椅子绑在背上,就像一只不肯离开的大蚊子(我曾想过背着另一个人,但太难了,而且还要跳舞)也许椅子就像水蛭。可以用真正的椅子也可以制作一个,无论如何,选择一个轻的,真的(也曾想过使用拐杖)!

第三幕(1分半钟至2分钟)——运动与娱乐。♯1,维奥拉吃力地穿过一个巨大的正方形空间,小碎步尽可能地挪动很长很长的一段时间。她可能背着包裹,但手臂、头部和躯干都会有动作,并不那么头重脚轻。

第四幕(3分钟)——模拟战斗。不管这意味着什么,也许有人被背后捅了一刀,然后被拖来拖走。这里包括了所有人,能站起来的人。

第五幕(2至3分钟)——翻滚表演。虽然少了一个表演者,但除了你我没人知道。第一幕演到一半的演员,穿着大衣或大围裙又回来了,继续表演。(运动与娱乐♯2)

半场标记

第六幕(4分钟)——街景、人群的评论,也许服装上的气球可以前后移动。相互间很多奔跑碰撞。有些比较随意,但我对它有一些构想。

第七幕(2分半)——四袖毛衣表演。4个女孩像巴克斯女神①一样穿着长裙哀叹,透明的紧身裤上绣着大叶子。

第八幕(2分钟)——玩滑梯。每个人都跌落下去,就好像他们不是故意的。我一直在研究这个问题,问题是他们看起来好像不是故意的。

第九幕(3分钟)——杂耍表演。有几处中断的独舞,有点像橡胶腿舞②。

第10幕(3分钟)——带着旗帜出走。几种(难以辨认的"跳跃")动作,也许是跳房子游戏,还有一些爵士乐动作和一些基于德尔萨特体系的动作或姿态③。

此外,这里还有很多打断和干扰:

---

① 巴克斯(Bacchantes)是希腊神话中的女性神祇,也称为巴克斯女神(Bacchante)。她们是酒神迪俄尼索斯(Dionysus)的狂热信徒,通常被描绘为在他的宴会和庆祝活动中跳舞、狂欢和献祭。巴克斯通常被描绘成兴奋、狂热、狂乱的女性形象,身穿长袍,头戴葡萄藤花环,手持着葡萄藤杖或酒杯。
② 橡胶腿舞(Rubber-leg dance)可以追溯到20世纪初期,特别是在美国的爵士乐和布鲁斯音乐中。这种舞蹈风格反映了当时的社会和文化氛围,尤其是在黑人社区中,它成了一种流行的舞蹈表现形式。这种舞蹈风格通常与爵士乐、布鲁斯音乐等节奏强烈的音乐形式结合在一起。舞者通过模仿和夸张自己的身体柔软性和灵活性,创造出一种诙谐滑稽的效果。在这些表演中,舞者通常会展示他们的腿部和身体的灵活性,进行快速地扭动、弯曲和伸展动作,使观众感到兴奋和娱乐。
③ 这些动作或姿态通常是精心设计的,旨在通过身体的表现来传达情感或故事情节。德尔萨特(Delsarte)并不是一种具体的舞蹈,而是一种表演艺术理论和技巧体系,由法国戏剧理论家和表演艺术家弗朗索瓦·德尔萨特(François Delsarte)于19世纪开发。这个体系主要涉及表情、姿态、手势等方面,旨在帮助表演者更好地传达情感和意图。

穿着泳衣进场,钻进一块大布下面,然后衣冠楚楚地走出来。

我想到了一个场景:一个非常正式的准备,最后以失败告终。我希望它看起来像我已经融化进地板里。

还有一些无法形容的,事实上没有什么是确定的,我必须尝试一下。

我漏掉了一个场景,辛西娅和卡罗尔的一个简短芭蕾舞,其中一个人向另一个人扔石头,另一个人泼水还击。还发生了一些其他的事情,最后他们打了一架,然后离开了。

这一切都来自陀思妥耶夫斯基[5]。

我当时在康涅狄格州,鲍勃在纽约,所以我给他写了信。尽管事情不停地在变化,我试图让他明白我正在做什么。可以从信中看出,我并没有告诉他一定要做什么。然后鲍勃让我在晚夏时,去看看他做了什么。我与约翰(贾斯珀·约翰斯)和鲍勃住在镇上的沃伦街,他把所有东西都拿来了,简直太棒了……鲍勃把那些降落伞的衣服穿上,看起来真是不可思议。我想就是在那时,他问我,如果我背着一把椅子,他能不能背着一扇门。我说,当然可以。他还问我是否可以穿着一件毛皮大衣——鲍勃出去购物时,看到了这件毛皮大衣。我说,哦,当然,我会找到一些方法来搭配它。这一切都令人惊奇,然后是那副墨镜,一个又一个的东西被他拿出来。他在一家魔术店看到了一束纸花,他问我是否可以使用,我再次说,当然可以。当时,我正在创作第一支舞,还没有完成,我想——哦,也许这样做可以,所以我就试了试。他做了那些奇妙的带有花纹的贴身衣物……

至于音乐伴奏,凯奇决定使用《钢琴与管弦乐音乐会》的一个新版本。坎宁汉写道:

> 这是我第一次只给了他全部舞蹈的时长(26分钟),中间没有具体的时间点。他的乐谱长度和比例都是不确定的,所以即使舞蹈是设定好的,我们也不能指望用音乐作为线索,因为它们从来没有出现在同一个位置。舞者们没有提示的时长在不断延长。[6]

项目的顺序和它们的内容正如预期的那样,与坎宁汉在给劳森伯格的信中的暂定描述有些不同。每个数字(或"杂耍")都有一个副标题:

《开场》(Opener)

正如坎宁汉所指出的,这是一种"入场游行"。我们放弃了在舞台上放置大秒表的想法。坎宁汉在其他舞者中穿梭,就像他在《七重奏》第一节中的那样——身为一个小丑般的人物,"爱上了一个他不了解规则的社会"。最后他从袖子里拿出魔术师的纸花,将脸埋在里面,然后离开。

《两个人的房间》(Room for Two)

在与布朗的这段双人舞中,坎宁汉如他的描述,在背上绑了一把椅子。劳森伯格要求的门是有轮子的,使它能够从侧幕移出,表面上是它自己在滑动,但实际上是布朗在操作。布朗在门后,穿过一个有趣但令人不安的、类似马格里特的布景。① 坎宁汉回忆,劳森伯格认为他能在新伦敦的后台找到一扇门,他说"每个剧场都有这么一扇门"。坎宁汉不那么确定,但劳森伯格很确信,所以他没再说什么。"后来我们到了康涅狄格州,当然没有找到任何门。之后,我们有一天没有看到他,原来他去买门了"。布朗穿着劳森伯格找到的一件漂亮的白色维多利亚式睡袍。当她走进门时,坎宁汉拉着她的手,带着她在舞台上走来走去,就像一个骑士带着一位古典芭蕾舞演员。他最初的想法是抱着她坐在椅子上,但这不太现实。于是,坎宁汉跪下来,让椅子触到地板,布朗则坐在上面,端庄的绷着脚尖。另一个场景中,布朗做了一个阿拉贝斯舞姿(Arbesque),靠在坎宁汉的肩膀上。坎宁汉向前倾斜,张嘴发出无声的吼叫。坎宁汉曾说过,他认为椅子是人们在生活中的一种"负担"。最后,布朗沿着她来时的路——穿过门,离开了。而坎宁汉则以一种大跳步的方式退场,用手掌拂过,做了一个"我洗手不干了"的手势。

《模拟竞赛》(*Mockgame*)

这可能是坎宁汉最初计划中的第八个场景,即"射击滑道"。它以三个女演员——维奥拉·法伯、辛西娅·斯通(Cynthia Stone)和玛丽莲·伍德(Marilyn Wood)开始,并完成一系列的手臂动作,最后以倒下结束。布朗在做完前一个项目的转变后,仿佛晚了一步,采用了同一序列的加速版本,最后追上了其他人。

稍后,舞者们穿上了黑色的棉质背心打底衫,底部缝上了箍,这样衣服就不会贴在身上了。舞台变成了马戏团的擂台,每个人

---

① 类似于比利时画家勒内·玛格利特(René Magritte)作品风格的图像。勒内·玛格利特是 20 世纪著名的超现实主义艺术家,他的作品以非常规的、荒诞的场景和符号闻名。这种风格通常包括意想不到的元素组合,或者对日常事物进行非传统的呈现方式,以创造出令人惊奇和挑战常规观念的效果。

都在跳跃和跌倒。其中有一个环节，舞者跃入空中，拱起身体，落地时仰面朝天，一条腿在空中。一对搭档滑到地上，鼻子对着鼻子落地。在这个马戏团里，坎宁汉又是一个"小丑"，徒劳地试图跟上每个人，却做不到。

这个场景以信中提到的那段话结束，即"为某事所做的正式准备最终却以灾难收场"。坎宁汉精心准备了华丽的大旋转，最终以单腿盘绕另一腿，蹲在地板上的姿势结束，并以某种方式设法爬出舞台。

《运动和娱乐#1》(Sports and Diversions #1)

这个"简短芭蕾舞"，不是由布朗和斯通跳的，而是由布朗和法伯出演，她们在紧身衣上穿了蕾丝吊带衫，表演传统的芭蕾舞组合动作（两位女舞者都曾受过玛格丽特·克拉斯克（Margaret Craske）的培训，她是切凯蒂方法的著名老师），如变换步（chassé）、插秧步（pas de bourrée）、分腿跳（sissonne）。在幕间休息时，她们模仿坎宁汉描述的动作：当布朗表演一个短慢板控制时，法伯偷偷地拿起一块想象中的石头，向布朗弹去，使她失去平衡。随后，布朗报复性地把一个想象中的水桶装满水，倒在法伯身上，而后者正在表演自己的短慢板控制。法伯把水从眼睛里甩出来，舞蹈继续进行，但争吵再次爆发，两个人在一起扭打并互相指责。

《运动和娱乐#2》(Sports and Diversions #2)

这是"翻滚表演"，坎宁汉和查利普穿着麻布背心，上面有劳森伯格绘制的类似纹身的图案。两人倒在地上，滚来滚去，上蹿下跳。坎宁汉再次显得不熟练，漏拍，摸不着头脑。最后，查利普倒下，坎宁汉离开，回来时穿着一件又长又蓬乱的浣熊大衣（这是劳森伯格找到的东西）。他握住查利普的手，把他拖下了舞台，正如坎宁汉所说，"就像一个扶轮社成员拖走了一个喝醉了的同伴"。

《社交》(Social)

这一部分也许是原计划中的"模拟战斗",尽管在最终形式上有所不同——这是坎宁汉最接近社会讽刺的部分。主题似乎是人们在像鸡尾酒会这样的社交场合中缺乏沟通。舞者们戴着黑色墨镜(又是由劳森伯格找到的),镜片像镜子一样。在开始时,一个大的纸板冰箱穿过舞台后部,显然是有自己的意志——就像"两个人的房间"中的门一样。当它走到一半的时候,它把伍德放了下来,让其坐在地板上(后来这个箱子不得不被一块黑色的天鹅绒取代,因为它不能带去巡演。"我们经常在剧院演出,箱子本身占据了大部分的舞台空间——无法将它带入或带出侧幕")。

渐渐地,其他舞者(除了坎宁汉,他不在这个场景中)来到舞台上,先是慢慢打开一只手臂,然后是另一只。接着,他们把头从一侧转到另一侧。当他们在舞台上走动或半脚尖上停顿时,继续做这些动作——就像处于恍惚状态的人们。最后,伍德用一只手锁住查利普的喉咙,在他们一起走下舞台时,似乎要把他勒死。

《酒神与同伴》(Bacchus Cohorts)

"四只袖子的毛衣表演,和四个像巴克斯女神一样的女孩,穿着长裙哀叹。"裙子是劳森伯格在一家军队用品商店找到的降落伞。毛衣有四个袖子,没有领孔,是坎宁汉自己设计的,并在瓦尔达·塞特菲尔德的帮助下编织而成。尽管坎宁汉淡化了这一场景,但"酒神与同伴"显然是对玛莎·格莱姆舞蹈的拙劣模仿。坎宁汉在夏初时去看过格莱姆的一堂课,但当被问及是否受这个想法启发时,他说:

> 不,我认为这个想法可能一直在我脑海中,只是始于那件毛衣——也不一定是毛衣,而是某种包裹住某人让人被困住的东西。然后我开始思考这个问题,于是便想

到了那件没有领子和袖子的毛衣。这就是它的出发点——每个人都认为它是关于格莱姆的,但他们忽略了这件事的两面性。我想过,这个舞蹈会是什么样子,然后想到了格莱姆的所有姿势,但如果仅是这样,我就不会对它抱有如此浓厚的兴趣了。卓别林曾说过,你不能只做一件可能会很有趣的事情,你必须随时都有很多事情发生,这样它才会不断叠加累积。

尽管如此,这支舞看起来确实像对格莱姆的刻意而幽默模仿。坎宁汉试图穿上毛衣,但由于衣服一个洞都没有,失败了。与此同时,四位女舞者像格莱姆《夜之旅》(*Night Journey*)中的群舞一样入场,由格莱姆式三拍子步伐变成了一种缓慢的行进,每条腿都踢得很高。接着,她们做出一个低空勾脚阿拉贝斯姿态,一只格莱姆经典手形"杯手"放在前额上,并向着坎宁汉跳去。坎宁汉在舞台中央起舞,扭臀,然后把头转了一圈。女人们向后倾斜,膝盖弯曲,然后以坎宁汉为中心,双臂交叉。坎宁汉倒在地上,女舞者们慢慢地离开。随后,坎宁汉独自站起来,走到舞台后面,他在那里特意慢慢地把毛衣的两只空袖子在头上打了个结,就像格莱姆过去调整她的头饰一样。他向前走去,来到舞台中央,双手握在身前,把毛衣从头上拉下来,走到舞台侧边,搬出一张小桌子,继续在上面摆放刀、叉、勺子和杯子。最后,坎宁汉用毛衣袖子的末端擦拭桌子,离开舞台。

《运动和娱乐♯3》(*Sports and Diversions*)

法伯的独舞,是原计划中的第3号。劳森伯格没有提供坎宁汉所设想的"捆绑物",而是给了他一把撑开的伞,里面有圣诞树彩灯——一个奇妙而美丽的道具。舞蹈就像坎宁汉所描述的那样,在空间中逐渐穿越,突然改变方向,脚下有许多小动作——法伯非常擅长表演这样的动作。

《一个人的表演》(A Single)

坎宁汉的杂耍表演，没有他最初计划中的"中断"环节。在这个舞蹈中，他穿着白色的工装服、白衬衫、红领带和白色系带舞鞋。这支舞是一种典型的软鞋舞，没有任何实际的踢踏舞步——只是小滑步和双脚的小滑动动作。他还记得他和巴雷特夫人共舞时的那种舞步——脚打开收紧，同时一只手轻轻地挥动。"我记得她曾经做过一次，跳了两三步，做得非常漂亮，她对那种舞蹈有一种极好的感觉。她说，'哦，这是我要做的'，于是她就跳了。自此之后，巴雷特夫人再也没做过这个舞步，但那些年我一直记得"。

《出走》(Exodus)

最后的结局与坎宁汉最初的描述不同，尽管他提到的"跳房子，一些爵士动作，一些德尔萨特体系动作或姿态"可能就在其中。这支舞蹈是典型的坎宁汉"旋转式"的终曲，用厄尔·布朗的话说："正如吉尔·约翰斯顿(Jill Johnston)所建议的，它可能是坎宁汉先生对自己的恶搞。"坎宁汉没有否认这一点，但也说"这就像那些老电影，场景进展得飞快，就像《启斯东警察》(Keystone Kops)一样，他们开始互相追逐，四处奔波，然后一切都崩溃了"。每个舞者都有自己的动作，以群体的方式在舞台上斜向移动，不断地散开，再重新组合，坎宁汉本人仍在努力跟上每个人。大幕在这一切进行时落下。

就像所有优秀的喜剧一样，《滑稽可笑的相遇》有一个严肃的思想内核，正如《卡拉马佐夫兄弟》序言所暗示的那样——"这一切来自陀思妥耶夫斯基"。

我已经很多年没见过玛莎·格莱姆了。因此，当那个夏天在康涅狄格的时候，得知她在那里，我便前去打了个招呼，并很有礼貌地问："我能旁听一节课吗？"随后，我安静地坐在一旁观课。某时,玛莎突然做了一个宏大陈述,然后说了声"准备",学生们立即行动起来,而她像受惊的兔子一样匆匆离去,否则就会被撞倒。这就是我所说的——突然之间发生了这种疏漏,整件事情就在你面前崩溃了。我想,这正是我参与和制作那个作品的原因。这在生活中经常发生,你做了一些重大调整,或者踩到了香蕉皮,然后整个场景就崩溃了。

坎宁汉曾说过,在美国舞蹈节的第一次演出中,《滑稽可笑的相遇》受到好评,因为它很有趣。似乎是为了证实这一点,《滑稽可笑的相遇》通常在综合节目中得到最好的评价。然而,有时评论家们对幽默对象的猜测令人吃惊:最令人震惊的也许是有人将《酒神与同伴》中格莱姆风格的群舞被描述为"《天鹅湖》(*Swan Lake*)里的四位羽毛仙女"[10]。

《夏日空间》
(副标题:一支抒情的舞蹈)

首先要在圆中规划,将出口和入口的数字(1—6)等距地放在圆形舞台周围。穿过空间的线条会营造出一种球体的感觉,不是吗?[11]

《夏日空间》("夏日"部分的标题是在舞蹈结束后才加上的,但空间的概念始终存在),主要动力是关注穿越空间的舞步,而不仅仅是进入空间。

就像鸟儿经过,在地面上停留片刻继续前行,或者汽车不停地沿着岔道在交叉公路上颠簸。

这需要做大量的文案工作。但很多工作都是在夏季教学前完成的,也是实际舞蹈的一部分。

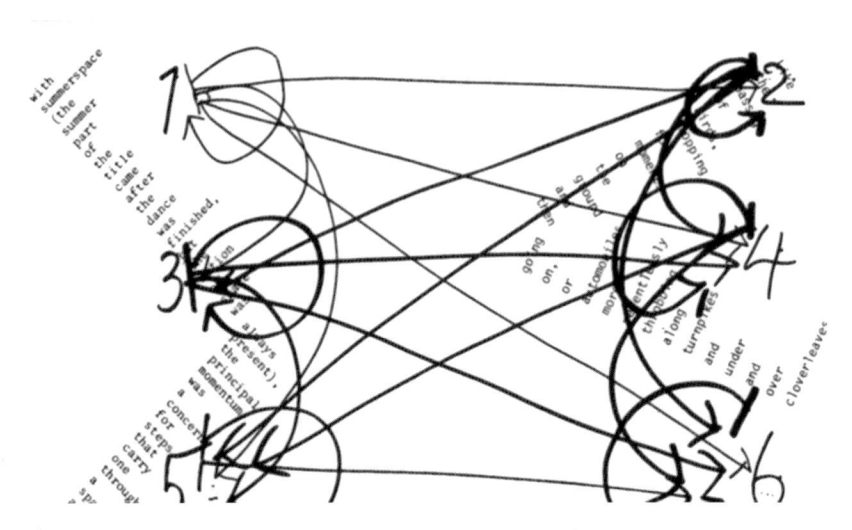

莫斯·坎宁汉的《夏日空间》地面模式笔记图，1958 年
摘自《变化》

也许我们使用的排练区域增强了这种空间游戏。排练区是一个大房间，大约 100 英尺（30.48 米）长、50 英尺（15.24 米）高。

作品的动作范围很简单，从空间的每个编号开始（舞台右后方是 1 号，左后方是 2 号，中右 3 号，中左 4 号，右前方是 5 号，左前方是 6 号）。每个数字之间都有一条线相连，并且都假定相反，因此总共有 21 个连线。每个数字都有一个与之相关的动作，从简单到复杂不等。

对于这种在特定空间方向上的动作，我们采取了"机遇程序"。它是按以下顺序进行的：

1. 方向，即从哪里到哪里。确定了动作的基本形式。
2. 动作是快速、中速还是慢速。
3. 动作是发生在空中、横穿地表还是在地面上进行。
4. 时间长度是以秒为单位，假设 5 秒为最小值。

5. 空间的形状,即以何种方式覆盖空间(直线、斜线、环形等)。

6. 参与这个特定动作的舞者数量。

7. 他们是单独还是一起执行这个动作。

8. 他们是在台上还是在台下结束这个动作。

在这支舞蹈中,时间被延长了。在此之前,舞蹈的时长固定在较短的时间内——1 分钟、2.5 分钟,最多 5 分钟,或遵循音乐乐句的长度。在这里,我决定让舞蹈的时长延长到 15 至 17 分钟,时间从未固定得比这更紧。不同大小的舞台尺寸也会导致舞蹈长度不同,延长或减少时间。[莫顿]费尔德曼的乐谱允许这样操作。如果我们真的把舞蹈固定在一个时长,成为"它应该有的"的长度,并试图在下一个舞台上复制这个确切的长度时,那就是在模仿和近似这个东西。因此我决定每次都让它自然而然地发生。

我尽可能让每个舞者独立完成他的动作,除非动作有需要与另一舞者接触和配合的地方。也许这就是舞蹈在运动中给人的孤立感,以及持续出现或消失的感觉的原因。[12]

在给劳森伯格的信中,坎宁汉没有详细介绍《夏日空间》。他只是简单把其描述为一支舞蹈,"有新作品,莫顿为管弦乐队创作的一个新交响曲。大约 15 分钟,似乎涉及人物和速度,至少其中有很多快速节拍。四名女舞者、雷米和我共同演出。我觉得就像在看一片广阔风景中的某一部分,而你只能看到这个特定部分的活动。我希望它是令人眼花缭乱的,而不是毫无章法的[13]"("速度"似乎是坎宁汉最初给这支舞起的名字)。劳森伯格的回信是一幅抽象的点彩背景画(在约翰斯的帮助下,使用荧光喷漆和模板完成),就像杰克逊·波洛克的画作一样,可以被视为理论上可以延伸到无限的某种东西的任意部分。对凯奇来说,这种效果"就像一个人在一列行驶的火车上望向窗外,看到了一幅舞动的风景,他知道这种舞动永远不会停止,而且他总是只能看到其中的一小部分"[14]。

关于舞台空间的观念贯穿于坎宁汉在笔记中概述的创作过程中。的确,这可能是这一过程产生的最初概念。人们可能会猜测,坎宁汉关于鸟儿飞翔和降落的图像很早就出现在他的脑海中,因为他动作创意的来源往往是对自然的观察(在舞团巡演期间,他还有充分的机会观察高速公路上汽车的移动)。

坎宁汉创作这一作品过程时,决定在标题中使用"夏天"一词。当然,劳森伯格的装饰也暗示了那个季节:虽然背景是抽象的,但它的点状特征让人想起印象派风景画,眼睛被无数变化的色彩碎片弄得眼花缭乱。服装也同样点缀着色彩,当舞者穿上紧身衣和紧身裤时,还会喷上漆。这使人联想到动物或昆虫在环境中的伪装——尽管事实上,舞者在静止时并没有完全与背景"融为一体",而这正是我们的初衷。背景幕布最初很小,大约9英尺(2.74米)高;劳森伯格的想法是,它将从远处看像一片风景。然而,正如坎宁汉所说,"我知道在剧院里它看起来不一样,所以到下一场演出时,将它的高度加倍了"。

坎宁汉曾谈到过布朗在表演这个动作时有某种"慵懒"的特质——"并非技术上的慵懒",而是她刻意的移动方式"令人回味唤起情感的,但外形却又如此生动"。

《夏日空间》是坎宁汉协同创作方式的最典型的例子之一,艺术家们独立工作,而不是密切协商,但每个创造性的元素都对整体效果做出了有力的贡献。坎宁汉说:"费尔德曼曾经被问到我们是如何做到这一点的,我们如何能够在不知道其他人在做什么的情况下工作。他回答说,假设你要结婚了,我告诉你,衣服要到婚礼的当天早上才能做出来。但我也会告诉你,衣服是迪奥的。"[15]

坎宁汉的编舞、劳森伯格的布景和费尔德曼清新的配乐结合起来，营造了一个炎热而静谧的夏日午后的效果。舞者突然的速度爆发和突然的悬置暂停使他们看起来像蜻蜓在池塘表面掠过和盘旋，最后呈"之"字形离开。而音乐中精致的音符犹如上升到水面的气泡。在某一时刻，低音中有一阵低沉的隆隆声，如同远方的雷鸣（这段音乐最初是为管弦乐队创作的，并在首映时有管弦乐队的演奏，后来偶尔也有。其他演出则是两台钢琴伴奏的版本）。这些效果是各种元素偶然结合产生的，这一点在 1977 年莫斯·坎宁汉工作室的一次活动中得到了明确体现。当时《夏日空间》的部分演员穿着棕色服装，随着琼·拉·芭芭拉（Joan La Babara）的音乐《雷霆》（Thunder）起舞，产生了完全不同的效果——整部作品更像是秋日里的暴风雨天。

对编舞的分析表明，它确实是由坎宁汉的动作元素组成：舞者从一个入口到另一个入口所遵循的轨迹；即有快速而复杂的步法，也有一些大舞姿（Adagio）动作——例如法伯缓慢的对角线移动，她几次蹲下直到单脚跪坐，另一条腿伸出，然后慢慢地先打开一只胳膊，接着再打开另一只（如同《滑稽可笑的相遇》中"社交"的部分，坎宁汉也在《夏日空间》中也做了一个类似的动作：一位蹲［plié］，头部左右转动的节奏与手臂转动的节奏不同）。坎宁汉对"在空中"的解释是，舞者要么是跳跃，要么站立起来半脚尖（跳跃片段包括两名男舞者绕舞台转圈，同时在舞台后部中心点相遇）。"在地面上"可以是指坠落，比如布朗从半脚尖下降到一种地面阿拉贝斯的舞姿，或者像法伯的动作一样。舞者们的路径是直线、对角线或圆圈。

当然，这样的分析对于欣赏《夏日空间》并非必需，事实上，它似乎是坎宁汉舞蹈中最容易理解的一种，而且经常被其他舞团复排。然而，坎宁汉曾评论道，在首次演出时，大多数观众根本没有注意到这部作品，更不用说理解它了——"所有这一切在他们面前发生了,但他们并没有看到它"。事实上,路易斯·霍斯特轻蔑地评论了这部作品,称这部作品,"在本观察家看来,坎宁汉本周早期的三部作品(《滑稽可笑的相遇》《夜曲》和《异形人》)中的高标准,在这部作品没有体现"[16]。曼彻斯特抱怨说,这支作品"在舞台上四处游荡,没有开端,没有中间,也没有结尾"——而这正是坎宁汉想要达到的效果[17]。

《夏日空间》已经获得了"标志性"作品的地位,但它在坎宁汉舞团的剧目中的历史却颇为曲折。这支舞在 1959 年的巡演中没有出现,随后仅在 1960 年初演出了几次,1963 年初也只演出了一次。然而,在 1964 年和 1965 年,尤其是在 1964 年的世界巡演期间,这部作品频繁出演。坎宁汉在自己的舞团里给了它十年的间歇期。在此期间,该剧在别处被复排——纽约城市芭蕾舞团、斯德哥尔摩的库尔贝格芭蕾舞团以及波士顿芭蕾舞团。它还被法国剧团"沉默剧场"(Théâtre du Silence)在 1979 年复排。据目前所知,坎宁汉舞团的最后一次演该剧据说是在 1979 年秋天。

1966 年初,坎宁汉宣布他的剧目中有一个作品可以改编为芭蕾舞,即《夏日空间》——纽约城市芭蕾舞团行政团长林肯·柯恩斯坦受邀为该团创作。舞蹈的基本编排没有改变,但坎宁汉让女舞者穿上了足尖鞋,这不可避免地改变了某些舞步的重量和冲击力。坎宁汉惊讶地发现,不仅是非常慢的动作,甚至是快速的动作对芭蕾舞者来说都很困难。而尤其困难的是,从一个到另一个动作迅速而突然地过渡。坎宁汉请布朗为芭蕾舞者演示一些动作,芭蕾舞者对布朗的能力感到惊讶。

◆ ◆ ◆

1958 年 10 月,坎宁汉、凯奇、布朗、都铎和尼古拉·切尔诺维奇短暂访问欧洲,在斯德哥尔摩和汉堡演出。10 月 5 日,在斯德哥尔摩皇家剧院的第一场演出中，坎宁汉表演了《拼贴》的独舞版、《异形人》以及《滑稽可笑的相遇》的单人片段。布朗以"星系"为题表演了她在《银河》中的角色。布朗和坎宁汉一起表演了《双人组舞》《爱的艺术》(这也是该舞蹈的最后一场演出)、《人与春令》的双人舞版本，以及为该场演出创作的新作品：

《夜间漫步》

对斯德哥尔摩的访问是应舞蹈博物馆馆长本特·哈格(Bengt Häger)的邀请，当时博物馆位于歌剧院里，他询问是否有可能用当代瑞典音乐创作一支舞蹈。都铎曾演奏了了博·尼尔森(Bo Nilsson)的钢琴曲，并说其中的三首曲子比较合适编舞——事实上，其中一首就是献给他的。凯奇写道："这首音乐的特点是在长时间的静止或停顿之前和之后都有突发的动作。按照作曲家指示，音乐通过扩音器传播，对钢琴的音量进行了放大。"[18]

坎宁汉创作舞蹈的速度非常快：

> 如果你有三天的时间来创作一支双人舞(这正是在斯德哥尔摩和卡罗琳·布朗合作的情形)，你是担心创意呢，还是会直接编排一段涉及两个人——一个男人和一个女人一起跳的舞蹈？[19]

几天后，坎宁汉仍未完成这个舞蹈，所以他表示不能再去创作第三部作品了。但凯奇说他必须去，因为尼尔森已经收了三支舞蹈的报酬，于是坎宁汉只得继续完成它。

《夜间漫步》以两位舞者从舞台后右侧缓慢对角线行进至舞台前左侧开场。尽管坎宁汉明确否认任何对"构思"的关注，但这个舞蹈几乎不可避免地唤起了人们对冰雪覆盖的广阔景观的印象。

事实上，凯奇是这样描述它的："壮观而荒凉，它让人联想到在无尽的北方夜晚中缓慢前行。"[20] 坎宁汉探索了与舞伴配合的各种方式，例如，他一度以一种迟缓、蹲伏的姿势将她抱起；另一处，当坎宁汉向前走时，女舞者站在他的脚上。舞蹈的最后时刻，布朗横躺在他的身体上，而坎宁汉像一座"桥"一样来回晃动。沃尔特·索雷尔（Walter Sorell）在这支舞蹈中看到了"一首温柔的爱的摇篮曲"[21]，而理查德·巴克尔（Richard Buckle）则看到了"冷酷与威胁，如同《麦克白》中那对夫妇的求爱"[22]。

最初的服装是由切尔诺维奇设计，其中包括坎宁汉穿在裤子外面以及布朗穿在紧身衣外面的束腰外衣。1963年，劳森伯格根据舞蹈的北欧特色设计了新服装：毛皮外衣搭配紧身衣一起，让人想起梭罗引用塞缪尔·朗（Samuel Lang）关于"穿着皮衣的拉普兰人"的描述[23]。

∴

巡演的最后一站是比利时，恰逢布鲁塞尔世界博览会，原计划将在那里上演厄尔·布朗的《索引》（*Indices*）——即《人与春令》的管弦乐版。这次演出最终未能成行，因为所需的音乐家无法到位，也由于教皇去世，全国处于哀悼期之中。但是，坎宁汉和布朗在当地电视台表演了《人与春令》的双人舞版本，用的是钢琴配乐。凯奇则留在欧洲，应卢西亚诺·贝里奥（Luciano Berio）的邀请，在米兰驻地艺术家项目四周。在此期间，他参与了一个大型磁带作品《丰塔纳混音》（*Fontana Mix*）的制作。凯奇还作为蘑菇专家出现在意大利电视台的电视智力竞赛节目《孤注一掷》（*Lascia o Raddoppio* 相当于《双倍或输光》[*Double or Nothing*]）中，赢得了一等奖，成为全国性的名人。他用这笔钱买了一辆新的大众迷你巴士，供舞团巡回演出时使用。

与此同时,从欧洲回来的坎宁汉恢复了在纽约的教学。12 月中旬,他去了伊利诺伊大学香槟分校,成为该校体育学院的驻校舞蹈家。坎宁汉是第一个接受此项任命的人,他因"作为创作者、表演者和教师的杰出表现,他的艺术全面性与奉献精神,以及作为一个人的伟大"而被选中[24]。坎宁汉第一次独自行动,"与舞蹈专业的学生和教师一起研究编舞问题,进行舞蹈方法的分析,为学生提供舞蹈和编舞方面的建议,并举办讲座和演示"[25]。此外,他还被委约与自己的舞团一起为两支新音乐编舞。舞团将在新年年初与坎宁汉一起前往厄巴纳举行音乐会,此次音乐会是当代艺术节的一部分(他每天往返纽约,在那里排练)。

1959 年

2月26日,坎宁汉在伊利诺伊大学进行了一场关于音乐和舞蹈主题的讲座,8名学生参与其中。音乐选取了萨蒂的《梨形碎片》的节选、凯奇为预置钢琴的钢琴创作的作品,以及19世纪的沙龙选曲。钢琴家是本·约翰斯顿(Ben Johnston),他是坎宁汉即将在伊利诺伊州编舞合作的作曲家之一,查尔斯·施布伦纳(Charles Schbrenner)担任第二钢琴手,负责萨蒂作品的演奏[1]。

几天后的3月3日,坎宁汉进行了另一个讲座,题为"一位舞者的谈话"(这是他经常使用的标题),他也谈到了同样的主题。这一次,由坎宁汉本人亲自表演演示,配以凯奇的预置钢琴音乐,以及皮埃尔·谢弗的《孤独人交响曲》选段,后者是坎宁汉《拼贴》的配乐。校报上总结了这次讲座中坎宁汉的一些言论:

"舞者从身体意识和平衡开始,"他说,在日常课堂上,"舞者很快就开始对舞蹈又爱又恨",他们将学会八个基本动作及其变化发展:弯曲、起身、伸展、旋转、滑动、掠过、擦动、跳跃和下落[2]。

坎宁汉在伊利诺伊大学驻场的最后三周,他的舞团参加了最后的排练,这场排练将以演出的形式结束。

> 在彩排中,我跳下来时摔进了舞台的一个洞里。我坐下来检查脚是否骨折。还好没有,于是我站起来,让乐队重新演奏。第二天晚上[注——实为下午场],我的脚肿得像肉饼。我成功地完成了这两场演出,并在接下来的一个月里,泡了一个月的漩涡浴。[3]

演出以《拼贴》的复排开始,坎宁汉跳了他的独舞,而伊利诺伊大学舞蹈团的 13 名成员参与了第二部分。在两部新作品中,"音乐家们与舞者同台,站在舞者的背后;舞台延伸至乐团席的上方"[4]。

《白石之诗》

> 如何营造一种具有中国特色的氛围,而又不落入东方风格的俗套。通常情况下,节奏会提供线索。当找到这个节奏时,动作就会自然而然地发展,不需要人为的干预。就如,美国人的样貌和步态与意大利人是不同的。[5]

《白石之诗》是由该大学音乐系访问学者周文中为"合唱及管弦乐"谱曲。周文中的配乐以蒋奎的诗歌为背景,比起 13 年前的《佐迪尔达公主》,周文中的音乐为坎宁汉的舞蹈添加了更多的文学气息,但由于是用中文演唱(合唱团和管弦乐队都在舞台的幕布后面),这一点被淡化了。坎宁汉可能松了一口气,不用太过直白地处理"生命/意味着什么"这样的问题[6]。凯奇当时对本作者说,编舞比以往有了更多的齐舞动作。坎宁汉表示同意,但他说这种齐步动作有时也会中断,这是由音乐中的节奏变化引起的:

我想,在不假装自己是中国人的情况下,这是捕捉音乐中国韵味的唯一办法。因此,我通过节奏来表达。舞蹈动作是流动的,协调一致,蕴藏于内而显于四肢,自然神摇目夺。

女舞者们穿着劳森伯格设计的长裙,戴着"奇妙花朵形状"的头饰。雷米·查利普和我穿着一些罩衫。在写给朋友的信中,坎宁汉说:"一些观众想知道为什么在中国的作品中出现了中世纪的服装,答案当然是,这是中国的中世纪风格。"[7]此外,灯光也是朦胧的。

《舞者和管弦乐队的博弈》

这部作品最初命名为《两全其美》(Two for One),由约翰斯顿配乐。劳森伯格设计了服装,紧身裤分为两色。舞者们不得不穿上鞋子跳舞,"因为舞台环境是如此糟糕,太小,又粗糙"。

这两支新舞蹈只表演过两次,分别在3月15日和16日。它们没有入选常规剧目,部分原因是演奏音乐的费用过高。在坎宁汉的记忆中,他并没有在后来的舞蹈中使用这些素材。

◆ ◆ ◆

在可能的情况下,舞团就会乘坐凯奇购买的大众微型巴士出行,这辆车能容纳舞者、两位音乐家(凯奇和大卫·都铎)和灯光设计师/技术总监(尼古拉斯·切尔诺维奇或后来的罗伯特·劳森伯格)。坎宁汉和凯奇轮流驾驶。坎宁汉现在有了一个"私人助理"伊莎贝尔·费舍尔(Isabelle Fisher),但仍然亲自负责旅途中的财务安排。在他能负担得起的情况下,除了支付所有账单,他还付给舞者们每次表演 15 美元（两场则为 25 美元）的酬劳。不用说，他经常亏损，并试图通过在巡演期间教授大师班来弥补这一损失。

当时的舞团是一个紧密联系的集体，大部分时间都在一起。凯奇负责三餐，要么挑选餐馆（他有一种绝对准确的直觉），要么为路边野餐购买或采集食物[8]。有一次，在一个小镇上的悠闲夜晚，他们中的几个人纠结是否去当地唯一的一所电影院。凯奇投了反对票，说："我想我还是回去闭目养神吧。"都铎记得在俄亥俄州一个名叫梅洛迪或哈莫尼的小镇上，有一家汽车旅馆，他、查利普和切尔诺维奇住在一个房间里，房间里装饰着照明画，有灯光的画让他们难以入睡。

夏初，坎宁汉再次为生活剧团保罗·古德曼的圣经戏剧《麦比拉的洞穴》(*The Cave at Machpelah*)编排舞蹈，奈德·罗雷姆为这部剧创作了音乐和歌曲（这一次坎宁汉使用了罗雷姆的音乐）。该剧是在舞团的新场地制作的，位于纽约第六大道和 14 街东北角的一栋大楼里。这个很小但很漂亮的剧院是由建筑师保罗·威廉姆斯设计的，他曾多次资助坎宁汉的舞团。

从 7 月 6 日到 8 月 16 日，坎宁汉和他的舞团再次驻留在新伦敦康涅狄格学院的舞蹈学院，并在最后的几天走上第十二届美国舞蹈节的舞台演出。在第一个晚上，他们复演了前一年的《滑稽可笑的相遇》。第二个晚上（1959 年 8 月 14 日），他们首次演出了艺术节委约创作的新作品，并在驻地排练：

《符文》

早期命名为："秋天符文""秋日之声"。

节目单上写道："这支舞蹈的连贯性安排得如此灵活，以至于每场演出都可以有所不同。"

我开始对不设定固定顺序的舞蹈作品很感兴趣。《符文》第一次反映了这一点。这是一个让我非常感兴趣的舞蹈，在早期的排练中，我几乎放弃了它，因为这里面的工作实在是太过复杂了。不过，在一个情绪低落的日子里，他们中的一个人（朱迪斯·邓恩）鼓励了我，让我坚持了下来。在表演之前，我会重新安排顺序和排练，对舞蹈的复杂性和难度都有要求。这在巡演中变得不切实际，因此我们放弃了。在巡演的情况下，它对排练时间的要求与实际可用的时间并不吻合。然而，我们在其演出历史上给出了三个不同的顺序。[9]

舞蹈是由一系列的动作片段组成的，一些片段涉及整个舞团（6人），而另一些片段则只涉及一两个舞者。这些片段的长度各不相同，但最初的安排是加起来5分钟，总共5段，时间长达25分钟。所有的小段都可以在任何演出中呈现，但它们的顺序可以改变。这些变化产生了一些安排上的问题。

"在第一个顺序中，我在这里结束，然后用三拍子步伐下台。但在新的顺序中，我应该在那里直接开始下一个乐句。我怎样才能到达那里呢？"

"你利用之前下台的三拍子步伐，到达那里。"或者更复杂的"借用"方案进入了编舞："你在第一个顺序第一部分中使用的滑行动作来离开，而在这里，你使用它来进入这个新的部分。"

这样解释可能有点复杂，但在重新排列中变得清晰的是，我并不需要创作新的动作，我们可以利用第一个顺序，把动作用于不同的地方，如果某个动作不需要用于离场、进场或换位置，它可以稍后再用。这支舞在技术上很难表演，因为它充满了复杂的舞步，突然的速度变化，没有预判,但要尽量以完整的弧度表演。[10]

《符文》也许是坎宁汉迄今为止最严谨、最不妥协的经典舞蹈。他特意将静止作为一种与动作等同的元素(与凯奇对静音的使用相似)。按照惯例,舞蹈开始时,坎宁汉面向观众,在舞台右后角站了相当长的时间,然后才转身开始开场独舞。这时,他沿对角线移动到了舞台的左前角,他跃入空中,左腿向前伸展,右腿向下弯曲,做出大幅度的扫荡动作(sweeping gesture)。第五部分(同样,按照惯例的顺序)以类似的方式展开,独舞是开场独舞的变奏。例如,他走到地板上,滑坐,左腿再次伸到前面。矛盾的是,也许是因为使用了"机遇"的程序,从而产生了一个严谨的结构,动作主题得以重复和变化,例如女演员的侧身跪地"行走",之后以站立的姿势重复。

《符文》是坎宁汉最早以分层方式使用空间的舞蹈之一——观众的眼睛同时看到舞台前景、中景和后景的事件,这些事件虽然不一定相关,但确实相互影响。坎宁汉和舞者们为这些舞句起了描述性的名字,更多的是为了在排练中快速识别,而不是为了表示具体内容。因此,"阳光"是指维奥拉·法伯站在舞台右后角,伸出双臂,缓慢地转动她的上半身(法伯的角色利用了她作为一个演员的非凡品质,不仅有美丽的线条,她的存在感也格外引人注目)。其他乐句还有叫"瑜伽师"和"群聚"的。

当然,像《符文》这样的标题,不能从字面上理解。不过,在坎宁汉的笔记中,"神奇进入(原文如此)"这个短句多次出现,与"简单进入"形成对比。此外,这首作品还包含了几个明显具有神秘色彩的舞姿。其中有两个与法伯有关:一个是双手在前面相触的动作,另一个是双手在水平和垂直方向上相互"拉扯"。最后,每个人都以不同的速度重复这个水平的"拉扯"动作离场,当他们离开时,每个人都在舞台中央重复他自己碎片化的乐句片段。另一个由所有女舞者表演的动姿是：当她们以一个屈膝姿势下沉做下蹲时，拍打身旁的地板，然后再上升、下沉，拍打另一侧的地板。

《符文》是坎宁汉这一时期唯一一个被他完整记录的舞蹈（用他自己的记录方法——书面短语和简笔画）。而且他有时还会复排这支舞，但由于其技术的复杂性，这项任务困难重重。这也可以解释为什么虽然有几次作品复排机会，但这支舞的机会却寥寥。

克里斯蒂安·沃尔夫的音乐有两个版本：一个是"为莫斯·坎宁汉创作的音乐"，是为六七种乐器创作的；另一个是"钢琴家二重奏Ⅱ"则是为两架钢琴创作的。在第一次演出时，演奏的是乐器版本（长笛、短笛、小号、长号、弦乐和钢琴，钢琴由大卫·都铎演奏，凯奇担任指挥）。凯奇写道，该乐谱"有时将表演者限制在特定的音符上，有时则允许他们在声音上自由选择"[11]。

劳森伯格的服装由练功服和染成各种深浅不一的棕色紧身衣组成，这也许反映了作品的标题；第二位舞者的服装上有一圈皮毛领（1982 年，马克·兰卡斯特设计了深土黄色的新服装，并于 1995年设计了另外一部新作品）。

· · ·

在这一年剩下的几个月里，最重要的事件莫过于莫斯·坎宁汉工作室以为期两周的圣诞课程开张。新工作室位于第六大道和第十四街的东北角，除了舞团巡演，其他时间都要定期上课。坎宁汉的私人经理伊莎贝尔·费舍尔给了秘书关于如何招生的指示，指示开头是："1. 向学生问好。"

10 月，该舞团与安娜·索科洛和艾尔文·尼克莱斯的舞团合作，参加了在新泽西州新不伦瑞克的罗格斯大学道格拉斯学院的一个简短的舞蹈节。坎宁汉舞团演出了《五人组舞》，在演出前由编舞者的一席话开场。在描述完这部作品的创作过程后，坎宁汉接着说：

《符文》,1959 年
人物从左至右: 朱迪斯·邓恩、莫斯·坎宁汉、雷米·查利普和玛丽莲·伍德
摄影: 马修·威索基(Matthew Wysocki)

谈论舞蹈会让观众产生某种期待。

气象局让你做好"期待下雪"的准备,结果却是一个晴天。

我可以说这个舞蹈是关于沉默的,但并非全然无声,或者说它有很多静止的瞬间。现在我让你有所期待,但在看了舞蹈之后,你可能会说它一点也不安静,而是充满了活力。

一门艺术,如果它要传达什么,那一定是在理性和非理性交织并行,以有趣而又令人眼花缭乱的双人舞的方式进行交流;在对自然的回应的那个地带,自然界的所有曲折变化都是激发情感的那只手。

我认为,舞蹈在其最佳状态下——正如所有艺术形式中极为罕见的最佳状态——会在每位观众心中产生一种无法定义和难以忘怀的深渊。这只是一个瞬间,而紧接着这个瞬间,人们的头脑就会忙于质疑和决定,人类的感觉就会忙于激动、确认或否认。

但是有那么一瞬间——它确实使我们重获新生。[12]

1960s

1960 年

自 1957 年在布鲁克林音乐学院的最后一次演出以来，坎宁汉舞团就没有在纽约进行过完整的节目表演。2 月 16 日，该舞团在位于第二大道 11 和 12 街之间的凤凰剧院（现在是一家电影院）进行了一次演出。这次活动由印象派公司（罗伯特·劳森伯格、贾斯珀·约翰斯和埃米利·德·安东尼奥[Emile de Antonio]）赞助。最高票价为 8.33 美元——创下了当时现代舞表演票价的纪录。

这一年以一场短途的巡演开始，舞团在巡演中表演了为凤凰剧院准备的节目：《夏日时空》《符文》《异形人》和《滑稽可笑的相遇》。其中只有独舞《异形人》之前在纽约市表演过。音乐由一支小型室内管弦乐队演奏。《时代周刊》(Time) 和《新闻周刊》都认为这场演出有足够的新闻价值，尽管它被《纽约时报》的评论家所忽略（沃尔特·特里[Walter Terry]在工作日和周日的《先驱论坛报》上都发表了评论[1]）。

第二个月，坎宁汉和布朗参加了在纽约举行的"作曲家展示"音乐会，表演了由亨利·考威尔和凯奇创作的作品。

《剧院作品》

这个表演比凯奇 1952 年在黑山学院的无标题"事件"演出（通常被称为"剧院作品"）更加局限。

> 这是一个表演时间不确定的［原文如此］乐曲。时间框架已经给出，在这个框架内可以做出动作。这些动作来自表演者选择的20个名词或动词。全部这些词在给定的时间点上会有所变化，因此每个部分需要表演者做50或100个不同的动作。在任何一个时间段内，回答与活动有关的四个问题的方式已经给出。创作手段是《丰塔纳混音》的材料[2]。

《纽约先驱论坛报》的音乐评论家威廉·弗拉纳根（William Flanagan）将这场音乐会总结为"一个沉闷的夜晚"，并承认他在结束前就离开了。但他还是这样描述这次行动：

> 舞台上有两个舞者、一个女低音、一个长号手、一个大号手、一个钢琴家、一张堆满垃圾的桌子、一个悬挂在天花板上的塑料袋喷泉和接水的浴缸，还有若干玩具及其他众多东西。唱歌的是艾琳·卡门（Arlene Carmen）小姐，她在台上走来走去，用法语和英语唱小夜曲。她唱的是《圣路易斯布鲁斯》("St Louis Blues")。各种各样的手揉搓着气球，炸开纸袋，并把玩具物品送到观众席上。大号手在演奏了一些来自"标准曲目"的独奏片段后，脱掉了上衣，换上衬衫和外套，并倒上饮料喝光了它；他敲了一个悬在水盆里的小钹，随后直接将其浸入水中的浴缸里。莫斯·坎宁汉先生则跳了一会儿舞，然后拿起剪刀，随意地剪了剪头发。与此同时，凯奇先生则严肃地站在场边，在任意分割的几个节点上，用阿拉伯数字数数[3]。

弗拉纳根没有提到布朗跳绳的情节，然后"一边读报纸，同时在长号的哀鸣声中用脚开合垃圾桶盖来标记时间。"他还漏掉了结尾,"一个黑衣人举着一面美国国旗在舞台上昂首阔步"[4]。

从5月30日到7月8日,在第14街的工作室教授(和布朗一起)暑期课程后,坎宁汉和他的舞团再一次于7月11日到8月21日在康涅狄格学院驻留。夏天结束时,他们在那里举办的第13届美国舞蹈节上表演了四个节目。《夜间漫步》于8月18日在美国首演。《符文》于8月19日再次演出,还有一部坎宁汉在夏天排练的新作品一起演出,即《危机》。

《危机》

　　这是一次我们一起做的冒险……我决定允许舞者(有五个人,四个女舞者和一个男舞者)相互接触,不仅是通过牵手或相互扶持来接触,还通过一些外部手段来实现互动。我在手腕、手臂、腰部或腿部使用弹力带,让一个舞者将一只手插入另一个舞者的带子下,他们就被连接起来,但同时也是自由的。舞蹈进行中在哪里开始接触,在哪里被分开,都是由音乐结构中"机遇"决定的,而不是个人心理或身体的压力。通过随机选择,两个舞者有可能一起弯曲和转动,然后再次通过随机选择来决定他们是否相连接,如果相连,是通过相互拉手还是用弹力带的方式,以及如果是弹力带,它会被系在哪里。基于此,我创作出舞蹈动作。每位舞者的全部动作极具个性化。康隆·南卡罗(Conlon Nancarrow)的音乐(为自动钢琴所做的《节奏习作第1号、2号、4号、5号、7号、6号》)是在舞蹈编排好之后加入的。

　　这个舞蹈的一个特殊之处要归功于维奥拉·法伯。她的身体常常展现出一种平衡状态,而其他部分则极不平衡。有时又像两个人,一个紧随另一个或超越前者。

卡罗琳·布朗和莫斯·坎宁汉在《危机》中，1968年

摄影：约翰·伍尔普（John Wulp）

这与她敏锐的节奏感相辅相成。舞蹈中充满了暴力元素。我不记得上述暴力元素的产生是如何导致的，只是如果你必须与他人一起弯腰旋转，无论是否与某人相连，是要他们转身的方向与你不同，速度也有快有慢，就会发生某种形式的冲突。

就像这样，通过外部的手段将人们连接起来，看起来似乎总是意味着什么。他们也确实如此。在这里，两个人不仅被无形的纽带连接在一起，还以一种显而易见的方式绑在一起，而这种联结并不依赖任何主动的控制行为[5]。

凯奇对该舞蹈进行了评论：

> 这是一支戏剧性而不是叙事性的舞蹈。该舞蹈关于一个男人和四个女人之间关系中的决定性时刻，气氛严酷而又充满情欲意味。当两个人在一起时，他们不仅被无形的纽带束缚，还被实际的弹力带束缚。尽管有这样明确的关系，坎宁汉还是使情境更为神秘，所以诸如"发生了什么？"和"这意味着什么？"的问题，就留给每位观众去回答，寻找不同的答案[6]。

在某些时刻，橡皮筋会被随机地套在舞者的手臂或腰部。"这是关于连接的问题，就像双人舞一样，是一种身体的接触。我不希望它通过抓取来完成，所以对我来说，这似乎是另一种方式，我都做了尝试。但这是一个随机的过程。"

女性舞者的角色不仅反映了不同舞者的移动方式，也反映出她们的个性。《危机》以坎宁汉和法伯的双人舞开始，法伯表演了一系列她身体不同部位的剧烈位移动作。"她是那种你知道她能做到的人，只是她的某一个部位先于另一个部位做到了。"这赋予了她在这个角色中的舞台表现增添了一种野性特质。在其中一个场景中，她和坎宁汉在地板上并排半爬半滑，坎宁汉用手臂来推她，他们的手被一根弹力带绑在一起。

布朗也有一段与坎宁汉的双人舞，她就像一只被他驯服的野生动物。进场时的情景令人难忘，坎宁汉扶着她的腰，她向后靠着，用高高的控腿（développé）方式倒着走。另一个非同寻常的片段是邓恩缓慢而刻意地横跨舞台，动作过程中她每走几步就停下来，半脚尖着地，慢慢地把目光从一边转到另一边，创造出一种令人难以忍受的悬念。像往常一样，这支舞蹈以一连串的动作结束，坎宁汉在中间，女舞者们走近他又离开，他的运动由于膝盖上的弹力带而受到束缚。

在编排全部动作的时候,我预想应该有快速的动作,同时也会有大幅度的动作——如果你做得足够快的话,紧随其后又安排一个大幅度的动作,这样整个舞蹈就会呈现出近乎痉挛的行为,也就是从一个动作到另一个动作的突然转换,而没有思考过渡的问题。如何使动作保持大的幅度——通常你可以摆出特定的姿势,你知道要做些什么,你先做一个小幅度动作,反复感受并尝试如何做这个动作使它幅度更大,这样它就有更大的扩展空间(这一直是坎宁汉关注的问题,无论是在舞蹈创作还是在教学中)。

空间性是其中的一个方面,涉及舞句带你到达的空间点,在那个空间里你必须做的动作性质会使运动显得非常突兀、幅度很大且参差不齐。同样的动作,有时候你可能会在一个较小的区域内完成,而不用走那么远,那它可能会不那么突兀,因为你不需要在这么短的时间内跨越那么长的距离。

南卡罗的音乐极大地促成了这种不安的气氛。这些《节奏习作》(*Rhythm Studies*)创作于20世纪40年代,南卡罗自己费力地在钢琴卷上打孔,创造了各种迷人的叮当作响的节奏,然后录制下来(近年来,南卡罗的音乐重获大众的欢迎,因为它预示了20世纪80年代极简主义音乐的萌芽。也许正是因为这个原因,许多编舞者都使用他的音乐)。

服装是简单的紧身衣和紧身裤,被染成深浅不一的红色;没有布景。

劳森伯格用传统的方法回应这种舞蹈动作令人不安的气息,决定将它设计成一支"红色"的舞蹈。然而,他使用的红色范围广泛,从粉红到深红,甚至包括一种黄色——这是为维奥拉·法伯选择的颜色。黄色在这里的作用是红色的极度夸张[7]。

. . .

坎宁汉一结束在康涅狄格学院的演出,就和布朗、凯奇和大卫·都铎再次启程前往欧洲。他们计划在威尼斯双年展期间的第23届国际当代音乐节、第10届柏林艺术节,以及慕尼黑和科隆进行演出。

坎宁汉安排了一系列独舞和双人舞节目,其中包括《双人组舞》(《五人组舞》的双人舞版本)和《夜间漫步》。这是他第一次也是唯一一次伴着克里斯蒂安·沃尔夫的音乐,在同一个节目中表演他的三支独舞——《无题独舞》《奢华的逍遥》和《异形人》(事实上,《奢华的逍遥》再也没有演出过)。在这三个舞蹈之间,布朗表演了坎宁汉专门为这次演出创作的两首独舞《双手鸟》(Hand Birds)和《瓦卡》(Waka,《双手鸟》的节目单上写有注释:"标题出自 M. C. 理查兹的一首诗",但事实上,标题就是这首诗)。节目以另一首名为《与舞者共起舞》(Music Walk with Dancers)的双人舞收尾。这些新舞蹈再也没有演出过。维吉尔·汤姆森在威尼斯给《纽约时报》的一篇报道中写道:"每个人,绝对是每个人,都热爱跳舞。"[8]

一从欧洲回来,坎宁汉就继续在第 14 街工作室的教学。大约在这个时候,音乐家罗伯特·埃利斯·邓恩开始在那里举办一系列的编舞课程,由他当时的妻子朱迪斯·邓恩任助教。参加者包括伊冯·瑞纳、大卫·戈登、露辛达·柴尔兹和史蒂夫·帕克斯顿(Steve Paxton)等舞者,还有一些对创作表演作品感兴趣的画家。

这些课程最终促成了在华盛顿广场贾德森纪念教堂举办的实验舞蹈演出,并从中发展出了当代舞蹈的"后现代"阶段。

坎宁汉没有直接参与邓恩的课程,但是邓恩可能不时地看他们跳舞,所以可以明显感觉到他对邓恩的强烈影响,甚至是负面的影响。凯奇的影响当然更为深远。邓恩前一年在新学院学习了凯奇的实验作曲课程,将凯奇的理念应用于自己的编舞工作坊。以凯奇为榜样,邓恩没有把自己设定为导师,而是鼓励学生们创造新的舞蹈结构,其中许多围绕游戏或任务展开。

在这些年轻的舞者和编导中,包括坎宁汉舞团的成员在内,都有一种感觉,坎宁汉想对他的舞蹈和他们的表演保留过多的控制权,并对戏剧性和技术的完善要求过高。正是在这种背景下,瑞纳后来发表著名宣言开头的背景——"拒绝奇观,拒绝技巧"[9]。凯奇在他的音乐表演中放弃了这样的权威,但坎宁汉作为一个编舞者,不愿意放弃这种控制。然而,他并非没有受到邓恩课程上的实验和后来贾德森舞蹈剧场演出的影响。

1961 年

1961年夏天，坎宁汉第一次专门为电视创作了舞蹈，根据加拿大作曲家塞尔日·加兰特（Serge Garrant）的爵士乐创作的《组舞》（*Suite de Danses*）。这部"最多10分钟"的作品受加拿大电视台"加拿大广播学会"委约制作，在纽约排练，于6月12日在蒙特利尔录制，并于7月9日在蒙特利尔播出。服装——紧身衣和紧身裤——由贾斯珀·约翰斯染色，这是这位艺术家第一次为坎宁汉设计的服装（尽管两人已经认识好几年了，约翰斯偶尔还会协助罗伯特·劳森伯格为舞团工作）。坎宁汉很快发现，摄像机看到的空间与舞台上看到的空间是不同的：

> 我记得想要弄清楚关于摄像机的事情，但我知道得太少了，时间又不够，我不知道它是否有效。

那年夏天，坎宁汉在自己的工作室上完暑期课程后，又到了康涅狄格学院。为了跳他迄今为止最宏大的作品，他扩大了舞团：莎琳·布莱尔（Shareen Blair）和史蒂夫·帕克斯顿加入了舞团，还有瓦尔达·塞特菲尔德——她在康涅狄格前三年夏天都是替补，并在1961年春天的巡演中代替了受伤的维奥拉·法伯出演了一些角色——也参与了一部新作品的演出：

《永恒》

《永恒》虽是在康涅狄格州演出,但它却是受蒙特利尔艺术节委约创作,并在那里首次演出。坎宁汉早些时候曾考虑过《诗节与行动》(*Stanzas And Actions*)和《组合》(*Combine*,劳森伯格用来描述他的"组合"绘画作品,其中包含真实的物品)等题目。但最后还是选取了《永恒》这个与作品的规模相适应的名字。节目单上写道:

> 这是一场动作舞蹈,是一场关于变化的庆典——季节流逝,大气消散,人们相遇又分开。它的意义在于耳目中的一瞬间,它的连续性就是变化。[1]

凯奇后来做了如下描述:

> 这种舞蹈具有史诗般的特质,正如其名所示,时间很长(约45分钟)。一个事件接着一个事件,经常是互相叠加。在某一时刻,舞者们匍匐在地上,完全静止,仿佛是一段历史的终结。这些事件在性质上各不相同,一般都是崇高的,但也不排除幻想和幽默,形成了一种可以用多种方式讲述的历史。也就是说,舞蹈可以在长短不一的时间内呈现,也可以包含了或多或少的事件和数目不定的表演者,而且事件的顺序可以在每晚的表演中有所变化。[2]

劳森伯格设计的舞美装置点缀了这件作品。大幕拉开时,三个小镁块在脚灯处爆炸,烟雾上升,并在最开始的几分钟内慢慢消失(这多少让人想起野口勇,1947年的作品《四季》的效果)。在一个跳动的旋律中,舞者应该在跳跃时触发绑在他们手腕上的小闪光灯;在另一个片段里,他们解开并相互传递一段消防水管。在凯奇上述提到的停顿期间,舞者趴在舞台上,一台用绳子连着滑轮的"机器"在舞台上穿过。它由废旧金属制成——一把伞骨、一个凹陷的铝制水壶和其他零碎物品,下面挂着一盏飓风灯,水壶里有干冰,向外冒着烟。凯奇将这台机器描述为"一个生动的、略无意义的物体,占据了舞者无法企及的空间"[3]。最初它意在让"交叉场景在舞台后方的一道透明帘幕后进行,以突出人们度过一生这样的印象"[4]。

就像在《滑稽可笑的相遇》中一样,舞者穿着基本的紧身衣和紧身裤,外面套上各式各样的外套。凯奇写道:

> 紧身衣和紧身裤染成了引人瞩目的蓝色,这与身体的轮廓有关。劳森伯格试图给人一种印象——舞者们的身体染上了颜色,但没有被遮盖。

增加的服装包括长裤,或者说由羽毛制成的皮套裤,由男舞者穿着。在一段舒缓的双人舞中,卡罗琳·布朗和朱迪斯·邓恩穿着长长的面纱般的袖子,这可突出表现了他们大幅度的手臂动作。布朗还用绳子做了一条腰带,上面系着各种物品——一个铁罐和一只运动鞋。

音乐同时使用了凯奇的《黄道图》(*Atlas Eclipticalis*)和《冬季音乐》(*Winter Music*,电音版):

> 所有的乐器都使用了接触式麦克风,扩音后的声音被扭曲和转换。管弦乐(《黄道图》)改编自一本天文图册,其中行星以很大的范围圈绕着太阳旋转[6]。

他们将透明的模板放在星空图的页面上,并标注出恒星的位置,音乐就是随机操作与以上步骤的结合。

事实上,《永恒》标志着"现场电子音乐"在该舞团的保留剧目中的正式引入。在此之前,现场音乐通常是由凯奇或大卫·都铎用钢琴演奏(尽管有时会用电子器械放大或失真);有时,像《夏日空间》和《人与春令》这样的作品会以管弦乐的形式演奏。而《危机》和《机遇组舞》的音乐曾被录成磁带。而都铎越来越多地投入现场电子音乐的表演以及后来的创作中,他经常使用自己设计的乐器,并最终完全放弃了弹奏钢琴。

一位后来加入的舞团成员这样描述《永恒》:

> 它是巨大的、广阔的。在某种程度上就像是一个民族的历史,包含各种各样的事件——小的、大的、灾难性的战争与瘟疫以及一些抒情的东西……它有着宏大的格局,真的非常棒,也很难跳。[8]

坎宁汉写道:

> 我们尝试了不同的排序,来研究一个部分该如何连接到下一个部分。在我们演出的不同版本(长版、短版和巡演版)中,我会省去或增加一些部分,我不认为它们的顺序被调换了。
>
> 这些测试是在我的脑子里和笔记本上进行的,实际上并没有这样排练。
>
> 舞蹈有 45 分钟之长,毕竟被称作"永恒"啊。它最终自然而然就组成了几个部分,我不记得是不是在蒙特利尔首演之前就发生了,也许是。但我认为在那个月的晚

些时候,在新伦敦舞蹈学校第二次表演之前,舞蹈顺序就已经改变了。

机器的出现与否,这取决于现场的情况,舞者从一个部分进入另一个部分:在加长版本中,所有的部分都跳;在短版中,每个人都参与,但有一个部分被去掉了;而在巡演版本中,有好几个部分以及一些舞者没有出现。

当我读完这些笔记时,我意识到舞蹈的基本理念之一就在于其灵活性,也就是说,环境是什么样就是什么样,就在这个情境中呈现我们的舞蹈,不要把它看成某种象征、暗示或整体的一部分,而是我们在此时此刻所呈现出来的就是全部。只要允许整体中的每个部分独立存在,在巡回演出时,我们就可以更自由地进行排练,而不需要最后的"带装"彩排。当大幕拉开时,我们的表演就开始了,舞者、音效、可以运转的器械、准备好的闪粉、舞者手腕上的摄影灯……就算没有这些东西,舞蹈也会继续。这是一种无秩序状态,人们可以在其中自由随意地一起工作。[9]

最后一句评论很好地诠释了坎宁汉与他的同事合作的本质。《永恒》是坎宁汉另一个各部分都被命名的舞蹈,这次是劳森伯格看排练时起的题目:如"马步探戈"(Horse-tango)、"望月之花"(Moon-flower)、"绅士呼唤"(gentle-mencaller)。

在这个作品中,我不是开玩笑,我决定尝试一些事情:我在结尾加入了非常清晰简洁的主旋律和几段变奏——绝对清晰,伴有六个变奏,被舞者们称为"恐怖舞句"。没有人发现这一点。我知道他们不会发现的,因为得有人告诉你这里有主题和变奏,你才会去寻找它。但是这是一个讲述得非常明晰的主题,后面紧跟着变奏。

上图:《永恒》,1961 年
人物从左至右:卡罗琳·布朗、史蒂夫·帕克斯顿和莫斯·坎宁汉
下图:《永恒》,1961 年
人物从左至右:卡罗琳·布朗、朱迪斯·邓恩
摄影:理查德·劳特利奇

・・・

雷米·查利普在夏末离开了舞团。在过去的一年里,他创立了一家创意儿童剧团"纸袋玩家"(Paper Bag Players),占用了他很多时间。他的位置由帕克斯顿接任。劳森伯格为《永恒》的第一场表演做了灯光设计,而后作为舞团的灯光设计师,并接替尼克·切尔诺维奇和偶尔代替他的理查德·尼尔森(Richard Nelson)成为技术总监,跟随舞团巡演。

劳森伯格和他的前任切尔诺维奇一样,对舞台灯光技术知之甚少,但正因如此,他很少被先入为主的一贯做法所影响。在凯奇看来,劳森伯格没有把舞台看作一片黑暗的区域,而是看作"被白色或近乎白色的灯光照亮的区域,当然它也可瞬间变成一片黑暗。灯光应该被设置成,在真正表演的时候不需要提前发信号,它就可以同时亮起。劳森伯格的灯光在这个剧场中并不是单独的行动,而是为了突出舞蹈本身,使其不会受到'彩色灯光'(colored air)营造的氛围及其心理暗示强加的影响"[10]。不出所料,专业的剧场技术人员觉得劳森伯格的做法不可理喻。另一方面,据卡尔文·汤姆金斯所说,劳森伯格"发现其他灯光师的灯光常常改变了舞蹈服装和布景的观感。在掌握了这份工作的灯光技巧之后,他用明亮而非戏剧化的风格点亮了坎宁汉的舞蹈,这正是坎宁汉一直以来想要的。坎宁汉认为舞台灯光应当像自然光一样,舞者们穿行其中。他说,'鲍勃也非常认同这一点,他觉得灯光这儿一个层次那儿一个层次,像绘画一般,这太复杂了。大多数时候用白光……'"[11]。

坎宁汉也这么评价劳森伯格的贡献:

[他的]设计包括了从基础紧身连体衣的色彩到复杂的服装布景设计体系。他向大众展示了剧场可以像水一

样吸收万物,包括如下三个方面。第一,就事物是什么而言,建立一种神秘或诗意的模糊性;第二,因地制宜——一种根据剧院所能提供的即时环境做出改变的天赋,对原有的内容进行增删或全然改变;第三,观众对于舞者的人文情感——他觉得舞者形象怎么样,是什么使得这个人及其身体让他感到赏心悦目,他以什么方式来进行观赏。

一个舞蹈,无论其是仅有简单的着装,还是穿戴着整套服装和道具,装点着头饰和精致妆容,都不会被这些东西所"吞噬",而是与它们相得益彰。

对于舞者,他做了一个设计师能做的最大努力——他使舞者是可见的[12]。

1962 年

在坎宁汉的职业生涯中,1962 年是他唯一一个无作品发表的年份。在这个时期,艺术家们纷纷对表演艺术产生了兴趣,他们有些创作自己的作品("偶发艺术"),有些与像詹姆斯·沃林、保罗·泰勒这样的舞蹈编导合作,有些表演是由贾德森舞蹈剧场(1962 年 7 月第一场"舞蹈音乐会"举行的地方)的编舞者创作的舞蹈片段。这些作品无一例外,都无法从传统意义上划分类别。

《建设波士顿》(*Construction of Boston*)只在 1962 年 5 月外百老汇的梅德曼剧院上台表演过一次,其文本由诗人肯尼斯·寇克(Kenneth Koch)编写,而舞台布景则是罗伯特·劳森伯格与欧洲艺术家妮基·桑法勒(Niki de Saint-Phalle)和让·廷格利(Jean Tinguely)合作设计的。坎宁汉勉强同意担任总导演,但最终他几乎无法控制参与者。他曾在宣传的前夜与剧院经理约翰·伍尔普沟通,希望他不要在宣传报告上写自己的名字。维奥拉·法伯和史蒂夫·帕克斯顿参加了活动,但他们并没有跳舞——相反,他们连续多天在劳森伯格搭建的一个公寓布景中进行了表演。其结果与其说是合作,不如说是各行其是。让·廷格利在舞台前方筑了一堵墙,墙的完成意味着这场表演的结束[1]。

1963 年

在1962年的冬季巡演以及筹备1963年春天在百老汇的表演过程中，坎宁汉把莎琳·布莱尔和威廉·戴维斯（William Davis）加进了舞团。贾斯珀·约翰斯与凯奇、伊莱恩·德·库宁、设计师大卫·海耶斯（David Hayes）以及剧院制片人路易斯·劳埃德一起组建了一个基金会——当代表演艺术基金会，为表演领域提供赞助和筹款。他们的第一个项目是一个展览和义卖，通过售卖一些艺术家们捐赠的作品来资助这个即将在4月到来的演出季，通告发布在《舞蹈》杂志的3月刊上。宣传中包括两部新作品和三部纽约首演的作品，这三部首演的作品大概应该是《夜间漫步》《危机》和《永恒》。

展览在爱伦斯通画廊举办，但是演出季并不在这里。一场新闻界的罢工使舞团的期望曝光量锐减，演出季只好延期。七月份《舞蹈》杂志上的一则消息称，这次的演出季有望于1963年9月23日至30日在冬日花园举行，但后来剧场不能用，演出季就被取消了。

6月17日到7月26日，舞团在加州大学洛杉矶分校驻演，舞团人员也有了变动：朱迪斯·邓恩和玛丽莲·伍德在5月份离职，来到加利福尼亚的舞者有卡罗琳·布朗、维奥拉·法伯、莎琳·布莱尔、芭芭拉·迪蕾·劳埃德（当时与路易斯·劳埃德是夫妇）、威廉·戴维斯和史蒂夫·帕克斯顿(这一年晚些时候,坎宁汉又接受了桑德兰·尼尔斯[Sandra Neels]加入舞团)。坎宁汉和凯奇在马里布为大家租了一间海边小屋。

在教学之外,坎宁汉排练了两部新作品,分别于7月17日和24日在加州大学洛杉矶分校上演,标志了他事业的新起点。他的笔记本上有两页描述了"创作的三支舞蹈":第一支是三个首字母"DFE",代表"为众生起舞"(Dances for Everybody),但后来改名为"原野之舞"(Field Dances);第二支舞名叫《变奏曲》(Variations),后改名为《故事》(Story);第三支舞《冬枝》(Winterbranch),直到第二年才完成。

> 这两支舞蹈(《故事》和《原野之舞》)都关注了表演中的多变因素。在两者之间《故事》要复杂一点。但这两部作品可以分成片段,这些片段可以随着指令、地点和时间自由变换……两支舞蹈的片段和不同部分都是经过编排的……这些多变因素随连续性、片段的长度、不同的部分以及空间的变化而变化。[1]

与之前坎宁汉作品中的不确定性相比,这意味着更多的不确定性,也是最接近即兴创作的表演。

《原野之舞》

> 最初的舞台指示表明"在哪里都可以跳"。最初的设想是这是一支多人跳的舞——就像它的名字那样,可以一片做各种活动的"原野"[2]。他们有几项设想,我想大概七个活动,可以一起完成的事件,每一位舞者可以选择一、二或三个小舞蹈来跳。他们可以在任何时候离开或

进入舞蹈。彩排的形式是,每位舞者做完他所有的动作。他们要做的动作都刻意设计得很简单。一条走廊、一条街道、一片田野、一个剧场和一个篮球场。动作都已经交给舞者,舞者可以在他们的场景范围内自由组织自己的动作和节奏,他们也可以自由选择跳几次以及是否跳完整。这支舞蹈在加州大学洛杉矶分校创作,最初由4位舞者完成,后来变成了9位。空间坐标上来讲,可以是一个不规则的区域。这支舞从幕启开始到分配给它的时间,即12分钟,一到时间就结束。

舞者们自己决定做什么动作,他们选择的动作或舞句做几遍、以什么节奏和在空间的什么地方,都由他们自己决定。他们也会受到其他人选择的影响,因为有些动作需要一个回应。比如,当一个男舞者坐在地上,一位或几位女舞者就得来到他身边,把手放在他的肩膀上,并且做一个小跳。

坎宁汉在伦敦向一位采访者讲述了为人熟知的《原野之舞》的创作由来:

> 那时我在科罗拉多州的博尔德教学,有一次我正坐在窗前喝着咖啡,看到窗外的一些孩子,他们还小,五六岁的样子。他们跑着,跳着,忽然我冒出一个想法——"他们是在跳舞"。外面没有音乐,他们却舞动得这样美妙。《原野之舞》就是由此而来,因为我看到他们跑着,跳着,在我眼里像是一场舞蹈;但是对他们来说没什么不同[3]。

凯奇在给朋友的信中对此的描述有些不同,但大体相似：

莫斯的这个舞蹈让我想起我的"音列"(*Die Reihe*)中的故事——在去波士顿的旅途中,我听着点唱机,同时看着游泳的人们,我注意到这两件事情结合在一起非常协调。所以我创作了这段音乐,其中的很多声音都来自"另外的"地方[4]。

关于《原野之舞》,凯奇说,"开始,延续,然后结束,只是出于存在的原因"。他为这部作品创作的音乐叫作《变奏曲Ⅳ》(*Variations IV*)。

这部作品的音效不是固定的。我们使用一些手段用来决定声音发出的空间点,大多是剧场外的地点。它可以由任何数目的演奏者来表演,仅仅包括开门和关门出去街道的声音[5]。

罗伯特·劳森伯格给女舞者的服装是紧身衣,背上有一片雪纺,男士舞蹈服装则是搭配紧身裤的男性运动衫,所有服装都有各种色块装饰。凯奇写道,这些服装"是在南加州的……这些色彩就像西南部五颜六色的花朵"[6]。

《故事》

坎宁汉曾写道,《故事》这部作品相当复杂：

这是一支多人表演的舞蹈,第一次演出时有7名舞者参加。自那时起,它在美国已经进行了19场表演,表演者人数在5到8人之间。(《故事》在1964年的世界巡演中表演了29场。《故事》从来没有在纽约表演过,不过1994年,坎宁汉重构了部分章节并将其放入纽约的活动演出中。)舞蹈的结构不是确定的,时长也随之产生变化,短至15分钟,长至40分钟。

我们表演了《故事》很多次,因为它可以由一个人演,也可以由全舞团所有人来演,还可以在各种极端情境之下表演。我们曾经在乔治亚州的奥古斯塔一个巨大舞台上表演过——实际上那是在两个大厅之间的一个双层舞台。当时,两个礼堂的帘子都升起来,相互可见。一个大厅里坐满了人,另一个是空的。在明尼苏达州的明尼阿波利斯,我们也曾在狄龙·格思里剧院的伸出式舞台上表演过,这座剧场的出入口在座位席下面的通道里。也是在明尼苏达州,在德卢斯的微型舞台上——这里有更多的灵活性和空间,舞台前观众席的空地板,以及通向舞台的台阶和出入门,都被我们占用了[7]。

这支舞由一系列的部分组成,独舞、二人舞、三人舞和更大的舞蹈单元,它们可以自由地从一个变换到另一个,所以他们的顺序是可以变化的。在一个部分中,一个舞者的动作可以有时间和空间的变化,舞者做这些动作的顺序就来自做动作的一瞬间。每一部分的时长不同,导致每次演出也不同。为了便于区分,这些部分都起了不同的名字——"物体""三角""地板""标签""空间""入口",等等。其中,"物体"指的就是为了这场演出新做出来的真实的物件,由舞者们在舞台上四处移动或搬动;"地板"表示的是由两位女舞者,卡罗琳·布朗和维奥拉·法伯表演的双人舞,它可以从台上或台下任何位置开始。两位舞者踏着明显而缓慢的节奏穿过这片区域,也许是各自舞蹈,但更多时候她们一起跳舞;在"空间"这一部分中,舞者们会在一定的空间范围里做一段即兴舞蹈。有一段"五段三人舞",就像它的名字一样,三位舞者每人有五个舞句要应对,这一部分的动作较为快捷。整个表演包含 18 个部分的可能性,在一次表演中可能做几组或者全部[8]。排练时,每一位舞者都会完成该部分的所有动作。

由一柳慧(Toshi Ichiyanagi)创作的音乐是一首乐曲,用作曲家自己的话来说,是"不绝之音,没有冲击,持续不断"。在这样的氛围中会出现尖锐而充满活力的音乐。作曲家给了演奏者自由选择乐器的自由。[9]

关于服装,我最初的想法是可以从我们所在的表演环境中取材。布景,或者说舞台看起来的样子,其设计理念也来自表演时的既有情境和环境。

结构中的变量,也就是每场表演中变化的部分有:整体时长、独立部分的时长以及这些部分在整体中的位置。声音的关系也是不断变化的,因为舞蹈与音乐唯一的一致之处是此次表演所决定的时长。尽管舞者听着这些声音,有时候也被这些声音所吸引,但是并不能完全依靠它,也不能指望同样的舞蹈再次发生。

标题并不指任何或隐或现的叙述,而是指每一位观众都可以用自己的方式来理解这些事件。[10]

确实,在加州大学洛杉矶分校时第一场表演的宣传单上这样写道:"这些标题……意在向每一位观众表明,他可以(或不可以)据此来创作自己的故事。"[11]

《故事》的舞台布置或多或少地满足了坎宁汉的预期:劳森伯格通常会在演出当天,利用剧场内外发现的素材来建造布景。1964 年的世界巡演中,《故事》在伦敦站连续演出了四个晚上,劳森伯格在演出期间一直在台上画布景,在最后一晚演出结束的时候这幅画也完成了(这幅画作取名为《故事》,现收藏于多伦多的安大略艺术馆)。早些时候,在德文郡达廷顿礼堂,劳森伯格和他的助手埃里克斯·海伊(Erics Hay)"带来了两只熨斗,一直在后台熨他们的衬衫"。卡尔文·汤姆金斯对此评论说,这种情况让"舞者们都感觉自己被抢了风头"[12]。

至于服装,舞者们的女式服装是一套金色紧身服,男式服装是一套上蓝下黑的紧身服,外套都是劳森伯格收集来的。这些东西用了一个很大的行李袋装来倒在后台的地上,舞者们可以自由挑选他们想穿的,也可以根据意愿随时更换。"我最珍贵的回忆",布朗写道,"是芭芭拉·劳埃德把所有东西都穿在了身上,什么都没给我们剩下,她自己变得体形又大又臃肿,几乎走不动路了。"[13]这一幕发生在日本,而另一次(《故事》最后一次演出的时候),她脱掉了所有的衣物,包括紧身衣裤,然后又重新穿上。

《原野之舞》和《故事》也许真实反映了坎宁汉对于贾德森舞蹈剧场(Judson Dance Theater)正在进行的这类实验的回应,那就是舞蹈编导试图避免对舞者们的完全控制。在每一场《故事》的表演中,在舞台的侧台都张贴着不同部分的顺序表,包含了每一部分的时长。从某种程度上来说,这个顺序是随机决定的,至于哪一部分之后是哪一部分,"除非确实有什么特殊的客观限制,但是就算在限制范围内,我也会尽我所能做一些改变"。在《原野之舞》中,舞者甚至可以自由选择不同舞句(比《故事》中的舞句简单且简短)的顺序和每个舞句的表演时长。

舞者们有种感觉,认为坎宁汉不喜欢《故事》,因为坎宁汉交出了一定程度的控制权,这违反了他的天性。实际上不喜欢《故事》的正是舞者们,因为他们感觉给予的自由太少了——编舞中内置了很多限制,让他们感觉和扮演固定角色时一样受束缚。坎宁汉有独舞,有分别和布朗、法伯的双人舞和与她们一起的三人舞,而其他舞者都被降级为——如一位舞者所说,就像芭蕾舞中的伴舞。然而,在1964年赫尔辛基的演出电视片中,这并不是观众所收到的印象。

任何看过坎宁汉在《故事》中精彩表演的人都不相信坎宁汉不喜欢这支舞蹈,即使他有时并不那么喜欢舞者的表演方式,而且,劳森伯格也在其中有表演[14]。坎宁汉说他本人非常喜欢这个作品中的一些片段。在捷克斯洛伐克的俄斯特拉发,幕布升起,舞台上一览无余。演出开始于坎宁汉在舞台后方一个小小的过道表演独舞,这种卡夫卡式的开头一直被观众铭记在心。

《故事》被纳入保留剧目两年,这两年里它的演出次数比其他任何一支舞都要多。正如坎宁汉所说,它可以在任何地方表演。但是,它在1964年世界巡演之后就被移出了保留剧目。有几个原因:布朗代表舞团给坎宁汉写信,要求他这么做[15]。劳森伯格虽然有时天马行空,但他的贡献太重要,以至于他在1964年巡演结束后离开舞团,继续演出这部作品就没有意义了。对此,坎宁汉自己的解释是,不确定性在巡演的情况下是不现实的:

> 随着巡演的进行,大家都越来越辛苦。每到一个地方时会很累,身体状态可以修整好,但在表演中要尽力保持自己的活力,头脑也要打起精神来,这是非常非常难的。而且,你无法精准判断任何事,体力状态不在最佳状态,你的协调能力等也是如此,这很可能导致演出发生意外。
>
> 如果你表演时明确地知道接下来的动作,打起精神接着做下去,是没什么问题的。我们之所以能在各地表演《故事》,正是因为它能在不同空间进行表演。我记得,最精彩的一场表演是在大阪,有一群出色的音乐家,他们在我们身后,就好像歌舞伎的舞台一样。我觉得,那是一

场诠释了这部作品的表演。一切都在继续,大家都沉浸在这种氛围里。我们做这些看似愚蠢又严肃的事情,无论是什么,看起来都有效果。但很多时候,由于环境受限,演出效果往往令人感到绝望。

・・・

在那一年的秋季巡演中,坎宁汉开始在舞团的节目单中加入一点笼统的说明:

> 舞蹈有自身的连贯性,并不依赖于(音乐)声的高低起伏,也不取决于台词的抑扬顿挫(文学中)。它的情感力量来自身体的形象,转瞬即逝或静止不动。它能够并确实引起了每一位观众各样的反应。可以从这个角度来看这些舞蹈。
>
> 音乐和舞蹈作为各自独立而又相互渗透的事件共存,共同经历它们所共享的一段时光。[16]

1964 年

在这两三年中,坎宁汉和凯奇一直收到来自印度萨拉巴伊家族和日本东京草月艺术中心的邀请。凯奇认识吉塔·萨拉巴伊有二十多年了,他教她当代西方音乐,作为交换,她教他印度音乐。草月艺术中心的邀请是通过一柳慧发来的,坎宁汉曾在《故事》中使用一柳慧的音乐,并且他有时也会为坎宁汉工作室的课程伴奏(那时他娶了小野洋子[Yoko Ono])。

他们决定动用那笔被取消的1963年百老汇演出季的资金,用于支付印度和日本巡演。如果能找到足够多的演出合约,巡演也可以延展到欧洲。巡演将于1964年春天开始。

显然,世界巡演的资金是个棘手的问题。当代表演艺术基金会举办的义卖得到的可用资金只有两万美元多一点,不足以支付这些费用,美国国务院也没有现成的资金给予帮助。多亏了波特·麦克雷(Porter McCray),日本预托证券第三基金会给了一大笔拨款来支付这次远东的旅行费用(印度和日本的赞助人只负担舞团在他们境内的花销)。当时,该舞团在国外演出的邀约并不像后来那样多,演出的收入只抵得上巡演花费的三分之一。

以前的资金流程是,坎宁汉自己垫付费用然后支付每个人的花销,但显然,在如此大规模的项目中,这套系统不管用了。因此,他的会计鲁滨·格雷维茨（Rubin Gorewitz）建议他成立自己的公司。于是，坎宁汉舞蹈基金会在1964年初成立。在我印象里，这是现代舞领域第一个这样的公司，自那以后，几乎每一位编舞成立舞团，无论大小，都会效仿这一模式，这已经成为惯例。

最后，这场巡演安排在六月初开始。同时，舞团在二月和三月有了更多美国国内的演出合约，并在康涅狄格州哈特福德的维兹沃尔斯博物馆的系列演出中达到高峰。世界巡演期间，保留剧目单上的所有节目都会表演，还包括两支新舞：

《成双》

这是一支我和维奥拉跳的双人舞，包含九个项目，需一起完成，顺序在表演过程中决定。这些项目用不同颜色标识，台下有一份颜色提示单[1]。在这些项目之间会有准备性的跑动舞步，我们俩中的一个人会跑下台蘸上颜料，再回到台上，把它涂到另一个人身上，作为下一个动作的提示。我们试过不用颜色提示单，但是这样一来我们记不住什么颜色对应什么动作，什么动作做过了，什么动作还没有做。这是一支充满暴力的舞蹈。有一次她踢到了我的额头，又一次我把她的头撞到了地上，还有一次我们头撞在了一起。更有一次，观众向我们扔了鸡蛋和西红柿（巴黎站）。[2]

《成双》虽然危险，但它是按照法伯的性格量身定制的，就像《危机》和其他舞蹈中的角色一样。坎宁汉说过，和法伯合作好像是同时与两个人合作。"有一次她对我说，别担心，我能做到，我说，我从来不担心！"

《冬枝》

在坎宁汉前一年关于"要创作的舞蹈"的笔记上,简单地描述了这个作品的理念:

> 下落——静寂
> 一切都是灵活的
> 20分钟的时长是固定的
> 空间和时间的分配是灵活的[3]

尽管《冬枝》有很多种解释,但编舞中的内涵仅是如坎宁汉所说的那样:

> 在舞蹈中,我倾向于处理一些舞蹈中我称之为事实的东西。《冬枝》中包含的是坠落这个事实……就是失去平衡,向下两英尺坠落到地面。下落——除非你想一直倒在那里——就预示了上升的动作——就是说,会重新站起来。所以《冬枝》以人类身体的落下和上升这样一个客观事实开场。其他元素——视觉和听觉元素……随后进入,并不会改变最初的事实,而是增加它的效果。[4]

尽管如此,坎宁汉关于这部作品的更多笔记含蓄地承认它对观众产生的效果:

> 我的体内有一股暴力倾向……我想要把一个躺着或坐着的人拉出那片区域。这要考虑舞台上的毛刺、劣质的地板这些实际问题,因此我试着让舞者坐在一块木板

上。后来劳森伯格把它换成了很多片帆布,但是当我们在国外演出时就很难看管好它们。我们特意把帆布放在舞台边上,但是舞台管理人员常会看到一堆帆布堆在那儿,就把它们清理干净挪走了。

作品的结构很简单。一两个或者更多舞者走进一个区域,即表演空间,他们各自摆好姿势,通常是站立在一起,然后开始进行动作布局,通常以坠落结束。在这个部分结束后,他们散开走出表演区,或者动作本身引导他们离开。

不管在哪里表演,《冬枝》总能掀起一阵热潮,有些地方更狂热,有些地方稍逊一筹。最狂热的一次是在纽约市,每场表演顺序各不相同,虽然现在我们每次表演顺序都一样。这一定程度上是出于习惯,但也有一部分原因是,巡演中的排练空间和时间都很有限。

声音元素,拉蒙特·扬(La Monte Young)的《两个声音》(*2 sounds*),是由一高一低两个不同的声音电子合成延长的。这些声音占据了这部作品的大部分时间,有15分钟。

每次灯光都是自由发挥,各不相同,所以动作的节奏重点也不同,看到的舞蹈姿态各异,有的看到一部分,有的则全然看不到。我让劳森伯格想一想怎样让灯光看起来像是夜晚而不是白天。我说的夜晚并不是指浪漫作品中所描绘的夜晚,而是说夜晚在高速上开车时的那种光线打在脸上,眼睛会被光照出的不同形状所欺骗。[5]

劳森伯格让舞者们穿上运动服和运动鞋作为额外的保护措施。他还给他们把眼下涂黑,就像足球员那样以减少刺目的反光(坎宁汉曾经想让舞者们穿"橙色反光条"或者"绷带做的衣服"[6])。

这支舞由坎宁汉缓慢匍匐穿过舞台开始,他拿着一个手电筒,身体被黑色织物所包裹。然后就开始了舞蹈构思时设计的一系列下落动作,时快时慢。男士弓起身,女士向后跌落,从他们背上翻过落下。法伯做了一个缓慢的旋转下落后,落在一块由两人拖走的防水帆布上。卡罗琳·布朗向后倒在坎宁汉背上,坎宁汉带着她横滚过舞台。舞蹈接近尾声时,五位舞者聚集在一起穿过舞台,做了一些跌落和爬起的动作。之后法伯上场,将一块布扔在他们身上,他们便从帆布下爬出来。最后一个部分是之前部分的重现。在某一个时间点,劳森伯格用在剧院周围找到的材料做的物体,被绳子缓慢地拉过空空的舞台。通常绳子上面会装着某种灯,红色的灯光忽明忽暗。

我们把它叫做怪物。在一次巡演中(那时劳森伯格已离开了舞团),波琳·奥利维罗斯(Pauline Oliveros)扮演怪兽。那是在拉贺亚市(La Jolla),她教学的地方。我在街上遇到她,她跳了一小段舞。我急忙过去和她打招呼,她问我,你可以用我参加表演吗?我说当然可以,明天中午来彩排……她人很有趣,她的身上闪闪发光。她那天来的时候乘着一辆摄影车,穿了一条大裙子,看起来像是周身绽放着烟花的格特鲁德·斯坦因(Gertrude Stein,此人是一位美国作家、诗人和艺术收藏家,他的作品以实验性和意识流风格著称,以其前卫的写作风格和对现代主义文学的贡献而著名)。

在很多地方《冬枝》都引起了非议。

在瑞典,他们说这部作品有关种族暴动;在德国,它被认为有关集中营;在伦敦,它被说成是关于遭轰炸的城市;在东京,它被认为有关原子弹。一位和我们在一起的女士(本杰明·劳埃德[Benjamin Lloyd])负责照顾一起

> 旅行的孩子。她是一位船长的妻子,她说在她看来,这支舞蹈就像是一次海难……每个人都代入了自己的经历,然而我只是创作了一支与坠落——一个身体下落的想法——有关的舞蹈[7]。

灯光和音乐的配合无疑增强了舞蹈的戏剧性效果(后来,当《冬枝》的部分表演没有灯光和音乐时,观众常常哈哈大笑。这在以前它作为保留剧目演出的时候从来没有发生过)。扬的《两个声音》令人十分难受:其中一种元素是"用烟灰缸刮擦镜子的声音,而另一种元素是用木片摩擦中国锣的声音"[8],这些声音被放大到超过了人能忍受的极限。《冬枝》并没有向观众妥协,它比《故事》和《原野之舞》的任何一个都更具个人色彩,更具真正的实验性。虽然《故事》和《原野之舞》反映了先锋舞蹈的时代潮流,但它并不是个人理念的产物。

· · ·

1964 年 6 月 3 日,这 16 人的舞团飞往巴黎。其中包括 9 位舞者,坎宁汉、布朗、法伯、莎琳·布莱尔、芭芭拉·劳埃德、桑德兰·尼尔斯、威廉·戴维斯、帕克斯顿、艾伯特·里德(Albert Reid);有 2 位音乐家,凯奇和大卫·都铎;设计师劳森伯格和他的助手兼画师埃里克斯·海伊;海伊当时的妻子黛博拉·海登(Deborah Hayden),她也在一些作品中充当第 10 位舞者;还有 2 位管理人员,路易斯·劳埃德和当时的写手。这次巡演的保留剧目有《永恒》《滑稽可笑的相遇》《危机》《原野之舞》《夜间漫步》《夜曲》《成双》《符文》《七重奏》《故事》《五人组舞》《夏日空间》《冬枝》,以及三支坎宁汉的独舞:《异形人》《拼贴Ⅲ》《无题独舞》。

公司的现金资产总计 40000 美元左右。除此之外，还有当代表演艺术基金会和日本预托证券第三基金会的补助，加上一些个人的赠款，尤其是玛丽·海耶斯·西斯勒（Mary Hayes Sisler）、朱迪斯·皮博迪（Judith Peabody）、菲利普·约翰森（Philip Johnson）、劳森伯格和贝蒂·弗里曼（Betty Freeman）的捐赠。贝蒂·弗里曼长期以来是当代音乐的普遍支持者，尤其是对凯奇的支持。舞者们（坎宁汉除外）和管理人员们每周工资是 165 美元。坎宁汉、音乐总监、钢琴手、设计师和设计师的助手每周工资是 185 美元。生活开支没有每日津贴（大多公司成员都设法节省他们的薪水）。大家希望演出费能够弥补财政赤字，但老实说，这些钱起到的作用微乎其微。说白了，这次巡演是一次真正的艰辛之旅。

在欧洲，舞团大多时候是包车出行。6 月 4 日早晨一到达巴黎奥利机场，在本内迪克特·佩斯尔（Bénédicte Pesle）和一些朋友们的迎接下，他们驱车前往斯特拉斯堡。6 月 6 日，这次巡演的第一场演出就在这里的喜剧院进行，表演的节目是《永恒》《危机》和《夜曲》。那晚的演出收到的最热情的回应来自剧场高处的年轻观众，一路巡演都是如此。斯特拉斯堡相当于巴黎的一场城外试演，在这里的三场表演都由巴黎现代芭蕾剧院两位协调员弗朗索瓦丝（Francoise）和多米尼克·杜普伊（Dominique Dupuy）安排（舞团也在杜普伊在巴黎的工作室进行了首映前的讲演展示）。6 月 12 日、13 日和 14 日，三场不同的表演在 20 区的东巴黎剧院演出。表演引起了强烈关注，尤其是《战斗》(Le Combat) 的资深评论家黛娜·麦吉（Dinah Maggie）。这次表演结束两天后，舞团在布尔日的"文化之家"进行演出。

舞团在巴黎及其周边演出时，法国年轻导演艾蒂安·贝克尔（Etienne Becker）团队记录了他们的所有活动。很多精彩的彩排和演出画面都被拍摄下来，其中包括了坎宁汉、凯奇和劳森伯格的采访。令人可惜的是，这些材料最后被减到了 15 分钟——而且，最终版剪辑出了存在主义戏剧的意味，强调了他们的汗水和艰辛，整个短片的配乐听起来像是手鼓[9]。

为了 6 月 18 日在威尼斯凤凰剧院的一场表演，舞团从巴黎飞往威尼斯。那年，劳森伯格获得了维纳斯双年展国际大奖。坎宁汉的表演就在委员会做出决定的前一天，这常被认为是劳森伯格的经纪人里奥·卡斯特里（Leo Castelli）精心安排的，为了确保他的艺术家能够获奖[10]。坎宁汉的节目当然展示了劳森伯格为舞团设计精彩绝伦而又丰富多样的作品：《滑稽可笑的相遇》《夏日空间》《故事》（劳森伯格为后者的设计包括了剧场的舞台升降梯，旋转阶梯甚至舞台工作人员，他安排舞台工作人员"在后台来回走动，清扫或搬运道具"[11]）。

四天后，公司乘大巴离开，赶赴维也纳的下一场表演。在年初时，该市 20 世纪城市博物馆的主管格哈特·林道尔博士（Dr. Gerhart Rindauer）拜访了坎宁汉在纽约的工作室，并邀请他的舞团来博物馆表演，但是那里没有剧场，只有一楼的一个大房间里可以搭起一个舞台。坎宁汉看了这块空间的照片，感到直接进行保留剧目的演出不太可行。一个搭建起来的舞台不能挂布景，而且幕间休息时会有一个问题，即观众离开和重新进入房间都不方便。因此，坎宁汉提出了另一种方案，表演持续一个半小时，去掉幕间休息，节目由保留剧目的节选组成且按照新的序列放在一起组成一个新作品。这样一来，它们可以互相重叠，或者可以在这个空间里不同的地方同时表演。这个新作品的名字叫作《博物馆事件演出一号作品》(Museum Event No. 1)。

演出于 6 月 24 日晚进行。配乐是凯奇的《黄道图》的不间断演奏，除了《永恒》之外，它不是当时演出作品的常用音乐。演奏由凯奇、都铎和"音列"（Die Reihe）乐团的成员共同完成，他们坐在表演区的周围。观众坐在表演区的三面和上面的楼座。第四面是一面玻璃幕墙，往外看是博物馆的雕塑公园，这里直到晚上游人不断

(表演下午 7:30 开始),到了晚上玻璃幕墙反射出劳森伯格指导投射在舞台的灯光。有一次,劳森伯格自己走过舞台后方,身上挂满了雨伞。

这是坎宁汉首次举办的"事件"演出(Event performance)。从某种意义上说,这个想法来自十二年前凯奇在黑山学院剧场的作品,它比《故事》更能满足坎宁汉的期望,因为它在表演中能够容纳更多的不确定性[12]。

第二天舞团到了德国,6 月 27 日在曼海姆的路德维希·密斯·凡德罗国家剧院有一场演出。因为没有规划,更不用说不专业巡演计划的制定,因此舞台为了 7 月 12 日的一场表演,需要在科隆等待两个星期。然而在这里,坎宁汉、凯奇和劳森伯格遇到了伟大的编舞家库特·尤斯(Kurt Jooss),他邀请他们去埃森富特旺根音乐大学演出。演出费很少,但坎宁汉高兴地接受了,因为演出的日期正好打破了令人不快的空档期。但他也对有幸去"尤斯舞团"的家乡演出而倍感荣幸。

正如坎宁汉所描述的那样,舞台很小,更像是一个架子。他选择了可以比较容易适应这种空间的作品:《五人组舞》《冬枝》《无题独舞》和《故事》。虽然本地的舞者们对表演感到很困惑,但也有来自一群艺术生们发出了激烈且友好的回应,他们是乔瑟夫·博伊斯(Joseph Beuys)的拥趸,来自附近杜塞尔多夫镇,表演结束时,在把椅子往舞台上搬的时候,他们把凳子在地上弄得咣咣响。

这场科隆的表演是在托德·博伦德(Todd Bolender)的帮助下组织的,他当时是歌剧芭蕾舞团的总监。坎宁汉待在科隆的这段时间他还在剧院安排了一个工作室。很多观众大声反对,但演出受到霍斯特·库格勒(Horst Koegler)和格哈德·布伦纳(Gerhard Brunner)的热情洋溢的评论。

第二天舞团开着包租大巴一路往南,向着阿维尼翁前进,最后发现是两天半的路程。下一场 7 月 16 日的演出是在普罗旺斯莱博镇的舞蹈节上，仍然是由弗朗索瓦丝和多米尼克·杜普伊主办。莱博镇的条件比较简陋。在白天排练有些太热了，所以大家在到达的当晚进行了彩排。那里晚间的蚊子很毒。劳森伯格用两三辆汽车的前灯为《故事》的灯光增亮。

为了这场表演，舞团几乎走遍了从莱茵兰到普罗旺斯的路。之后舞团再次北上，先是到了巴黎，经过一夜的休整后到达加莱，最后乘船抵达多佛。在那里，一辆一辆大巴车正等待着将大家送往德文郡，以便在附近托特尼斯的达丁顿艺术学院有几场演出。而凯奇、坎宁汉、劳森伯格和我则坐火车去伦敦，因为第二天在伦敦"沙德勒之井剧院"会有一场记者发布会。

去达丁顿的邀请是多萝西·惠特尼·埃尔姆赫斯特(Dorothy Whiteney Elmhurst)发来的，她是这所学校创始人里昂那多·埃尔姆赫斯特(Leonard Elmhurst)的遗孀。她多年以来和西雅图的康尼什学院保持着密切联系，坎宁汉在那里的时候她就认识他了（自 1930 年以来，达丁顿一直是"尤思舞团"的英格兰基地）。达丁顿礼堂里有古建筑和精巧的花园，对于舟车劳顿的舞团来说，这里有着田园般的宁静。在这里休整几天后，舞者们在 7 月 22 日有一场为学生们表演的带妆公开彩排，之后还有连续两天的表演。达丁顿谷仓剧场准备了一个小舞台，但是舞团在这三个晚上还是尽力演出了保留剧目中很优秀的一部分。

7 月 25 日，周六，又是一段漫长的去往伦敦的巴车旅程。27 日，舞团在沙德勒之井的演出开始。伦敦的制作人迈克尔·怀特最初在不了解任何信息的情况下订了票，但他还是去看了巴黎的一场表演，看完之后他写道："我被完全折服了。天才的艺术表达、舞蹈、音乐以及舞台装潢，一切的一切都那么精妙绝伦。"[13] 剧院总监彼得·布鲁克(Peter Brook)也参加了巴黎的一场表演，并且为伦敦的表演作了一篇序言：

莫斯·坎宁汉的作品具有最高的品质，意义重大。他探索出了一个新的方向，它是自由、开放的，能容纳艺术家们不加控制的所有精神力量——同时它又是严谨、古典、严肃的。这种神秘的融合源自强烈的创造力。莫斯·坎宁汉团队的作品在多种方面都遵循了玛莎·格莱姆的传统，但最重要的是，有显著的鲜明特点。他的作品中那些起初受到批评、嘲笑，甚至是被忽略地方，几个月后就会被四处模仿，风靡各地[14]。

为了配合伦敦演出季，杰克·米切尔(Jack Mitchell)在格罗夫纳广场的美国大使馆开办了一场舞团的图片展，由时任副文化参赞弗朗西斯·S. 梅森(Francis S. Mason)组织。此外，他还在他伦敦的家举办了一场开幕晚会。这一周里，除了《原野之舞》和《拼贴Ⅲ》，保留剧目全部都有演出，还另外增加了一支新舞蹈，7月31日周五首次表演：

《逆流》

这是坎宁汉、布朗和法伯表演的一个三人舞小作品。它的标题可以从字面上狭义地理解，因为舞者的路线常常相互交错，它也可以指作品的节奏特点：

> 在最初的版本中，节奏中有一些可以自由发挥的地方，但当这一段结束的时候我总是记不住。我们三个跳舞时，有时节奏会突然偏离，但最后我们又会重新回到一起。现在它就像是一套固定组合。但初衷是，三位舞者的节奏截然不同，但在舞句结束时重回一致。起初，这些差异更为突出，但它一直保持着时间上的精确：我们创作

它的时候是七分半钟,现在仍然是这样。

《逆流》作为一部独立作品,被演出的次数却很少,但后来成了演出中使用的一部分材料。

坎宁汉增加了"为巡演而作"的四部作品——《冬枝》《开幕》(独舞)《成双》和《逆流》。虽然《逆流》在伦敦站才上演,但坎宁汉在纽约时就开始创作了:"我有一些预感,我们可以在与众不同的地方表演——这现在成真了,而且,所有的作品都可以改编以适应在任何地方表演。"(实际上,在这次巡演开始之前,《开幕》只在哈特福德演出过)

⋯

"亚历山大·布兰德"(Alexander Blend[Nigel Gosling,奈杰尔·戈斯林])在威尼斯看过舞团的表演,并在《观察者》(*The Observer*)上提前发表了一则记录:"一切都那么精确、平静、精练……(坎宁汉)朴实谦逊,轻松随和,思想深奥,举重若轻。"[15]在这之后,第一周演出结束的时候,他又发表了一篇热情洋溢的评论:

> 芭蕾一举之间已与其他艺术门类中的先锋实验者并驾齐驱——这在佳吉列夫时代之后就很少见了。这真是令人欣慰的好迹象,它证明了这是有前途的艺术,它开启了我们目力所及之外的诸多可能性……
> 佳吉列夫一定会爱上坎宁汉。除了对他报以艺术家的钦佩之外,佳吉列夫还会对坎宁汉的聪明才智和他持续不断的编舞创作,舞团的严肃性和纪律性表示尊敬,对劳森伯格的服装和灯光风格表示赞赏,以及对约翰·凯奇富于刺激的怪奇配乐致以敬意。最重要的是,如果可

能的话,他敏锐的艺术直觉一定会因感受到坎宁汉用今天的语言进行表达所触动……

他用一种时间感而不是固定的节拍。他的舞者(排练时用秒表)可以精确到秒来表演一个序列,就像有经验丰富的跑步者可以精确跑完跑道的一圈。

我们距离彼季帕(Petipa)和巴兰钦的时代并不远,这个时代的全部结晶见证了古典舞的巅峰。他们舞蹈中那一套"仪式"的元素对舞台戏剧表演尤其重要,非常有感染力,舞者们自身会散发出一种强大的舞台临场感……

那些舞蹈朴素到了单调的程度……但是它们还是有丰富的创新,在未来几年里,它们将成为模仿者的范本。而且,这些舞蹈以一种令人不安的方式美丽,它让你感觉你的视角被永远地改变了,这是一种你不常感受到的精彩。[16]

两周的空档期还不是最糟的,更大的问题是,整个八月份都没有什么活动。坎宁汉觉得最重要的是不管是在英格兰还是瑞典,舞团的人要在一起(下一个预定的演出是在九月初的斯德哥尔摩)。迈克尔·怀特来救场:查令十字街的凤凰剧院有空档,怀特提议立即转到那里,进行一个两周半的连续演出。沙德勒之井剧院的营业形势稳步好转,怀特认为值得顺着这一趋势押注,尤其是在伦敦市中心的剧院演出。从舞团的角度来看,这个计划正好解决了这次巡演中的空档期问题(凤凰剧院的连演在8月22日结束),即使是这次连演票房不好也没关系,有一点收入总比全无收入要好,这正是他们面临的问题。

8月5日星期三,舞团在凤凰剧院开始演出,其间演出了四个舞蹈,连续的四晚每晚演出一个。《原野之舞》在"沙德勒之井"没有演出,这次在第二晚演出。这次持续了四周的合作演出,是舞团有史以来最长的一次。尽管没有达到怀特的期望，连演过程中确实还是很上座。舞团开始吸引了许多追随者，很多人连续几夜都来看表演。

在其他欧洲城市，观众中有许多艺术家和学艺术的学生因劳森伯格的参演慕名而来，也有许多对凯奇十分感兴趣的音乐家们。舞团在舞蹈界最强大的支持者是玛丽·兰伯特（Marie Rambert），她长期呼吁舞蹈独立于音乐而存在的权力。妮内特·德·瓦卢瓦（Ninette de Valois）、弗雷德里克·阿什顿、玛戈·芳婷（Margot Fonteyn）、鲁道夫·努利耶夫（Rudolf Nureyev）、肯尼斯·麦克米兰（Kenneth MacMillan）都参加了演出。阿什顿和芳婷都去后台看望了坎宁汉，阿什顿表示他很喜欢《夜曲》（"那些修女的面纱"，他说，他指的是头饰）和《冬枝》，他说，"你是个诗人，而我很喜欢诗意的芭蕾"。另一方面，麦克米兰在表演结束前就离开了。

坎宁汉最忠实的追随者就在戏剧界人士之中。导演林赛·安德森、乔治·迪瓦恩（George Devine）、威廉·盖斯基尔、彼得·基尔（Peter Gill），设计师乔赛琳·赫伯特（Jocelyn Herbert），演员艾琳·沃斯（Irene Worth）和哈洛德·朗（Harold Lang），他们好几次回来看望舞团。伦敦的表演季对于舞者们来说既令人兴奋又非常劳累，不仅仅因为史无前例的表演场数（还有每天的课程和排练），还因为舞蹈界和戏剧界的朋友们为他们举行了许多派对。其中有一场派对是为庆祝一个出乎意料的惊喜：莎琳·布莱尔结婚了，并在这次演出之后她就离开了舞团。坎宁汉让黛博拉·海登加入舞团来代替她，至少在巡演余下的日程中补上她的空缺。

斯德哥尔摩的演出合约是蓬杜·于尔丹（Pontus Hulten）安排的，他是时任现代博物馆总监，策划了"纽约五夜"的一系列活动和展览，包括劳森伯格、让·廷格利、妮基·桑法勒、佩·乌尔特维德

(Per Ultvedt)、克拉斯·奥登伯格(Claes Oldenburg)、奥维因德·法尔斯特罗姆(Oyvind Fahlstrom)的作品。坎宁汉同意在现代博物馆的一个大房间里进行两次表演,9月8日和14日的表演分别被命名为《博物馆事件演出2号作品》(*Museum Event No. 2*)和《博物馆事件演出3号作品》(*Museum Event No. 3*)。在此期间,还将会有一场都铎演奏的钢琴音乐会和两场舞蹈音乐会,一场由伊冯·瑞纳和罗伯特·莫里斯呈现,另一场由劳森伯格负责。除此之外,坎宁汉舞团在博物馆表演的3个作品会由瑞典电视台录制,由阿尔内·阿恩布姆(Arne Arnbom)任导演。和在维也纳时一样,斯德哥尔摩的第一场活动配乐是凯奇的《黄道图》,第二场配乐是凯奇的《变奏曲Ⅳ》。在这两场活动中,本地音乐家加入凯奇和都铎一起进行了演出。

最后一刻,舞团被邀请去歌剧院演出,但并非表演整个剧目,而是瑞典皇家芭蕾舞团表演剧目的一个部分。他们取消了安东尼·都铎(Antony Tudor)的《小号手的回响》(*Ekon av Trumpeter*),因为领舞病了。此外,歌剧院要求表演《夜间漫步》——六年前这部作品在这里首演,但是坎宁汉决定表演《冬枝》,这支舞蹈使很多芭蕾舞赞助人很反感。在离开斯德哥尔摩之前,坎宁汉收到了瑞典舞蹈发展协会的奖牌。在此之前,只有瑞典女王和1920年瑞典先锋芭蕾舞团的编舞罗尔夫·德麦尔获得过此奖牌。

舞团在斯堪的纳维亚的唯一一场巡演之外的日程是9月18日在赫尔辛基。然而,当他们还在斯德哥尔摩时,收到了萨拉·斯特伦格尔(Sara Strengell)打来的电话,他是土尔库——芬兰的瑞典语地区——阿波斯维加斯剧院的总监,他打电话来询问他们在去赫尔辛基的途中是否可以去那里表演。起初这似乎是不可能的,但经过一番讨论,他们决定在9月16日表演。斯特伦格尔只能支付500元美金的报酬,但是她可以安排三张头等舱船票。因此,舞团就提前一天离开了斯德哥尔摩,15日下午坐船,第二天一早准时上岸，直接前往剧院，搭台布置，然后彩排。

舞团次日坐车前往赫尔辛基。这场表演不仅在观众面前表演，也在电视上进行了现场转播，由海基·赛帕拉（Heiki Seppala）任导演。表演的舞蹈有《故事》《七重奏》《夜间漫步》《滑稽可笑的相遇》（坎宁汉舞蹈基金会发行的《故事》电影和录像版本就来自这次演出的电视屏幕纪录片）。

过了几天自由空闲的日子后，舞团踏上了巡演中最奇异的一段旅程：历史上首次，这个美国先锋舞团要去访问东欧了。他们从赫尔辛基飞到布拉格，途经斯德哥尔摩、哥本哈根和东柏林。大卫·都铎以前在布拉格演出过，他在那里的社会关系包括音乐家佩特·科蒂克（Petr Kotik）和他的母亲帕夫拉·科蒂科娃（Pavla Kotikova）。科蒂科娃说服了当局邀请坎宁汉舞团来布拉格和俄斯特拉发表演，他们还同意全体布拉格乐团成员（科蒂克是乐团的一员）来为这场布拉格的表演配乐。

尽管科蒂克母子了解舞团的作品风格，他们曾看过6月份在威尼斯的表演，但对于普通大众来说还是很新奇的。9月22日，布拉格的"文化公园"宣传海报将其描述为"颇有《西区故事》之风"——这大概是赞助人们能想出来的最贴切的广告词了。海报中并没有提凯奇和劳森伯格，显然是因为官方法令。不过他们演出的消息想必早已不胫而走。

这里的礼堂很大，可以容纳2000名观众，但舞台依旧又小又破。坎宁汉决定用《故事》取替《永恒》作为第一个节目，因为《故事》可以在任何地方演出。其余的节目，《危机》和《滑稽可笑的相遇》保持不变。观演中，观众可能会一头雾水，因为视线很差，不管从哪里都看不到多少舞台的景象，但最后观众们的反响依旧和从前一样热烈。

布拉格起先似乎有些让人丧气，因为舞团到这儿的头两天就下雨了，而且旅馆又老又破。但是，演出后的休息日里太阳出来了，这座城市又焕发光彩。次日早晨，舞团飞去了俄斯特拉发，那里正有一个惊喜在等着他们：舒适现代化的旅馆、服务迅速的餐厅、充足的热水，还有精心打理经营良好的剧院。在那里，坎宁汉他们表演了《五人组舞》《危机》《无题独舞》和《故事》（前一章提到过的卡夫卡式表演）。

第二天，舞团乘火车去华沙，9月27日中午在波兰华沙话剧院有一场表演，作为第八届华沙秋季艺术节当代音乐节的一部分。剧目单有《滑稽可笑的相遇》《故事》《夜间漫步》《符文》，布拉格乐团依旧参演。在最后两个作品之间，凯奇和都铎演奏了凯奇的《变奏曲II》和《变奏曲III》。入场券只有艺术节赞助人才能获得，他们中的许多人对舞蹈没有兴趣，结果很多座位都空着，而一大群没有票的年轻人将外面走廊锁着的大门敲得砰砰作响，想要进来。虽然这些美国人想让他们进来，但赞助商认为这样一种心血来潮的行为是不可思议的。

次日，舞团再次乘火车前往波兹南。这栋迈阿密式的旅馆没有什么建筑上的亮点，但是和在俄斯特拉发一样，这里有热水，饭店的服务很好，打扫之类的杂务也做得很勤快。这真是一个意外的惊喜，尤其是在经历了华沙旅馆破败的住宿条件和劣质的服务之后。在波兹南也有一场表演，9月19日在保斯沃瓦歌剧院，节目包括《永恒》《冬枝》和《滑稽可笑的相遇》。

10月1日晚上，舞团乘坐着一趟华美、舒适的火车去往东柏林。在那儿，他们得在半夜转车去科隆。在转乘的火车驶出东柏林时，大家震惊地发现行李还堆在月台上！法伯操着一口德语向保安抗议，却被告知这趟火车没有行李车厢，行李会跟在后面一列火车稍晚抵达。他们无能为力，只能继续到科隆，接着从科隆转巴士到克雷菲尔德，在豪斯·朗格博物馆即将与劳森伯格展览同步举行一场演出。

在克雷菲尔德，我们整天不停致电科隆火车站询问我们的行李情况，每一次的答复都是否定的。最后，凯奇查阅了一番《易经》，上面的卦象显示"等待"。他向我们解释说不用担心，只要回去坐下放松，好好吃顿饭，一切都会好的。所以我们享用了一顿很好的晚餐，然后又给车站打电话，这次的答复是："是的，你们的行李已经运抵了。"[17]

10月3日在克雷菲尔德城市剧院的表演（《永恒》《冬枝》《夜曲》）顺利进行。为期四个月在欧洲的巡演行程差不多结束了。10月4日早晨，舞团驱车前往布鲁塞尔，第二天在那里会有一场《危机》的电视转播。接下来的三天，舞团有三场表演，每一场都在不同的城市：布鲁塞尔（10月6日）、安特卫普（10月7日）和荷兰的席凡宁根（10月8日）。这最后一场在欧洲的演出，是在舞团整个巡演经历中遇到的最小且最破的舞台（库扎尔）。

10月10日，我们又经历了一次漫长的车程回到巴黎。两天后我们从那儿起飞去往印度，在12月14日早晨到达孟买。

在严重的时差反应中，舞者们几乎没有时间恢复，就不得不于10月15日在布拉拜·德赛礼堂进行两场演出中的第一场。他们的演出票被一家叫作"孟买游牧歌手组织"预定，这个机构的名字不仅会使人联想到一群女人们和男人们唱着"hey-nonny-nonny"的画面①，但实际上是一个运营着"外国艺术家分部"，负责为西方古典音乐家安排音乐会巡演的机构。不过，莫斯·坎宁汉舞团也许不是他们或他们的赞助人所期待的那种演出。

17日晚上，舞团登上了古吉拉特邮政的夜间列车去往艾哈迈达巴德，在那里，萨拉巴伊家族将会接待我们。接下来的几天我们

---

① "hey-nonny-nonny"被用来形容某种音乐会或演出，这种表述有一种幽默和轻松的感觉，通常与英国传统民谣和戏剧中的无忧无虑和快乐的氛围相关。它暗示了一个轻松愉快的氛围，通常让人联想到乡村或古老的社交场景。在这里，作者用它来描绘一种可能与现场实际情况不符的想象。

沉浸在贵族般的款待中。18日早晨,豪华轿车把我们从火车接下来,开车送我们去"寓所"(The Retreat)——萨拉巴伊(Sarabhai)的"大院"(Compund),在那儿有一支军乐队欢迎我们,就好像萨蒂亚吉特·雷伊(Satyajit Ray)的电影《大地之歌》(Pather Panchali)里一样。那个大院四周围着墙,好像天堂花园一般。羽翼华美的鸟儿翩跹在花树之间,四处都有印度和希腊的古典雕像。家庭的每一个成员都有他自己的住所;凯奇所居之处是其中父母亲的居所,简直像个宫殿。马诺拉玛·萨拉巴伊(Manorama Sarabhai)是他们的儿媳,她的住所内有一个由柯布西耶(Le Corbusier)设计的亭子,旁边游泳池的水从屋顶倾泻而下(布朗、都铎和我住在这里)。只有维克拉姆·萨拉巴伊(Vikram Sarabhai)和他的妻子——舞者穆利娜里尼·萨拉巴伊(Mrinalini Sarabhai)和坎宁汉、维奥拉·法伯住在大院外面。

舞团没有演出的每个晚上,这里都会举行宴会,宴会之后是各种形式的娱乐活动:木偶戏、民间舞蹈、音乐、烟火,或者是穆利娜里尼·萨拉巴伊的舞团达帕纳的表演。舞者们去拜访过她的学校,也在那里排练过,后来坎宁汉又在那里进行了一次演讲。舞团于21日和22日在较为老旧的曼加尔达斯市政厅进行了表演。

> 从印度艾哈迈达巴德而来的萨拉巴伊先生,在看过坎宁汉舞团的表演后,询问坎宁汉他的舞蹈在美国是否受欢迎。坎宁汉说他们的节目主要是在大学表演。萨拉巴伊先生说:"我不是这个意思,我是问,人们会在晚饭后跳你的舞蹈吗?"[18]

23日,舞团带着萨拉巴伊一家赠送的莲花、玫瑰和茉莉花花束,飞往德里。但是在德里表演之前,舞团要去旁遮普的省会昌迪加尔赴约,这是萨拉巴伊家族安排的,因为他们想让舞团能参观那里的柯布西耶建筑。又是一段漫长的巴士旅途。我们确认过乘坐的巴士是现代化且有空调的,但实际上只有一架小而破的风扇在角落里慢吞吞地旋转。我们的车驶过村庄和农场,这是一次非凡的旅行,在这段旅程中,我们看到的印度比我们从夜间火车或飞机上看到的还要多。

一到那儿,我们对当地旅店就有很多困惑。在第一个下榻的地方我们便感到非常不习惯,当地的赞助人似乎对我们为什么没有带自己的铺盖而感到很惊讶。这件事最后完满解决了,但第二天在剧场安排上又有了麻烦。海报上面唯一能看到的广告词是"纽约艺术家带来的美国芭蕾",上面没有印任何的节目名字。虽然泰戈尔剧院本身是现代化且设备完善的,但舞团管理人员还是有必要列一份需求清单。

在10月25日和26日,舞团进行了两场表演。可以说大多数观众从没见过坎宁汉舞团这样的舞蹈。也可以肯定地说,他们看入迷了。每当男舞者托举,甚至只是触碰女舞者时,现场就会有倒抽一口冷气的声音。无疑,劳森伯格设计的服装看起来好像全裸一样,但是如坎宁汉所说,"你会觉得如果他们不喜欢的话,他们就会拿起刀来对付你"。当次日清晨公司离开前往德里时,负责安排事务的官员说:"如果我们早知道你们跳得这么好,我们一定会更周到地招待你们。"

舞团在德里一个首字母缩写为"AIFACS"的大厅进行了两场表演,由德里音乐学会承办。第一场表演的评论出现在第二天10月30日的早报上:"莫斯·坎宁汉舞团为德里观众跳舞……表演在周三晚上,除非不可抗力因素,节目会在周五晚上再次上演。"[19]这篇评论这样形容《冬枝》:"有人将古典芭蕾理解为无病呻吟,这支舞蹈不失为一个绝妙的讽刺。"

萨拉巴伊安排舞团在离开印度之前去阿格拉。11月1日星期天,我们飞到那里,参观了法塔赫布尔·西格里古城,当然还有泰姬陵。第二天，我们乘机去了曼谷，途经勒克瑙、贝拿勒斯和加尔各答。在泰国的演出变成了御前献演，我们于1964年11月3日为国王蒲美蓬和王后诗丽吉进行了演出。当大幕落下，泰国国歌的粗糙磁带声响起，观众起立，背对舞台，转身向坐在包厢前排的国王和王后行注目礼。这种情况下，舞者们意识到没有谢幕仪式了，他们被告知去前厅接受国王王后的致意。这就意味着穿着舞蹈服装的舞者们，得在阴冷的夜幕中从外面绕过建筑。在前厅，他们受到了国王（本身是一位作曲家）和王后非常亲切地欢迎——不仅仅出于礼节性的兴趣，他们给每位舞者都献了一束花。

11月5日，我们乘机途经香港，飞往东京。尽管我们这个月余下的时间都待在东京，但其间只有六场演出和一场公开彩排，这让坎宁汉犯了难。舞者们筋疲力尽，之间的关系也有了一些疏离。坎宁汉和凯奇站在一边，而劳森伯格站在另一边，他们之间的关系几乎到了破裂的边缘；显而易见地，在巡演结束之后他们的合作不能再持续下去了。在威尼斯双年展获得成功之后，不管从哪个方面来说，劳森伯格已经是一位有国际声誉的艺术家了，这样一来，他就不可能像前些年那样为舞团投入那么多的时间和精力了。如果劳森伯格离开了，那么埃里克斯和黛博拉·海登也会走。威廉·戴维斯也曾说过他打算离开，而且维奥拉·法伯告诉坎宁汉，她在巴黎就强撑的脚伤让她痛苦难耐，回到美国后她将会很快离开舞团。

坎宁汉当下的问题是要找到方法让大家凝聚起来，无论如何都要坚持到巡演结束。因为舞者们还拿着薪水，所以坎宁汉有权叫他们来上课和排练，在东京的时候他每天都这么做。虽然不乐意，但舞者们有义务来参加。在一次排练时，帕克斯顿的态度非常明显了：坎宁汉要求每一位舞者依次表演《故事》中的一段很慢的舞句。轮到帕克斯顿的时候，他把舞句跳得特别慢以至于花费了大约半个小时。坎宁汉和舞团的其他成员都在观看，坎宁汉面无表情,其他人处于尴尬的痛苦中。

坎宁汉自己可能比舞团其他成员都更疲倦,但他又是最少显露出来的那个。他既是优秀的舞者,又有编导的天赋,在表演中他就是我们常说的"台柱子""主心骨"。然而,无论身体上和其他方面有多大压力,他在舞台上总是那么开心,那么充满活力。

正如原本的安排,到达东京之后的第二天,舞团在11月6日有一场公开彩排,一大群摄影师在现场一刻不停地拍照。10日和11日的第一场演出前有三天的休息时间。在第二场表演结束后,舞团立即飞往大阪,之后转车去神户。次日,舞团在神户演出了一场。第二天我们回到大阪,然后被带到奈良看了由作曲家黛敏郎(Toshiro Mayazumi)组织的一场日本舞乐表演。最后已经到深夜,我们被带去参观一个冗长又神秘的佛教仪式,天已经黑了,庙里也很冷。当这些结束之后,我们乘车去好几英里远,京都附近的一座山顶上的旅馆。幸运的是,旅馆是现代的,温暖又舒适,而且次日早上的景色很美。

在京都和大阪游览了两天后,舞团于16日在大阪表演。第二天我们回到京都参观龙安寺禅意花园,然后乘快车回到东京。之后,舞团有六天的空档期,这几天里我们去看了日本能乐、歌舞伎和宝冢舞团的表演。日本评论家苇原邦子(Eiryo Ashihara)邀请坎宁汉去看歌舞伎表演,并且告诉他几天后优秀"女形"(Onnagata)右太卫门(Utaemon)要现身表演一个难得一见的剧目,也是他最得意的角色之一。那天正巧是坎宁汉舞团演出的日子,但坎宁汉和卡罗琳·布朗在彩排和正式表演之间赶去看了他的表演。坎宁汉在他自己有演出的当天去看另一场演出,这几乎从未听说过。

这次其实是巡演的最后一场表演,最后两场表演在11月24日和25日。然而,在草月艺术中心还有另外两场演出:一场是27日凯奇和都铎的音乐会,另一场是28日劳森伯格的节目。28日下午,坎宁汉和凯奇踏上了去镰仓的朝圣之路,前往拜访铃木大拙。

他们在劳森伯格的表演上迟到了,而且还没结束就离开,这使得情况变得更糟。第二天,舞团的大部分成员都去往纽约。

坎宁汉单独乘机去了夏威夷(就像劳森伯格一样)在海滩度了几天假。这次巡演的财政亏空大概有 85000 美元,还和法国航空有一些麻烦的争端。法国航空已经取消了他们之前改签和购票账单的团体优惠价格。在赫尔辛基时,这个问题首次爆发,那时是劳森伯格帮助我们暂时脱离了困境[20]。在凯奇个人承担起和航空公司协商,或是恳求的任务之后,最终问题以有利于舞团的方式终于得到解决。

回观整个巡演,我一直在想灾难是否比成功更多——如果确实是这样,是否是我的过错,因为这个计划是我制定的。坎宁汉回来后的一天告诉我,如果有机会,他依旧会立刻启程,这让我的愧疚减少了一些。但是,舞团再也不是从前的舞团了。舞者们和艺术家们像一家人一样生活在一起的时代结束了。那种情况无论如何都不会再继续下去了。舞团未来一定会有更大的作为。毫无疑问,它是一个重要的舞团,在未来几年中,坎宁汉的作品会对当代舞蹈有巨大的影响,不仅仅是在美国,而且在欧洲,尤其是法国和英国更会如此。舞团会在英、法两国常来常往;来自两国的舞者们会去纽约的坎宁汉工作室学习,一回到他们自己的国家就会创作出他们自己的作品,不仅表现出坎宁汉舞蹈技术的影响,而且还有他的美学思想的影响。

1965 年

舞团在海外大获成功的消息传回了美国——实际上《纽约时报》和《时代周刊》都进行了报道[1]。舞团立刻收到了亨特学院剧场的预定，邀请他们进行系列舞蹈演出，这也是坎宁汉舞团许多早期表演举行的地方。表演时间是1965年2月12日，票早已售罄，所以分别在13日和14日又增加了第二场和第三场。在前两场的时候，坎宁汉发表了简短的开场致辞，这时四位舞者开始表演《原野之舞》，紧随其后的是坎宁汉的独舞《拼贴Ⅲ》。表演的其他部分由《危机》《夜间漫步》《夜曲》组成。除了《夜曲》，其他的节目在此之前都没有在纽约上演过。

维奥拉·法伯答应在这个表演季余下的时间里仍然待在舞团。有一名新舞者小格斯·所罗门（Gus Solomons Jr.），他在《夜曲》中首次亮相。贝弗利·埃蒙斯（Beverly Emmons）是新加入的灯光设计师。亨特学院的表演并不是舞者们巡演归来的第一场演出：两天前他们在萨拉托加温泉市的斯基德莫尔学院表演了《原野之舞》和《拼贴Ⅲ》，以及《逆流》在美国的首演，这是"不间断事件演出"的一部分，这也是第一场由纽约州艺术委员会赞助的舞团表演。

坎宁汉在开场致辞中这样讲："舞蹈是舞动时的每一个瞬间。"[2]致辞在凯奇和大卫·都铎的配乐下更加感人，这次致辞是坎宁汉以后的演讲范例,也和之前他在巡演中就开始做的活动演出记录极为相似。

林肯中心的纽约州立剧院最近开放了,这也是成立现代舞剧目舞团的又一次尝试,拟名为美国舞蹈剧院(这也是纽约州艺术委员会资助的)。剧院在1964年11月已有两场表演;未来的一周,剧院邀请其他舞团来演出他们自己编导的作品——何塞·林蒙、珀尔·朗(Pearl Lang)、艾尔文·尼克莱斯和坎宁汉,坎宁汉被推选出来在第一场中表演《冬枝》,在第二场表演《夏日空间》。可以预见,那些热烈欢迎舞团回归亨特学院的评论家对《冬枝》表示了极大的不满(而《夏日空间》变得可以接受了)。《纽约时报》的爱伦·休斯(Allen Hughes)和《纽约先驱报》(*New York Herald*)的沃尔特·特里在周日的负面评论之后又追加了对《冬枝》的批评;休斯声称这是对"坎宁汉舞团从内到外"的抗议的回应,特里也说收到了卡罗琳·布朗为《冬枝》辩解的信件[3]。这两位评论家都坚称这部作品无端打击了毫无招架之力的观众。

喧闹尚未平息,有消息称坎宁汉舞团于7月将会在林肯中心再次现身,这次是在爱乐厅(即后来的艾弗里·费雪厅),作为"法美艺术节"表演的一部分,艺术节的导演卢卡斯·福斯委约坎宁汉和凯奇创作一个新作品,即《变奏曲Ⅴ》。

乔治·贝斯威格(George Beiswanger)在《舞蹈新闻》1965年5月刊上发表了一篇文章,标题为《绝非愚蠢之作》(*No Dolt Can Do It*),作为对《冬枝》争议的补充说明。贝斯威格早些时候在《舞蹈观察者》上评论过坎宁汉的演出,对他持支持态度,他也参加了1964年7月在沙德勒之井剧院舞团举办的开幕之夜。他对坎宁汉的肯定为这场讨论带来了理性的声音。贝斯威格将坎宁汉的作品分为四类:独舞,"呈现"了当代文学中大家所熟知的"从乔伊斯、卡夫卡到贝克特的反英雄人物";群舞,代表了一种有序的宁静,"触动万物而并不伤害,潜移默化而不参与其中"(对此,贝斯威格以《夜间漫步》《夜曲》《五人组舞》为例);"偶发"类的作品,呈现了"共同的体验及人类图景"(《故事》《原野之舞》);以及"关乎终极之事——天堂、炼狱、冥府、世界的尽头"的作品。在最后一类中,贝斯威格提到的作品有:《夏日空间》,"此时此刻人类的天堂";《滑稽可笑的相遇》,"现代的田野盛会";《危机》,"包含了人类即将加诸自身的炼狱之苦";《冬枝》,"黑暗布景,鬼影幽灵,审判官的眼神……展示着审判日和被诅咒的世界";还有《永恒》,展现了"世界的尽头——宇宙向中心扭曲,破碎在裂隙之中"。

贝斯威格写道:"显然,舞者们极其严肃。"——这与那些将《冬枝》写为"荒唐"或是"玩笑"的人形成了鲜明的对比[4](在1966年伦敦演出之后,布朗跟一群中学生谈话,有一个学生问她,坎宁汉是否不仅仅是"开玩笑"。布朗说,"我沉默了一会儿,最后我说,'你真的相信一个人奋斗终身,不惜举债,会只是为了开玩笑吗'?"[5])。

《变奏曲Ⅴ》

法美艺术节委约凯奇创作一段音乐,并委约我为这段音乐编舞。约翰想要弄清楚是否有办法避免音乐受到动作的影响,于是他和都铎继续研究,最终找到了几个办法。但是只有两种可用于这部作品,其他的要么经费受限无法实施,要么需要用到的器械不能在剧场里使用,或者仅仅因为器械太笨拙。用到的这两种方法对于作品来说区别不大,但对于技术人员和舞台布景来说截然不同。第一种方法是用一连串的磁极,共12个,就像侦探天线一样放置在舞台的各处,每一个都有半径大约4英尺的球形侦测范围,当舞者进入这个范围就会发出声音。每一个天线有不同的声音,其中一些有多种不同的声音。

莫斯·坎宁汉和约翰·凯奇，1965年
摄影：杰克·米切尔

　　磁极有5英尺高，直径有半英尺。所有这些都不会扑灭我的热情。我担心的是，这些线会不会绊住我们的脚，这些线从磁极底部连着控制全部装置的总机器。但在得知线很容易就可以跨过去的时候，我就不再有任何担忧了。

　　第二个声源是一串光电管，是贝尔实验室的比利·克鲁弗（Kluver Billy）想出的办法。将光电管布置在舞台边缘的地板上，舞台灯光积聚后便可以触发光电管，这样舞者从光电管中间经过时就会发出声音。这个装置效果不太好，因为灯光距离舞台边缘太远，光不够强，不能触发光电管。毕竟，舞台灯光聚焦在我们身上，而我们更多是在舞台中间活动。所以最后，这些光电管被放置在舞台各处12个电极的底部，这个装置才算奏效。我想它的原理就像走进超市时的自动门。舞者触发音乐，但音乐的种类、长度和需要的重复次数由音乐家来控制。他们操作着我们后面的各种机器——磁带录音机、振荡器、短波无线电设备——这些电子设备放在舞蹈区域的后面，大约8人操控它们。他们需要不断跑来跑去，大家都很安静，来来回回地修理设备、处理裸露出的电线头、插头等等。乐师设计的是倒计时效果，他们倒数到三然后停止。

在表演中还加入了影像的元素。乐师们所在平台的后面是爱乐厅的屏幕——它非常大。斯坦·范德比克（Stan VanDerBeek）和他的助手汤姆·德维特（Tom Dewitt）在演出前几周里就给我们拍了好几卷影像片段，有我跳舞的时候，还有舞团没有演出时在一起的瞬间。有一天，斯坦来到工作室，我们在排练，他在舞者们中间和周围进行拍摄，没有造成一点干扰。他对我的手和脚拍摄了几次，说我的脚放大到一定的尺寸会显得非常壮观，简直像一支军队；但是我看我的脚的时候却觉得它们像大象，至少也是什么小型动物。斯坦还运用了一些其他的图像，包括静态照片和电影片段，构成了一组现代生活场景、汽车、太空中的男人、自然景观、建筑物等的蒙太奇。韩国作曲家（原文如此）白南准曾经发明了能够修改荧幕图像的方法，他用了这些方法来修改图像。

我想出了一个主意让舞者们和我一起做，可以用一些非舞蹈动作组成表演。我栽种了一株大型植物，卡罗琳·布朗将它换个花盆重栽了一遍。我们在植物上连接了一个麦克风，这样植物轻微地颤动就能发出声音。芭芭拉·迪蕾·劳埃德在头上裹了一条毛巾，也在上面连接了一个接触式传声器,然后她倒立起来,在格斯·所罗门的帮助下来来回回地倒立走动。在这个作品的最后,我骑着自行车穿过舞台,绕着那些电极和光电管骑几圈,然后退场。

这是舞蹈的风景。

每一件事都促成了这些的发生,但是到了那个时候,它并不是你所期待的。[6]

《变奏曲Ⅴ》是一部大制作,"其中有很多事要做,但是我只有这么多人,他们都忙着做自己的事情。这样一来,就很难知道如何考虑机动的部分,因为没有人和你商量这事儿,大家都很忙"。机动部分,包括舞蹈各部分顺序的改变,这很大程度上受这些复杂技术设备的影响(我们的"电子装置"有时会故障)。坎宁汉曾说,"这些装置其中包含的技术太多,迫不得已,我只能把它们划入舞蹈中不确定的部分。这是因为,我们不到那个时候根本不知道实际情况会是怎样"。

在贝斯威格给坎宁汉作品的归类中,《变奏曲Ⅴ》归于第三种——呈现"人类图景"的"偶发"类作品。但是这部舞蹈顺序排列比较规范,对技术要求高,难度也因为舞者们要围绕着舞台上竖立的金属杆起舞而大大增加。在坎宁汉骑车之前,舞者们展开一卷长线,把线互相传递将它沿着整个舞台拉开。

舞者们穿着基础的紧身衣和紧身裤(没有列出设计师)。女士们有时会拿自己的衣服套在外面,比如有鲜花图案的棉裙子之类的。

· · ·

这一年的春季巡演结束的时候,法伯最终离开了舞团。坎宁汉没有立刻让人接替她的位置,但在这一年秋天,瓦尔达·塞特菲尔德成了舞团的常驻成员。11月,舞团在芝加哥哈珀剧院舞蹈节表演一周,在这期间,一支新的舞蹈作品首次登台:

《如何走、踢、落、跑》

> 我是个注重实践的人(剧院工作的需求)。我们得创作一支在布景、服装、设置、彩排等方面要求比较简单的舞蹈——同时还要考虑到多变的音响效果——由约翰·凯奇创作的故事,不考虑长度,每隔一分钟由约翰或大卫·沃恩分别读一段,或是两人一起读。[7]

这些故事来自凯奇1958年在布鲁塞尔关于"不确定性"的演讲,音乐伴奏是都铎。后来又陆续加入了许多凯奇其他作品中的故事。

《如何走、踢、落、跑》的舞台布景是无装饰的黑色背景墙。服装是舞者们自己挑选的紧身裤搭配毛衣。如它的题目所说,这支舞蹈的风格是休闲运动的,虽然没有关于比赛的任何明确所指——球员碰头商讨战术、足球队形或其他的事情。结构是随机的,但是舞蹈部分顺序是不变的,这和《夏日空间》中的安排相似:

> ……有关你在什么地方入场,有几个人同时入场,以什么样的速度,节奏是否需要加快或减慢,还有高度之类的事项。两到三件事情同时发生,都以同样的方式——他们所选的方向。舞蹈路线和《夏日空间》中相似——路线穿过舞台,有时是一个圆圈。你并不是上场后就长时间面对某个特定的区域,你在不断地移动。你一开始就得想到,你从任何角度都可以被看到,而不是在镜框式舞

《如何走、踢、落、跑》，1965 年
摄影：詹姆斯·克洛斯蒂

台，然后有人从一个指定的地点加入进来，沿着指定的路线，但是在体育场里，可以是任意方向。

　　我们走到一个位置停下，而不是走下台。许多动作都可以调转方向，甚至在做的过程中也可以。如果是在舞台上我不会这么做，但如果在一个"事件演出"中我就可以。我给约翰的舞蹈结构是以分钟为单位的——他的结构是一分钟，一分钟的，而我的是两分半，之后是五分钟，或诸如此类。

• • •

　　这一年，美国联邦政府成立了国家艺术基金会，坎宁汉是这个机构中舞蹈委员会的初始会员。

1966 年

这一年年初，坎宁汉应林肯·柯恩斯坦之邀，与纽约城市芭蕾舞团一起排练《夏日空间》。为了和古典芭蕾相适应，这部作品做了一部分改编——女舞者以足尖站立；其他部分的编排保持不变。在和乔治·巴兰钦合作之后，芭蕾舞者们发现坎宁汉处理音乐的方式有些问题，他在身体重心和节奏上的频繁变化对舞者们来说并不容易（前文中提到，坎宁汉安排卡罗琳·布朗为芭蕾舞团的舞者们演示动作，之后舞者们都对她展现的动作要求表示惊愕）。纽约城市芭蕾舞团在这一年的春季4月首次表演了《夏日空间》，之后在纽约表演了4次，7月在萨拉托加表演了2次——这部作品他们一共只表演了7次。据说在巴兰钦在看过表演后，称莫顿·费尔德曼的音乐"是一场骗局"，随即将这个芭蕾作品移出了保留剧目。

1966年，舞团两次回到欧洲。资金再次成了难题，国务院拒绝资助舞团。这次夏季巡演首站是西班牙锡切斯，接下来应玛格基金会的邀约前往法国圣保罗·德旺斯，最后以在汉堡放映《变奏曲V》而结束。机票费用由琼·米罗（Joan Miro）赠予的一幅画支付，米罗曾于1964年在巴黎看过舞团的表演。

在这次巡演之前，舞团在14街有一个夏季课程。显然，他们工作室的屋子该废弃了，屋顶漏水很严重。生活剧团也已经将下面一层的房子腾空了。一些艺术界的朋友们也乐意将他们位于第三大道498号,34街以南的一个复式公寓私下里转租给他们。公寓有两层:楼上是一间大工作室,楼下有办公室、衣帽间、盥洗室,甚至还有一间小工作室。楼上主工作室折叠门的后面有一个房间,可供坎宁汉居住,还有一个厨房可以在学生们不在的时候供他自己做饭。虽然这里租金高达每月450美元(14街的房子只要100美元),但最终坎宁汉还是决定,第三大道498号将是莫斯·坎宁汉工作室的临时所在之地。

一搬完家(夏季课程刚刚结束后),舞团就前往欧洲。在锡切斯表演完毕,舞团即乘火车赴法国南部进行玛格基金会之邀的四场表演。神奇的是,尽管在上一周末,演出的包裹被滞留在西班牙海关,但8月1日星期一的第一场演出居然如期举行。周一中午前,路易斯·劳埃德设法拿到行李,放到两辆出租车上载到了佩皮尼昂机场,那里应该有一架飞往科西嘉的飞机在等着。劳埃德写道:"车程大概一个半小时,沿着海岸线一路南下,路径曲折,急转弯很多。"事实上,佩皮尼昂机场没有所说的那架飞机,但是劳埃德又找到了另一架,在将里面的大部分座位取出后,竭尽所能将所有行李都放了上去:

> 人群已经聚集了过来……围观传说中舞团经理给聚集的外国人散发美金的情景。这次发的钱是570美元,在机翼上。进舱时我坐进驾驶室,坐在衣冠楚楚的飞行员的旁边,可到了出舱时我们险些站不稳。那位飞行员拿出一个很大的活页夹,上面写着"操作指导手册",还有几张地图,他放在膝盖上开始浏览。这趟航行就这么开始了。飞机一直在向左轻微摇摆,这位飞行员一边看地图一边观察舷窗外面。无论如何,我们在7:20到达尼斯,途中飞机震动了三次,发出"砰"的响声(这时飞行员"优雅地"说"去他妈的"),可以说,我们终于解放了。[1]

这场玛格基金会的表演是在庭院里搭建的舞台上进行的,庭院里还有一些阿尔贝托·贾科梅蒂的雕塑。坎宁汉说,舞台太小了,"我们几乎要掉下台去"。在那里的第三晚,一部新作品迎来了它的首演:

《位置》

《位置》是在 1966 年 1 月(待考证)开始创作的。那时我在和纽约城市芭蕾舞团合作表演《夏日空间》,在交通罢工中奔波往返于纽约州立剧院和我们的 14 街工作室,通勤时间比排练时间还要长。我从冬天到入春,一直断断续续地工作,积累了许多舞蹈片段。终于有一天我坐下来处理这些片段,把它们编成一个作品,另外我还需要加一串动作,能使艾伯特·里德和瓦尔达·塞特菲尔德从舞台左边转到舞台右边,以便衔接接下来的动作。[2]

这个作品由贝弗利·埃蒙斯设计,舞台的布置由一些木制板条箱和旧报纸组成,用照明设备照亮布景的一部分,用以表现城市景观。女舞者们在紧身衣外穿着纯色塑料做的短上衣。

音乐由戈登·穆玛设计,那时他作为音响师随舞团四处奔走。从某种意义上来说,它是大卫·都铎和戈登·穆玛合作的"班多纽手风琴和电脑音效的二重奏":

> 班多钮琴是以它的发明者——德国克雷菲尔德的海因里希乐队(Heinrich Band)命名的,它类似于一架有两排键盘的大型手风琴。班多钮琴由都铎演奏,他决定自己演奏的音乐部分;电脑程序由戈登·穆玛设计,电脑自

1966年,《位置》
人物从左至右:桑德兰·尼尔斯、杰夫·斯雷顿(Jeff Slayton)、瓦尔达·塞特菲尔德、小格斯·所罗门、莫斯·坎宁汉、梅尔·王(Mel Wong)和芭芭拉·劳埃德
摄影:詹姆斯·克洛斯蒂

己决定接收到这些声音后如何对它们进行变形处理[3]。

穆玛对《位置》的"意义"确信无疑,他在《鼓舞》(*Impulse*)杂志上这样写道:

> 《位置》是一部关于人类焦虑的戏剧——人们难以获得身份认同感的焦虑心情。一些人将《位置》视为精神分裂征患者的精神图景,讲述一种逐渐恶化的综合征,最终以彻底的脱离现实告终。这部作品由八位舞者表演,坎宁汉在其中占较为突出的独舞地位:一个反复尝试与他所在世界的人和事建立联系个体。[4]

凯奇在斯德哥尔摩看过《位置》的早期表演后,或多或少有些

1966 年，莫斯·坎宁汉在《位置》中的最后动作
摄影：詹姆斯·克洛斯蒂

类似的感受，说这部作品"像是希腊悲剧"。至少，坎宁汉在《位置》中的角色有着他"阴暗的"独舞的某些神经质特征。从他一开始上场就好像宣称这是他的领地。上台之后他就再也没有离开舞台。"其他舞者加入进来，但他们只缓慢地以一种雕塑般的姿势从舞台一边移动到一边"[5]。之后，坎宁汉"确立了自己的统治……将（地上的）一组灯光从一点移动到另一点"[6]。"坎宁汉每次把舞台灯光向远处移动，舞者们好像受到什么激励一般开始做一些激烈的动作，然后再次僵立不动，就像……'这些雕塑'的邪恶游戏"[7]。最后，坎宁汉在一个巨大的塑料袋子中疯狂地舞动，袋子被提前藏在舞台灯光的附近。

这是一个可怕而让人筋疲力尽的作品。对于我，它的可怕之处在于不给我任何的喘息之机。这件作品很难跳，也很难保持流畅，有时需要从大幅动作骤降到快而敏捷的小幅动作。最后塑料袋的部分——我都不确定自己能不能爬进去,有时候塑料会黏结在一起,我都打不开。

舞蹈的大部分编舞是群舞,有时是一对一对地工作。瓦尔达·塞特菲尔德回忆起一次学习这个片段时自己没有搭档,直到坎宁汉加入进来才意识到自己要和他合舞。其中,也有坎宁汉和卡罗琳·布朗、桑德兰·尼尔斯和艾伯特·里德的双人舞。在他们的双人舞中,里德背着尼尔斯上台,尼尔斯一直保持倒立、四肢伸展的姿态。之后,里德弯下腰摆成一个"桥形",尼尔斯在他的身体上方,舒展双臂以保持平衡。

・・・

1966年8月7日,舞团在玛格基金会的最后一场表演是一个事件演出——《博物馆事件演出4号作品》。舞者们在美术馆和庭院中四处游走。有时,舞团会被摄影师跟拍。

在汉堡,《变奏曲V》拍摄的同时(依旧由阿尔内·阿恩布姆执导),一个纪录片剧组正在拍摄另一部关于凯奇和他与舞团工作的影片。两部影片的制片单位都是汉堡的北德广播电台,《变奏曲V》是与瑞典广播电台共同制作的。

10月底,新一轮欧洲巡演被提上日程,首站定在斯德哥尔摩。启程之前,舞团在伊利诺伊州停留了10天(第三大道498号的新工作室于9月19日开放)。演出在芝加哥弗朗西斯帕克中学,由芝加哥城市机遇委员会及伊利诺伊艺术委员会赞助。舞团进行了最早的一系列讲演,讲演的听众大多是7到12岁的孩子们,他们从"贫困地区"乘车而来,没有机会一睹先锋舞蹈的奥秘。坎宁汉以他一贯清晰、坦诚的口吻介绍了演出:

> 舞蹈可以和其他事情一样有趣,但你要学会以不同的眼光来看它。有些事物是通过不同的方式来被理解的,而不只是通过思想。它们也可以通过眼睛而被理解,我们称之为"动觉"。

一位芝加哥的评论家说这次活动"有积极意义,但完全不切实际。这是在错误的时间邀请了错误的人"[9]。然而,活动中这些孩子们安安静静且聚精会神。当地一位舞蹈教育家雪莉·詹瑟(Shirley Genther)说,"即使观众们对舞蹈知之甚少,他们也能迅速感受到你是否知道自己在做什么,如果他们感受到这一点,即使他们不知道你在做什么,他们也能够接受它"[10]。

接下来,舞团前往伊利诺伊大学厄巴纳/香槟分校,在那里驻演一周,10 月 29 日周六表演结束。在斯德哥尔摩的第一场表演安排在 10 月 31 日周一进行。周六晚的节目结束后,舞团连夜驱车前往芝加哥。他们从芝加哥乘机飞往纽约,接着又去往斯德哥尔摩,于周一早上抵达。舞团进行了必要的彩排,所以等到演出时,舞者们都头晕目眩、疲惫不堪。

在此之后,舞团赶赴巴黎香榭丽舍剧院第四届巴黎国际舞蹈节进行演出。坎宁汉坚持表演两个节目,舞蹈节的总监让·罗宾(Jean Robin)"被迫"同意了这个安排,她还说道,"不管怎样,这个额外增加的芭蕾节目只有十多个人观看,你这些都是无用功"。但事实是,"整个"巴黎都来观看了 11 月 9 日晚的开幕演出。一家报纸的头条描述了剧院中的观众,他们来自社会各个阶层:"香榭丽舍剧院里,迷你裙与燕尾服摩肩接踵"[11]。之后,舞团表演的票全部售空。在舞蹈节结束时,委员会给坎宁汉颁发了"创意编舞"金质奖牌。

11 月 13 日,第四场演出的第二天,舞团飞往葡萄牙进行了一次短途巡演。他们从里斯本开始,途经科英布拉和波尔图。离开葡萄牙后,舞团去往伦敦,那里是欧洲巡演的最后一站——演出依旧是由迈克尔·怀特策划,在萨维尔剧院进行为期十天的约定演出(11月23日至12月3日)。

这次巡演再次导致了大约15000美元的财政亏空。在1966年11月14日的一次舞蹈管理研讨会上,坎宁汉对舞蹈界的经济问题发表了一些看法:

> 舞者们没有意识到他们拥有集体的力量,这个集体由身处舞蹈领域之中或者生活中被舞蹈打动的人共同构成。"洛克菲勒兄弟基金会"报告认为,舞蹈是一种无序的存在,我对此感到愤怒。事实并不是如此。尽管总被无视,但我们为一种强大而美丽的艺术注入了活力。美国舞蹈在全世界为这个国家带来荣耀。这确实是打破秩序的成就![12]

舞团一回到纽约就再次受邀前往亨特学院现代舞节表演了系列作品。像之前一样,在原定的两场表演(11月9日和11月10日)后,舞团不得不增加第三场演出。

1967 年

这一年年初,纽约州艺术委员会邀请坎宁汉和凯奇加入一个艺术家七人小组,参加名为"时代艺术之声"的纽约州大学校园巡演。其他几位艺术家是罗伯特·克里利(Robert Creeley)、比利·克鲁弗、雷恩·莱(Len Lye)、杰克·特沃科夫(Jack Tworkov)和斯坦·范德比克。活动起初的想法是艺术家们可以组织传统的研讨座谈会,但这对他们没有什么吸引力。他们反而进行了一系列的"偶发艺术表演"(又让人想起 15 年前在黑山学院的剧场作品)。他们七人之间商讨一番后,决定由坎宁汉跳舞,凯奇配乐,克里利朗诵,莱和范德比克播放影片。这次巡演中,他们也都分别和一些学生见面。

2 月 25 日晚,在纽约莱辛顿大道和 92 街交汇的犹太人青年会(YM/YWHA),这次的巡演落下帷幕。特沃科夫说,这次巡演中最开心的事情是大家能聚在一起用餐,他们应该再举行一次公共聚餐。所以,他们相聚在青年会的舞台上,参加了"电视晚餐"节目,节目副题是"向吃(用以思考的食物)致敬"。

演出以坎宁汉在白色屏幕的舞蹈开始,之后是莱播放的影片。然后背景屏幕升起,可以看到小组成员们在舞台上转来转去。范德比克的影片被投射在礼堂的墙上,就像在《变奏曲Ⅴ》时的安排一样。小组成员在桌边坐下用餐,他们的谈话、吃饭的声音都会通过麦克风传到听众耳中,有些麦克风也会安装在餐具上,但遗憾的是餐具上的这些麦克风都没能起到作用。然而,随着晚餐的进行,观众变得不耐烦,开始大声抱怨。这次的晚餐节目简直是个灾难。

舞团在讲演、巡演之前和之后都有在纽约城外的演出。他们之前在美国没有过活动,但是6月3日,在康涅狄格州新迦南镇菲利普·约翰逊庄园的义演中,舞团表演了《博物馆事件演出5号作品》,演出在地面搭建的舞台上进行(而不是在约翰逊附近的地下博物馆)。凯奇、戈登·穆玛、大卫·都铎和一柳慧合作创作了音乐。表演以舞者们挤进一辆旅行车里并驶离而结束,旅行车由坎宁汉驾驶。舞团随后为客人们跳舞,伴着"地下丝绒乐队"(Velvet Underground)的音乐,乐声在几英里外都能听到,引起了邻居们的投诉,最后还招来了当地的警察。

接下来的一个月,舞团首次在芝加哥郊外高地公园的拉维尼亚音乐节表演。他们表演的第二个节目中包含了一部新作品:

《混乱》

  创作一支平淡无味的舞蹈
  将一切打乱
  抢夺战舰
  扰乱密码
  爬上山丘
  煎炒鸡蛋
  一片混乱
  在空间或者科学术语中打乱[1]

《混乱》由18个不同时长的片段组成,每一个片段都是独立完整的部分。这些片段可以在不同场景以不同的顺序表演。不是每

《混乱》，1967 年
人物从左至右：杰夫·斯雷顿、瓦尔达·塞特菲尔德、卡罗琳·布朗和蔡斯·罗宾逊（Chase Robinson）
摄影：詹姆斯·克洛斯蒂

《混乱》，1967 年
人物从左至右：小格斯·所罗门、芭芭拉·迪蕾·劳埃德、莫斯·坎宁汉、桑德兰·尼尔斯、蔡斯·罗宾逊和卡罗琳·布朗
摄影：赫夫·格洛根（Herve Gloaguen）

次表演都要把所有片段演完的——一般表演 15 个部分。完整 18 部分的表演,时长大概为 28 分钟,而通常表演的时长大概 20 分钟。

彩排的时候为了分清这些片段,它们都被重新命名。这些名称有的只是简单描述了动作的内容,如"快节奏舞""缓慢进场""慢步""慢节奏三人舞""快节奏三人舞""围成圆圈""下落、跳跃""聚集""空中"等。在"下落、跳跃"里,舞者们双双跑过舞台,其中一人跳起来然后头向前扑落在地板上,另一人从他上方跳跃而过。在"慢步"中,舞者们慢慢站满了舞台;有些舞者向前迈步做弓步跳,其他舞者伸出一条腿并俯卧其上,双手在脑后交叉,肘部像翅膀一样扇动。有时,男舞者弓步跳到舞台一边,用大腿托住环抱膝盖的女舞者。坎宁汉说,这些动作"必须平滑,没有重音和停顿,必须绝对水平"。"慢节奏三人舞"中,三位女舞者单脚站立,另一只脚从地面缓缓抬起,同时由髋部向外打开带着脚部移动;同时头部向相反的方向倾斜。起初,舞者们可以自由选择在空间中的移动方位,但是随着演出的重复,这些动作就逐渐固定下来。

还有一个片段叫作"独立舞蹈"。正如题目所说,九位舞者各自分别表演不同的舞句,不断且缓慢地重复。每位舞者都学会了全部的舞句,而不是一直表演同一段舞句。

坎宁汉和卡罗琳·布朗都有独舞,布朗的独舞是缓慢的游泳动作;而坎宁汉的独舞是他的一段小丑似的舞蹈,在这段舞中的某一刻,他伸开双手举到面前,然后突然打开手尖叫(也许是对《十六支舞》和《七重奏》的引用)。

1964 年巡演结束后,舞团一直没有常驻设计师。《变奏曲 V》《如何走、踢、落、跑》一直没有设计师署名,《位置》是由灯光设计师贝弗利·埃蒙斯设计的。1967 年 8 月,贾斯珀·约翰斯任命为艺术顾问,在他的权限范围内,他可以为新作品选择设计师,也可以自己进行设计。和罗伯特·劳森伯格不同,约翰斯不喜欢在剧场中工作,但他可以克服自己的厌恶情绪,因为"不管在什么领域,莫斯·坎宁汉都是我最喜欢的艺术家。有时我对自己画作的复杂多样感到满意,到第四天的时候我就会觉得它太简单了。莫斯的作品没有一样是简单浅薄的。所有的一切都丰富而多元,令人着迷"[2]。

约翰斯为《混乱》选择的第一位艺术家是弗兰克·斯特拉。斯特拉回忆道:"莫斯说他在设计一个新舞蹈,于是我去观看他们的彩排。我在一张黄色的纸上画了一张速写。约翰·凯奇说他很喜欢它,因为它和任何事物都没有任何联系。"[3]布景由六条画布组成,画布是光谱的色彩。布条有 18 英尺高,安装在可以移动底座的竖直高架上。斯特拉的想法是,做一个简易而灵活的装置,可以在舞台上四处移动,"以便确定舞者以及他们的动作与舞台空间的关系——一种适用于任何大小舞台空间的测量装置"。

尽管斯特拉说他并不认为这个布景是他画作的衍生品,但是还是可以清楚地看出这些布条及其形状与他这个时期画作的联系。"但是我并不把它看作是一个美术问题"。他想要在舞蹈开始时把最长的布条布置在舞台前部,这样一来,观众一开始只能看到舞者们膝盖以下的区域。"我觉得这很有戏剧效果,但是他们只做了一次,他们不喜欢这个设计"。由坎宁汉决定登场时是否可能移动这些装置,如果移动的话,在什么时候由谁来移动。对于舞者,斯特拉只指定了服装颜色,其他没有多做设计:男舞者穿连身衣裤,女舞者穿紧身衣和紧身裤。

一柳慧创作的音乐名叫"管弦之舞"(Activities for Orchestra)。显而易见,这里的"舞"是非传统意义上的。一柳慧自己也参加了第一场表演,负责演奏钢琴和钢片琴。和他一起参加的有凯奇、都铎(演奏班多钮琴)、穆玛(法式圆号),还有另外两位来自芝加哥交响乐团的乐师演奏打击乐。穆玛后来写道:

> ……每人都表演好几个动作:要么是同时演奏好几个乐器,要么是一种有复杂电子音效操作的乐器。虽然

音乐是为西洋乐器谱写的,但《混乱》的整体乐感像是日式古典剧场音乐。持续、透明的音带静静展开,奏出的音符时而平稳,时而如顺滑,不时被突然的木质打击乐打断。乐谱是以提示序列的方式创作的,演奏时由乐手们重新组合这些序列,即"打乱"。[4]

· · ·

8月12日,坎宁汉和凯奇在缅因州斯考希干的斯考希干绘画与雕塑学校表演了"对话"系列节目的第一场。表演中,凯奇朗读了一段他写的文稿——"日记:如何改变世界(你只会使情况更糟)",还"用了好几个录音机、声音放大器和三角钢琴,使连贯多变的声音充满了'旧自治领壁画谷仓'"[5]。同时,坎宁汉热身后表演了他不同独舞中的数段节选。与后期的"对话"不同(两人之间不发生实际对话),第一场表演之后安排有问答环节。

10月,坎宁汉前往斯德哥尔摩参加《夏日空间》的最后一场彩排,这是玛格丽特·詹金斯(Margaret Jenkins)为伯吉特·卡尔伯格(Birgit Cullberg)的舞团——卡尔伯格芭蕾舞团筹划的活动。布尔伯格的儿子尼古拉斯·艾可(Niklas Ek)去年曾在坎宁汉舞团短暂学习过一段时间,在10月22日第一场演出中跳了坎宁汉的角色。布景和舞蹈服装都是从纽约城市芭蕾舞团借来的。

11月,伊利诺伊大学在百年校庆期间举办了研讨会,名为"流动的大学:艺术的发源地",坎宁汉参与了一个小组讨论,话题是"剧场与大学:娱乐还是艺术?"。其他的小组成员有:演员约瑟夫·柴金(Joseph Chaikin)、女演员琼·海沃克(June Havoc)、哑剧演员克劳德·吉普尼斯(Claude Kipnis)和导演威尔福德·里驰(Wilford Leach)。电影制片人多尔·夏利(Dore Schary)是小组主持人。坎宁汉做了如下发言:

《雨林》，1968年
左边：莫斯·坎宁汉，梅格·哈珀（Meg Harper）。中间及右边：卡罗琳·布朗，杰夫·斯雷顿
摄影：詹姆斯·克洛斯蒂

我不认为艺术与娱乐之间是对立关系……舞蹈是娱乐。我不认同艺术是娱乐的对立面这个想法。我对剧院与舞蹈的看法是，它们提供了一种当下的体验。我的作品并不是让剧院成为遗世独立的存在，而是使它成为它本来的样子。

它应当是你生活的一部分……我们所做的一切并不是为了改变世界，而是想要看到世界本身的样子，以我们希望的方式与世界相处。[6]

舞团在庆典上表演了舞蹈。这一年，凯奇驻留在伊利诺伊大学，执导了一场"音乐表演"（Music Circus）。

1968 年

从二月中旬到三月中旬，舞团常驻在纽约州立大学布法罗分校和布法罗州立大学学院。此次驻留，在第二届布法罗当代艺术节上的三场演出达到高潮，期间首次演出了两部新作品：

《雨林》

"这部作品分为五个部分。它们之间联系紧密，很难明确划分界限。"坎宁汉在他 1968 年的著作《变化》的注释中这样写道。他后来说，"这意味着我不能跟她（《变化》的编辑弗朗西斯·斯塔尔）讲述更多细节，因为我刚刚完成了这个作品"。《雨林》和坎宁汉其他舞蹈不同之处在于，除了坎宁汉之外，六位舞者每人表演完自己的动作后下台，而且不再上场。坎宁汉开场时就在台上（和芭芭拉·劳埃德一起），结束时再回到台上来。双人舞的时候艾伯特·里德上场，坎宁汉退出，"这是艾伯特和芭芭拉表演的第二个部分……然后是第三部分，由格斯（所罗门）表演，这是一个独立部分；之后是卡罗琳，尽管她已经和艾伯特跳过双人舞，但我把这看作一件事情；最后一部分是桑德兰（尼尔斯）。所以，这就比较复杂，各部分相互重叠，而且没有明确界限"。

如标题所示，虽然《雨林》中并没有关于自然环境的直白表

安迪·沃霍尔为坎宁汉展示自己拍的一张宝丽来照片
摄影：詹姆斯·克洛斯蒂

达，它仍归属于坎宁汉的"自然作品"之一。坎宁汉一直在读科林·特恩布尔（Colin Turnbull）的著作《森林人》（*The Forest People*）："他很高，他和这些俾格米人一起生活了一段时间，形成了某种联系。故事中他描述了一幅颇为奇妙的画面——在森林中，他尽力跟上他们（俾格米人），这些俾格米人会从各种东西下方穿行而过，而他总是被树枝卡住，俾格米人就会转过身来嘲笑他。"坎宁汉认为，在舞台上方挂一些东西的想法来自这段描述。"舞蹈的标题源于我对西北的儿时记忆，对奥林匹克半岛上雨林的记忆。"

坎宁汉曾看过安迪·沃霍尔在里奥·卡斯特利美术馆的装置作品《银云》（*Silver Clouds*）——将很多麦拉（一种聚酯薄膜）袋中

充满氮气,以使它们自由地飘在空中。坎宁汉问贾斯珀·约翰斯,他觉得沃霍尔是否可能让他将这个作品作为一个布景使用。约翰斯前去询问沃霍尔,得到了肯定回答。当问及舞蹈服装时,沃霍尔说他更希望舞者们裸体登台。坎宁汉觉得这个办法不可行,就让他们穿着肉色紧身衣裤,还问约翰斯是否能使服装质感更粗糙些。约翰斯想起坎宁汉很早以前穿过一条满是破洞和裂口的练功服,于是,他用一把剃须刀片把舞者穿的服装划破撕开。

《雨林》是由大卫·都铎编曲的第一个保留剧目作品。当坎宁汉告诉都铎舞蹈标题时,他说"喔!那我要在编曲中加入许多雨声"。音乐还引人想起啁啾鸟鸣和动物的嗥叫(后来,都铎开始创作这首曲子的改进版本,制作成精巧的音乐装置形式)。

《漫步时光》

> 这个标题很有趣。虽然我不太了解,但我觉得有趣之处在于时间。这个标题来自计算机语言。你给电脑输入信息,然后你得等着它消化。至于是计算机在走动,还是等待的人在走动,还有一些争议[1]。

坎宁汉和凯奇第一次遇到马塞尔·杜尚是在 1942 年,当时凯奇和妻子谢妮娅刚从芝加哥搬到纽约,住在马克斯·恩斯特和佩吉·古根海姆的公寓里。但是直到 20 世纪 60 年代中期,他们才和杜尚和他的妻子蒂妮(阿丽克西娜,Teeny[Alexina])成为挚友,其时杜尚已经从艺术圈隐退(或者对外宣称他退休)很久了。

一天晚上在杜尚家用晚餐时,约翰斯问坎宁汉是否愿意用杜尚的一幅名画《大玻璃》(The Large Glass)作为布景。坎宁汉说他很乐意,于是约翰斯向杜尚征求意见。杜尚说,只要不用他自己做这项工作,他非常乐意。因此,后来由约翰斯指导,将画作《大玻璃》用丝网印刷技术印在了七扇充气背景幕上[2]。

  坎宁汉为这个布景创作的舞蹈《漫步时光》,与其他的作品不同之处在于,舞蹈中所有的元素都与中心思想相联系——"致敬杜尚"。例如,由大卫·贝尔曼(David Behrman)所作的音乐标题为"……大约一小时……",不仅仅指这个作品的时长(55分钟左右),还指杜尚的作品有关——"玻璃,被人(从玻璃的另一侧)用一只眼睛贴近,注视大约一小时(1918)"。《大玻璃》的完整标题是《被单身汉脱光的新娘,甚至》([*The Bride Stripped Bare by Her Bachelors, Even*],这当然也是卡尔文·汤姆金斯《纽约客》传略集的命名灵感来源——《新娘与单身汉:五位先锋派大师》[*The Bride and the Bachelors: Five Masters of the Avant-Garde*],这本书中提到的人物是杜尚、凯奇、坎宁汉、罗伯特·劳森伯格和让·廷格利)。但是,坎宁汉更多致敬的是杜尚的作品,而不仅是致敬《大玻璃》中具体的、情色方面的内容。这些内容很少能在他的舞蹈中看到,无论如何,处理这类主题的方法于他而言都是陌生的。坎宁汉告诉英国舞蹈教育家露丝·福斯特(Ruth Foster)他对舞蹈的设计:

> 我开始思考舞蹈动作,尝试一些简单的东西。我尝试很慢很慢的动作,这与之前的理念无关,只是一些动作的想法。我决定把舞蹈设计得很长,一部分成两个部分的长作品,两个部分之间会有幕间插演节目。舞蹈中我插入了许多杜尚及其作品的元素,但我没有告诉任何人,因为这样会影响观众的理解。举例来说,"现成品",因为现成品是已经完成的东西,你可以重复使用它。所以,这个作品中会有东西出现,它不是经常出现,但是会反复出现……我在其中加入了脱衣舞元素,但这也是因为受到

杜尚作品《下楼梯的裸女》的启发。所有这些曾出现在他生命中的东西,我并不是要模仿它们;它们最终都以舞蹈动作出现,而不是关于动作的想法……

我走进工作室,想要——不,我不是想要,而是就这么做了。我让一位舞者做了个后翻,我给她做了示范,但是我让她自己去理解。之后我让一位男舞者跌落在她身上,接着让另一个女孩跌落在他们身上。他们做得并不好,因为我没有给他们解释清楚。但是,我明白原因,然后我说:"桑德拉,不要以那种方式倒下去,向另一个方向倒,这样你可以看到你的方向。"这是一点,我没有再继续下去。然后我就走开,去和另外两位舞者做别的事情。我还想给卡罗琳·布朗增加一些接续动作,尤其是在第二部分。这个过程中我思考了杜尚作品中的创作意趣,但并不全是"这里表达的意思是……"

我认为主要问题在于节奏。杜尚总为作品中的人物赋予一种平静之感,尽管时光流逝,作品中的人物依然超乎寻常的镇定自若。我想看看我能否明白这一点——时间感。[3]

《漫步时光》被分成七个部分,每个部分时长大概七分钟。开场片段主要由坎宁汉舞蹈技术课程中的各种热身动作组成——一种舞蹈编排中的"现成品"的形式。据瓦尔达·塞特菲尔德所说,坎宁汉给她编排了一段独舞,但编排形式和往常完全不同:坎宁汉并没有给她演示动作,而只是在工作室坐在她的前面,向她描述他想让她做什么动作。

坎宁汉并没有像设想的那样,完全在舞蹈中使用每日训练动作。他在第三和第四部分之间加入了幕间休息,这时观众席的灯光会亮起。舞者们信步上台,他们披着常在台下穿的保暖袍子和

开幕之夜《漫步时光》的谢幕，1968 年
人物从左至右：芭芭拉·迪蕾·劳埃德·小格斯·所罗门·卡罗琳·布朗、马塞尔·杜尚、莫斯·坎宁汉、大卫·贝尔曼和桑德兰·尼尔斯
摄影：奥斯卡·贝利

各式羊毛外套。幕布降下，他们各自做着自己在幕间休息时的活动：坐着、闲聊、练习舞步或是躺下。贝尔曼的音乐被流行音乐的录音所取代——阿根廷探戈乐曲，此外还有一位日本女高音严重跑调地唱着"离别曲"。这个插曲参考了达达主义芭蕾作品《今晚停演》(Relâche)中的电影式的《幕间休息》(Entràcte，由雷内·克莱尔[Rene Clair]创作)，《今晚停演》于 1924 年由瑞典芭蕾舞团表演，《幕间休息》中杜尚在与曼·雷(Man Ray)下棋。他也几乎全裸地出现在芭蕾表演中，就像亚当模仿老卢卡斯·克兰纳赫(Lucas Cranach)的活体画[4]。

一位男舞者(最初是小格斯·所罗门)像个傀儡一般被舞者们举起穿过舞台。坎宁汉这样解释这一段舞蹈："你有一个东西或者一个人，这个东西被运走了，然后你在另一个环境中看到它或者他，但是情境已经变了。"坎宁汉把这个看作杜尚式的想法。除了他自己的脱衣舞设计外，坎宁汉还在布朗的独舞中看到对《下楼梯的裸女》的参考。舞蹈中静止状态和敏捷而大幅的动作交替出现，意在表现"既静止又移动的感觉"。

《大玻璃》中另一个很重要的方面是，观众不仅仅是看着它，而且透过它看到另一侧的观众，他的存在改变了他或她对作品的感知。同理，在舞蹈的不同时刻，观众透过数个玻璃布景看到舞者，尤其是在结束时，在完成杜尚的规定时，这些玻璃块被组合在一起，几乎构成了杜尚的原作。

· · ·

在科罗拉多州波德停驻一个月后，舞团于七月前往南美。出发前，所罗门和里德已经离开了舞团，迪蕾也将在这次巡演后离开。因此，苏珊娜·海曼查菲（Susana Hayman-Chaffey）、蔡斯·罗宾逊和梅尔·王三位新舞者加入舞团一同南下。这次巡演包括墨西哥城、里约热内卢、布宜诺斯艾利斯和加拉斯加。之前的巡演因为主办方没有履约导致无力支持，这次巡演多亏了路易斯·劳埃德才挽回了局面。弗兰克·斯特拉设计了海报，销售海报的收入用于舞团巡演的支出。

尽管这次舞团受到了美国国务院文化展示办公室的帮助和美国驻墨西哥大使馆文化随员的欢迎，但是其他地方的美国官员仍没有对他们伸出援手。在布宜诺斯艾利斯，舞团遭到了"强烈的敌意"，几乎说得上是蓄意破坏他们的表演。当地文化部门的职员联系了当时有意向支持舞团的美国组织，并警告他们说舞团"在台上进行色情表演"。圣马丁剧院听说这个消息之后，他们"临阵退缩"了，没有做任何事情来宣传舞团，用劳埃德的话说，使这件事成为布宜诺斯艾利斯"保守得最严的秘密"[5]。然而，不管是在布宜诺斯艾利斯还是巡演中的其他城市，舞团离开后，当地的报纸都出现了几篇严肃的长篇评论。

《集合》

南美之行中,一家当地电视台于 8 月 2 日在里约热内卢新剧院拍摄了《漫步时光》的部分影像。舞团的历史上,有多部保留剧目曾多次被拍成电影或是电视转播,但从来没有在坎宁汉亲自监制之下拍摄过,唯一的例外是 1964 年赫尔辛基的表演。然而,基金会从来没有成功地获得这些电视节目录像。

1961 年,受加拿大广播学会委约,坎宁汉特意做了一个电视短节目。1968 年秋天,坎宁汉有机会与电影制片人理查德·莫尔(Richard Moore)合作,为电视媒介创作了更易拓展的作品。《集合》是在旧金山吉拉德里广场为旧金山公共广播电台所作,表现了两种截然不同想法的融合:一方面是关于这个地方本身的一部影片,另一方面是一部关于舞团的影片。吉拉德里广场是很多大都市中现存的最早的城市景观之一,在那里,破旧的市场或工厂被翻新、美化、改造成饭店、精品店、画廊和步道一应俱全的商业区(其他的例子有伦敦柯芬园市集和纽约南街海港)。这部影片表现了舞者们在这个环境中自得其乐,作为与通常访问该地的人们之间关系的一种奇妙延伸。

坎宁汉在 2 月份时来到这里考察。10 月底到 11 月初,他和舞团成员在这里花了三周的时间进行排练和拍摄。这个项目由国家艺术基金会和福特基金会资助。

在一次采访中,坎宁汉告诉旧金山评论家罗伯特·康曼迪(Robert Commanday),他的想法是,"从狭义上说,这部完成的影片没有过多地涉及舞蹈,而是与各种动作相关——船只移动、人的行走,当然还有群舞"[6]。与此同时,曾是一名舞者的莫尔也告诉采访者,坎宁汉和舞团打算设计一些"动作模块",由他(莫尔)来"安排动作顺序,并编辑最后的成品"。所有的舞蹈都会在吉拉

《集合》,莫斯·坎宁汉在旧金山吉拉德里广场,1968 年
摄影:詹姆斯·克洛斯蒂

德里广场,或是在"附近一栋工业化公寓中可以拍出独特效果的工作室"里拍摄。莫尔打算使用"大量视觉光学幻象和过程摄影",比如说"将舞者们拍摄成剪影效果('移动的衬纸'),可以投射在各种背景上"[7]。

坎宁汉关于这部电影的笔记不仅包括动作的想法("屋顶上的

瑜伽""舞者做一个复杂的倒地/无法起身/路人将他举起"),还表现了他探索媒介的可能性的愿望("坎宁汉：分段倒地——5个不同的角度""穿着舞蹈服和便装在同一个镜头下拍摄的可能性")。他也详细写出了莫尔提到的"动作模块"的想法：

> 6号模块(Module #6)
> 　　C(罗琳)·B(朗)缓慢(慢动作)行进(或者卡布和其他人[交替行进])。
> 　　镜头拉近或拉远。
> 　　场景(区域)可以改变
> 　　全景视角下是人群—舞者(路人可以进入镜头吗?)——此时焦点不在CB身上(或者其他舞者?)——舞者们像是笼中(或她附近)静止的塑像,他们在不同的位置面朝不同的方向(随机)——时而单独,时而成群(随机)——一个舞者在空间中可以从各个角度被看到(或场景中的一个角度可以看到不同的舞者)

康曼迪拜访了舞团的乐师,凯奇、都铎还有戈登·穆玛,他们都在各自创作这部最终59分钟的影片的配乐,影片将从六小时的连续镜头剪辑而来：

> 具体来说,他们在穆玛录下的原声带上加上音轨,这些原声带大多是在旧金山录的……凯奇一开始提议这部作品的结构形式应该基于美国的地形图,根据地图上颜色的不同,他们需要跨越不同的音高。他们使用了六种不同的声音：海平面的声音,高海拔的声音(从都铎《雨林》声音配置中转化而来,包括穿过一些物质,如穿过金属片、木片等得到的声音,并对这些声音的音质做出了一

些相应的调整），动物的声音（"未经转换，它们本身就富有诗意"），任何通过电子调制成脉冲和打击乐声的声音材料，讲话声和凯奇的雷声录音。[8]

• • •

这几年里，尤其是1966年和1967年，坎宁汉舞团常在布鲁克林音乐学院进行单场演出。1968年5月，舞团在这里进行了自1953—1954年里斯剧院连续演出之后的首次纽约连续演出。演出以5月15日的慈善演出开始，为即将到来的南美之行进行筹款。《雨林》和《漫步时光》都在布鲁克林进行了纽约首演。《夜曲》《变奏曲Ⅴ》《无题独舞》则是这个演出季最后一次演出，演出季于5月26日结束。

11月，布鲁克林音乐学院的艺术总监哈维·利希滕斯坦（Harvey Lichtenstein）宣布莫斯·坎宁汉舞团、艾文·艾利（Alvin Ailey）美国舞蹈剧院和一个新舞团——艾略特·菲尔德（Eliot Feld）美国芭蕾舞团，将成为这里的常驻舞团。从1969—1970年演出季开始，每个舞团每年保证会有两个演出合约。

1969 年

1967年,福特基金会给纽约城市芭蕾舞团及其附属的美国芭蕾舞学院,还有全美各地乔治·巴兰钦批准的学校拨款700万美元。这笔拨款引起了一些争议,直到基金会再次拨款48.5万美元,承担布鲁克林音乐学院和曼哈顿比利玫瑰剧场举办的68—69年舞蹈节的部分开销,争议才稍稍平息。

舞蹈节邀请了玛莎·格莱姆、安娜·索科洛夫、埃瑞克·霍金斯、保罗·泰勒、艾尔文·尼克莱斯、何塞·林蒙以及艾文·艾利的舞团、美国芭蕾舞剧院和坎宁汉舞团,此外还有一些尚未成名的舞蹈编导——特怀拉·萨普(Twyla Tharp)、梅芮迪斯·蒙克(Meredith Monk)、伊冯·瑞纳和东·雷德利希(Don Redlich)在最后一周进行表演。坎宁汉舞团的演出于1969年2月13日在比利玫瑰剧场开启,这是他们第一次在百老汇剧院演出。理查德·尼尔森此时接任灯光设计师。

2月和3月,舞团在纽约州艺术委员会的赞助下,再次在纽约州内的大学巡回演出。其中一些表演是"体育馆事件演出"。2月27日,舞团在纽约州立大学新帕尔兹学院埃尔丁体育馆中表演的《体育馆事件演出5号作品》(*Gym Event* #5),实际上是一个新作品的预演,没有布景,配乐是大卫·都铎和戈登·穆玛即兴创作的电子音乐,这部新作品是:

《甘菲德牌戏》

这支舞蹈的标题原本意指一种单人纸牌游戏,这个游戏是由一个名叫理查德·甘菲德的赌徒在纽约州萨拉托加温泉市的赌场里发明的。坎宁汉假期时在卡达凯斯玩过这种游戏,他突然想到,它可以用作随机程序的基础来决定舞蹈中动作的顺序。他给一副牌中的每一张都分配了代表动作的词(如跳跃、屈膝、停下、滑行等)。红色和黑色牌分别代表快动作和慢动作。"当两张或三张人头牌连续出现时,它们就表示有可能是双人舞或三人舞"[1]。

因此,每次坎宁汉打牌,这些有 52 种可能的动作指令,就以不同顺序的排列出现。因为同一种花色有 13 张牌,他就创作了 13 支严格格式的舞蹈,或者称它们为"手牌";他还创作了 14 个"发牌"——"手牌"中间的 12 个,还有一个用来开始,一个用来结尾。这些"发牌"组成了较为简单动作,在表演这些动作的过程中,舞者被给予了一定的自由——比如,舞者可以自行决定是否做这些动作,或者可以退出某些动作。

每一场表演的动作顺序都会被改变,顺序就张贴在舞台侧台上以便让舞者看到。一场包含 27 个"手牌"和"发牌"的完整表演时长为 75 分钟,偶尔才会全部表演,有时也会以"剧场事件"为标题进行表演。但是,更常见的情况是,当舞蹈成为保留剧目节目单的一个部分时,只会选择一个序列进行演出,最短的演出时长为 20 分钟左右。

波琳·奥利维罗斯的音乐《缅怀:尼古拉·特斯拉,宇宙工程师》(*In Memoriam: Nikola Tesla, Cosmic Engineer*),致敬一位南斯拉夫物理学家,他曾在 20 世纪初来到美国与托马斯·爱迪生共事。他后来移居科罗拉多州,在那里进行人工雷电实验。欧丽薇洛斯指导音乐家们找到与表演场地"共鸣的频率"。他们会讨论

《甘菲德牌戏》，1969 年
人物从左至右： 梅格·哈珀、卡罗琳·布朗和莫斯·坎宁汉
摄影： 詹姆斯·克洛斯蒂

剧场的音质，并用哨子、喇叭、玩具枪、电乐器等进行测试。当他们找到共鸣频率后，他们试着用乐器与之相匹配；如果他们成功了，大厅里的空气就会振动，产生深沉的脉动声。音乐家们提前把这些录下来，在之后表演时进行播放。1972 年，舞团在科隆表演了完整的《甘菲德牌戏》，他们遇到了这部作品演出史上最粗鲁的观众，

莫斯·坎宁汉及其《甘菲德牌戏》笔记，1969 年
摄影：詹姆斯·克洛斯蒂

这次经历令人难忘。但是观众的嘘声、嘲笑声、大声叫骂声被录下来并播放给他们听，当他们意识到他们听的是什么的时候，他们沉默了。

罗伯特·莫里斯设计的布景以一根灰色的竖杆为特色，与舞台台口的拱形一样高，可以在台前来回移动。竖杆背后的灯光照在背景幕布上，增强了它移动经过区域的照明。莫里斯打算在幕布和服装上涂上反光颜料，让他们也发光，但是洗舞蹈服的时候颜料也被洗掉了。

3 月 4 日，《甘菲德牌戏》作为一部作品（而非一项"体育馆事件演出"）在纽约州罗彻斯特市的拿撒勒学院进行了首次演出。4 月 15 日，在纽约市的第一次演出在布鲁克林音乐学院进行。布鲁克林音乐学院的表演是首次有舞台布景的演出，但是另一方面，因

贾斯珀·约翰斯为卡罗琳·布朗喷染舞蹈服，1969 年
摄影：詹姆斯·克洛斯蒂

为电力工人罢工，这也是一次没有音乐伴奏的舞蹈。布鲁克林的随后三场演出中有音乐伴奏（这是 1968—1969 年舞蹈节的一部分，演出中包括艾文·艾利和林蒙舞团），这是首次所有的元素全都用上。

· · ·

离开布鲁克林之后，舞团在四月底短暂地访问了罗马，在罗马艺术节进行了两场表演。

9 月，舞团前往明尼苏达州进行了为期十天的驻留项目，这是由明尼阿波利斯市沃克艺术中心发起的众多项目中的首个，得到了美国国家艺术基金会、明尼苏达州艺术委员会以及参与驻留项目的各学校的支持。在保留剧目和"事件"演出之外，还有其他的活动，如大师课、示范演讲等。

那年秋天，洛克菲勒基金会给布鲁克林音乐学院拨款 35 万美元,用于资助它的三个常驻舞团创作新作品。

这一年里,纽约"别物出版社"(Something Else Press)出版了坎宁汉的著作《变化:编舞笔记》。这部著作由弗朗西斯·斯塔尔编辑,他将坎宁汉的文字和图示笔记,还有其他说明性的材料,以非线性、拼贴式的方式进行了整理,以求最大限度接近舞蹈的本质。

《夏日空间》 1958年

人物从左至右：维奥拉·法伯、卡罗琳·布朗

摄影：理查德·劳特利奇

"两个人的房间"里的莫斯·坎宁汉
《滑稽可笑的相遇》 1958 年
摄影：特里·史蒂文森 (Terry Stevenson)

《雨林》（Rainforest）

1967 年　莫斯·坎宁汉和梅格·哈珀

摄影：詹姆斯·克洛斯蒂

《事件》
1972 年　威尼斯圣马可广场
摄影：詹姆斯·克洛斯蒂

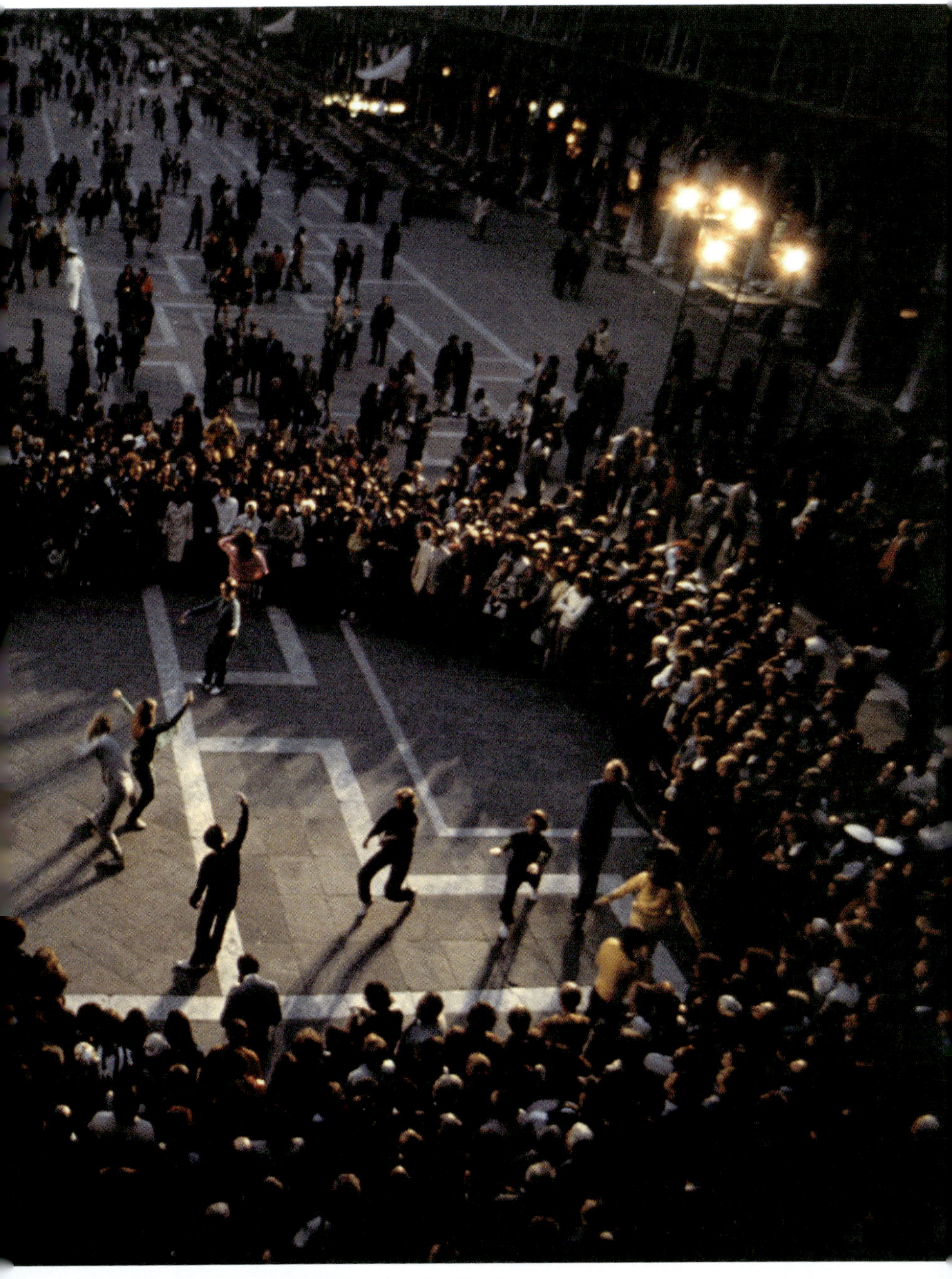

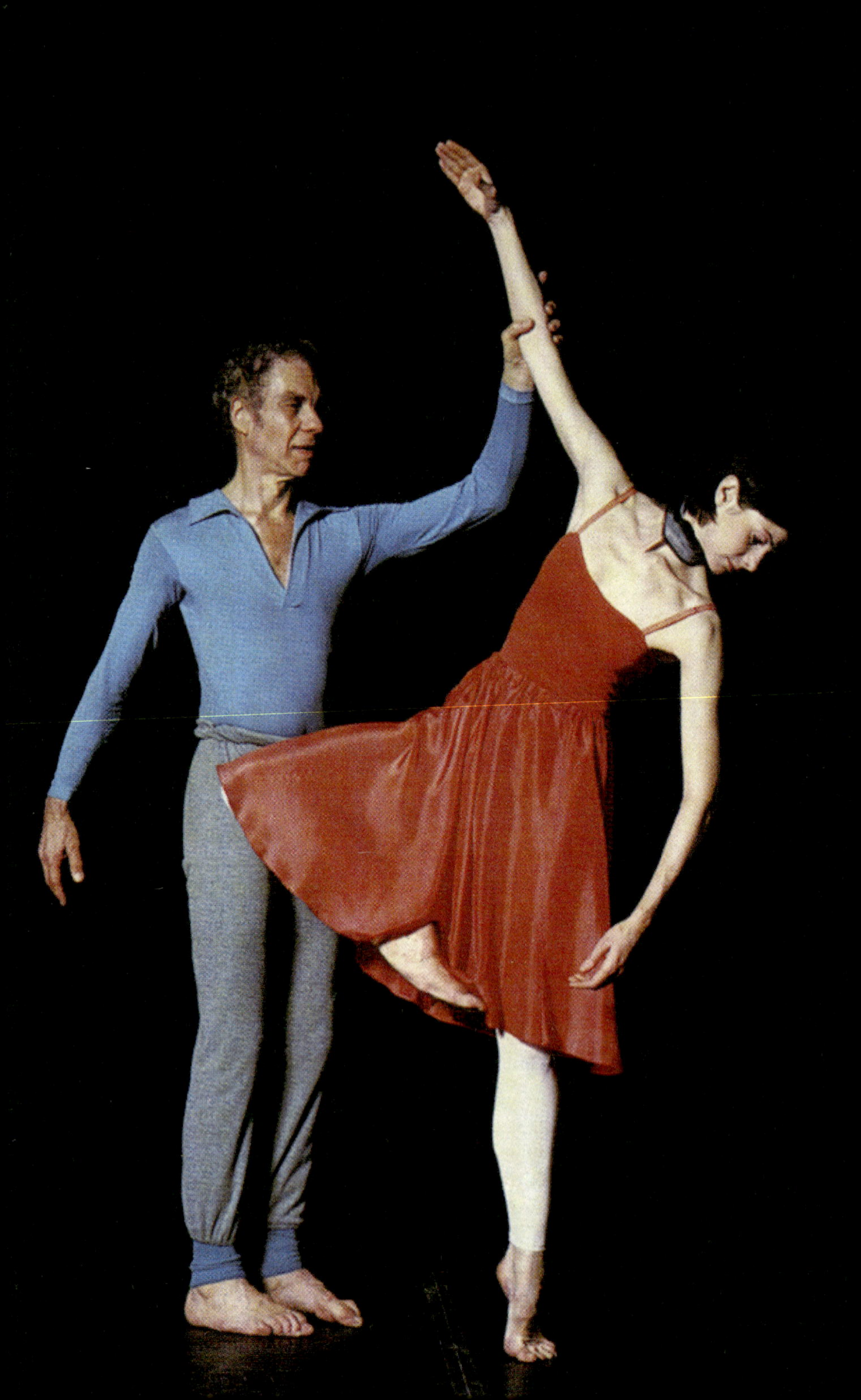

《加洛普舞》　1980 年

人物从左到右：埃伦·康菲尔德（Ellen Cornfield）、朱迪·拉扎罗（Judy Lazaroff）和莫斯·坎宁汉

摄影：约翰·埃尔伯斯（John Elbers）

《双人舞》(Duets)

1980 年　莫斯·坎宁汉和凯瑟琳·科尔 (Catherine Kerr)

摄影：纳撒尼尔·泰尔斯顿 (Nathaniel Tileston)

莫斯·坎宁汉和显示器　1981 年
摄影：特里·史蒂文森

《加洛普舞》 1980 年
人物从左到右:埃伦·康菲尔德(Ellen Cornfield)、朱迪·拉扎罗(Judy Lazaroff)和莫斯·坎宁汉
摄影:约翰·埃尔伯斯(John Elbers)

《海滩飞鸟》(下页图) 1991 年
人物从左到右分别为迈克尔·科尔、兰德尔·桑德森、海伦·巴罗(Helen Barrow)、罗伯特·斯温斯顿、詹妮弗·韦弗和卡罗·泰特尔鲍姆
摄影:约翰·埃尔伯斯(John Elbers)

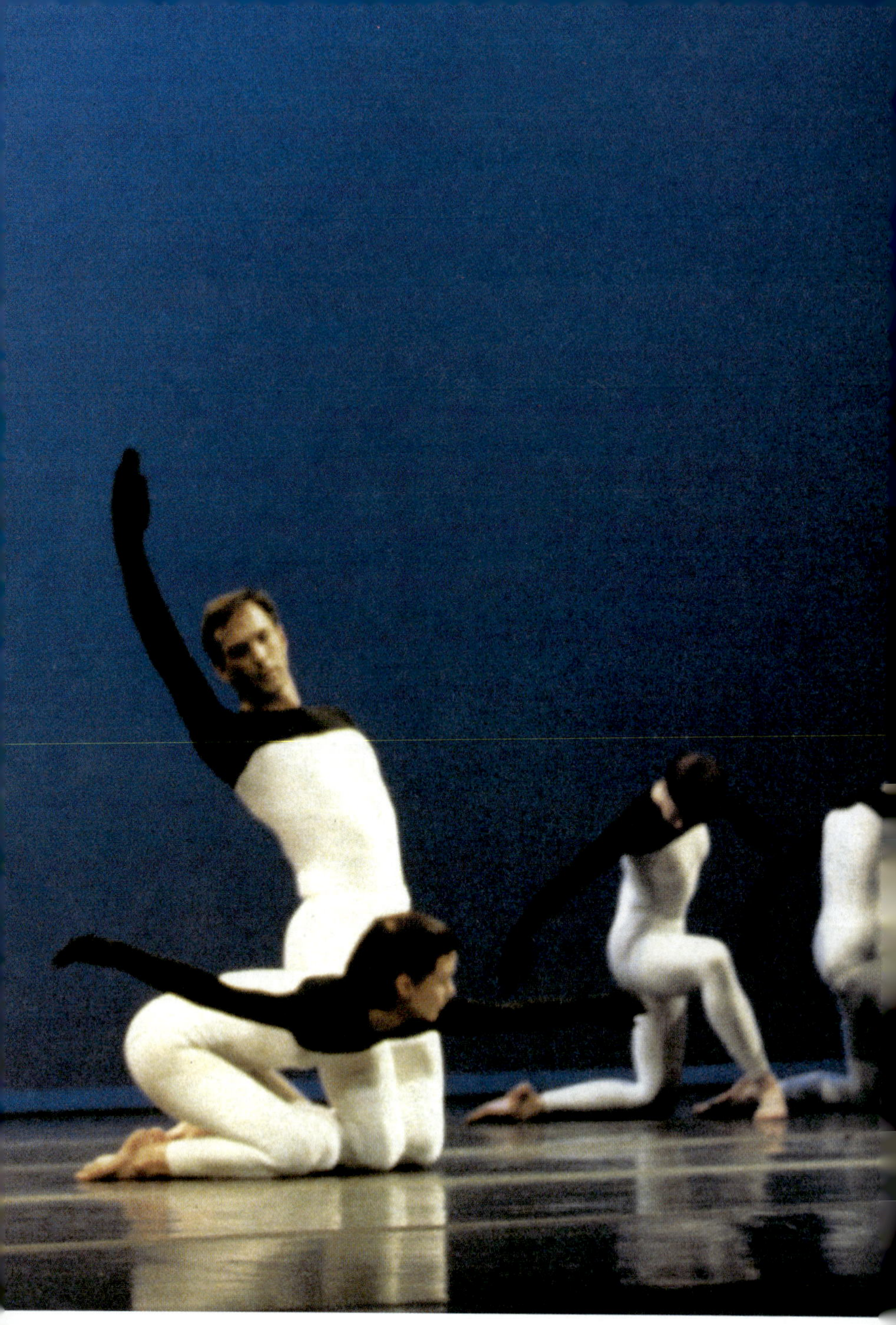

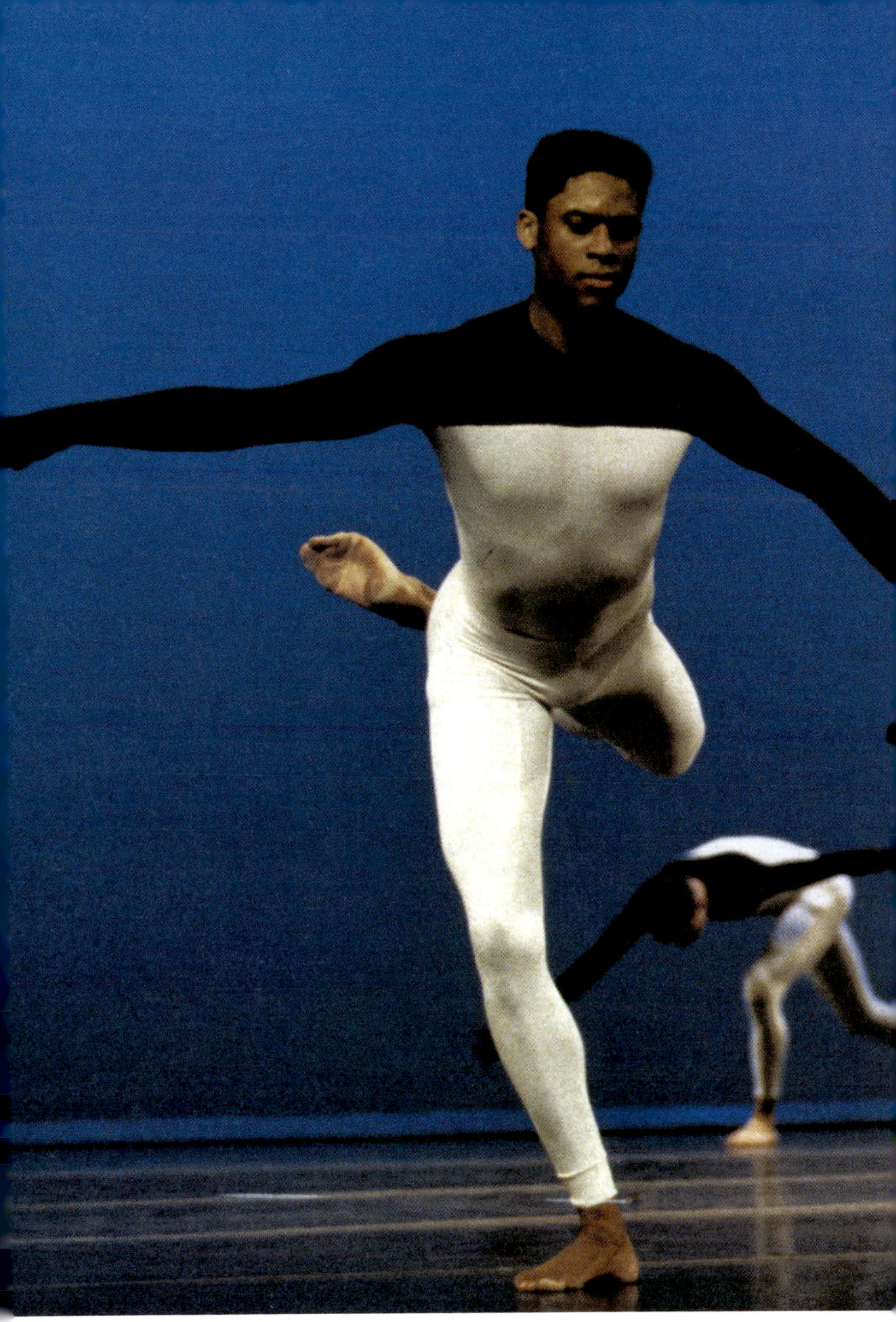

《珍珠菜》 1991 年
人物从左到右：维多利亚·芬莱森、莫斯·坎宁汉、弗雷德里克·加夫纳、卡罗·泰特尔鲍姆、克里斯·科马尔、詹妮弗·韦弗以及兰德尔·桑德森
摄影：迈克尔·奥尼尔

《双人舞》 1980 年

人物从左到右：克里斯·科马尔和梅格·埃金顿（Meg Eginton）

摄影：纳撒尼尔·泰尔斯顿

1995年舞团在威尼斯拉菲尼斯剧院为《海洋》排练

人物从左至右：罗伯特·斯温斯顿、莫斯·坎宁汉、马修·莫尔（Matthew Mohr）、弗雷德里克·加夫纳（Frédric Gafner）、谢丽尔·塞里恩（Cheryl Therrien）、巴努·欧根（Banu ogan）、贾里德·菲利普斯（Jared Phillips）、丽莎·布德罗（Lisa Boudreau）、珍妮·斯蒂尔（Jeannies Steele）、格伦·拉姆齐（Glen Rumsey）、查娜·劳迪西奥（China Laudisio）、迈克尔·科尔、托马斯·卡利、詹妮弗·韦弗（Jenifer Weaver）和金伯利·巴托斯克（Kimberly Bartosik）

摄影：克劳德·格夫纳（Claude Gafner）

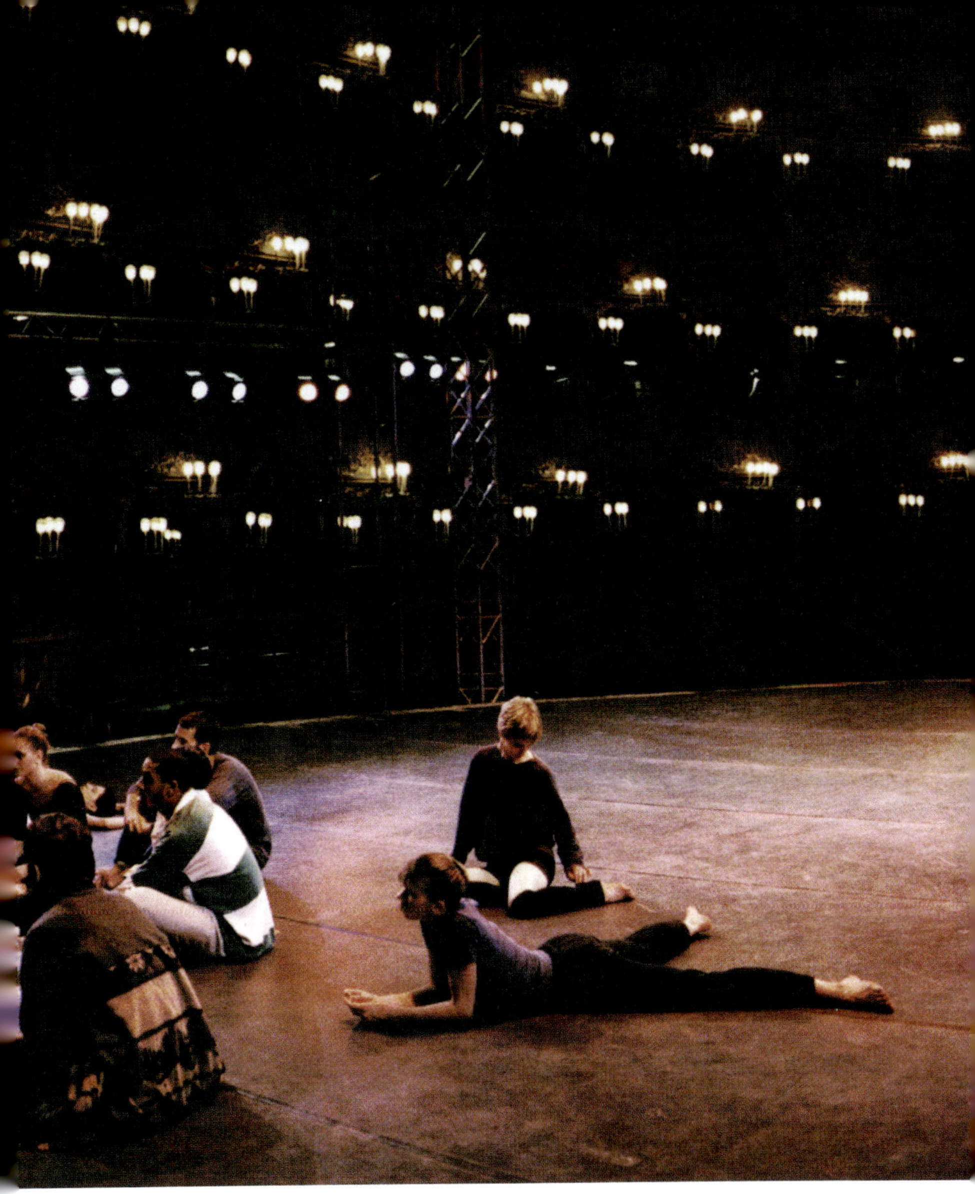

《破浪者》 1994 年

人物从左到右：迈克尔·科尔、詹妮弗·韦弗、格伦·拉姆齐、查娜·劳迪西奥、艾玛·戴蒙德、托马斯·卡利、谢丽尔·塞里恩、弗雷德里克·加夫纳以及罗伯特·斯温斯顿

摄影：约翰·埃尔伯斯

1970s

1970 年

坎宁汉舞团在布鲁克林音乐学院的第一个驻场演出季从 1970 年 1 月 5 日开始，1 月 16 日结束。这次为了欢迎维奥拉·法伯作为特邀嘉宾回归，舞团重演了《危机》。在洛克菲勒基金会的资助下，坎宁汉还创作了两部新作品：

《踏步》

《踏步》是坎宁汉较为轻快的作品之一，被帕特里克·奥康纳（Patrick O'Connor）评价为"有时滑稽，但总体愉快幽默的作品"，其中"舞者陷入了一些非常复杂的身体纠缠，而'坎宁汉爸爸'过来将他们的身体分开理顺"。有一个时刻，舞者们堆挤在一起，坎宁汉伸出胳膊将他们抱在一起，就像一只老母鸡拢起它的鸡崽们。唐·麦克唐纳（Don McDonagh）这样描述这个作品的彩排：

> 坎宁汉使情境更为明朗，舞者们形成一道道仅容一两个人通过的"门"。梅格·哈珀从杰夫·斯雷顿的腿下非常小的空间穿过之后用自己的身体将他围起来。舞蹈基础框架的设计是：开始时动作轻柔，舞者们呈坐姿，之后他们做一系列滑稽有趣的抓、举、快速进出等动作，看起来像法国室内杂耍剧。表演的最后，舞蹈又回到一开始的宁静气氛[2]。

《踏步》，1970 年
人物从左至右：莫斯·坎宁汉、梅格·哈珀、梅尔·王、杰夫·斯雷顿和卡罗琳·布朗
摄影：詹姆斯·克洛斯蒂

《踏步》，1970 年
人物从左至右：道格拉斯·邓恩（Douglas Dunn）、瓦尔达·塞特菲尔德、梅尔·王、杰夫·斯雷顿、卡罗琳·布朗和梅格·哈珀
摄影：詹姆斯·克洛斯蒂

布鲁斯·瑙曼设计的布景由十个大型工用风扇组成,它们在台前排成一排,动静交替,轮流翻转。瑙曼设想舞团巡演时这些风扇可以在任何地方使用,但是事实证明这行不通,每到一个地方表演,这些风扇得随演出货物托运。演出服装由坎宁汉自己设计——程式化的运动装,女舞者穿女式运动服和护腿,男舞者的是运动衫和裤子,色彩介于棕灰之间。

音乐是克里斯蒂安·沃尔夫已有的作品《为 1、2 或 3 人而作》。

《二手》

我最早的独舞作品之一《田园之歌》,配乐是埃里克·萨蒂《苏格拉底》的第一乐章。凯奇将这支乐曲编排为用两架钢琴合奏的版本(引用说法但存疑——实际上是钢琴独奏版本)。这些年凯奇建议我也为另外两个乐章编舞,因为他打算将另外两个乐章也改编为钢琴曲。

20 世纪 60 年代末,我们在美国中西部的一次巡演中,和我们一起的两位乐师大卫·都铎和戈登·穆玛向我解释,为三个独立的舞蹈分别做不同的电子音乐对他们来说难度很大。那么我们应该怎么做呢?凯奇建议我为《苏格拉底》编舞,他已经(与亚瑟·马多克斯[Arthur Maddox]合作)完成了这个曲子的双钢琴编排。于是,我就开始创作,回忆起第一部分开头的独舞,创作了卡罗琳·布朗和我第二部分的双人舞,以及最后一个乐章舞团全体跳的多人舞(坎宁汉一直没有离开舞台)。在第一场表演拟定日期的前一个月,凯奇从加利福尼亚州的戴维斯打来电话(他当时在加利福尼亚大学戴维斯分校驻

《二手》，第三乐章，1970 年

人物从左至右：莫斯·坎宁汉、梅格·哈珀、尤利西斯·达夫、卡罗琳·布朗、梅尔·王、桑德兰·尼尔斯、道格拉斯·邓恩（Douglas Dunn）和苏珊娜·海曼查菲

摄影：詹姆斯·克洛斯蒂

演），说萨蒂的出版商拒绝授权凯奇的双钢琴改编（甚至拒绝让他使用萨蒂自己创作的人声和钢琴精简版本）。不过不用担心，他正在编写一个单钢琴新曲，新曲保持了萨蒂乐曲的结构和乐句组合，但使用随机的方式更改了曲子中乐段的排列顺序，这样就不会引起版权问题。当他说到这一点的时候，我回复他，"但是你得和我们一起排练，演奏音乐，这样我们才可以了解这支新的曲子"。他回答说，"不用担心，我会参加排练的。我给这个新曲版本起名叫《拙劣模仿》（Cheap Imitation）"。我说，"如果这样的话，那我给自己的作品起名叫《二手》"。这是我最后一次根据乐谱编舞来创作作品[3]。

尽管如此，坎宁汉仍然像往常一样教舞者们新的舞蹈，没有配乐。他遵循了《苏格拉底》（凯奇的改编版本）的节奏，这一点确定无疑，但他在舞蹈中加入了多少戏剧性内容却不太明确。布朗——坎宁汉在《二手》中的搭档，她和詹姆斯·克洛斯蒂都曾表

示,这些内容是隐晦地,而不是明确呈现出来的[4]。但是坎宁汉以正式的话语讨论过这个作品:

> 在最后的乐章《苏格拉底之死》(Mort de Socrate)中,为了不让空间是静态的,我决定将它编排成这样一种形式,即在作品的最后,舞者们围成一个完整的圆圈。这一乐章以我独自站在后台开始,之后舞者们逐渐加入。随着舞蹈的推进,我们形成一个螺旋的圆圈,最后舞者们离场,只留我独自站在台上。
>
> 这个圆圈没必要特别明显。随着舞蹈的进行,舞者们散开向不同方向行进,但是散开的圆形图案需要展现出来[5]。

第三乐章中有一个不确定性的小元素:每一位舞者有一些特别的手部或是手指动作,在表演中可以随意地自由使用。

《二手》的表演没有布景。贾斯珀·约翰斯设计并为舞蹈服装染色;男舞者和女舞者都穿紧身上下装,"服装整体是单色,一侧的袖口或裤脚加入另一种颜色。袖口或裤脚的颜色是另一套服装的主色,只有大家列队鞠躬的时候才能看出来。贾斯珀·约翰斯要求鞠躬要按顺序进行以使颜色连续起来"[6]。

· · ·

春天的国内巡演结束后,是6月和7月在欧洲的大规模巡演。巡演以在巴黎的法国大剧院(奥迪昂)为期两周的表演开始,受法国国家剧院的赞助。之后在法国亚眠或其附近有两场演出,一场是在亚眠市"文化之家"的保留剧目演出,另一场是在拉提利城堡的"事件"演出。接着,舞团在荷兰艺术节赞助下开始进行为期八天的荷兰巡演,之后又赴意大利斯波莱托双世艺术节进行一周演出。最后,舞团在圣保罗·德旺斯(St. Paul de Vence)的"玛格基金会之夜"还有一系列表演。

在奥迪昂的第二场表演中包含了一部新作品的首次演出:

《信号》

《信号》就像一个小型旅行团的玩家们,他们上场、摆好椅子、然后各行其是。我们在很多地方表演过这个作品。每位舞者扮演一个角色,做完自己的事情后就搬起椅子离开。而实际上,一些人坐着,一些人离开了。我想到了一个关于布景的想法,就是用那些椅子组成的。可以真的拿起椅子。它可以在一个法国的公园,或者一个剧场里面,所以创作时,我尽力去构想可以在非常简单的环境里做的事情。《信号》是一个可以变换场景的作品的例子[7]。

从不同部分的标题可以明显地看出这一点:《1、2或3人跳的独舞》《2人跳的双人舞》《3人或4人跳的三人舞》《5人或6人跳的六人舞》。

最初有另一个独舞,本来可以有更高的灵活度。我投硬币来决定舞蹈的顺序,一开始以三人舞开始,但是我觉得不能这么做——问题是,接下来是什么?当可能性变少时,就更难进行变化。但是我想无论如何我们得试一试。

1970年5月31日，主持人和约翰·凯奇在巴黎拉维尔的奥赛现代艺术博物馆排练活动

摄影：詹姆斯·克洛斯蒂

最初在舞台右后方堆着六把椅子。每次我都想把它们放在不同的位置,但我们表演的舞台大多数都太小了。以至于结尾,舞者们有两种选择:如果椅子被转过去,舞者们靠在椅子上,那么走向他或她的舞者就会跟另一个人有接触——要么坐下来,要么投入他/她的怀抱;但是,如果椅子被拿走,那么另一名舞者就知道要退场。这就是"信号"——这部作品中这样的信号随处可见。

在六人舞中,当舞者们伸出几根手指时,这就是一个信号,来表明他们在队列中的位置。当他们移出队列到舞台空间时,他们根据在队列中的位置来做一个动作或另一个动作。

最后一个部分中,另一种信号是呼吸声(最初是坎宁汉自己的声音):

男人们以一个特定的动作开始,然后姑娘们加入。其实我们不知道怎样给出信号,以便提示姑娘们加入时间。所以我说我会发出信号,我记得我想了并且尝试了很多种方法。之后我想到,"哦!"用鼻音来发出信号。然后我就用它作为这个部分的信号,效果非常好,除非你在吸气的时候发出这个声音……

一位男舞者拿着一根指挥棒的时刻,我原本打算这个片段是和现在一样的四人舞。我最初设计时,梅尔·王拿着指挥棒并时不时抛给我。瓦尔达·塞特菲尔德是这个部分中的女舞者,她总担心这根棍子——"如果被打到的话会受伤的"——所以我不再接指挥棒,这让舞蹈变得简单了一些。后来我把梅尔·王的部分安排给了克里斯·科马尔,我想起了我最初的设想,所以现在有两位男舞者将指挥棒来回传递[8]。

《信号》，1970年
人物从左至右：莫斯·坎宁汉、苏珊娜·海曼查菲、道格拉斯·邓恩、瓦尔达·塞特菲尔德、梅尔·王和路易斯·伯恩斯（Louise Burns）

《信号》，1970年
人物从左至右：道格拉斯·邓恩、瓦尔达·塞特菲尔德和尤利西斯·达夫

帕特里夏·兰特在之后的几年里跳《信号》时，在这个基础上又加入了一个细节：最后一刻谁和椅子一起留在舞台上，取决于这一刻之前舞者结束动作时的位置，这就经常会出现"争抢位置"的情况，因为他们都想尽力找到自己的位置。

坎宁汉亲自为《信号》设计了服装，是一套运动装外面绑缚了胶带，这让舞者们的身形更加清晰。舞台没有布景。理查德·尼尔森设计了灯光。

舞蹈的配乐做了一些更改，这一点在标题上反映出来：第一场表演的标题是《六月的第一周》，列出的作曲者是都铎—穆玛—凯奇。随着后续表演的进行，标题改成了《六月的第二周》《六月的第三周》等，作曲家名字的顺序也进行了调整（后来节目单进行简化，只给出演奏者的名字）。

· · · ·

11月，舞团第二次作为布鲁克林音乐学院常驻舞团，开始进行为期两周的表演。这是《信号》在美国的首演，同时还有另一部新作品：

《物体》

这支舞蹈的灵感来自那句谚语："旧东西，新东西，借来的东西，蓝色的东西。"让卡罗琳·布朗惊讶地发现，坎宁汉说《七重奏》（《弗吉尼亚卷轴》[Virginia Reel]）中的一部分被纳入新作品之中——"这是借来的东西，但我不知道蓝色的东西是什么。"在另一个部分，坎宁汉和舞者们模仿玩用这个游戏象征他在玩某种"旧东西"。这个部分后来复排用作事件演出。

尼尔·詹妮（Neil Jenny）设计的布景提供了题目中的物体：金

属管和黑布组成的大型装置，装有脚轮，以便在演出过程中可以四处移动。坎宁汉之前看过詹妮做的雕塑，觉得非常漂亮，因此贾斯珀·约翰斯就邀请她来设计布景。坎宁汉很赞成这个想法，但是最后做出来的物体太大了："它们很难控制，在剧场里太过笨重。"舞蹈服装是紧身服和各式各样、各种颜色的短外套。

音乐是阿尔文·路西尔（Alvin Lucier）的一首已有的作品《黄昏祷歌》(*Vespers*)。

· · ·

情势所迫，舞团不得不搬出第三大道498号的工作室。那栋建筑就要被拆了——如果它自己不会先倒塌的话——当舞者们跳舞的时候，它的地板会塌陷开裂，这是不好的预兆。冬天的几个月里，暖气也时好时坏。我仍然担任工作室管理员，有一天我在《纽约时报》上看到一篇关于维斯特贝斯的文章，这是一个由西村贝尔公司实验室大楼改造而成，专供艺术家居住和工作的建筑群。我打电话询问是否有可供舞团使用的工作室，被告知在11楼有地方，那里之前是一个大礼堂。坎宁汉和我前去考察，发现这个地方非常令人满意，可以看到哈德逊河和纽约天际线的优美景色，但租金远远超出我们的支付能力。然而，J. M. 卡普兰基金（J. M. Kaplan Fund）与国家艺术基金共同承包了维斯特贝斯项目，并且为我们提供了一笔资金，让我们至少可以负担几年的房租。所以，我们决定搬出第三大道工作室，搬进维斯特贝斯。

《二手》的彩排现场,纽约维斯特贝斯工作室,1971 年
人物从左至右,从前到后:梅格·哈珀、道格拉斯·邓恩、苏珊娜·海曼查菲、尤利西斯·达夫、卡罗琳·布朗、伊索尔德·里奥佩尔(Yseult Riopelle)、蔡斯·罗宾逊、桑德兰·尼尔斯、埃德·亨克尔(Ed Henkel)、瓦尔达·塞特菲尔德、莫斯·坎宁汉和约翰·凯奇弹钢琴
摄影:詹姆斯·克洛斯蒂

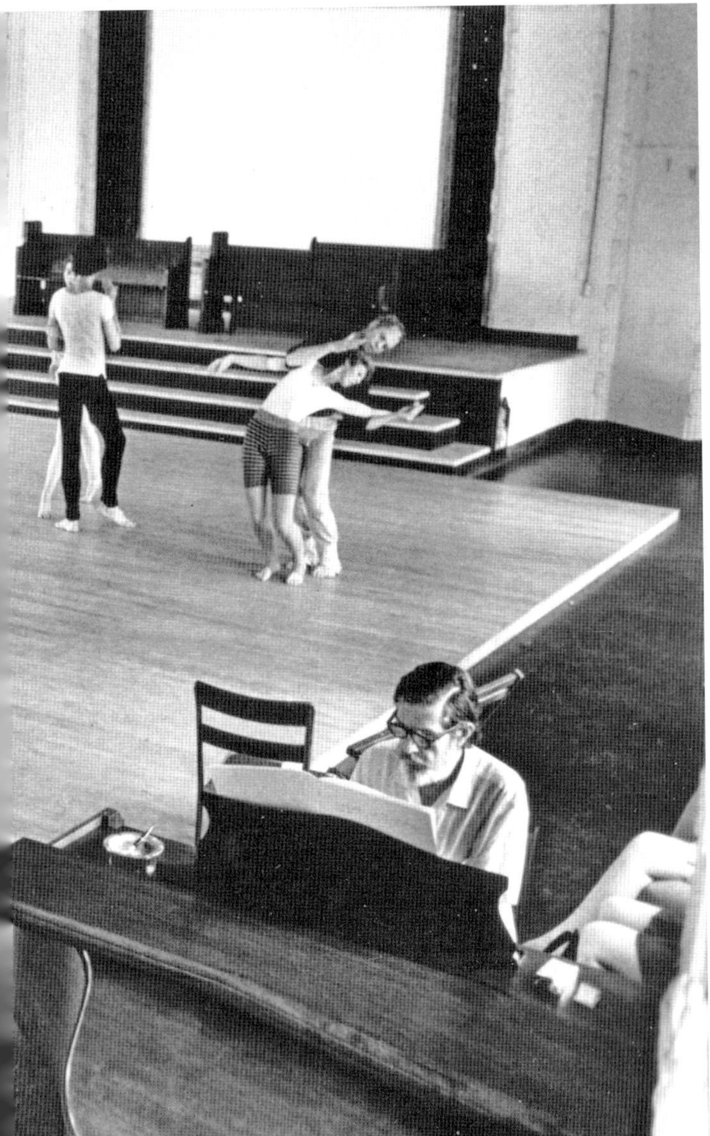

1971 年

维斯特贝斯工作室于 1 月 25 日开放,这时舞团正在巡演。坎宁汉和凯奇在银行大街的街角租了一间公寓。

1971 年的大多数时间,舞团都在国内巡演。1 月份,在加利福尼亚大学伯克利分校演出两场后,舞团于 7 月又回到那里驻留一个月,且月初和月末都有很多演出。最后两个节目是事件演出,这些演出中,第二个节目的独特之处在于,坎宁汉允许舞者们提供自己的素材。据卡罗琳·布朗所说,"部分参考了坎宁汉的建议":

> 坎宁汉对我们说,他主要负责舞蹈结构框架的设计工作。否则的话,他也会作为 11 位舞者之一参加编舞工作。他还用三种不同的方法规划舞台空间,但是舞台空间中发生的事情和持续时长还不确定……莫斯最后贡献了两三个舞蹈动作理念,但是更多的是一种鼓励,而不是施加控制[1]。

尽管表演颇受好评,但坎宁汉没有重复这个实验。

与上一年相反的是,1971 年只上演了一部新作品,是坎宁汉的独舞:

《循环》

坎宁汉将《循环》描述为"独舞者的事件演出",他于12月3日在纽约现代艺术博物馆表演了这部作品。音乐由戈登·穆玛创作,取名为《来自调频遥测的生物物理及环境信号》(*Biophysical and Ambient Signals from FM Telemetry*)。通过这些信号,"坎宁汉的呼吸声和心跳声作为现场表演的一部分都可以被听到"[2]。这部作品是在博物馆的六楼"创始人大厅"中,贾斯珀·约翰斯的巨大画作《地图,基于巴克敏斯特·富勒的代马克辛空中海洋世界》(*Map, After Buckminster Fuller's Dymaxion Airocean World*)前面演出的,还配有查尔斯·阿特拉斯做的幻灯片。理查德·尼尔森担任灯光师。1973年5月18日,《循环》(当时以《循环及增补》[*Loops and Additions*]的标题)在纽约惠特尼美国艺术博物馆再次上演,这也为坎宁汉在"事件"演出中的表现提供了素材,比如在独舞之中,他的手绕着头和躯干在空中游走,手指快速抖动和抽搐。另一个他模仿化妆的片段,在之后他和凯奇表演的"对话"中得以重复。结束时,他将两只手举起来遮住脸,然后突然打开,露出的脸嘴巴大张着——这是引用了《七重奏》和《混乱》的片段。

1972 年

2月,坎宁汉舞团在布鲁克林音乐学院进行第三次(后来证明也是最后一次)为期两周的保留剧目演出季。这个演出季上演了三个新作品:

《乡村即景》

《乡村即景》在开幕之夜(2月1日)首演,它是一部大型的作品,时长超过50分钟。

这支舞蹈有四个部分。最开始的构想是每个部分的舞蹈区域都有变化,也就是说从舞台到礼堂,再到体育馆和室外;或者在周围设置一个不断变化的布景[1]。

我的构想是人们在不同的场景中活动,也许是美国式的场景,我们环游全国——穿越不同的空间——在不同的背景之中[2]。

坎宁汉甚至想过,在一个"不断变化的景色,就像驾车穿越乡间,两边的景色缓慢而持续地变化"的景色前进行表演。但是,演出中没有布景。贾斯珀·约翰斯设计了舞蹈服装——颜色各异的

《乡村即景》,1971 年
人物从左至右: 尤利西斯·达夫、桑德兰·尼尔斯、克里斯·科马尔和梅格·哈珀
摄影:詹姆斯·克洛斯蒂

上衣和紧身裤。

这是在我做电视节目之前,这部作品占用了很大的空间。当我开始做电视节目时对它进行了改动。我确实想过将《乡村即景》的一部分做成视频,但它铺展地太大。

第二部分是一段很长的双人舞,最初由坎宁汉和卡罗琳·布朗表演。与《信号》一样,音乐也是由凯奇、大卫·都铎和戈登·穆玛合作完成的。乐曲名为《52/3》,这两个数字分别代表作品的时长 52 分钟,以及参与创作的 3 位音乐家。

《电视重播》

电视重播在演出季的第二个晚上首次演出,是一部充满不确定性的作品,用布朗的话来说,"这支舞蹈中,每位舞者学习的素材是相同的,但表演中他们可以自由选择自己想要表演的部分。这是一支多少舞者都可以跳的舞,而且任何一位舞者的离开都不会影响舞蹈的整体效果"[3]。布朗用这个原则来检验贝尔格莱德一个晚上的演出。在贝尔格莱德,她安排苏珊娜·海曼查菲接替她在《雨林》中的位置,她还选择不出现在电视重播中。因为她也不用跳第二场《信号》,这意味着她整晚都可以休息。

> 我想要找到一种方式来解决表演中焦点的移动。贾斯珀·约翰斯建议让摄影师四处移动,这样的话舞者们就可以做到——不一定非得面对镜头,但是要意识到变换的拍摄焦点。如果他们离开了,他们"出了镜头范围",就应该离开并站到一个摄影师的附近,而不是在镜头可以拍到的范围随着摄影师一起移动。

电视重播的设计工作由约翰斯担任。舞台上有一个或几个摄影师进行拍摄,一个固定的电影或电视摄像机机位,这些组成了"舞台布景"(坎宁汉自己也偶尔担任摄影师)。服装为黑色和白色的紧身衣和紧身裤。那年晚些时候,在贝尔格莱德的演出被进行了电视转播,电视台的摄影师可以选择和舞者们一起在台上,但是他们拒绝了。

穆玛的乐谱《电报》被描述为"作曲家和舞蹈家之间的合作……舞者们佩戴着由穆玛设计的遥感腰带,腰带通过重力感应传输了舞者们的动作和姿势的信号……作曲家再将这些信号的互动进行编排,之后观众会从音响设备中听到编排后的音乐"。

《波斯特公园》

这支舞蹈以华盛顿州森特罗利亚镇上的一个小公园命名,那里是坎宁汉的故乡。"这个公园原本位于小镇边缘,但随着镇子的扩张,它逐渐被镇子包围。那里有一座印第安堡垒,我们常常去那里野餐。"这支舞蹈确实像是在描述我们在这样一个地方野餐或游戏。它是一件轻快的作品;梅格·哈珀想起一支独舞,表演中她观察一只小虫爬行,捉住了它,把它给了坎宁汉。在野餐场景的最后,桌布和上面放置的东西被用一根绳子拉进了侧台。

音乐是克里斯蒂安·沃尔夫创作的器乐曲《牛蒡》(*Burdocks*)[5]。在台上演奏的六位音乐家,与六位舞者一起按字母顺序列在节目单上(这六位舞者加上布朗,是《乡村即景》第一部分的表演者,布朗没有跳《波斯特公园》)。

服装由"舞团全体"负责,大家选择自己想要穿的服装。

· · ·

四月底,坎宁汉获得了当年的布兰迪斯大学创意艺术奖。6月获得了伊利诺伊大学香槟分校的荣誉文学博士学位(这个学位由舞蹈系主任玛格丽特·厄兰格[Margaret Erlanger]极力促成)。

就像1970年,年度巡演的第一部分全部在北美进行——一场在多伦多的演出以及另一场由沃克艺术中心赞助的明尼阿波利斯大学的驻场演出。五月,舞团进行了"维斯特贝斯工作室演出"的第一个系列表演。九月初,异国之旅重新开启。他们先去了伊朗,参加了在那个国家举办的第六届艺术节。他们进行了两场露天表演,一场在设拉子,另一场在波斯遗址的波斯波利斯,现在的波斯波利斯曾经是皇家所在地。

《事件》，巴黎城市剧院，1972年
人物从左至右：苏珊娜·海曼查菲、桑德兰·尼尔斯、布莱纳尔·梅尔、芭芭拉·利亚斯、梅格·哈珀、克里斯·科马尔、尤利西斯·达夫、瓦尔达·塞特菲尔德和纳内特·哈萨尔（Nanette Hassall）
摄影：詹姆斯·克洛斯蒂

舞团从伊朗飞往威尼斯参加第35届国际当代音乐节，这是那一年双年展活动的一部分。除了在威尼斯凤凰剧院和主城的梅斯特雷剧院（或者说是影院）表演了两场保留剧目外，舞团还有一场户外"事件"演出，这次是在圣马可广场。坎宁汉"给每位舞者拿来一把椅子，他们一开始的时候坐成一个小圈，然后逐渐向后推，直到有了足够的空间来跳舞。他们还用扫帚打扫了这片空地……"[6]

下一站是南斯拉夫贝尔格莱德的国际戏剧节——第六届贝尔格莱德戏剧节（BITEF6）：舞团在现代艺术博物馆表演了一场"事件"演出，还有两场演出，其中一个是在212工作室剧场表演了《甘菲德牌戏》的完整版本。接下来是在第16届华沙秋季艺术节进行的一场演出，华沙方面承诺这次让他们住在新的现代酒店。但是当汽车停在华沙酒店门口时，那些参加过1964世界巡演的人就心头一沉，因为八年前他们就是在这里入住的。据解释，新酒店还没有竣工。于是凯奇就着手去寻找另外的住宿，但是其中一个导游追上来并把他带了回来，向他保证他自己在外面找的地方只会更糟。

在迈克尔·怀特的赞助下，舞团飞往伦敦，在沙德勒之井剧院进行的为期一周的演出就很轻松了。接下来的一周——十月的第一周，舞团在德国有两场表演：第一场是之前提到在科隆歌剧院演出的《甘菲德牌戏》，那里的观众很粗鲁，对舞团抱有很大的敌意；第二场是在杜塞尔多夫的一个大型礼堂（实际上是个饭店）进行的"事件"演出。舞团在两地的演出反响有天壤之别：杜塞尔多夫的观众非常热情。

接下来的一周，舞团在格勒诺布尔，在文化之家的两个不同场地的演出，其中两场在移动剧院举行——整个剧场会旋转。之后舞团乘车穿越群山来到米兰并在此驻留一周，在利里科剧场参加了国际盛会"米兰公开赛"的表演。

巡演的最后一站是巴黎，在巴黎秋季艺术节的赞助下，舞团首次在城市剧院（由莎拉·伯恩哈特[Sarah Bernhardt]创办）表演。在近二十年的时间中，这座剧院几乎成了舞团的第二个家。然而，这个演出季以悲伤结束：在共事了二十年后，卡罗琳·布朗告诉坎宁汉她决定离开舞团。她的最后一场演出在10月29日，恰好是富有哀歌意味的《二手》的表演。这是一个时代的结束。

1973 年

在接下来的两年里,舞团的所有活动都是"事件"演出和演讲—展示(两者之间的区分并不明确),有时也会有一些坎宁汉和凯奇的对话节目。因此,坎宁汉不必马上去解决没有了卡罗琳·布朗的所有保留剧目的问题,但称她的离开造成了"巨大的变动"。包括在"事件"演出中,他删去了布朗在保留剧目中的选段部分。即使这样,1973 年 3 月,在布鲁克林音乐学院表演的系列四场事件演出中,节目单明确了每天晚上表演的舞蹈剧目,其中包含了一部为舞团现存人员创作的新作品:

《变化中的舞步》

《变化中的舞步》包含十个独舞、五个双人舞、三个三人舞、两个四人舞和两个五人舞,它们可以以任意顺序,在任何空间、以任意组合进行表演。

> 我想要编排一部作品,它可以每场演出都以不同的顺序来演绎。如果它按顺序来演,一个舞蹈接一个舞蹈,无论以什么顺序,那么整个作品的时长需要 43 分钟。如果将它最大程度地重叠,让(尽量多的)单人舞同时进行,那么演完整个作品的时长则只需要 12 分半。

莫斯·坎宁汉表演《独舞》，1973年
摄影：杰克·米切尔

坎宁汉特意设计了独舞部分，让它能够展现出每位舞者的独特气质（后来随着舞团的扩大，这些独舞自然由其他舞者接替表演。实际上，在特定的表演过程中也可能由多个舞者表演）。随机程序被使用，但只是"在非常宽泛的意义上"，用来定义舞蹈的不同部分，而不是具体舞步。

坎宁汉将舞蹈分别设计，这样每个舞蹈只占用一个小空间——实际上，舞蹈的编排是在维斯特贝斯的小工作室里完成的（"我们开始考虑使用摄像机"）。因此，这个作品可以在任意场地表演。它还通常被用于事件演出。1973 年 3 月布鲁克林的演出中，音乐由大卫·贝尔曼、凯奇、戈登·穆玛和大卫·都铎创作。服装是五颜六色的连身衣裤，由查尔斯·阿特拉斯设计。

《变化中的舞步》首次剧场演出是 1975 年在底特律，当时它和坎宁汉的独舞《循环》一起演出，现在这支舞采用的配乐是凯奇创作的《磁带音乐》(Cartridge Music)。新的服装由马克·兰卡斯特设计。在其他的表演场合，这部作品通常和《循环》或者坎宁汉编排的"习作"(Exercise Pieces)一起演出。

在另一次布鲁克林好的演出中，坎宁汉首次表演了一支新的独舞：

《独舞》

这支舞蹈是基于坎宁汉在圣地亚哥动物园对动物的观察创作而来。"这支舞蹈在八分钟内从一种动物形象到另一种，包含小鸟、蛇、狮子等。"[1] 坎宁汉对动物的观察非常细致：他的舌头在嘴唇之间颤动，就像蛇一样；在离开舞台时，他把头缩进了脖子里。

服装是当时坎宁汉在《德拉米侬》(Dromenon) 中所穿的：坎宁汉穿这套羊毛紧身衣，索尼娅·塞库拉在上面画了一些图案。和《变化中的舞步》一样，第一场演出的音乐由贝尔曼、凯奇、穆玛和都铎所作。同样和《变化中的舞步》一样，在两年之后底特律的剧场首演中，音乐是凯奇的《树之子》(*Child of Tree*)——另一个出自乔伊斯的《芬尼根守灵夜》的题目。

• • •

夏季，坎宁汉前往巴黎歌剧院芭蕾舞团为一场重要的委约作品挑选舞者，作品是由米歇尔·盖伊（Michel Guy）安排的：

《一两天》

1973年秋天，我在巴黎和巴黎歌剧院芭蕾舞团一起工作了九周的时间。巴黎秋季艺术节和巴黎国际舞蹈节共同委约我为巴黎歌剧院芭蕾舞团的演员们编排这部作品。我问凯奇他能不能创作音乐，还问了贾斯珀·约翰斯是否可以设计布景，他们都同意了。这是一个整晚演出的作品规模，没有幕间休息，还要用到歌剧院的所有设备。

凯奇在一开始想要使用萨蒂的作品，用各种叠加形成一个萨蒂音乐集锦，但是出版商萨拉伯特拒绝授权。因此他创作了管弦乐作品《等等》(*Etcetera*)，共需要20位乐手和3位指挥。凯奇在首演前一个月抵达巴黎，紧接着就和总指挥马吕斯·康斯坦特和另外两位指挥凯瑟琳·卡美特（Catherine Comet）和鲍里斯·德维诺格拉多（Boris de Vinogradow）进行了讨论。然而，进行第一次音乐彩排时就出了问题。就我的了解，乐手们一旦知道他们可以自行选择演奏什么声音时（凯奇的曲谱表明了这一点）他们就会要求增加报酬，还会提出这是室内乐。时任歌剧院的总监罗尔夫·立贝曼(Rolf Liebermann)与他们商讨了近一天,最后解决了这个困难,那就是每场彩排和演出给他们两马克(是之前的两倍)。凯奇担忧这会开起一个先例。康斯坦特说:"别担心,这是歌剧院,这种事情无论如何都会发生。"

我每天都在大楼顶层的芭蕾工作室给舞者们编舞,很多舞者担心排练时没有音乐,当舞蹈和音乐遇到一起会发生什么?随着作品越来越长,大家的担忧与日俱增,一两位独舞舞者时不时焦躁不安。我认为这主要得从他们的角色入手,让他们相信作为舞者,他们足够坚强,完全不必受到这件事的困扰。

音乐第一次在剧院彩排时没有舞者参加,乐池里发出的声音就像雨落在屋顶上。很多观众冲上前来想要看看声音是如何发出的。每位乐手都有一个法国硬纸箱,作为乐器的补充,可以在演出的不同时刻将它当作鼓。

几天之后是第一次全员参加的彩排,舞者们在舞台上,乐手们在乐池里,我不得不反复安抚好几个舞者关于舞蹈与音乐的配合问题。彩排终于开始了。我非常紧张,努力跟上音乐及其节拍,知道哪一部分运作良好,哪一部分出现了问题,所以他们在音乐配合上可能出现的问题我看得就没有那么明显。彩排结束后,在我的追问下,他们的回答是,"音乐?我们没有任何问题"[2]。

在每天的彩排开始之前,坎宁汉会给舞团上一堂课;知名演员迈克尔·丹纳德(Michael Denard)、让·吉泽里克斯(Jean Guizerix)、威尔弗里德·皮奥莱特(Wilfride Piollet)、克劳德·艾里尔(Claude

Ariel)在这之前,都在纽约上过一段时间的他的课。特别是吉泽里克斯和皮奥莱特,是他在这个项目中的热情支持者。11月6日,《一两天》进行首演,共有26位舞者参加。这是坎宁汉史诗级的作品之一,时长超过90分钟,没有幕间休息。

关于这个芭蕾作品,节目单上这样写道:

莫斯·坎宁汉的芭蕾舞之夜

这部芭蕾作品的题目是《一两天》[3]。

这支舞蹈包括一些独立的舞蹈片段——单人舞、双人舞、三人舞、五人舞以及人数更多的群舞——有时候看起来是一个整体,有时是好几个舞蹈同时进行。

这支舞蹈中并没有设定舞者的角色,也没有预先安排好的故事,因此,舞蹈中的角色就是舞者自己,故事就是他们依次跳的时候事件的连续进展。

舞蹈和音乐相互独立,并不依赖于音乐。三个要素——音乐、舞蹈、布景——同时出现,但是并不相互依赖,尤其是舞蹈和音乐相互独立。观众可以感受到这支舞蹈的精妙安排,但是你们所见所闻的感受并不由我们决定。我们将它呈现出来,允许每一个人以自己的方式来回味这"一两天"[4]。

凯奇的管弦乐曲谱中,允许有12位管弦乐手从一个指挥换到另一个指挥。他们也可以选择沉默。此外,还有2位钢琴手和6位打击乐手自行演奏。在流畅的管弦乐之下是一段连续的环境声录音,这段录音是凯奇在回到纽约之前在他居住的斯托尼·伯恩特小镇(Stony Point)录制的,包含了许多自然声和人造声,包含了鸟鸣声、车流声、工厂汽笛声等。

约翰斯设计的布景由两幅纱幕组成,一幅在舞台前部,另一幅在舞台中部。纱幕背后的空间可以用背光灯做出可见或者不可见的效果。纱幕的颜色变化从左侧近乎全黑到右侧接近全白。当第二扇纱幕后的灯光亮起时,舞台后墙的轮廓显现出来,好似大教堂雄伟的大门。舞者们穿着的紧身衣和紧身裤也从黑色逐渐成为上身的浅灰色。他们穿着舞鞋,尽管女舞者并不用足尖跳舞。后来一些舞者穿上了宽松运动裤和护腿。约翰斯的背景设计在年轻的英国画家马克·兰卡斯特的指导下完成。

• • •

返回美国之前,坎宁汉和凯奇前往罗马,在秋季艺术节表演了另一个《对话》(*Dialogue*)——节目单上将这个表演描述为"沉默/剧院协奏曲"。

查尔斯·阿特拉斯——舞团的舞台监督,也是一位电影制作人,完成了《漫步时光》影片的编辑。他对于自己的作品这样说:

> 前三个部分摄制于加利福尼亚州的伯克利,是在下午断断续续的彩排中使用一台手提式摄像机录制的。我的意图是从不同的视角,实时记录下完整的编排素材,这样可以保证动作的完整性。
>
> 后四个部分是一年后在法国巴黎一个演出现场用三台摄像机拍摄的。我关心的是捕捉舞者真实的表演质感,而最后两个部分中,我想要把它做成类似于观看舞蹈的体验的电影[5]。

坎宁汉开始对拍摄舞蹈产生了兴趣。他对以前影像播映他的作品方式不太满意,1968年的电视作品《集和》就是一个例子,但是在他看来,未来他的作品可能有更多的机会在这些媒介上进行观看。他想起了弗雷德·阿斯泰尔,他就是懂得一些电影技术,所以他的舞蹈可以在荧幕上得到更好的表现效果。坎宁汉一回到纽约,就开始学习如何操作摄像机,"我们买了一台摄像机来开始,我得学会怎么开和关,我就是这个水平"[6]。

1974 年

自前一年五月,在维斯特贝斯工作室的短期系列事件演出以来,至 1974 年初,坎宁汉舞团一直没有演出。他们再次集合起来准备一个比较长期的系列事件演出,演出从二月一直到五月第一个周末,除了三月的第一个周末,其间舞团在布鲁克林音乐学院的勒佩克空间进行两场"事件"演出。凯奇邀请了一些音乐家来为这个系列节目谱曲——大约每周是一个不同的音乐家,其中有万根康尚(Yasunao Tone)、杰克逊·迈克·洛(Jackson Mac Low)、阿尼亚·洛克伍德(Annea Lockwood)、雅克·贝卡尔特(Jacques Bekaert)、克里斯蒂安·沃尔夫、罗伯特·阿什利(Robert Ashley)、玛丽安娜·阿马赫(Maryanne Amacher)、阿尔文·路西尔、乔尔·查达比(Joel Chadabe)、菲尔·尼布洛克(Phill Niblock)、弗德里克·列夫斯基(Frederic Rzewski)、托尼·马丁(Tony Martin)、加勒特·李斯特(Garrett List)、菲利普·康纳(Philip Corner)、白南准,以及舞团常驻音乐家大卫·贝尔曼、戈登·穆玛和大卫·都铎。

这个春季,坎宁汉一直在创作一部新作品,作为"事件"演出的未完成作品表演了几个片段。这些部分一直没有标题,但最终被命名为《声音之舞》(*Sounddance*)。

四月,"佳吉列夫/坎宁汉"展览在纽约州长岛亨普斯特德市霍夫斯特拉大学艾米莉·洛美术馆举办。展会由罗伯特·R. 利特曼

(Robert R. Littman)和我策展,展示了俄罗斯佳吉列夫芭蕾舞团和坎宁汉舞团的合作历程。为了配合这个展会,坎宁汉舞团在纳苏退伍军人纪念馆(Nassau Veterans Memorial Coliseum)举行了一场事件演出,音乐由和田佳正(Yoshimasa Wada)创作。

与此同时,坎宁汉仍在孜孜追求他用镜头表现舞蹈的兴趣。他和查尔斯·阿特拉斯积极参与了为哥伦比亚广播公司三号摄影频道准备的两个部分节目《事件演出录像》(A Video Event),该节目由梅里尔·布罗克韦(Merrill Brockway)执导,音乐由克里斯蒂安·沃尔夫创作。第一部分以舞团的日常课程开头,接下来是《冬枝》的舞蹈片段,坎宁汉在《二手》开头的独舞以及当时尚未完成的《声音之舞》部分节选,最后是电视重播的舞蹈片段。电视重播中,屏幕被划分为四个部分,其中一部分播放的是坎宁汉在工作室"事件"演出期间拍摄的半英尺长的录像带。第二部分开头是《声音之舞》的一些彩排的连续镜头,接下来是《变化中的舞步》《乡村即景》和《信号》。《变化中的舞步》也是把屏幕分成了四块播放。节目于1974年5月在哥伦比亚广播公司工作室拍摄,同年10月27日及11月3日播出。

在那之后,坎宁汉与波士顿芭蕾舞团合作,舞者们再次进入了空档期。波士顿芭蕾舞团以《夏日空间》和《冬枝》两部作品开启了11月的演出季(玛格丽特·詹金斯再次登台表演《夏日空间》,就像她1967年斯德哥尔摩一样)。这两个节目被安排在布吉特·卡尔伯格舞团的芭蕾舞(《美狄亚》[Medea])和大卫·利希纳(David Lichine)的芭蕾舞《毕业舞会》(Graduation Ball)之间,观众完全无法理解,至于《冬枝》则表现得非常反感。这些舞蹈在波士顿演出了两场之后,这两部作品就逐渐被淡忘了。

《维斯特贝斯》

秋天时,坎宁汉舞团再次投入另一个摄影项目的工作。第一个摄影项目在维斯特贝斯工作室制作,作品也由此得名。该作品的音乐由凯奇创作,服装设计出自马克·兰卡斯特之手,设计灵感来自贾斯珀·约翰斯(尽管马克·兰卡斯特1980年才任命为艺术顾问,但他实际上已经是舞团的常驻设计师)。

这个作品由十一位舞者表演(不包括坎宁汉),分为六个部分。卡伦·卡雷拉斯(Karen Carreras)曾写道:

> 第一部分中,舞者直面摄像机介绍他们自己。第二部分中,使用特写镜头弱化舞者与舞台空间的关系。在第三部分,观众的注意力不断聚焦在新加入组舞的舞者身上。第四部分探究了深焦距镜头和动作表现之间的联系。第五部分精巧地运用了多镜头拍摄。最后在第六部分,相互独立的舞蹈片段在编辑过程中被连在一起,由此制造出一种身体和空间上的割裂感[1]。
>
> 对于维斯特贝斯的每个部分,我们都询问了关于摄影的问题。例如,第一部分中,我们关心的是在表现每位舞者时镜头距离的变化,如特写和远景。在设计舞蹈动作时考虑到了镜头距离变化,所以拍摄不需要中断舞蹈。另一个部分中,我们的问题是在从一个镜头切换到另一个镜头时,如何才能让这些打断舞蹈节奏的方式不会影响到舞蹈的流畅;镜头切换是一瞬间完成的。或者另一个问题:怎样拍摄五位不同方向、不同动作的舞者,同时使他们都完整地呈现[2]。

最后一部分的一些编排是以《五人组舞》中的五人舞为基础的。

1975 年

二月,工作室"事件"演出重新启动,仍旧和客座作曲家——罗伯特·阿什利、梅芮迪斯·蒙克、大卫·罗森伯姆(David Rosenboom)、J. B. 弗洛伊德(J. B. Floyd)先生合作。2月14日,《维斯特贝斯》放映之前进行了它的现场演出。与《维斯特贝斯》一起演出的还有一个新作品《习作》(Exercise Pieces)。

三月,两家纽约美术馆和艺术品出版机构,马蒂普斯艺术品公司(Multiples Inc.)和卡斯特利制图公司(Castelli Graphics),出版了《七幅版画作品集:记录与莫斯·坎宁汉及舞团的合作,卡尔文·汤姆金斯撰文》(A Portfolio of Seven Prints Recording Collaborations with Merce Cunningham and Dance Company, with a text by Calvin Tomkins)。图中再现的七位艺术家分别是约翰·凯奇、贾斯珀·约翰斯、罗伯特·莫里斯、布鲁斯·瑙曼、罗伯特·劳森伯格、弗兰克·斯特拉和安迪·沃霍尔。这些作品起初在里奥·卡斯特利美术馆展出,后来在马蒂普斯艺术品公司展出。在这部作品集中,绘画中插入了由詹姆斯·克洛斯蒂的拍摄的舞蹈,图中的艺术家们都与坎宁汉合作过(詹姆斯·克洛斯蒂的摄影作品和由多人撰写的文章作品集《莫斯·坎宁汉》也差不多在同一时间出版)。

舞团再次踏上了巡演之路。在马萨诸塞州威廉斯敦的威廉姆斯学院短暂驻留后，舞团前往密歇根州底特律，在音乐厅演出了三个保留剧目——这是自 1972 年底以来的首次。之前在活动演出中表演过的四部作品，此次伴着音乐第一次在剧院进行了表演：《变化中的舞步》《独舞》《画谜》《声音之舞》。

《画谜》

《画谜》是一个戏剧式舞蹈，舞蹈时长 31 分钟，我是男主角，我舞团的几位年轻的舞者是群舞[1]。

事实上，这是坎宁汉与其他舞团成员之间代际差异首次不仅被承认而且还被加以利用的作品；这种差异在其他作品如《踏步》《二手》中并不明显。在这部作品中，坎宁汉看起来是一个置身其外而又掌控全局的角色，他为舞者们出了一些舞蹈编排中的谜题和算式，让他们来解答。

因为我和舞者们之间存在着这种不同……彩排的时候我得花更多的时间看他们的编排，回答他们的问题，而不是练习我自己的部分。随着我年纪渐长，作为他们的一员，和年轻舞者一起跳舞越来越困难，所以分开就在所难免……

舞蹈结构由多组长序列组成，节奏很慢；其中一些时长达到 17 分钟。这是曾为我们课程伴奏的钢琴师帕特·里克特（Pat Richter）提出的建议，她观察到我在实验这些长舞句。我询问她下一次应该使用什么节奏，她开玩笑地说 17。于是第二天我们就使用了 17……

这支舞蹈就出自这些长序列的创作[2]。

二月,《画谜》在最后两场工作室事件演出中表演,在底特律的首次演出是 3 月 7 日。音乐是大卫·贝尔曼的《人声与电子音旋律》(Voice, with Melody-Driven Electronics),由琼·拉·芭芭拉演唱。设计是马克·兰卡斯特。

舞蹈服装是紧身裤和紧身衣,上面有颜料泼洒的斑点。我穿着灰色衬衫和棕色裤子,里面是大红色紧身衣打底。在舞蹈中,有时我会脱掉外面的衬衫和裤子露出红色紧身衣[3]。

(台上有一个衣架用来挂脱下来的服装)

《声音之舞》

《声音之舞》曾在 1974 年作为一个尚未完成的作品在事件演出中表演,也于同年在电视节目《事件演出录像》中演出。

在巴黎歌剧院驻留九周后,我创作了《声音之舞》。这部作品很难,而且颇具试验性,当我回到舞者中间时,它就像是一种爆发,一种巨大的释放。我想要做充满活力、迅捷而又复杂的东西。作品的题目灵感来自《芬尼根守灵夜》:"故事的开头是一段《声音之舞》。"巴黎歌剧院的排练室非常狭小。我想要在同样狭小的地方创作出一部同样小巧、紧凑的作品,其中能量水平得以延续。这是非常艰苦的 18 分钟。上下台通过舞台后面帆布布景上像帐篷一样的开口。舞蹈结束,舞者们被卷走,仿佛被吸入了一个风洞。

古典芭蕾舞者的动作通常很刚硬,肢体笔直,但我想编排一些扭曲身体的动作……

1975 年,《声音之舞》
人物从左至右: 罗伯特 · 科维奇(Robert Kovich)、卡罗尔 · 阿米塔奇(Karole Armitage)、克里斯 · 科马尔、埃伦 · 康菲尔德、阿兰 · 古德 · 路易斯 · 伯恩斯、里斯 · 弗莱德曼(Lise Friedman)、吉姆 · 塞尔夫(Jim Self)、莫斯 · 坎宁汉和丽莎 · 福克斯(Lisa Fox)
摄影: 约翰 · 埃尔伯斯

  舞蹈结构方面的想法是,十位舞者以不同的方式一个接一个从舞台后方中间进场和退场。脚步和躯体动作都很复杂。整体的印象是在显微镜下看到的空间。

  实际上,坎宁汉确实收到过一台显微镜作为礼物,而且《声音之舞》中的动作和组舞编排,例如很多扭曲身体和舞动肢体的动作,有些确实来自他在显微镜下观察有机体的灵感。

  音乐由大卫 · 都铎创作,持久而有力。它是一首电子音乐,营造了充满电一般的紧张氛围。马克 · 兰卡斯特设计的服装是明黄色和灰色搭配,舞台后方的布景是像帐篷一样的沙粒色帆布[4]。

· · · ·

这个月余下的时间我们都在芝加哥和明尼阿波利斯驻演,进行了事件演出和保留剧目表演。在明尼阿波利斯,《维斯特贝斯》进行了现场表演和放映演出。巡演一直持续到四月份,我们在密苏里州圣路易斯、亚利桑那州坦佩、加利福尼亚大学洛杉矶校区和伯克利分校进行了表演。

回到东部后,舞团在纽约州立大学帕切斯学院进行了一场"事件"演出。之后《工作室事件演出》得以重启,一直持续到六月初。这个新系列的作曲家有:琳达·费舍尔(Linda Fisher,和都铎在帕切斯共事)、安东尼·布莱克斯顿(Anthony Braxton)、玛丽安娜·阿马赫、阿尼亚·洛克伍德、大和首藤(Shudo Yamato)、查理曼·巴勒斯坦(Charlemagne Palestine)、斯图尔特·登普斯特(Stuart Dempster)。与此同时,坎宁汉舞蹈基金会在 1975 年获得了纽约州立奖金。

· · · ·

10 月,舞团开始了另一个拍摄项目。坎宁汉受邀为纽约市美国 13 频道/电视实验室"一个非常小的地方"创作一部作品。

《蓝色工作室:五个片段》

抬起胳膊就能碰到灯,上面就是水泥天花板,我们要在这样的房间里待上两天来创作作品。我们对作品的设想在那儿根本无法做到。《蓝色工作室》是为一个时长30分钟的节目创作的,白南准请我和他一起创作,所以我们每人负责15分钟。起初我想要两名舞者,但当我看到工作室和这样的条件时,我决定独自完成[5]。

在这个作品中,坎宁汉和查尔斯·阿特拉斯试验使用色键抠像技术,这可以使一个人在变化的背景中显现,这种效果让人联想到巴斯特·基顿(Buster Keaton)的《小福尔摩斯》(*Sherlock Jr.*)中的梦境序列。在《蓝色工作室》的最后一个部分中出现了五个坎宁汉同时舞蹈。依照坎宁汉的设计,这个部分需要拍摄五遍,他需要记住上一个动作是什么以及做这个动作时的位置,来确保自己不会重复出现在同一个位置。

· · ·

这一年以另一个系列的事件演出结束,这一次由纽约旋转舞台一号的"舞蹈之伞"出品播出。每部作品的音乐家都不同:凯奇、阿马赫、都铎、白南准(与凯奇、都铎合作)、克里斯蒂安·沃尔夫和蒙克。这一年的最后两个周末,舞团在维斯特贝斯做了四场事件演出,音乐由乔恩·吉布森(Jon Gibson)和万根康尚创作。

自1972年初以来,舞团没有在纽约演出过保留剧目,这促使舞蹈评论家艾琳·克罗齐(Arlene Croce)在纽约客上问道:"世界舞蹈之都到底做了什么,能使坎宁汉新作囿于其工作室的方寸之内?"[6]

1976 年

一月份的前两个周末有更多的工作室"事件"演出,音乐由大卫·贝尔曼和莉兹·菲利普斯(Liz Phillips)创作。1月13日和15日,舞团在新泽西州普林斯顿的麦卡特剧院进行了两场表演,一场是复排的《符文》,另一场是一部新作品——和之前的作品一样,曾经作为尚未完成的作品进行过"事件"演出:

《躯干》

《躯干》的编排使用了数字1到64,取自于《易经》。这64个数字既被用于舞台空间——被设计成8×8的网格,也被用于动作舞句——这构成了《躯干》的语言。舞蹈流畅度的所有方面都是随机决定的,包括舞句的顺序、同时进行的事情数量、一个特定舞句中舞者的数量。舞蹈节奏时而富有韵律时而没有。《躯干》指的是舞蹈过程中躯干部分的使用,主要有五个基本姿势——直立、向上展开、拧转、两旁倾斜、向前弯曲。现场演出时,这支舞通常表演22分钟的一段[1]。

1975年12月,《躯干》的节选在旋转剧场进行了系列活动演

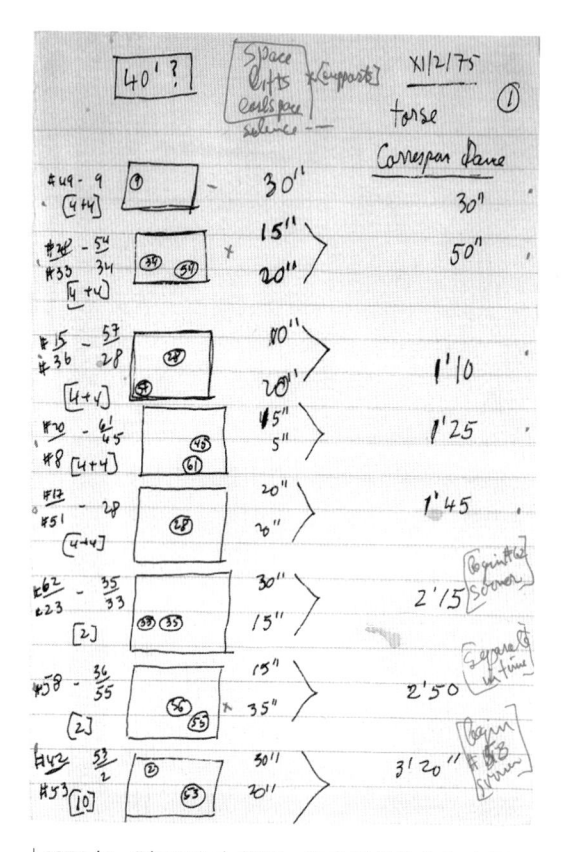

1976年,《躯干》中莫斯·坎宁汉的动作和空间标记,18页中的第一张

出。在普林斯顿只上演了第一部分,第二部分和第三部分不久之后在委内瑞拉的加拉加斯首演。坎宁汉之后进行的就是轮流替换这三个部分。

从某种意义上说,《躯干》的主题是坎宁汉的舞蹈技术本身,特别是上文描述的五个基本背部动作,以及坎宁汉在芭蕾中发现的对身体方向的独特理解,还有在这些方向中脚步动作的顺序(一个重要的不同在于,在芭蕾舞中,八个朝向通常与身体正面相关,而在坎宁汉的舞蹈中,舞者的正面中心位是变化的,所以任何一方面都可以是"正面"。从这个材料中,坎宁汉创作出最纯粹的可视音乐,独舞的"声音"从复杂的群体交互轮唱中凸显出来,好似一支精心编排的舞蹈协奏曲。

音乐由玛丽安娜·阿马赫创作,标题非常复杂:

《(提示.18]R[]D[=余像.(也用作种粒筛选机)。*
＊霍利斯·弗兰姆顿,母系社会霍皮人的合约期限》
(Remainder. 18.] R[]D[=An afterimage. (Also used as a classifier of seeds).＊
  ＊ Hollis Frampton, A STIPULATION OF TERMS FOR MATERNAL HOPI①

服装由马克·兰卡斯特设计:女士穿着黑色紧身服和黄色紧身裤,男士是黄色紧身服和黑色紧身裤。

· · ·

舞团于一月底再次出国前往加拉加斯进行了四场表演,这是自1972年以来的首次。舞团一回来,就于2月份额外增加了两个

---

① "提示.18":这似乎是一个标题或小标题。数字18可能表示章节、部分或某个具体部分。"R[]D[":这似乎是编码或符号表示,可能是参考或缩写。"余像(也用作种粒筛选机)":"余像"是指在暴露于原始图像后,视觉中继续出现的视觉图像。"也用作种粒筛选机"这句话暗示了双重含义或"余像"一词的隐喻用法。"霍利斯·弗兰姆顿(Hollis Frampton)"是一位著名的美国电影制片人和摄影师,他的作品通常涉及复杂的结构和概念。上述的复杂名称似乎是他的某个作品中的标题或文本。他的许多作品标题和内容都有很强的概念性和哲学性,涉及对时间、记忆和语言的探讨。结合这些背景信息,"母系社会霍皮人的合约期限"很可能是一个探讨霍皮族文化、历史或语言的作品,特别是从母系社会的角度进行讨论。

周末的事件演出(音乐由吉姆·伯顿[Jim Burton]和伊万·切列普宁[Ivan Tcherepnin]创作),之后前往澳大利亚,途经加州伯克利,于3月1日和2日在那里进行了两场演出。澳大利亚巡演从3月9日持续到4月1日,包括珀斯、悉尼、阿德莱德和堪培拉。在阿德莱德,舞团在3月24日演出了一部新作品:

《方格游戏》

《方格游戏》是我们在澳大利亚巡演途中完成的。(阿德莱德艺术节)请我创作一支新舞蹈。如题所示,创作理念就像标题所揭示的那样,用四只塞满东西的粗布口袋限定舞台空间,类似于一个运动场。这个情境非常有趣,看起来像是一个运动场,这里有参与者,他们也可以停下来观看。舞蹈以四人舞开头,接着是三人舞和另外几组四人舞。我在巡演途中进行了创作,以前从来没有这么做过。在这种环境中工作我也不是很开心,因为这并不是一个令人舒服的工作方式。旅途中需要兼顾许多其他必须要做的事情,还要承受巡演的奔波劳累。我们到达目的地的时候作品仍然没有完成[2]。

舞蹈中还安排了双人舞,起初由坎宁汉和苏珊娜·海曼查菲表演,后来他又与卡罗尔·阿米塔奇、凯瑟琳·科尔搭档,并在搭档过程中认真指导她们的动作。

舞蹈中反复出现的主题是人们紧紧抓住别人,被他们背走或是拖走。开始时坎宁汉先是躲在粗布袋后面像在玩躲猫猫,从后面出来之后做的第一件事便是抓住其他人中的一个男人,这个人将他和一个女人拖到舞台前部。其他的时候,两位男舞者抬着坎宁汉四处走动,将他抛到空中。三位舞者排成一列沿对角线移动,其中一位女舞者挂在他们两位之间。一位男舞者从舞台的一端跳到另一端，做出一系列伸缩的动作，一位女舞者紧紧抓住他的腰。

《方格游戏》是小杉武久创作的第一部作品；他在澳大利亚巡演中加入了舞团的音乐家团队。马克·兰卡斯特设计的布景由白布和周围的绿色草皮带组成。除此之外，舞台空空荡荡，两边没有侧幕条，舞台灯暴露在外，可以直接看到后墙。舞蹈服装是略显正式的练功服、运动裤和短袜。

限定了舞台空间的粗布袋子（四个以上）是舞蹈编排的一部分：不在舞蹈区域活动的舞者们有时会坐在袋子上面或者后面，或者作为旁观者在一旁观看；一位男舞者沿对角线跳跃穿过舞台时，用双腿夹住一个袋子，像一个蹦蹦跷；结尾时，舞者们把袋子抛来抛去，然后集合起来构成一个舞台造型，好似一张全家福（这个结尾后来常被用于"事件"演出）。

· · ·

舞团从澳大利亚去了日本，在京都、东京和札幌继续表演。那时，我们产生了把《方格游戏》改制成影像版本的想法。在舞团回到纽约的五月，这个想法实现了。卡伦·卡雷拉斯写道："坎宁汉的编排设计使舞蹈能够适应更大的矩形舞台上划出来的方形区域。两个月后，这支舞蹈在维斯特贝斯工作室进行摄制。为了确保影片流畅性，只需要进行很少的舞蹈结构调整。"[3]

巴黎秋季艺术节的导演米歇尔·盖伊一直想邀请舞团常驻法国进行课程教学。这一愿望终于在1976年夏季的阿维尼翁新城得以实现——一个坐落于山坡上俯瞰阿维尼翁的小镇。工作室是之前的一所天主教加尔都西教会修道院。舞团在这里举办了一些专业舞者的课程和开放彩排，以及在阿维尼翁教皇宫荣誉法庭的四场"事件"演出，作为这一年阿维尼翁戏剧节的一部分。

舞团从阿维尼翁去往以色列，在特拉维夫、凯撒利亚、耶路撒冷进行了演出。他们之后前往希腊，在雅典的希罗·阿提库斯剧院进行了四场"事件"演出，最后又在南斯拉夫杜布罗夫尼克进行了两场事件演出。

这年秋天，再次在玛格丽特·詹金斯的赞助下，坎宁汉为罗谢尔沉默剧院雅克·加尼埃舞团创作了《夏日空间》。舞者们来到纽约排练这个作品，十月底首次在罗谢尔上演。

同时，坎宁汉还忙于一个重要的摄制项目。纽约公共电视台13频道收到了国家艺术基金会、埃克森公司、公共广播公司给"美国之舞"项目的三百万美元拨款。坎宁汉舞团是第一批受邀参加这个项目的舞团之一。[4] 坎宁汉和查尔斯·阿特拉斯将会与梅里尔·布罗克韦再度合作，查尔斯是两年前哥伦比亚广播公司三号摄影频道《事件演出录像》的导演。新作品沿用了"事件演出"的形式，标题为《"事件"演出电视播映》(Event for Television)。

> 我们的《"事件"演出电视播映》在国家教育电视台的"美国之舞"系列节目播放，由舞团、约翰·凯奇和大卫·都铎合作完成。这个节目时长一个小时，我们的录像是58分45秒。查尔斯·阿特拉斯和我花费了四周时间创作出了我们想要呈现的舞蹈和选段。选自保留剧目的节选被重新编排，根据摄像要求调整了角度，有的舞蹈片段被缩短，因为我认为观众在电视上看比看舞台演出接收信息更快、更直接。
>
> 凯奇和都铎决定平分这一个小时，凯奇负责第一部分，他为这一部分演奏《枝条》(Branches)，这是为植物材料所做的音乐。凯奇对于自然界中的声音非常感兴趣，他发现触碰和拨动仙人掌刺时会发出一种和声。节目中，当《雨林》出现的时刻，都铎为这一部分创作的音乐开

始演奏，并持续到最后。两段音乐都是在录制和编辑完成之后引入到节目中——即在舞蹈摄制完成几周之后。

舞蹈的摄制项目需要不断地调整空间位置，但通常幅度很小。仅仅六英寸的变动在镜头中的差距都会非常大。同时这也会引起时间上的偏移，或需要相应地改变音乐节奏，或者增加舞句的时长，有时还需要删去或加快动作。在传统的音乐和舞蹈关系中，这会需要重新谱曲或重新编排声音。但因为我的创作与音乐相脱离，舞蹈与音符不是一一对应的关系，我就可以通过镜头，从视觉的感受上来自由调整舞句和动作[5]。

11月初，舞团前往田纳西州纳什维尔参加拍摄工作。这个节目包括一些《细微之事》（使用了劳森伯格布景的复制品，原本已经还给了他）中片段的重新编排、《独舞》、《维斯特贝斯》节选（包括坎宁汉/阿特拉斯视频版本中的镜头)、《七重奏》《滑稽可笑的相遇》和《混乱》。其中，《雨林》被完整表演。《声音之舞》的节选片段之后，有一个专为这个节目创作的短篇新作品《三角影像》(Video Triangle)。最初的设计被用于每一个节选。马克·兰卡斯特设计了《三角影像》。

1977 年

坎宁汉和他的舞团在纽约举办演出季的时机已经成熟了。自上次在布鲁克林表演保留剧目已有五年过去了，而且还有几部重要的新作品要上演。1月初有两个周末要进行工作室"事件"演出，音乐由乔恩·哈塞尔（Jon Hassel）和琼·拉·芭芭拉创作。这一周里，《"事件"演出电视播映》在"美国之舞"节目中首次播放，坎宁汉的舞蹈笔记展览在卡尔·索尔维艺术馆开幕。

1月18至23日，这个演出季在一个百老汇剧院明斯科夫剧场进行。演出分为两场，《独舞》《画谜》《躯干》《信号》《声音之舞》都是首次在纽约上演，另外还有复排的《夏日空间》和一部全新的作品：

《旅行日志》

《旅行日志》再次将坎宁汉、凯奇和罗伯特·劳森伯格聚在一起，早在1964年巡演的时候，劳森伯格就开始为舞团做设计。舞台布景有它自己的标题——《密宗地理》（*Tantric Geography*）——一排木椅子放在由自行车轮隔开的白色平台上。开场时用绳子把这些布景拖拽上台，舞者们坐在椅子上。之后，两个拼贴起来的巨大横幅（与劳森伯格此次做得像帆一样的"干扰机"相关）从吊景区降下来。随着舞蹈的进行，舞者们色彩艳丽的紧身衣上被加上各种外套和配饰。其中，舞者们在双腿之间放置了一个扇形装饰，除了将扇形打开、关闭或是轻轻摇动之外，舞者的动作受到限制。米歇尔·波特（Michelle Potter）将它们描述为"像是真人大小的色轮。色轮的图像（或平摊的伞形，其截面使人想到色轮）在劳森伯格的作品中反复出现，大概可以追溯到他 1954 年的画作《夏琳》（*Charlene*）"[1]。

罗伯特·科维奇跳了一支独舞，腿上用彩带挂满锡罐。梅格·哈珀身着宽松的丝绸衬衣和搭配紧身裤，跳了一支慵懒的舞蹈。在她后面，两位男舞者拿着一根系有围巾的绳子，当她退场时，她将自己的围巾留下，坎宁汉则像传说中的农牧之神一样蜷缩在地上的围巾上。接着，舞者们列队缓慢进场，手持长长的两段白色布条；当他们靠在一起时，布条合成了一个六角形；当布条重新展开时，克里斯·科马尔降落在舞台上。其他人抬起他，他消失在布条幔帐的后面。

《旅行日志》的结构与《滑稽可笑的相遇》相似，就像杂耍剧中那样有一系列的"旋转"，也有一点像交谊舞步和巴兰钦式的探戈——一种做作的步态舞。某一时刻，坎宁汉假装死去，舞者们在他平躺的身体上方或四周跳来跳去。另一个时刻，他和两位女舞者进行了一种"碰臀舞"（boomps-a-daisy）的常规动作，最后他们像小型歌队一样排队离场。坎宁汉再次使用了《踏步》设计的图景，他像母鸡一样张开胳膊将舞者们拢起来（在后来的表演中这个部分被删掉了）。其他的舞蹈片段前不久在《三角影像》中使用过。

凯奇的音乐《电话与鸟雀》（*Telephones and Birds*）使用了"澳大利亚国家鸟鸣记录集"中诺曼·罗宾森（Norman Robinson）录制的鸟雀的歌声。节目列出了表演中（以随机的方式）拨出的电话号码，并把这个音效加在表演的声音系统中：稀有鸟类示警声音网络、赛马结果、体育新闻、电话祷告服务、（纽约电话中的）电话省钱提示、植物热线、天气、电话笑话服务、电话投票服务，以及泛美航空公司的航班往返提示音等。

《旅行日志》中的莫斯·坎宁汉，1977 年
摄影：约翰·埃尔伯斯

· · ·

2月，舞团开始美国巡演，其中包括再次由沃克艺术中心赞助的明尼阿波利斯驻场演出。但舞团在纽约的演出季还没有结束：3月，有一个由"舞蹈之伞"赞助的一周的"事件"演出。这些演出本应再次在环形剧院一号舞台(Roundabout Stage One)进行，但因为该剧院无法使用，演出就移到了巴纳德学院的体育馆进行。和以前一样，有许多作曲家参与其中：琼·拉·芭芭拉、约翰·凯奇（两次事件演出）、梅芮迪斯·蒙克、安妮·洛克伍德和大卫·都铎。接下来的一周，坎宁汉获得了当年的"卡佩齐奥舞蹈奖"(Capezio Dance Award)。

5月底和6月初，舞团在维也纳进行了四场保留剧目演出和一场"事件演出"。节目单上没有忘记指出"事件演出"的形式在十三年前就诞生于这个城市。

8月22日至9月11日，舞团在西雅图驻场演出，这是由坎宁汉的母校康尼什学院（当时就是这个名称）赞助的。像往常一样，这里有课程和工作坊，包括由查尔斯·阿特拉斯主办的舞蹈录像工作坊。福斯特/怀特画廊展出了劳森伯格、贾斯珀·约翰斯、弗兰克·斯特拉和安迪·沃霍尔为坎宁汉设计的布景和服装，以及这些艺术家的画作，还有詹姆斯·克洛斯蒂的摄影作品和凯奇的乐谱和手稿。劳森伯格的作品在康尼什学院画廊和市中心的琳达·法里斯画廊都有展出。演出包括在塔科马和西雅图的事件演出，一场坎宁汉和凯奇的对话，一场在康尼什剧院举行的凯奇音乐会，以及华盛顿大学的两场演出，当时为驻场创作的新作品被演出：

《水湾》

通过《水湾》，坎宁汉和凯奇终于实现了他们与莫里斯·格雷夫斯合作的愿望，他在 30 年前就退出了芭蕾舞协会的项目《四季》。格雷夫斯勾勒了一个设计理念，由苏珊娜·乔尔森（Suzanne Joelson）来实现。布景由一个大的聚酯薄膜材质的磁盘组成，在舞台后面缓慢地移动。舞台前方是一个灰白色的纱幕，它在整个过程中都保持不动，所以起初可以朦朦胧胧看到舞者，就像在薄雾之中。当磁盘到达舞台中央时，灯光明亮地闪耀了片刻（驻场的海报再现了格雷夫斯的石版画《残月》）。令所有人惊讶的是，这位隐居的艺术家现身于首演现场。

服装是黑白相间的紧身衣和紧身裤（除了坎宁汉，他穿的是运动裤。其他男子的服装一条腿是白色，一条腿是黑色，上衣是拼接的。女子的服装上衣一半黑一半白），且每个人都戴着一个莱茵石项链。

凯奇创作了音乐，他想要把它与自然联系起来，"这是他和莫里斯·格雷夫斯最重要的相似点之一"。

> 我去长岛拜访了一位朋友，他有最漂亮的贝壳……有些贝壳非常大，大约有 18 英寸长。我用手指轻敲贝壳，知道它是属于水的，所以我走到水槽边，把它装满了水。当我把水倒出来时，它发出了最美丽的汩汩声。
>
> 水的汩汩声必须被放大才能完全听到。它应该达到一种你把贝壳放在耳朵边时听到的声音效果。在《水湾》的表演过程中，演奏者将用一个贝壳发出特定数目的汩汩声，然后再拿起另一个。三位演奏者同时表演。
>
> 如果我们能得到官方的批准，这个表演也会将在火

中燃烧的噼啪作响的松果和吹响海螺壳的声音包括在内。这将使空气、火和水三个元素结合起来。[2]

《分屏》舞台版本，1978年
人物从左至右： 梅格·埃金顿、罗伯特·科维奇、埃伦·康菲尔德、丽莎·福克斯、约瑟夫·列侬（Joseph Lennon）、卡罗尔·阿米塔奇和路易丝·伯恩斯（Louise Burns）
摄影： 约翰·埃尔伯斯

官方没有给予许可，松果燃烧的声音不得不被录制下来。录音带也录到了飞机飞过的声音。

与此类似，这个舞蹈似乎是"关于"西北地区的气候和地形的，它的标题使人想起普吉特湾的景色。磁盘在舞台后面的移动显然暗示着时间的流逝。正如在早期的舞蹈中，坎宁汉用了大量的静止动作，其中一两个舞者几乎总是保持着一个静态的、古老的姿势。凯奇曾经说过，开场的姿势包含了所有后续动作的萌芽（有人认为《水湾》中的两个"标志性"姿势是指尼金斯基的著名照片，一个是《牧神的午后》，另一个是《蒂尔的恶作剧》[Tyl Eulenspiegel]）。在接近尾声时，一群人突然在舞台左后方聚成一个高托举画面，其中一个女人（埃伦·康菲尔德）被举到坎宁汉的上方，他在地上形成一个"桥"的姿势。

· · ·

在西雅图时，舞团在阿特拉斯的指导下，在华盛顿大学的米尼厅拍摄了《躯干》，也表演了保留剧目。卡伦·卡雷拉斯写道：

> 这些素材被设计成两个一小时长的电影，同步在相邻的两个屏幕上放映，提供了舞蹈编排完整的档案记录，并接近观众观看舞蹈的体验。舞蹈的对位结构和坎宁汉的不对称空间使用也适于使用双屏幕的呈现方式。两部影片都可以单独观看；但它们的结合提供了一个更完整的记录和舞蹈体验[3]。

1977年还有一次重要的演出：10月4日至16日在巴黎近郊楠泰尔文化中心的阿芒第耶剧院进行了为期两周的演出。在这里，几部最新的保留剧目作品首次在法国演出。一回到纽约，坎宁汉和阿特拉斯开始了另一个录制项目，将于11月和12月在维斯特贝斯工作室拍摄。

《分屏》

《分屏》是为八个舞者（不包括坎宁汉）设计的，根据在若干屏幕之间分割图像的想法来进行表演。在工作室的不同区域同时进行的动作可以在主屏幕上看到，也可以在主摄像机拍摄范围内的监视器上看到。卡雷拉斯写道：

有四个监视器与舞者共存于同一屏幕空间。投射在这些监视器上的既有不在中央舞蹈空间的舞者的图像,也有在该空间中的舞者特写。因此,在一台摄像机范围之外的舞者可以被另一台摄像机看到,并在屏幕上监视器的小画面上看到。将框架划分为若干部分或"片段",使得阿特拉斯可以将更多的舞者放进画面框架中,同时通过在监视器和演播室空间之间的交替,仍然可以表现动作的深度和流畅性[4]。

一位记者写道,马克·兰卡斯特的舞台布景由"两块 6×4 英寸的画板组成,他把画板放在与地面成直角的位置。在拍摄间隙,他移动画板,因此有时画板出现在舞者身后,有时则出现在他们之间。"[5]服装是五颜六色的紧身衣和紧身裤。

1978 年

舞团这一年的第一场演出仍然是周末工作室事件演出，参加演出的音乐家有罗纳德·奎维拉（Ronald Kuivila）、尼古拉斯·柯林斯（Nicolas Collins）和万根康尚。这些演出的最后一场是在2月3日，演出完成后，舞团前往马萨诸塞州进行为期五周的驻场演出。与1977年在西雅图的驻留一样，在波士顿和该州的其他地方的日程安排很充实，有展览、放映、公开课、开放彩排，以及正式和非正式的演出安排。在驻留期间还发生了一场可怕的暴风雪，舞团在旅馆里滞留了好几天。

2月25日至3月1日，《片段》作为保留剧目在波士顿英格兰高中进行了首次舞台表演。马克·兰卡斯特设计了八块矩形板，在某个特定的时刻从舞台上空落下——他在为录像设计的布景上做了些许变化。"他们单独或成对出现，"兰卡斯特说："并且缓慢轻柔地垂下来，这样你就不会从舞蹈中分心。"[1] 舞台被划分为不同的区域，发生不同的行动，相当于原来的视频作品通过监视器划分的视频屏幕。

回到纽约后不久，舞团又在环型剧院进行了为期两周的系列事件演出（这次舞台可以使用）。舞团的音乐家们为其中的一些活动创作了音乐，这个团体现在包括凯奇、大卫·都铎、小杉武久和马丁·卡尔维（Martin Kalve）。非凡的希腊声乐家狄米特律斯·斯达托斯（Demetrios Statos）在两个晚上表演了凯奇的《关于莫斯·坎宁汉的中位藏头诗》(Mesostics re Merce Cunningham);大卫·贝尔曼、乔恩·吉布森和梅芮迪斯·蒙克也有表演。5月底,有更多的工作室事件演出,由都铎来提供音乐。在此期间,坎宁汉和凯奇一直在巴黎,他们在巴黎的美国中心表演了一场"对话"。

1977年9月,舞团在纽约城市中心剧院开启了它的首个保留剧目演出季,时间为9月26日至10月8日(从1980年到1995年,坎宁汉在城市中心的演出季是每年初春的重要例行事件)。但是,在这第一个演出季的大部分时间里,媒体都在罢工,所以舞团得到的新闻报道有限。一个重要的舞团作品和一个新的独舞首次在城市中心演出:

《交换》

《交换》是一部长篇大型作品。它有37分钟长,分为三个部分,一半的舞团成员参加了第一部分的演出,另一半人参与了第二部分,最后所有人参与第三部分。我三个部分都有参与。我经常被反复出现的想法、创意、动作、以不同的形式再次出现的表达所打动,而且它们从不相同,它的空间和时间总是会随时发生变化。所以我决定在《交换》中使用它。

在编完全部动作后,我用随机操作来确定每一部分中舞句的顺序,然后再找出哪些舞句可能在第二部分重现,然后在第三部分再次出现。当舞句重复出现时,它们当然会出现在不同的情境中,在不同的空间和时间,舞者也不同。此外,在一个部分中全部完成的舞句可能只有部分重复。同样,我会将第一部分中以平行脚正步位完成的舞句,在第二部分中以外开脚位重新完成,如果出现在第三部分,可以在其中加入跳跃的元素。

《交换》，1978 年
人物从左至右：梅格·埃金顿、约瑟夫·列侬、阿兰·古德、凯瑟琳·科尔、罗伯·雷姆利、里斯·弗莱德曼和莫斯·坎宁汉
摄影：约翰·埃尔伯斯

  舞蹈以整个舞团在舞台上以两人或三人一组移动的方式来结束。移动没有停下来，它一直在进行中。[2]

  《交换》是为新扩大的舞团（14 名舞者加上坎宁汉本人）编排的，是第一部他将舞者分成两组的作品，大致上是由"老"舞团成员和"新"成员（或者说年轻的成员）。第一部分是由坎宁汉和新舞者跳的，接下来是一个过渡段，之前的舞者逐渐取代他们为第二部分做准备。这是"交换"舞蹈的形式之一。在一个重复的序列中，当坎宁汉躺在地板上的时候，四个女舞者在他的周围，并在下面和上面来回移动；在第二部分中，这一部分由一个女舞者和另一个男舞者重复并进行细致的刻画。

  如果说《夏日空间》和《水湾》是"户外"作品的话，那么《交换》

似乎是无可辩驳的城市作品。《水湾》的灰色是雾和蒙蒙细雨的灰;《交换》也以灰色为主,在贾斯珀·约翰斯设计的幕布和服装中体现出来,但它们是砂砾灰,像矿渣和无烟煤,有点炭黑色(约翰斯说他想要"污染"的颜色)。一些舞者只在表演的某个特定时刻穿运动裤,坎宁汉则一直穿着运动裤。约翰斯为他做了一件有许多口袋的衣服,这些口袋是用黑色尼龙袜剪下来然后缝在衣服上面,这样各种小东西就能放进去,但坎宁汉认为这太碍事了。

《交换》的整体印象是严酷的,甚至是悲惨的。正如阿拉斯泰尔·麦考利所写的,"它的宏伟计划就像史书一样一页页展开"[3]。坎宁汉自己的动作随着时间的推移变得越来越有限,然而他找到了新的方式来表达——躯干的倾斜,或者胸部的细微波动。无论是否偶然,所有的元素都促成了作品的效果。都铎的音乐《风化》(*Weatherings*)听起来就像工业噪音。

《探戈》

《探戈》是坎宁汉的独舞,更准确地说,是坎宁汉和一台电视机的双人舞(他可能想到的是那首流行歌曲的歌词:"探戈需要两人跳")。坎宁汉穿着宽松的黄色毛衣和运动裤,似乎在做早晨的家务,而彩色电视则在播放当时正在播放的节目。他把一块红色或蓝色的布从一只手传到另一只手中,好像在清洁和擦拭他周围的空气。有些内容是熟悉的,来自他在以前的事件演出中跳过的内容。在该舞蹈的某一时刻,他停下来一动不动,盯着观众,似乎在说,"你还在那里吗"?最后,他拿起放在地上的一件雨衣,把一只手伸进袖子里,然后一动不动地站着。彩色电视里的电视节目从头至尾都在播放,有那么一会儿,声音被调大了。但这丝毫没有抢他风头,尽管他有时也会遇到强有力的对手——(电视节目中)一次来自劳雷尔和哈代的电影,一次来自弗雷德·阿斯泰尔本人。

凯奇的音乐《给埃里克·萨蒂的信》(*Letter to Erik Satie*)，以凯奇发声说出萨蒂名字的字母开始。

• • •

在城市中心演出季结束后的几天，舞团开始了全国巡演，从布法罗开始，经明尼阿波利斯，到加利福尼亚的伯克利和圣何塞演出，并在返回东部的途中在科罗拉多州的博尔德和北卡罗来纳州的格林斯博罗演出。在伯克利，《交换》被拍摄了下来。在明尼阿波利斯的沃克艺术中心和丹佛艺术博物馆，然后在纽约，坎宁汉和凯奇再次表演了《对话》。除了在沃克中心演出化妆哑剧外，坎宁汉还表演了一个短作品：他从一张大的黑色塑料布下爬出来，缓慢地爬过舞台，爬过一扇门后消失——毫无疑问，是对《冬枝》，也许是《位置》的借鉴。在丹佛艺术博物馆，他再次演出了化妆哑剧，只是这次他不仅画了脸，还画了他的身体和四肢；他仍然是爬行入场，只是在一个红色的毯子下，最后爬上了空间后面的一个楼梯。

1979 年

《场景》

  这一年以创作《场景》开始，这是坎宁汉的第一个舞蹈电影（相对于录像而言）。窗帘、舞蹈地板和窗户上的隔板把坎宁汉在维斯特贝斯的工作室变成了一个黑匣子。舞团（14 名舞者，不包括坎宁汉在内）再次被分成两部分，部分是出于经济原因：每次只能召集一个小组进行其对应部分的拍摄。

  和以前一样，坎宁汉和查尔斯·阿特拉斯花了几周时间进行预先计划，因为这个项目特别复杂。他们以前的舞蹈录像主要是处理框架内的运动，而不是框架的运动——也就是说，他们大多使用固定摄像机，而且摒弃了任何花哨的剪辑。现在他们准备研究移动摄像机的可能性。因为他们希望摄影机不仅能与舞者一起移动，而且能在舞者周围和中间移动，并以不同的速度移动，它的移动必须像舞者的动作一样精心编排。

  他们使用了三种摄像机：斯坦尼康、声画剪辑机、可转动方向的摄像车以及带吊臂的移动摄影车。这些设备的租金很贵，限制了舞者的排练和拍摄时间。因此，需要事先在纸上尽可能地做好安排。阿特拉斯有一个周末的时间练习使用这些设备，但没有舞者参加。之后，他与舞者们一起排练，规划好他跟随斯坦尼康的路

《探戈》中的莫斯·坎宁汉，1978 年
摄影：纳撒尼尔·泰尔斯顿

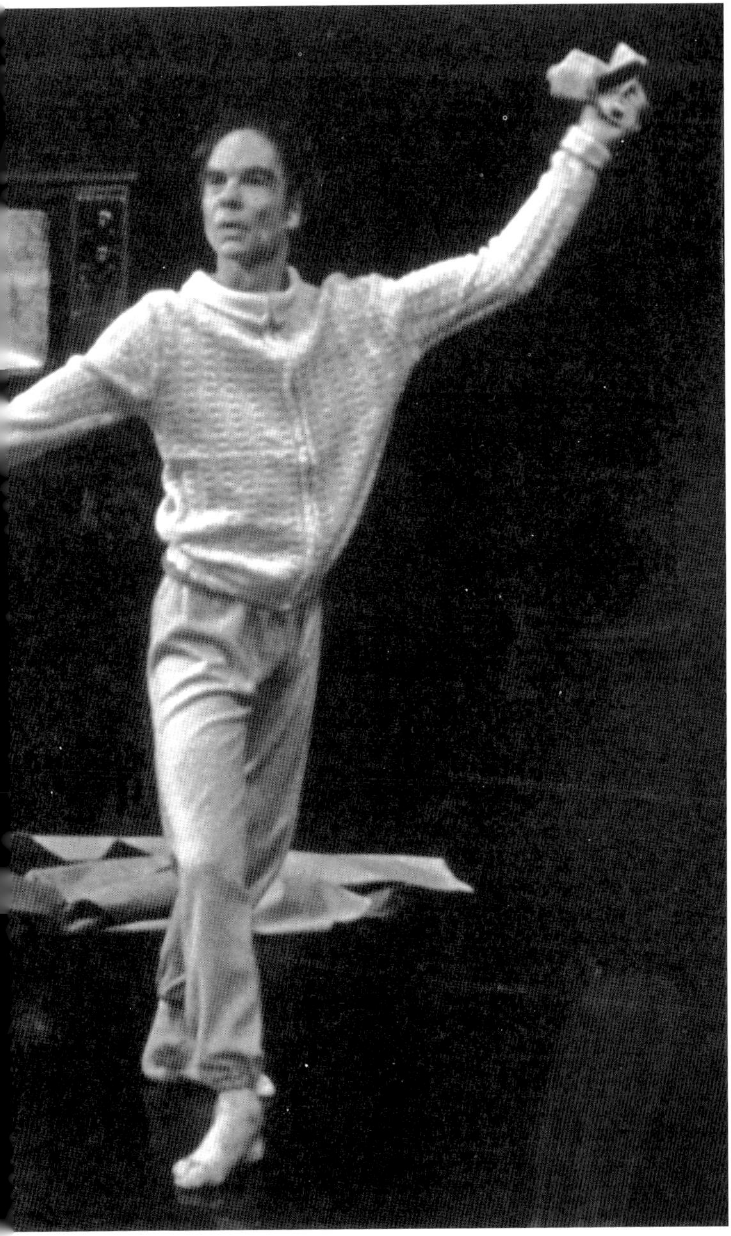

《场景》舞台版,1979 年

人物从左到右： 罗伯·雷姆利、凯瑟琳·科尔、里斯·弗莱德曼、约瑟夫·列侬、阿兰·古德和梅格·埃金顿

摄影： 约翰·埃尔伯斯

线。当拍摄时间到来时,必须做出某些调整——正如坎宁汉所说,有些事情摄像机"做不到",但大多数情况下,事情是按计划进行的[1]。

在《场景》的第一部分中,摄影机在演播室空间的长度和宽度的范围内上、下、前、后来回移动,有时速度快得令人目眩。不同的舞者组合出现在摄影机视野的领域中(而不是像他们在舞台上那样进入)。也许是为了避免强迫观众同时看到太多种动作,坎宁汉在编排第一部分时主要采用了静止的姿势。这部分几乎一气呵成地拍摄;必须要剪掉的内容尽可能淡化处理,通常是摄像机扫过一面白墙的画面。

第二部分以一系列短片段开始,这些段落之间有剪辑,其间动作更为流畅。在后面的部分,摄影机再次移动,有一处摄像机完成了一个完整的360度旋转,拍到角落里舞者或在镜子里捕捉到他们反射的影像。最后一部分是尾声,是对所有内容的重述。

舞蹈的服装是由阿特拉斯设计的,"选择了与电视校准色条相同的色调",卡伦·卡雷拉斯写道,"并将这些色调与调整黑白电视监视器时使用的,以灰色为基础的色调的渐变结合起来"[2]。阿特拉斯还在一部名为《漫游一》(Roamin' I,可以理解为"罗曼一"或"漫游之眼")的纪录片中记录了《场景》的制作过程,使用了一些拍摄期间的素材以及《场景》本身的节选。《漫游一》提供了幕后一些令人捧腹的画面——舞者们迈着小碎步快跑以便从另一侧重新进入,他们爬过电缆或跳出移动式摄影车或摄影升降机。阿特拉斯的助手埃利奥特·卡普兰设计了一套精巧的滑轮系统,以便在摄影机移动时将电缆拉出镜头,这一操作也有所展现,并且对技术人员的喊话提示做出了回应[3]。

・・・

1979年没有纽约保留剧目演出季,而且事件演出也比前几年少,尽管4月有两个周末"事件"演出(音乐家是马丁·卡尔维和罗伯特·鲁特曼[Robert Rutman]),但有大量的海外巡演。5月,舞团在法国各省巡回演出,并顺便去了趟柏林,然后6月在海牙的荷兰艺术节上演出。他们在秋天返回巴黎。

然而,在此期间,舞团在北卡罗来纳州达勒姆的杜克大学的美国舞蹈节上有一个演出任务,该节委约他们制作了一个新作品:

《疾行者》

我想做一个比我以前的任何作品都更接近电视,它以切换的方式从一个瞬间到另一个瞬间:短暂的事情发生并消失,别的事情又出现。它们变化得很突然和迅速,可以将其理解为幽默,也可以理解为形式的清晰。

《疾行者》中的图像的想法来自我们在柏林巡演时参观西柏林古希腊博物馆。我看到花瓶上的人物形状生动活泼,我想知道它们能激发什么想法。我将它们用简笔画画下来,画了很多,希望能有 64 个。在空间中从一个形状到另一个形状的变化带来突兀和节奏的变化。我把空间保持在水平线上,也就是说,这些人物主要从舞台的一侧向另一侧左右移动,就像一场皮影戏。[4]

对数字 64 的提及表明坎宁汉再次使用了源自《易经》的随机过程。

尽管该舞蹈有希腊的渊源,但坎宁汉再次以小丑形象出现。如同在《方块游戏》中一样,他被其他男演员托举并搬运。在其中一连串动作中,他试图穿上袜子、跑鞋和裤子,但被丽莎·福克斯阻止了,她把他从舞台的一个地方追到另一个地方。在这一部分的结尾和其他地方,坎宁汉似乎再次借鉴了尼金斯基在《牧神的午后》中的一个姿势。

还有一些涉及坎宁汉和其他舞者的笑点。例如,三个女人一个接一个地跳到阿兰·古德身上,直到她们都挂在他身上,然后整个组合瘫倒在地。在一次退场时,坎宁汉被三个舞者围住,她们都用白色的贝雷帽打他。在另一次退场,古德将挺得笔直的梅格·埃金顿抱下去,就像抱着一根圆木。

《疾行者》是由马克·兰卡斯特设计的,他让舞者穿上白色紧身衣和紧身裤,有时还会添加其他服装——女人的裙子、男人的背心,以及上面提到的贝雷帽(其中一顶是黑色的)。坎宁汉说,这些服装"有一种尖锐的感觉"[5]。这部作品是在黑色幕布的背景下表演的。

音乐(《地理与音乐》)是由居住在纽约的日本人万根康尚创作的,用于中提琴和钢琴或两架钢琴,是电子乐曲,并且现场会用英语讲述中国古代故事。讲述的时候会用两个独立的麦克风,它们像两扇门将乐器围在中间。这段音乐有时也能听到用中文讲故事的录音[6]。

1979年,《疾行者》中莫斯·坎宁汉的动作和空间标记,这是六页中的第一页

《疾行者》，1979 年
人物从左到右：约瑟夫·列侬、路易斯·伯恩斯和克里斯·科马尔
摄影：约翰·埃尔伯斯

这些"故事"是"万根康尚对 8 世纪中文文本的翻译，有人在朗读它们的同时，乐器演奏者在演奏源自 8 世纪琵琶（一种古老的中国弦乐器）的音乐。通过声控延迟线，由读者声音电子控制器乐声音的放大，将器乐元素与声音部分嫁接结合"[7]。

• • •

8 月初，舞团在纽约路易斯顿的艺术公园表演。在那里，伦敦周末电视台的《南岸秀》(South Bank Show) 也对他们的排练和演出进行了拍摄，是一部由杰夫·邓洛普（Geoff Dunlop）导演的纪录片。一些拍摄工作是在坎宁汉的工作室完成的，节目包括了《交换》《方格游戏》和《旅行日志》的节选，以及对卡罗琳·布朗和目前舞团成员的采访。

舞团接下来做了一系列的事件演出——9 月，在爱丁堡艺术节上做了四场《事件》演出(在英国的首次《事件》演出),10月在纽约,在"舞蹈之伞"的赞助下做了三场"事件"演出,这次是在"影像市场一号舞台"(Camera Mart/Stage One)的大型摄影棚演出的。后面这一系列中的第三场,包括了《躯干》的完整演出。随后,舞团立即前往巴黎,作为"秋季艺术节"的一部分进行演出。他们在城市剧院有几场保留剧目演出,在蓬皮杜中心论坛有十场特别出色的《事件》演出。在城市剧院,舞台版的《场景》是第一次演出(也就是说,作为一个独立的作品;在今年早些时候的法国巡演中,它曾作为《事件》的一部分在昂热演出)。在蓬皮杜中心的一次"事件"演出中,舞团与沉默剧院一起演出了《变化中的舞步》,这个法国剧团曾于4月(在城市剧院),由克里斯·科马尔首次在舞台上演出这部作品。一天排练结束后,莫斯·坎宁汉被告知,葛丽泰·嘉宝一直在上面观看。①

---

① 葛丽泰·嘉宝(Greta Garbo),本名 Greta Lovisa Gustafsson,是一位瑞典裔美国女演员,以在好莱坞默片和早期有声片时代的作品而闻名。她于1905年9月18日出生于瑞典斯德哥尔摩,从一个普通的背景出发,成为当时最受赞誉的女演员之一。

1980s

1980 年

1980年,坎宁汉舞团在纽约开启了其每年早春的保留剧目演出季(在有些年份,这些演出季期间也有"事件"演出)。2月19日至3月2日,在城市中心剧院的首轮演出中,《场景》和《疾行者》首次在纽约演出,舞蹈电影《场景》首次放映,《乡村即景》也进行了复排,此外还有两个新作品:《练习曲三》(作为《变化中的舞步等等》的一部分与坎宁汉的独舞《循环》一起)以及《双人舞》。《双人舞》在上一年的"事件"演出中被列为未完成的作品,始于爱丁堡艺术节上的演出。

《双人舞》

它始于为苏珊·埃默里(Susan Emery)和罗伯·雷姆利制作双人舞的想法,后来被纳入演出活动中。在完成了那部作品后,我决定为舞团的其他舞者创作第二部,然后是第三部,直到有了六部。我不记得它们的创作顺序,但在创作过程中,我逐渐有了让两名舞者完成很接近但却独立的舞句的想法。这六支舞完成后,我认为它们可以成为一个独立的作品。我在每段双人舞中加入了一个简短的入场和退场,然后是结尾,包括所有的六对搭档。结尾由三个短的舞句组成,每个舞句后面都有一个短暂的停顿,就像在拍摄一张静止的照片。在第三个停顿之后,灯光熄灭。音乐是由约翰·凯奇创作的,是他的《第三即兴演奏曲》。它的内容是爱尔兰传统鼓乐的磁带录音,由佩达(Paedar)和梅尔·梅西埃(Mel Mercier)演奏的宝思兰鼓。[1]

梅西埃父子曾在《咆哮曲》中演奏,这是凯奇去年夏天在巴黎声学及音乐调配研究院完成的作品。坎宁汉的音乐家们在《双人舞》的演出中操作和修改他们的录音。

服装是由马克·兰卡斯特设计的,他让女舞者穿短裙。每个舞者都穿着从其他成对的舞者中的一个所穿服装中挑选的颜色。

《双人舞》,1980年
阿兰·古德和卡罗尔·阿米塔奇
摄影:纳撒尼尔·泰尔斯顿

· · ·

城市中心演出季结束后仅三周,舞团就在维斯特贝斯工作室连续几个晚上举办了六场"事件"系列活动,由马丁·卡尔维作曲。接着,舞团之后又进行了短暂的国内巡演。夏天,舞团再次来到英国,第一站是在利物浦的大众剧院,随后是在伦敦的沙德勒之井剧院。在这里上演了另一个新的舞蹈,它被列为最近工作室演出活动中的一项尚未完成的作品:

《六拍律动》

在《六拍律动》中,使用的 64 个舞句都是以六个为一组,而且以同样的快节奏。它们只在动作和重音方面有所不同。重复是允许的。随机操作使得舞蹈非常连贯,给出了使用的空间以及在任何时候出现的舞者的数量。许多舞句涉及跳跃和快速穿越舞台空间以及突然的方向逆转。当我观看舞者表演时,我的印象是,这是一种乡村舞蹈,其中规范的形状排列以意想不到的方式打开,舞者以流畅的方式出现和消失并交换组别和同伴。[2]

凯奇的音乐,《第四即兴演奏曲》(*Improvisation IV*),就像为《双人舞》创作的《第三即兴演奏曲》一样,来自《咆哮曲》(*Roaratorio*)的录音:由马特·莫洛伊(Matt Molloy)和帕迪·格拉克林(Paddy Glackin)演奏的长笛和小提琴二重奏的磁带。这次,录音再次被坎宁汉的音乐家们修改,并使用了舞团的声音顾问约翰·富勒曼(John Fullemann)设计的手段来改变磁带播放器的速度。莫妮卡·富勒曼(Monika Fullemann)的布景特点是在舞台上方悬挂了三个流苏花边式的编织品,白色的背景幕上有三种颜色的斑点——紫色、绿色和红色。女性舞者把白色短裤套在淡绿色紧身衣和紧身裤外面,男性穿着紫色紧身背心和长裤。在某些片段中,一些男子穿上了白色厚夹克,就像击剑手穿的那种外套。

· · ·

坎宁汉和凯奇在沙德勒之井剧院的演出季结束后的一周仍在伦敦,在河畔工作室和伦敦大学金史密斯学院的拉班动作与舞蹈中心进行了驻场演出活动。坎宁汉和凯奇在这两个地方都表演了《对话》;有电影和录像放映;在河畔工作室还举办了一个展览;而在邦妮·伯德任教的拉班中心,他们举办了大师班、小组讨论、凯奇关于舞蹈音乐的讲座以及他早期音乐的一场音乐会[3]。

在伦敦演出季结束后,坎宁汉接受了一次膝盖手术,但他已经康复到足以参加舞团的下一次演出——10月初的两个工作室活动,由拉尔夫·琼斯(Ralph Jones)作曲,随后是短暂的欧洲巡演(斯特拉斯堡和米兰)。在"事件"系列演出中,坎宁汉进行了他称之为"卧床跳"(the Bed-ridden Hop)的表演①,这是他在手术后恢复期间创作的。在一瘸一拐地穿过地板后,他仰面躺下,然后缓慢而痛苦地先单膝跪地,然后双脚着地站起来,同时进行一系列的手臂动作。最后,他在房间里走来走去,以一种英雄的姿态停了下来,双臂伸向两侧。工作室立即被其他舞者"侵占",他们走着、跑着、跳着、倒在地上——都做着同样的姿势。

那年9月,兰卡斯特被任命为舞团的艺术顾问,接替自1967年

---

① 卧床跳,是坎宁汉在他恢复膝盖手术期间创作的舞蹈作品。这个名字反映了他在病床上的康复过程和他如何在身体有限的情况下继续创作和表演舞蹈。这段表演展示了坎宁汉在床上和地板上缓慢起身并进行一系列手臂动作的过程,象征着他的康复和重生。

以来一直担任此职的贾斯珀·约翰斯——尽管兰卡斯特自1974年以来一直是实际上的常驻设计师。

年底,坎宁汉受《纽约时报》的詹妮弗·邓恩(Jennifer Dunning)之邀,为一个"在戏剧、电影、舞蹈、音乐和视觉艺术领域表达了他们对1981年愿望的杰出人物的抽样调查"的专题节目撰稿。他写道:

> 我不希望明年有什么艺术作品,这是我脑海中最遥远的事情,我只希望能有一些能量精力,也许是再多一点投入的精神。希望有机会与其他舞者合作,制作一些作品,想办法让它们展出,并且希望我们都能相处融洽。就舞蹈而言,我发现寻找笨拙的东西比寻找美丽的东西更有活力。新年快乐![4]

1981 年

《波段/插入》

  这一年，维斯特贝斯工作室开始了新的电影舞蹈《波段/插入》的拍摄。动作被分配在主演播室、小演播室和办公区。在后两个空间，并没有试图遮盖窗户、装饰和剥落的灰泥——这些区域是"真实的"。而主演播室，再一次变成了一个平平无奇的黑匣子。查尔斯·阿特拉斯将这部电影比作在不同房间里进行的聚会："就好像你有两部电影同时在进行——两部都持续在进行，但你得在它们之间做出选择，在某一特定的时刻你想展示哪一部。"[1]

  为了达到同时性的效果，阿特拉斯设计了一些复杂的转场。当动作从主演播室转移到另一个空间时，画面就分开，显示出后面那一个。阿特拉斯曾解释说：

> 我们在《波段/插入》中使用了交叉剪辑，这是大卫·格里菲斯开发的一种经典电影手段，以表明不同空间的舞蹈事件的同时性；这种同时性的呈现极其适合坎宁汉的舞蹈美学。此外，我还设计了动画运动模式作为一些场景之间的转场，这些场景是节奏上不规则需要进行直接剪辑的选择。尽管很短暂，这些过渡手法提

供了一种方式展示不同事件同时发生的方法,以一种与舞蹈运动相关的精确方式来呈现(而不是更普遍的"叠化"手法)。[2]

在计划这部作品时,坎宁汉和阿特拉斯构想了两列:一列是主要的行动,行动是否会在一个以上的地方同时发生,以及有多少舞者参与,都是随机决定的。另一列是"插入"。行动被构想为连续的,而且最初是在一个空间里排练的。不同的空间都有编号;这些空间使用的顺序,动作是否固定,他们再次使用了三台摄像机——一台固定式摄像机,一台移动式摄影车,还有一台斯坦尼康。

坎宁汉将该作品分为16个部分,长度从10秒到3分钟不等。和以前一样,十四个舞者至少在开始时就被分成两组。

> 在这部作品中,舞伴保持不变,特别是里斯·弗莱德曼和阿兰·古德。无论他们什么时候出现在作品中时,他们都被看到在一起。这就像在一条未知的路上前行不断出现的路标。[3]

最精彩的部分之一是舞团男子的一系列简短的技巧性独舞,这部分是在主演播室用固定摄像机拍摄的。每个人都跳完后,镜头切换到小演播室里的女性,她们之间有说有笑;然后回到主演播室,进行第二组独舞。

最后,在片尾字幕之后,小演播室有一个用定格摄影机拍摄的镜头,当窗外太阳从纽约的天际线上升起时,小演播室里充满了阳光。一些观众认为这是对核爆炸的模拟,尽管阿特拉斯认为这只不过是一次日出。即便如此,坎宁汉还是对影片成品的戏剧性效果感到惊讶[4]。

● ● ●

城市中心的演出季从 3 月 17 日至 29 日举行，但在之前的几个周末再次举办了工作室活动，由菲利普·埃德尔斯坦负责音乐。在城市中心，《六拍律动》首次在纽约演出，也上演了《波段/插入》的舞台版本，并且在开幕之夜还有另一个全新的舞蹈：

《鞋履十拍》

《鞋履十拍》是一部与《六拍律动》类似的作品。就像早期的舞蹈是基于六拍短句构建的，这部新作最初是以十拍短句为基础：

> 作品的标题来源于最初的十拍舞蹈短句，后来加入了八拍的节奏，同时我决定让七位舞者穿上鞋子。
>
> 舞步是精确的；在我的记忆中，这个动作与巴雷特夫人教的"曳步舞"有关，也与我现在看到年轻人在街上跳舞时的表情有关，他们来回摆动和移动。臀部和肩部的使用，内八的双脚和伸展的脚跟，手臂经常放在身体两侧，但在使用时，在关节处、肩部、肘部甚至手腕处都有精确的计数衔接。节奏应该看起来随意，同时也精确。[5]

音乐是由当时舞团的音乐家马丁·卡尔维创作的，名为《所有快乐的工人、婴儿和狗》(*All Happy Workers Babies & Dogs*)——其中可以听到婴儿的哭声和狗的叫声，还有其他声音，包括舞者的脚撞击舞台的声音，这些声音通过扩音器来传送。

马克·兰卡斯特按照坎宁汉的要求，让舞者穿上了黑色的连体服和白色的爵士舞鞋。布景由颜色从普鲁士蓝到青绿色和石灰绿再到黄色的布板组成，上面点缀着白色的方块。这些布板可以根据舞台的大小，以不同的排列方式悬挂作为背景布以及舞台的侧面。

• • •

舞台版本的《波段/插入》与之前的改编作品（如《片段》和《场景》）相比区别更大，因为演出行动必须在一个空间之中。然而，如果有什么不同的话，那便是戏剧效果的强化，因为在电影中被分散在不同空间的舞者之间，现在可以有更近距离的接触（包括目光接触）。在男子独舞系列的过程中，将镜头剪辑（或扫到）小演播室女性舞者的顺序必须以不同的方式处理：在第一个系列中，女性舞者走上舞台，坐在舞台的右上角，看着男子跳舞；然后，当第二个系列的独舞开始时，她们都站起来，再次走出去。不管是有意还是无意，这种效果都是比较幽默的。舞台版本以男、女领舞跳完最后的双人舞之后退场结束。

大卫·都铎的配乐《音素》（*Phonemes*）是"一个电子独奏曲。在这个作品中，电子生成的元音被转化为摩擦音，而这些打击性的声音通过电子转化又变回到元音"[6]。设计和灯光由阿特拉斯负责——服装是紧身衣加毛衣以及其他商店购买的服装。

在城市中心演出季之后，舞团又于4月在明尼阿波利斯进行了一次驻场演出，和以前一样由沃克艺术中心赞助。整个活动有演出（包括"事件"和保留剧目）、课程、公开排练、电影放映、音乐会和工作坊。回到纽约后，他们举办了一个周末工作室"事件"表演，由奈德·萨布莱特（Ned Sublette）作曲，之后前往欧洲巡演——访问了葡萄牙、瑞士（洛桑），并于第二年在伦敦的沙德勒之井剧院

象棋游戏，卡达奎特，西班牙，20 世纪 60 年代
人物从左至右：蒂尼·杜尚、约翰·凯奇和司仪
摄影：詹姆斯·克洛斯蒂

与特怀拉·萨普舞团和一个名为美国芭蕾明星的临时团体一起举办了另一个美国舞蹈季。再一次，坎宁汉又有一部新作品进行了首演：

《加洛普舞》

《加洛普舞》，创作于 1981 年，由一系列不合逻辑的情境组成。它以一种无意义的方式来进行所指动作，通过动作的随机组合来表现荒诞。例如，在某一刻，有一些手的小动作，还有一些脸部的动作。这些肢体动作通常是不同的民族说话时用来强调或嘲笑别人的手势。在这里，这些手势从语境中抽离出来，并通过利用随机操作使其更具连续性而被进一步割裂,并且幽默和出乎意料融洽地共处在一起[7]。

不同寻常的是,这个作品的各个部分都有标题:"街头集市"(Street Fair)、"50个造型与姿势"(50 Looks with Poses)、"卧床跳与象棋游戏"(The Bed-Ridden Hop and Chess Game)、"爱情与弹性律动"(L'Amour and the Bounce Dance)以及"飞奔"(Gallop)。"卧床跳"是去年10月在工作室活动中首演系列的一个版本。

正如阿特拉斯为《波段/插入》所做的那样,兰卡斯特为舞者提供了从商店买的服装(坎宁汉是一件色彩鲜艳的格子法兰绒衬衫)。音乐是由小杉武久创作的《循环》(Cycles),"这部作品采用了作曲家设计和制造的小型电池操作的电子设备"[8]。

· · · · ·

舞团于7月返回欧洲,首次在瓦隆堡的国际舞蹈节上演出。期间,舞团举办了三场活动,而且也有电影和录像放映。

多年来,英格兰吉尔福德的萨里大学连续举办"专业舞蹈编导和作曲家国际舞蹈课程班"。坎宁汉和凯奇被邀请指导1981年8月的课程,由克里斯·科马尔协助,教授技术课和剧目课(《躯干》)[9]。

这一年,舞团以另一周的工作室"事件"表演结束,由波琳·奥利维罗斯负责音乐。

1982 年

为了庆祝约翰·凯奇的 70 岁生日，3 月初，在波多黎各大学里约·皮德拉斯分校举办了"约翰·凯奇周"，坎宁汉舞团在那儿演出了两次。在纽约，3 月 13 日星期六，在交响乐空间剧院有一个全天的致敬活动——"约翰·凯奇和他满屋子的朋友们"，舞团在那里表演了《变化中的舞步》，并且坎宁汉跳了《独舞》。临近凯奇的实际生日（9 月 5 日），在明尼阿波利斯的沃克艺术中心又举行了一次庆祝活动，不过坎宁汉舞团没有参加。

3 月 16 日，舞团在城市中心的年度演出季以一场新作品的首次演出拉开帷幕：

《痕迹》

> 让一起跳舞的两个人做两件事而不是一件事的想法，在《痕迹》中得到了进一步的贯彻……我为每个舞者分别制作了不同的舞句。然后，在排练中，我把它们放在一起，尽可能地保持每个舞句的独特性，同时允许舞者之间有任何可能的合作——托举，或者像其中一个片段一样——女舞者靠在男舞者身上。[1]

音乐是凯奇的《沉默的实例》(*Instances of Silence*),是"一个以预先录制的磁带为特色的现场声音的拼贴。第六大道的交通声(凯奇说与任何音乐相比他更喜欢这个)、出租车里面的声音和波多黎各的威尼斯盲道的声音将随着舞蹈的进行而变化"[2]。舞蹈服装由马克·兰卡斯特设计,在血红色的背景幕布之下,服装采用红色和灰色的组合。

· · ·

城市中心的演出季包括两项活动——第一项活动在曼哈顿的镜框式舞台上演出。《加洛普舞》在纽约首次演出,《波段/插入》的电影也首次在城市中心拐角处的卡内基音乐厅影院放映。首次演出的"事件"引入了新的材料(其中一部分曾作为创作中的作品进行过演出),虽然这些素材只在"事件"中演出,但有一个标题:

《数字》

这是一个由七个舞者组成的舞蹈,分为三个部分:

Ⅰ 积累:一人开始独舞,随后另外两名舞者加入,组成三人组;另一人进入,成为四人组;另外三人进入,成为七人组。
Ⅱ 集体舞。
Ⅲ 与第一部分的顺序相反,即减去舞者而不是增加舞者。

· · ·

在这个演出季之后,舞团又在加利福尼亚(洛杉矶和伯克利)、得克萨斯（奥斯汀）、新泽西（蒙特克莱尔）和墨西哥进行了巡演。与此同时，美国芭蕾舞剧院在大都会歌剧院的春季演出季中推出了坎宁汉的《双人舞》，坎宁汉在克里斯·科马尔的协助下为其上演。兰卡斯特为这次的复排设计了新的服装，与最初的设计相似，但采用了不同的色彩方案。虽然在那个演出季只演出了三次，但《双人舞》已成为美国芭蕾舞剧院剧目中的主要剧目。

5月底，坎宁汉舞团在鹿特丹和阿姆斯特丹的荷兰艺术节上演出。回到纽约后，他们在维斯特贝斯工作室举办了为期一周的"事件"演出，其中三场由罗恩·库伊维拉（Ron Kuivila）作曲，另外三场由理查德·莱尔曼（Richard Lerman）作曲（与汤姆·皮塞克[Tom Pisek]合作）。

1981年，美国舞蹈节终身成就奖设立，"以表彰那些为创造我们伟大的美国现代舞蹈遗产而献出生命和才华的伟大编舞家"。这一年的获奖者是玛莎·格莱姆。1982年，该奖授予了坎宁汉，他写了如下的感谢词：

> 对于多年来与我共同走过这段历程的舞者，无论是短期还是长期，我都表示感谢。正是有了他们的背部、腿部，以及他们的能量和精神，我们才有今天的成就，我对他们所有人都心怀感激。[3]

在颁奖仪式（由琼·蒙代尔[Joan Mondale]主持）之前，舞团有一个简短的"事件"演出，这是莫斯·坎宁汉舞蹈团第一次坎宁汉本人没有出现的演出。随后，舞团在美国舞蹈节上进行了三部保留剧目的表演。

秋季的演出季在9月开启，有两个周末的工作室"事件"表演，由杰里·亨特（Jerry Hunt）在得克萨斯州的坎顿现场演奏音乐，在纽约通过电话接收。10月初，在马里兰大学又举办了两次"事件"

表演。两周后,舞团在瑞士(日内瓦和巴塞尔)开始了欧洲巡演,并在法国持续到12月1日。在巴塞尔,舞团上演了新的作品《符文》,由兰卡斯特设计了新的服装。日内瓦的演出包括一个没有布景的"预演",这个新作品很快就在巴黎的香榭丽舍剧院以完整的形式演出了:

《四人舞》

《四人舞》里面有五个舞者。这个标题是由两种可能性促成的。第一个是两个舞者作为一个整体,他们在同一时间做同样的动作;第二个是我在其中的角色,这又把我和其他人分开。我一开始就在舞台上,我呈现的姿势与其他人不同,尽管我偶尔会模仿他们的动作并与他们互动。基本上每个舞者都是不同的,但有时他们会跳一些相同的舞句。作品的本质是暗黑的。所有的动作都被限制在一个相对较小的区域内。这些舞句的设计是从一个动作到另一个动作,过渡要尽可能地少,尽可能地短。[4]

确实是"暗黑的一面":许多人都说《四人舞》似乎是对深刻且悲惨的事情的沉思——作品充满了不祥的预感。幕布升起时,人们发现坎宁汉站在舞台后面,他的身体弯向一边。三位女舞者和另一位男舞者进来了。其他舞者的动作大多是独立的,尽管偶尔他们会镜像模仿他的动作,或者他被夹在其中的两个人之间。到最后,在一次小幅痉挛动作之后,坎宁汉不知不觉地离开了现场,但在剩下的时间里,其他舞者的动作又恢复到开始时那种受限的、机械般的重心转移,仿佛他们的独立存在仍然依赖于他的在场。

大卫·都铎的音乐《七人六重奏》(*Sextet for Seven*)是为"六个

相同的声音和一个缥缈的声音"创作的现场电子作品,由作曲家演奏[5]。兰卡斯特让舞者穿上了烟熏的深红色、蓝色和绿色的服装;灯光是昏暗阴沉的。

在香榭丽舍大街进行了五场保留剧目演出后,舞团转移到了蓬皮杜中心,在论坛上进行了两场"事件",就像1979年那样(巴黎的演出再次得到了巴黎秋季艺术节的赞助)。在其余的巡演中,舞团在法国各地的文化中心举办了"事件"。为了配合这些"事件",法国电视台首次播放了由伯努瓦·雅克(Benoit Jacquot)为法国国家视听研究所(INA)制作的关于坎宁汉的纪录片。也是在巡演期间,坎宁汉被法国文化部长授予艺术与文化勋章(凯奇也曾在1982年获此殊荣)。

1983 年

这一年再次以舞蹈电影开始，这次是在纽约圣约翰神明大教堂的会议厅拍摄。选择这个地点是因为它允许摄像机移动（升降镜头），这在坎宁汉工作室是不可能的，而且也因为坎宁汉和阿特拉斯想换一个场所。

《海滨》

我在创作作品时想到的画面是海滨所呈现出的海浪的波动，沙子的流动以及不断变化的景观，特别是在这种环境中的快速变化。舞蹈编排和摄影机运动是在随机操作下进行的。也就是说，动作的顺序和重叠，在任何特定时刻看到的舞者的数量，以及舞者所处的空间和摄像机位置的变化都是通过随机的方式开启的。我们使用特写镜头作为影片的一个组成部分。我对空间划分的出发点是将其规划为三个区域，即后部、中部和前部，也就是说，在后部看到完整的人物，在中部看到完整或部分人物，在前部看到特写镜头……

音乐是拉里·奥斯汀（Larry Austin）的作品，它被称为"拾贝者"（Beachcombers）。电脑被用于作曲和磁带的

拍摄《海滨》，1983 年
人物从左到右：莫斯·坎宁汉（站在左边）、海伦·巴罗和约瑟夫·列侬（两人都在镜头前）
摄影：特里·史蒂文森

录制,其中一些作为音乐的一部分进入;另一些作为表演者的指导工具。[1]

我通过随机的过程来确定摄像机的位置,有多少个特写、中景和远景,以及舞者在特写镜头下开始的动作——他们是去中景、远景还是退场。[2]

坎宁汉告诉詹妮弗·丹宁,"恒定的原则是,每个镜头中的舞者不超过5人(全体演员12人),摄像机有9个可能的位置"[3]。正如坎宁汉所希望的那样,摄像机在"在一个单一的、平滑的轨道上绕了一圈半;摄像机很少从一个固定的位置拍摄"。卡伦·卡雷拉斯写道,另一个重要的新元素是使用深度聚焦,"将背景人物(通常是运动中的)与前景人物(有时是极度特写)进行对比"[4]。

查尔斯·阿特拉斯再次与坎宁汉合作了《海滨》;他还与马克·兰卡斯特合作进行了设计。没有人试图掩饰场景的教会性质。

・・・

英国编舞家理查德·阿尔斯顿在20世纪70年代中期曾在纽约住过两年,以便在莫斯·坎宁汉的工作室学习(在那里他还举办了一场他的作品音乐会),最近被任命为兰伯特芭蕾舞团的常驻编舞。在他的努力下,兰伯特舞团获得了第一部坎宁汉的作品《六拍律动》,其版本是"克里斯·科马尔从多种来源获得的,包括他表演该作品的经历、录像带、编舞笔记以及与莫斯·坎宁汉的对话"[5]。科马尔前往英国上演该作品,坎宁汉出席了2月11日在曼彻斯特北方皇家音乐学院进行的最后排练和首次演出。兰伯特舞团的作品采用了兰卡斯特的新设计。一个月后,在纪念舞团创始人玛丽·兰伯特的演出季中,伦敦的首演在沙德勒之井剧院举行。坎宁汉同意将他的一部作品送给兰伯特舞团,因为兰伯特夫人曾热情地支持过他早期的伦敦演出季,他怀着感激和爱戴之情来纪念她。

舞团在城市中心一年一度的演出季从3月15日至27日进行,它再次包括了两个"事件"。《四人舞》在纽约首次演出,正如前一年在巴塞尔复排的《符文》一样(一如既往,《符文》没有在保留剧目演出中停留太久;在城市中心的两场演出是这两个作品的最后一次复排)。《海滨》的舞台版本于3月18日上演:

> 在我为电影或录像制作的舞蹈中,这是最难转移到舞台上的舞蹈。为了保持镜头中特写镜头所呈现的巨大图像所带来的那种急速的、不断变换的运动感,我发现有必要增加"特写"动作,并在某些情况下将其放大为舞台上的静止姿态,以使它们与舞蹈的连续流动形成对比。[6]

4月底在罗马有五场"事件"演出,6月在纽约的公园大道军械库又有一周的"事件"演出。在后面的系列演出中,前三场由莉兹·菲利普斯创作音乐,后三场由舞团的音乐家创作。

5月,坎宁汉获得了纽约市艺术文化市长荣誉奖。该奖项是由一位老朋友,同时也是坎宁汉舞蹈基金董事会的成员路易斯·内维尔森(Louise Nevelson)颁发的。

10月,舞团回到欧洲参加在比利时鲁汶举行的国际双年舞蹈节。月底,在法国鲁贝的里尔艺术节上,他们上演了一部重要的新作品:

《事件》，1983年，公园大道军械库
摄影：约翰·埃尔伯斯

《咆哮曲》

1979年，受位于科隆的德国西部广播电视台的委约，凯奇创作了他的《咆哮曲，一场基于芬尼根守灵夜的爱尔兰马戏》(*Roaratorio，an Irish circus on Finnegans Wake*)。在那一年的初夏，他和两个助手，约翰·富勒曼和莫妮卡·富勒曼，走遍了爱尔兰，在乔伊斯小说中提到的地方录制声音。然后，凯奇和约翰·富勒曼——他曾经是坎宁汉舞团的一名录音师，在巴黎声学及音乐调配研究所的录音室花了一个月的时间将这些声音，连同其他世界各地的广播电台所贡献的声音收集整理在16轨磁带上，每个为30分钟的长度。这部作品的长度为一小时。

当《咆哮曲》现场演出时，爱尔兰音乐家参加了演出，凯奇本人也参加了，他基于名字"詹姆斯·乔伊斯"创作的诗歌（mesostics，一种诗歌形式)。凯奇在《双人舞》和《六拍律动》的乐谱中使用的录音是由这些音乐家中的一些人最初为了《咆哮曲》而制作的。

虽然凯奇是为广播电台而构思了这部作品,但他一直设想它最终会由坎宁汉来编排。1982年2月,坎宁汉参加了该作品在多伦多的演出,他在其中发现了贯穿乔伊斯书中的舞蹈感觉。他为《咆哮曲》做的第一件事是一系列的吉格舞(Jigs),他开始将其纳入"事件"演出中。然后他又编排了其他短小的舞蹈,包括双人舞,"在这些舞蹈中,舞伴会发生变化,然后又变回到原来的搭档",以此来传达在《芬尼根守灵夜》中有一些角色会转变为其他角色的想法[7]。乔·希尼(Joe Heaney),一位曾在《咆哮曲》中演出的歌手,向坎宁汉描述了不同种类的吉格舞和里尔舞①,包括缓慢的和快速的。坎宁汉还在林肯中心的纽约表演艺术公共图书馆的舞蹈类藏书中做了一些研究,发现这些差异主要与节拍有关。

兰卡斯特设计的服装是简单的灰色紧身衣和紧身裤,在演出过程中还会增加其他服装。演出中没有布景,但舞者坐在凳子上或绕着舞台移动这些凳子;有时他们把围巾或其他衣服绑在其中一个凳子上。

由于《咆哮曲》持续了一个小时,没有幕间休息,因此需要一个不涉及舞团音乐家的开幕节目:

《水湾2》

《水湾2》是《水湾》的一个变体,制作于1977年。同样的64个动作再次进行了其他的随机操作,这次是七个

---

① Jigs and Reels,是传统的爱尔兰舞蹈和音乐形式,通常在民间和凯尔特表演中出现。Jigs 吉格舞是一种活泼的舞蹈,有多种形式,包括单吉格舞、双吉格舞、滑步吉格舞和三重吉格舞。里尔舞是一种快速舞蹈,通常成对或成组进行。

舞者而不是六个，以产生不同的连续性，并允许出现最初《水湾》中不存在的动作。[8]

坎宁汉没有在《水湾2》中跳舞。兰卡斯特设计了新的服装——灰色、蓝色或棕色的紧身衣和紧身裤，其中两名女子在外面套上了薄纱的短裙。

在里尔艺术节的首次演出之后，舞团于11月初在法兰克福老歌剧院又演出了这两部新作品。坎宁汉和科马尔随后向巴黎歌剧院编舞研究小组（GRCOP）的舞者们教授了另一个版本的《水湾2》，由雅克·加尼埃（Jacques Garnier，这可以看作是他"沉默剧院"的一种化身，该剧院曾有两部坎宁汉的作品在其保留剧目中）执导。这个作品于12月初在巴黎的喜剧歌剧院（法瓦尔大厅）演出。

1984 年

新年第一天，坎宁汉和凯奇参加了一个名为"早安，奥威尔先生"(Good Morning, Mr. Orwell)的电视节目，这是一个由白南准构思和协调的巴黎/纽约卫星连线节目，由埃米利·阿朵里诺(Emile Ardolino)执导，纽约市公共电视网附属台第13频道/电视实验室和法国电视三台制作。紧接着，坎宁汉舞团就开始了亚洲巡演，首先在马德拉斯、孟买和新德里进行了"事件"演出。然后，他们从印度出发，巡演到了香港、台北和首尔，并在一月底结束。

在城市中心演出季开启之前(3月6日)，纽约百老汇街545号玛格丽特·罗德的画廊举办了凯奇和坎宁汉画展。在城市中心的开幕之夜，舞团展示了一个非同寻常的新舞蹈：

《图片》

这是为全舞团创作的作品，包括坎宁汉，他在作品的最后上场。

作为编舞材料，坎宁汉画了各种姿势的简笔画(就像在活体画中一样)，从两个到五个人不等。有64种姿势，加上同样数量的动作种类，可以用来从一个姿势到另一个姿势。画面和过渡性动作

1984年,莫斯·坎宁汉为《图片》所做的笔记,图为笔证14页中的第1页

的顺序是随机决定的。坎宁汉的雕塑组合所定义的"负空间"一直是他编舞的一个重要元素,在《图片》中,它几乎成为作品的主题。

艾琳·克罗齐指出,"《图片》可能是从《海滨》(1983年)逐步发展而来的,而《海滨》又可能来自《痕迹》(1982年)"[1],而且《海滨》中的分组可能已经预示了《图片》中的分组。坎宁汉自己曾写道,"完成一个舞蹈总是会给我的下一个舞蹈留下一些想法,往往在一开始的时候很不经意"[2]。克罗齐补充说:"《痕迹》是一连串的作品,其中一次在舞台上的舞者不少于两个,也不多于五个。"[3]正如我们所看到的,一次在舞台上的五个舞者的限制也适用于《海滨》,《图片》也是如此。

大卫·贝尔曼的音乐《跨物种谈话》(*Interspecies Smalltalk*)是一套为器乐演奏者和由贝尔曼设计并组装的计算机系统而创作的作品。这个作品由小杉武久(有时是贝尔曼本人)用一把电子或声学小提琴演奏,另一位音乐家操作卡西欧键盘和一台苹果2代电脑。

马克·兰卡斯特让舞者们穿上了灰色或黑色的紧身衣和蓝色运动裤。背景幕布是一个白色的圆顶天幕。设计中最引人注目的元素是灯光,它将静态画面在天幕上投射成剪影,像摄影的图像一样对焦它们——这是坎宁汉要求的效果。在这些灯光变化的最后一幕中,坎宁汉举起了当时舞团里的最新成员——帕特里夏·兰特一动不动的身体,并将她水平抱起。

在《图片》作为保留剧目的七年里,它被演出了200多次。

· · ·

也是在城市中心演出季,《水湾2》在纽约首次演出,而《躯干》则是最后一次作为保留剧目作品演出(它的节选仍经常在"事件"中表演)。

春天,坎宁汉进行了一次简短的巡回演讲,讲述了"舞蹈与摄影机",并放映了《海滨》的电影。这一系列讲座的最后一场是在纽约的大都会艺术博物馆举行的;后来,在夏天,他又在旧金山举行了一场讲座。5月16日,坎宁汉被授予"美国艺术与文学学院和研究所的荣誉成员"称号。在这个月的月底,他又举办了一系列工作室"事件"表演,由波琳·奥利维罗斯和大卫·贝尔曼提供音乐。随后,坎宁汉在哥本哈根进行了短暂的演出任务,有两场"事件"演出（演出时下了一场大雨，雨从剧院的屋顶流进来，这个剧院以前是一个煤气厂）。

第二周，6月4日，舞团在里昂以一场特别的活动开启了1984年国际舞蹈双年展，在接下来的四个晚上都有保留剧目演出。随后，舞团在巴黎的城市剧院进行了为期一周的演出季。

1984年的演出季标志着美国舞蹈节创办50周年。作为一位舞蹈编排家，坎宁汉受委约制作一部新作品来作为庆祝活动的一部分：

《双打》

坎宁汉告诉杰克·安德森（Jack Anderson），这支舞蹈由"独舞、双人舞和三人舞叠加组成，所以总是两件事在同时进行"，这也部分解释了这个标题[4]。与此同时，舞蹈也有两个舞蹈演员阵容，每个阵容有七个舞者。坎宁汉将舞蹈编排分别教授给两个阵容的舞者，因此实际上这个舞蹈有两个版本，彼此之间略有不同。

舞蹈是根据一个复杂的随机过程来构建的。例如，第一支女子独舞是根据一个方根系统创作的，有17个舞句，每个舞句有17拍。随机决定舞者将于哪一拍在空间中移动，她将在哪一拍移动她的手臂，她的躯干等。这部作品中的所有独舞都是类似的，尽管它们在长度和节奏上有所不同。坎宁汉告诉另一位采访者，"《双打》更多的是基于节奏和时间而不是空间，尽管空间也进入其中"。有节奏的舞句是通过随机组织的："假设数字是2、7和5，那么这个舞句就包括一个2拍的短动作，以及7拍和5拍的动作。"[5]

小杉武久的音乐《空间》(Spacings)是为定制的光敏振荡器和电子装置而创作的。在表演中，作曲家用一个伸展灯来改变照射在振荡器上的光量，从而触发各种各样的声音。

兰卡斯特设计的服装与《图片》的服装相似，但比《图片》中的服装颜色更鲜艳——紧身衣和运动裤。背景幕布是紫色的。

• • •

那年夏天,一个宏大的艺术节在洛杉矶与奥运会一起同时举行,莫斯·坎宁汉舞团是受邀参加的团体之一。舞团还在雅各布之枕舞蹈节(8月)和柏林联欢周(9月)上演出。从柏林出发,克里斯·科马尔前往鹿特丹,为沃克中心舞蹈团(Werkcentrum Dans)上演《逆流》。

9月底,坎宁汉舞团在纽约的乔伊斯剧院演出了一系列的9个"事件"表演,所有的音乐都是由舞团的音乐家——凯奇、小杉武久和大卫·都铎创作。凯奇设计了一套"事件"演出的服装,随机决定颜色;这些服装在乔伊斯活动的一些演出中被穿过。

从10月初开始,舞团在昂热的国家现代舞蹈中心驻场演出,坎宁汉在那里编排了一部新作品,并在12月初驻场结束的时候演出:

《舞句》

《舞句》是为全舞团制作的一部作品,包括坎宁汉在内,他与凯瑟琳·科尔跳了一段双人舞。坎宁汉告诉罗伯特·格雷斯科维奇(Robert Greskovic),这个标题"实际上很有描述性——这个作品由64个舞句组成"[6]。像往常一样,这些舞句的顺序是随机决定的。

> 这个作品并不是为摄影机而制作的,但我在制作的过程中就像使用摄影机一样。它被分为四个部分,在每个部分我都想到了摄影机。对于A部分,我写下"在一片混乱中看",因为有这么多的动作。

B部分是"在片段中看";C部分是"在细节中看",就像一只手,或者其他什么;D部分是"在巨大的非混乱中看到"。我不确定我是否遵循了这一点,但之后仍然会照此进行。

利用随机的操作,我为每个部分制定了运动类别——在整个动作范围中。我还允许从一个部分到另一个部分的交叉,这也是通过随机操作完成的。如果一个舞句重复,也有可能出现变化——大约有五种变化。

兰卡斯特回到了英国,因此辞去了舞团艺术顾问的职务。威廉·阿纳斯塔西和多夫·布拉德肖被联合任命接替他的职务。《舞句》是他们设计的第一部作品,阿纳斯塔西负责布景和灯光,布拉德肖负责服装设计。安娜·基塞尔戈夫写道,"威廉·阿纳斯塔西设计了一个带有绳索状线条的背景幕布,从上到下剪开,然后斜着向上升起。灯光营造了一个发光的灰色背景幕布,15名演员中的14人最初穿着多夫·布拉德肖设计的明亮的纯色紧身衣,与之形成对比。在坎宁汉先生(身着灰色连体衣)加入后,舞者们在他们红色、白色、黄色或绿色的服装上增加了黑色的护踝或护腿。后来,一些人又增加了长裤、毛衣和衬衫"[7]。

1985 年

这一年，坎宁汉再次以一个录像项目开始，尽管没有之前的电影作品那么宏大。查尔斯·阿特拉斯离开了坎宁汉舞蹈基金会，他的驻场电影制作人的位置由埃利奥特·卡普兰接替，卡普兰从 1977 年起就一直担任他的助理。卡普兰与坎宁汉的第一次合作是 1985 年 1 月在坎宁汉工作室拍摄的一段录像舞蹈：

《德利神曲》

这部短小的作品，时长只有 18 分钟，使用了一个由三名女性和两名男性组成的学生小组（其中两名女性后来加入了舞团）。坎宁汉实际上在 1983 年夏天就开始了这部作品的创作。和《海滨》一样，没有试图掩盖舞台布景的架构；舞者使用工作室西端的地面和小舞台，并通过舞台左右的门和拱门入场和退场。据卡普兰回忆，坎宁汉希望在他的工作室里创造一种不同空间或场景的感觉，并将其物理布局所带来的各种可能性纳入舞蹈编排的过程中……

坎宁汉曾想用一个连续镜头来拍摄整个作品。几天后，我们就具体的剪辑达成了一致，允许剪辑共用舞蹈的节奏。[1]

根据卡伦·卡雷拉斯的说法，该舞蹈"被设想为一部闹剧喜剧，是坎宁汉对意大利18世纪即兴喜剧和即兴闹剧的致敬"，也是对两卷式喜剧默片的致敬。坎宁汉最喜欢的伴奏家帕特·里克特的配乐——《在我了解你之前，我无法继续走下去》(*I Can't Go On to the Next Thing Until I Find Out about You*)——就像默片的钢琴伴奏一样发挥作用。一些诉诸视觉的滑稽表演，"滑稽的肢体玩笑、步态舞、探戈、林迪舞以及身体、道具和特效的想象力的并置"是舞蹈编排的特点。"背景中的电影屏幕产生了电影中的电影的错觉"[2]。

这一年，坎宁汉和卡普兰还合作制作了一盘教学磁带，即《坎宁汉舞蹈技术：初级教程》(*Cunning Dance Technique: Elementary Level*)，由四名学生演示，坎宁汉本人进行解说。

· · ·

坎宁汉舞团今年的第一件事是2月20日至23日在伊利诺伊大学厄巴纳/香槟分校的驻校活动。甚至在舞团到达之前就已经有录像放映。在驻场期间，凯奇组织了一个作曲家论坛，坎宁汉与舞蹈系的学生进行了"谈话"；这两个活动是同时进行的，但在同一天的晚些时候，两人进行了《对话》的表演，之后是大学的新音乐团的音乐会。此外还有大师班，最后是两场演出，其中一场是"事件"演出，另一场是保留剧目演出节目。

城市中心的年度演出季从3月5日持续到17日。开幕式当晚，《舞句》在美国首演。第二天晚上，《双打》首次在纽约演出。第二周，另一个新舞蹈进行了首演：

《原生之绿》

这个为三对搭档编排的舞蹈部分得益于舞蹈评论家埃德温·丹比的一份礼物,丹比于1983年去世。坎宁汉说,在设计动作时,他把身体分为四个部分:腿、躯干、手臂和头。在这个方面,这个过程让人想起《无题独舞》等早期的随机性作品,只是这里不同部分的动作不是任意组合的,而是按顺序从一个部分到另一个部分(虽然顺序是随机决定的)。这使得动作具有了颤抖的,像鸟一样的效果。在最后,舞者拿起放在舞台后面的一段塑料管,并靠着它休息,就像靠在树枝上一样。坎宁汉希望这个物体是灵活的,"这样它看起来几乎是活的"。

约翰·金(John King)的音乐《叹息》(*Gliss in Sighs*)使用了一把由马克斯·马修斯(Max Mathews)定制的电子小提琴和三盘预先录制好的立体声磁带;磁带在乐曲开始时开始播放,但在标注时间的地方戛然而止(不是逐渐淡出)。根据节目说明,"金先生在缅因州钓鱼时想到了用铅、软木和橡胶制品准备这把电子小提琴的想法"。[3]

舞台布景和服装设计由威廉·阿纳斯塔西负责,灯光由多夫·布拉德肖负责。阿纳斯塔西将背景幕布铺在地板上,直接用红色和黑色的白板笔在上面创作,还被用一条对角线一分为二(这个设计与阿纳斯塔西当时用印度墨水和细笔尖的笔画的"盲画"有关)。服装也是如此,直接在紧身衣、紧身裤的面料以及女子的裙子上做标记。

· · ·

在城市中心演出季的同时,坎宁汉的编舞笔记在玛格丽特·

罗德位于百老汇街545号的画廊展出,同时展出的还有凯奇、小杉武久和大卫·都铎的乐谱。

舞团在纽约演出季结束后不久就开始了巡演,首先是华盛顿特区、伯克利和芝加哥,然后是意大利(罗马、那不勒斯和摩德纳)和英国(伦敦的沙德勒之井剧院)。6月,坎宁汉获得了当年的麦克阿瑟奖(保罗·泰勒是另一位获奖者)。坎宁汉原本打算当月在纽约的公园大道军械库上演《咆哮曲》,早在两年前舞团曾在那里进行过"事件"演出,但军械库因军事演习而被占用。7月,舞团还进行了进一步的海外巡演:伊斯坦布尔、蒙彼利埃、阿维尼翁(在那里舞团在教皇宫的荣誉法庭上表演了《咆哮曲》)和巴塞罗那。

国家舞蹈编排项目允许芭蕾舞团委约外部编舞家创作舞蹈作品,通过这个机构,宾夕法尼亚芭蕾舞团委约坎宁汉创作一个新的舞蹈,于1985年9月在费城音乐学院首次演出:

《拱廊》

坎宁汉在自己的舞团里编排了这个舞蹈;克里斯·科马尔随后把它教授给了宾夕法尼亚芭蕾舞团。舞蹈编排是在考虑到芭蕾舞者的情况下进行的,分为四人舞、双人舞、独舞等。节奏非常明确:"我以一种我不常用的方式数出了这些舞句的拍子。"(当他与自己的舞者一起创作时,坎宁汉"拉长"了节奏,"让各种自由发生")在开场部分,以四位女性为一组的缓慢延伸,与一位女独舞者和三位男舞者表演的一系列托举和抛接,几乎和杂技般的动作形成对比。之后,一男一女两名舞者表现了更持久的慢舞镜头,他们的动作由两对辅助的搭档相呼应。坎宁汉在他自己的编舞笔记旁边使用了音乐符号,"这样他们(芭蕾舞演员)就不会无所适从"。即便如此,宾夕法尼亚芭蕾舞团的舞者们直到最后一次排练时才听到音乐(凯奇的《北方练习曲I—IV》[*Etudes Boreales I - IV*],由迈克尔·普格利斯[Michael Pugliese]演奏）。

多夫·布拉德肖的布景特点是白色的背景幕布前面有一根白色的柱子，上面画着三个大小不等的灰色矩形板。坎宁汉说，这个设计的想法来自那年夏天在巴塞罗那的经历："我去看了高迪的建筑，那里有一系列美丽的拱门，非常长，非常优雅但它们并不妨碍你的视线。"布拉德肖设计的服装是石板灰或蓝色紧身衣和紧身裤，上面涂有许多白色的"X"。

• • •

坎宁汉舞团在9月继续进行巡演，在宾夕法尼亚州的斯沃斯莫尔学院、渥太华国际舞蹈节、蒙特利尔国际新舞蹈节和佛蒙特州圣约翰斯堡演出。10月，舞团再次来到西班牙，这次是在马德里的秋季艺术节，然后在德国的六个城市演出。11月，舞团在康涅狄格州斯坦福市、费城和底特律进行了演出，其中舞团在宾夕法尼亚大学的安奈伯格演艺中心进行了《拱廊》的首次演出。

回到纽约后，舞团又在乔伊斯剧场举办了一系列的"事件"演出。在第一场演出中，坎宁汉向罗伯·雷姆利教授了他在《五人组舞》中的一段独舞，这段独舞自1972年以来就没有演出过（尽管该作品中的三人舞和五人舞经常在"事件"中演出）。

12月7日星期六，坎宁汉在华盛顿特区国务院举行的晚宴上获得了肯尼迪中心荣誉奖。在第二天晚上的庆典演出中，他的舞团成员表演了《原生之绿》的一部分，这是舞团这一年的第100场演出。就在演出前，坎宁汉得到了一个消息，他的《图片》刚刚在伦敦获得了劳伦斯·奥利弗奖的年度杰出新舞蹈作品奖。

1986 年

年初，坎宁汉和克里斯·科马尔前往巴黎，与巴黎歌剧院芭蕾舞团合作修订《一两天》，并于 1 月 31 日首次演出。芭蕾舞的篇幅有所缩短——更多的是因为更紧凑了，而不是因为剪掉了一些内容。他们这次与《华盛顿广场》(Washington Square) 或《曼弗雷德》(Manfred) 一起演出，这是由鲁道夫·努利耶夫表演的芭蕾舞剧，他现为歌剧院舞蹈总监。除了两位主演让·吉泽里克斯和威尔弗里德·皮奥莱特以外，原班人马中只有三人仍在《一两天》中（吉泽里克斯和皮奥莱都有替补）。劳伦特·希拉雷取代了第三位主演迈克尔·丹纳德。

坎宁汉回到美国后，舞团开始了国内巡演，包括在俄亥俄州的克利夫兰、佛罗里达州的杰克逊维尔和西棕榈滩、新墨西哥州的圣菲以及得克萨斯州的奥斯汀的演出。巡演之后紧接着就是 3 月 11 日至 23 日城市中心的年度演出季。在这里，《拱廊》进行了它在纽约的首次演出，《六拍律动》在威廉·阿纳斯塔西的新设计下得以复排，尽管这实际上是舞团最后一次将这两个舞蹈作为保留剧目演出。其中，演出包括一个新作品：

《农场前夕》

就像1985年的《原生之绿》一样,《农场前夕》是为包括坎宁汉在内的14名舞者创作的作品,是为了"纪念埃德温·丹比"。大家可能还记得,坎宁汉十几岁时曾在农舍大厅跳过舞,标题《农场前夕》就是指这些大厅。评论家们抓住了这一罕见的个人经历,用一位评论家的话来说,这支舞蹈"让人想起了坎宁汉年轻时在森特罗利亚的一个典型的周六夜晚"[1]。安娜·基塞尔戈夫在《纽约时报》上详细展开这个话题:

> 它的灵感来源显然是坎宁汉先生在华盛顿州森特罗利亚的童年和青少年时期。那段时间,莫德·巴雷特夫人把她的舞蹈学校的年轻学员带到电影院和乡间,表演她所教的踢踏舞、交际舞和杂技节目……
>
> 童年的快照图像在舞台上活灵活现,成为一个正式的演练……同时,这显然是一个轶事。也就是说,我们看到了森特罗利亚附近农场的谷仓舞。舞者们的表演是风格化和抽象的,展现了互绕步(Do-si-dos)和阿勒曼德舞(Allemandes Left)①。他们实际上表演的是交际舞,属于欢乐的波尔卡舞种。在一个极具戏剧性的场景中,坎宁汉先生、阿兰·古德、克里斯·科马尔、罗伯·雷姆利和凯文·施罗德都拿着手杖跳舞……
>
> 《农场前夕》融合了与舞会相关的交际舞和舞步模式,舞步模式与美国方形舞有关。有一处,两个女人在一

---

① 互绕步和阿勒曼德舞都是传统美国方形舞中的动作名称。互绕步:舞伴互绕;阿勒曼德舞(Allemandes Left):左手对握绕圈。

个巨大的橡皮筋的圆环中跳舞。坎宁汉先生在《危机》(1960)中使用了类似的橡皮筋。巴雷特夫人会在她的裙子上套上"一个大橡皮筋"(坎宁汉先生的话),然后在她的一些表演中倒立着走……

女性舞者安静地列队依次上台占满了舞台。当她们站立时,(海伦)巴罗把雷姆利推来推去。他也许是趔趄而行——但他也可能是镇上的"酒鬼"。还有其他勾勒出的小插图:坎宁汉先生把古德先生从一个"照片"群体中移到另一个。当(罗伯特)斯温斯顿先生背对着他时,古德先生在与假想敌作拳击训练,然后在斯温斯顿先生打拳时转过身去。[2]

坎宁汉在《咆哮曲》和《德利神曲》中都使用了不同的交际舞的元素。当他在创作《农场前夕》时,他一直在阅读一本名为《舞蹈时刻》(*A Time for Dancing*)的书(他忘记了作者的名字),其中涉及诸如木屐舞和巴克舞等民间形式。"我试图弄清楚这些舞步,并把它们写下来,但我开始加入我自己的舞步,并把它们混合在一起,这样的话,比如说,女性舞者就可以做一些不同的事情"。像往常一样,他用随机的程序来进行制作。他所用的舞步没有一个来自巴雷特夫人——"她不跳乡村舞"——但他确实记得在森特罗利亚以外一个叫伍迪努克的乡村看过方块舞。

《农场前夕》是由阿纳斯塔西设计的。他设计的背景幕布没有体现舞蹈的自传性内容——事实上,在1986年3月22日的一场演出中,它是用阿纳斯塔西为《六拍律动》设计的新背景幕布来演出的。在第二年的巴黎大剧院,以及此后的演出中,再次使用了《六拍律动》的背景幕布(原来的背景幕布已经损坏)。《农场前夕》的演出服装是在紧身衣外面穿上及膝T恤衫。

对基塞尔戈夫来说,音乐,即小杉武久的《集合》(*Assemblage*),

增加了"淳朴的氛围",暗示着"敲击罐子和瓶子"[3],以另一位评论家所说的"喧闹的方式"[4]。

• • •

纽约演出季结束后,坎宁汉开始了他迄今为止最宏大的视频舞蹈项目——与英国广播公司联合制作,再次与埃利奥特·卡普兰合作:

《空间点》

标题来自阿尔伯特·爱因斯坦的表述"空间中没有固定的点",这是坎宁汉最喜欢引用的一句话。这句话也代表了坎宁汉对视频中空间本质的感知,他觉得视频提供了多视角的可能性,而不是单一的视角。

在其最初的视频版本中,《空间点》是一部为全舞团创作的作品,包括坎宁汉在内(这是他第一次为了录像参与他舞团的舞蹈)。这部作品分为七个部分,其节奏在快慢之间交替。坎宁汉和卡普兰在纽约策划了这部作品,并且先在维斯特贝斯工作室进行了排练。之后舞团去了伦敦,在BBC演播室工作,并于5月在那里录制了这部作品。播放这个作品的节目的第一部分是由制片人鲍勃·洛克(Bob Lockyer)制作的关于坎宁汉的半个小时的纪录片。这部纪录片特别关注了《空间点》的创作。

凯奇的音乐《无声的散文》(*Voiceless Essay*),是在纽约市立大学布鲁克林学院的计算机音乐中心和联觉公司(Synesthetics, Inc)完成的。使用计算机生成的随机操作,凯奇从他的文本"散文写作:论公民的不服从(亨利·大卫·梭罗[Henry David Thoreau])"中选择了几组词,这是他的演讲"萨蒂协会的第一次会议"中的一部分(像凯奇的许多作品一样,这个文本采用了萨蒂的《贫民弥撒曲》[Messe des pauvres]标题为基础的一系列中间诗——一种垂直的藏头诗形式)。这些词被记录下来,然后通过计算机进行合成和分析;只保留了辅音的声音。每位演奏乐谱的音乐家都播放了一盘录音磁带,在演奏过程中对其进行消音处理,持续时间在 30 秒到 2 分钟之间不等。

阿纳斯塔西的布景,一个全景背景幕布,分为三部分,改编自他在 20 世纪 70 年代的绘画(在录像的纪录片部分,阿纳斯塔西说坎宁汉告诉他要"考虑天气")。服装是由多夫·布拉德肖设计的,紧身衣和紧身裤,并以两种方式之一进行染色:一种是水平分割的颜色,一种是用海绵擦拭,以产生抽象表现主义绘画的效果,通过粘贴遮蔽胶带然后撕掉来形成清晰的区域。

● ● ●

舞团在 1985 年进行了近 100 场演出,1986 年只演出了 40 场。国外巡演的次数大大减少:5 月在慕尼黑有 5 场演出(在伦敦录制视频之后),6 月在新加坡艺术节有 3 场。在这些巡演之间,舞团再次在北卡罗来纳州达勒姆的杜克大学的美国舞蹈节上演出,尽管这次没有新作品。

坎宁汉和凯奇在 9 月 17 日获得了由卡罗琳·布朗在布鲁克林音乐学院颁发的"贝西奖"(Bessie,纽约舞蹈和表演奖)的特别成就奖。次月,舞团在那里进行了《咆哮曲》的美国首演,作为当年"新浪潮"艺术节(Next Wave Festival)的开幕活动(再次与《水湾 2》结合)。

1987 年

1987年的演出次数与1985年接近：在纽约的各种场所和国内外的巡回演出共93场。同时，与明尼阿波利斯的沃克艺术中心合作的一个为期三年的三个委约项目已经开始，其中第一个作品（由诺斯罗普礼堂和坎宁汉舞蹈基金会与沃克共同委约制作）于2月21日进行了预演。

《制造》

根据坎宁汉的想法，这个标题指的是动词"制造"的两个意思：将各个部分组合成一个整体，以及创造或编造，甚至捏造。

《制造》是为包括坎宁汉在内的整个舞团创作的作品。坎宁汉再次使用了一个基于64个长度不等的舞句的随机过程，从1拍到64拍（64这个数字来自《易经》中的六十四卦）。舞句的连续性是通过随机决定的，表演每个舞句的人数也是如此。每个舞句的持续时间保持不变，但舞句可以重叠。

这就是《制造》的结构。然而，这个舞蹈也有一种不可否认的戏剧性和挽歌式的特征，尽管其中没有叙事内容（据说，俄罗斯芭蕾舞女演员叶利扎维塔·格尔德特［Yelizaveta Gerdt］曾对批评乔治·巴兰钦缺乏叙事的人说："情节就在无情节之中"[1]）。对一些人来说，

《制造》似乎是一部有关记忆的作品，就像安东尼·都铎或弗雷德里克·阿什顿的某些作品（《谜语变奏曲》[*Enigma Variations*]）[2]。当然，这个舞蹈让那些声称坎宁汉舞团舞者彼此之间没有联系的说法不攻自破。在《制造》中，他们看起来像情人或者朋友，而坎宁汉自己的角色似乎是一个久别归来的人，重温过去的场景。在一个特别有力的片段中，他站着凝视维多利亚·芬莱森的眼睛很长一段时间。

由巴西作曲家伊曼纽尔·迪马斯·德梅洛·皮门塔（Emanuel Dimas de Melo Pimenta）创作的音乐《短波 1985》（*Short Waves 1985*）是一个录在磁带上的电子作品，与同样是录在磁带上的短波广播声音相结合（低沉的声音或零星的音乐声增加了舞蹈的戏剧性效果，无疑这是意外的效果）。混音是由大卫·都铎在表演中完成的。音乐实际上由两首独立的作品组成，第一首约 15 分钟长，随后是大约六分半钟的沉默。第二首曲子在坎宁汉的独舞结束后开始。舞蹈第一部分的时间安排本没有计划与音乐相关，但后来在表演中就非常精确。

不同寻常的是，多夫·布拉德肖让跳这支舞的女舞者穿上了礼服裙；男舞者则穿着衬衫和长裤。裙子是丝绸的，有印花或是纯色的；这些增加了舞蹈的"时代感"。这也不在计划之中，尽管当布拉德肖告诉坎宁汉她想在某个时刻让女舞者穿上裙子时，他回答说这和以往任何一次一样好。她的背景幕布用了出自医学和数学图表的绘画，因此对舞蹈的效果并没有影响。

· · ·

从明尼阿波利斯回来不久，3 月 3 日到 15 日，舞团在城市中心的演出季就开始了。保留剧目包括《制造》、《空间点》的舞台版本，《七重奏》的复排（自 1964 年以来就没有演出过完整版本）和《信

号》(自 1981 年以来就没有作为保留剧目演出过),还有另外一部新作品在第二天晚上演出:

《碎片》

《碎片》是为八名舞者创作的作品(那些没有参加《七重奏》复排的舞者)。坎宁汉原本打算创作一部动作和舞者都互不相关的舞蹈。"我设计的全套动作都是静态的,尽管当我看《碎片》的时候,它看起来并不是静态的。总有东西在动,你用眼角的余光可以捕捉到。"[3]尽管他这样说,但作品很大程度上是静止的,有时候只有一名舞者在动,而其他舞者都保持不动。

像往常一样,坎宁汉使用随机程序,这首先决定了没有入场和退场——所有的舞者都会一直在台上,直到最后一刻,到那时他们才离开舞台。这也不是退场:舞蹈程序中出现的最后一个阶段是步行阶段,而且因为这也意味着除了一位舞者外,其他所有舞者都要走到一边去。所以有的舞者开始离开,因为他们已经位于空间中所处的地方。

坎宁汉设计了一整套动作,大多数都是非常短的舞句,可以重复或不重复。这些动作从一个舞者传递到另一个,一名舞者开始一个舞句,另外一名从某个部分接着跳(这也是随机决定的),依次进行。《碎片》这个题目不仅指这种碎片化的舞蹈,而且还有另外的意义:

> 在我看来,我们工作的方式,也许我有点夸张了,很大意义上就像社会存在的方式。接起这些或长或短的碎片,并以不同的方式将它们拼在一起,这从某种意义上来说,我们在生活中一直都是这么做的,尽管我们没有考虑过它。社会被分成了很多个方向。看看这些分崩离析。

这么多的东西都土崩瓦解了,这么多的人陷入各种各样的麻烦。没有中心了。我认为中心就在于每个人自己。每个人都得找到他自己。我认为《碎片》必须来自这类的思考。当然,没有那么明确。但是不管你做什么,不管你创造什么,它都来自你是谁。[4]

不管出于什么原因,这部作品有点阴郁、悲剧的感觉,这种感觉如此强烈,它让有些人觉得这件事发生在未来的某个冬天。

关于他的音乐,都铎写道:

《网状物》(*Webwork*)的声源来自水下记录的海浪声,随后被分割成最微小的脉冲。这些脉冲激活了一连串的电子元件,产生了各种声音的转换,这些转换可以瞬间改变。这个表演过程在某种程度上就像通过具有多种颜色的经线进行编织。[5]

威廉·阿纳斯塔西设计了一个抽象的背景幕布。在第一次演出时,舞者们穿着色彩鲜艳的服装;这些服装似乎不合适,很快就被绿灰色紧身衣和运动裤所取代。

• • •

在演出季的第一周,由当时纽约州立大学艺术项目主任帕特里夏·科尔·罗斯(Patricia Kerr Ross)组织了一个活动,主题是"莫斯·坎宁汉和新舞蹈/舞蹈中的现代主义冲动"。该活动在城市的不同地点开展了专题讨论会、公开排练、课程、放映和表演;现在和以前的舞者以及艺术合作者、学者和评论家都参加了此活动。[6]

《空间点》在演出季的第二周开始时进行了首次舞台演出。与坎宁汉为舞台改编的其他视频和电影作品相比，这个舞台版本与原作的差异更大。坎宁汉自己的角色和在这期间离开舞团的两名舞者的角色被省略了。顺序改变了——原来的结尾被剪掉了，取而代之的是早期部分的舞蹈。原本由凯瑟琳·科尔和阿兰·古德跳的双人舞被扩展，加入了作品中其他部分的素材，也加入了科尔在《练习曲 III》（1980）中与约瑟夫·列侬跳的双人舞。在那个部分，科尔做了一个向后跌倒的动作，被列侬接住；这个跌倒的动作类似于《空间点》双人舞中的一个动作，她向坎宁汉建议，他可以把这个动作加入进来。这段双人舞被分为好几个部分，其中一个部分取代了坎宁汉在原作第六部分的独舞。舞台版的布景是阿纳斯塔西为视频制作的全景背景幕布的一个部分。

巡演在演出季结束后不久就开始了，舞团先是去了中西部，然后在第二次旅行中去了加利福尼亚，接着去了波特兰和西雅图（巴士在坎宁汉的家乡森特罗利亚停了下来，他的兄弟多尔温在那里接待了舞团。然后他们开车在镇上转了一圈，坎宁汉指出了一些地标，比如他们家曾经住过的房子）。

从西北地区返回后大约一个星期，舞团动身前往欧洲：萨尔茨堡、慕尼黑和巴黎。在这次巡演和访问日本之间，还有一次国内演出（在北卡罗来纳州查尔斯顿的美国斯波莱托艺术节上的表演）。到了 7 月中旬，舞团来到了伦敦，在皇家阿尔伯特音乐厅的第九十三季"逍遥音乐会"（亨利·伍德逍遥音乐会）上演出了《咆哮曲》。此节目与斯特拉文斯基的《婚礼》（*Les Noces*）在同一个节目单上，从而重复了三十五年前在布兰迪斯大学举办的艺术节上的合作——当时坎宁汉编排了斯特拉文斯基的芭蕾舞剧和皮埃尔·谢弗的《孤独人交响曲》。在这次单独演出的前一天，BBC2 频道播放了《空间点》的视频版本。接下来的一周，舞团在沙德勒之井剧院开启了为期两周的演出季。坎宁汉和埃利奥特·卡普兰挤时间去了丹麦的奥胡斯,在那里,美国芭蕾舞剧院正在录制一个由巴兰钦的《梦游女》(*La Sonnambula*)和坎宁汉的《双人舞》组成的《美国之舞》(*Dance in America*)的节目。托马斯·格里姆(Thomas Grimm)是这个节目的导演,坎宁汉和卡普兰是顾问。

不到三周后,舞团又回到了马萨诸塞州参加了"雅各布之枕"舞蹈节,节目包括1955年舞团在那里演出的《七重奏》,以及8月18日首次演出的、由当时的艺术节总监莉兹·汤普森(Liz Thompson)委约创作的作品:

《狂欢》

《狂欢》是为13名舞者(不包括坎宁汉)创作的作品,是为雅各布之枕谷仓剧院的小舞台设计的。它就像一个小马戏团或杂耍,由舞者用塑料管围成两到三个圈,坎宁汉为此设计了一系列的"旋转"动作,这些动作的顺序通过随机来决定。其他道具包括一个没有充满气的沙滩球和一块粉红色的布,这块布可以被举起来,以掩盖或至少部分地露出后面的舞者(这可能是指1939年在康尼什学院,邦妮·伯德在她的《想象的风景》中使用的类似装置)。有一处,男舞者像杂技演员一样手拉手在舞台后面形成一个扇形组合,一个女人(海伦·巴罗)跑进跑出。有人认为,这个组合与20世纪30年代初,泰德·肖恩为他舞团中的男舞者,在雅各布之枕编排的舞蹈照片中的一个姿势相呼应,但它也与巴兰钦《纸牌游戏》(*Card Game*)中的一个组合相类似。

《狂欢》一开始,舞台上只有两个男人(克里斯·科马尔和丹尼斯·奥康纳[Dennis O'Connor]),好像是表演之前的热身。另一个男子双人舞是大卫·库利克(David Kulick)和罗伯·雷姆利"在地板上紧紧地围绕着对方翻滚,就像两个摔跤手在寻找支撑点"[7]。比较安静的片段是科尔和罗伯特·斯温斯顿两人悠长的双人舞。

这个作品结束时，三个女人被举起来模拟攀登绳索，或者双手交替向上拉绳子，就像放下幕布一样——幕布在这时合上。

小杉武久的《狂想曲》(*Rhapsody*)使用了竹片、气球、西藏指钹和其他小物件发出的声音。这些声音经过电子处理，形成了一种电声的混合。

舞蹈是在舞台的后墙前表演的。多夫·布拉德肖的服装来自纽约运河街的旧货商店、廉价商店和她自己的衣橱；其中一些衣服的里子被翻了出来（这个想法来自她对世界各地的稻草人的观察）。坎宁汉希望有更换服装的可能；布拉德肖则让舞者们在她为每个人提供的一系列东西中自由选择。在雅各布之枕，她注意到一串圣诞树的灯，用来帮助舞者在黑暗中找到他们去后台的路。在一次"旋转"的过程中，当舞者透过粉红色的纱布变得清晰可见时，她让这些灯瞬间打开，这种效果在其他表演该舞蹈的剧院中得到了重现。

・・・

虽然舞团春季在加利福尼亚进行了巡回演出，但他们还是于9月初再次来到洛杉矶，参加了一场名为"凯奇和同事Ⅱ"的活动，这是洛杉矶艺术节举办的"为约翰·凯奇庆祝"活动的一部分。（"凯奇和同事［Ⅰ］"是舞团音乐家都铎、小杉武久和迈克尔·普格利斯的音乐会）。几天后，舞团返回欧洲，在意大利（罗韦雷托）和比利时（安特卫普）进行约定的演出。10月也非常忙；舞团于10月初回到纽约，参加了在纽约州剧院举行的艾滋病义演"为生命而舞"，表演了《制造》的一个节选（坎宁汉没有出现）。几天后，在纽约中央车站有两场活动，作为"街头之舞"举办的"中央车站事件"的一部分。在车站的大厅里搭建了一个舞台，包括通勤族在内的数百人都看到了这些表演。

舞团接下来去了费城,参加在费城艺术博物馆举行的与"关于马塞尔·杜尚"展览有关的活动,这是为了庆祝这位艺术家的百年诞辰。坎宁汉使用了《漫步时光》的布景,他将这个作品的一些选段进行了重新编排了。演出"在巨大的楼梯大厅举行,观众坐在台阶上,站在画廊里,俯瞰舞团表演的场地"[8]。

坎宁汉被选为阿格尔·H.梅多斯奖的第五位获奖者,该奖由位于得克萨斯州达拉斯的南卫理公会大学梅多斯艺术学院授予,"用于奖励卓越的艺术"。同时,还有10月19日至24日举行的另一个研讨会"关于莫斯·坎宁汉",以及一个展览、小组讨论和大师班。

10月29日,《空间点》通过艺术和娱乐有线网络,首次在美国电视上播出。

这一年以《七重奏》的再次复排结束,由科马尔为兰伯特舞蹈团(前身为兰伯特芭蕾舞团)上演。坎宁汉曾在法兰克福帮助凯奇排练他的《欧洲歌剧1&2》,但由于歌剧院被烧毁,所以原定于11月13日的首场演出被取消。在飞往丹麦指导美国芭蕾舞剧院对《双人舞》录像带的剪辑之后,坎宁汉出席了11月20日在格拉斯哥皇家剧院举行的《七重奏》的首场演出。然后他回到法兰克福,参加重新安排的12月12日《欧洲歌剧1&2》的首演。

在这一年,坎宁汉和卡普兰完成了另一盘教学磁带《坎宁汉舞蹈技术:中级教程》(*Cunningham Dance Technique: Intermediate Level*)。

1988 年

美国芭蕾舞剧院在《美国之舞》节目上表演的《双人舞》于 2 月首次在公共电视台播放。

坎宁汉舞团今年应邀在第八大道 19 街的乔伊斯剧院进行了为期四周的演出季,以取代其在城市中心一年一度的曼哈顿演出季。在 3 月 1 日的开幕之夜,呈现了《雨林》的复排。在同一演出季中,《狂欢》在纽约进行了首次演出,还有一部全新的作品:

《十一》

《十一》因作品中的舞者人数而得名,是专门为乔伊斯剧场的舞台所编排的。坎宁汉将空间分为八个同等的区域:"我想看看,鉴于这个舞台的大小,通过这样的划分,是否可以得到一种不同比例的感觉。"随机操作决定了哪些舞者将表演哪个部分,以及在舞台的哪个区域。舞者在每个舞句都必须停留在它开始的那个方格内舞动,之后才能移动到另一个方格。如果随机的过程要求舞者进入一个已经被占用的空间,坎宁汉有时不得不做出调整,但他发现这种限制很有趣——"如何重新聚焦于动作,以使其在空间内发挥作用"。埃利奥特·卡普兰注意到,在《十一》的空间内大部分动作都是横向的,他猜测这可能反映了录像对坎宁汉作品的影响。坎宁汉认为可能确实是这样。

《十一》，1988 年
阿兰·古德和维多利亚·芬莱森
摄影：迈克尔·奥尼尔

由罗伯特·阿什利创作的音乐名为《飞碟中的问题》(Problems in the Flying Saucer),包括两位演讲者(小杉武久和迈克尔·普格利斯)在讲述阿什利1987年歌剧《宫娥》(Odalisque)剧本中的一段节选。这个文本的音乐安排受坎宁汉舞蹈基金会委约。节目单中印有阿什利对其乐谱的说明:

> 20世纪40年代末,在一艘名为"飞碟"的船上,船长和大副在讨论他们船上的人——一个音乐家,显然是美国人(可能是"流亡者"),在去往法国南部一个音乐会的路上。他对音乐的想象力,以"飞碟"的标准来看相当具有故事性,他对其他事情的想象力也感染了船上的人——那些全神贯注于工作的全体船员。身处舰桥内的船长不得不让大副向他解释。很快,船长的担忧就消失了(或者说音乐感染了他),他也融入其中,他们试着演奏了几首曲子。

《十一》在剧院裸露的后墙前面演出,服装和灯光由威廉·阿纳斯塔西设计。男人们穿着紧身衣和长裤,女人们穿着衬衫和紧身裤;男人的长裤和女人的衬衫上都有颜料的斑点装饰。

· · ·

次月,舞团恢复了国外的巡回演出(在乔伊斯演出季之前,舞团有一次在纽约之外的演出,是在马萨诸塞州韦尔斯利学院的一次"事件"表演)。坎宁汉舞团是在巴西卡尔顿舞蹈节上表演的六个舞团之一,从4月8日至15日在圣保罗、里约热内卢和贝洛奥里藏特之间巡回演出。

坎宁汉收到了1988年柏林工作坊(Werkstatt Berlin)联合阿维

尼翁艺术节和巴黎秋季艺术节的新作品联合委约创作。坎宁汉决定不做两个独立的舞蹈,而是做一个长篇作品。第一部分《五块石头》(*Five Stone*)于6月16日在柏林自由工作室(Freie Wolksbuhne Berlin)首次演出。完整的作品,加上第二部《风》(*Wind*),于7月30日在阿维尼翁艺术节,在教皇宫的荣誉法庭首次演出。

《五石之风》

这个标题指的是坎宁汉为《五块石头》划定的空间,通过五个焦点来指示舞者进场或退场的方向,以及他们面向观众的方向关系。92个舞句围绕着这五个点来组织[1]。正如坎宁汉所说,这五个点就像"录像作品中的摄像机位置"。标题中的"风"是指夏季在阿维尼翁演出时可能会刮起的西北风;坎宁汉说,在作品的第二部分,舞者"朝各个方向舞动"。

柏林空间是封闭的,所以舞者必须先进入,然后在开始跳舞之前停顿片刻。而荣誉法庭是一个宽阔、开放的空间,没有舞台左右侧台的区域,舞者可以从远离舞台的地方进入。

《五石》有13位舞者,包括坎宁汉本人。第一部分的大部分舞句都很缓慢。另外两位女性(金伯利·巴托斯克和艾玛·戴蒙德,她们都是最近才加入舞团的)参加了《风》的表演,她们动作迅速,——"像风一样"——随着舞蹈的进行,它的技巧性、复杂性和速度性都在增加,有跳跃的舞句和其他空间移动的舞句,"打破了封闭感,"坎宁汉说,"所以是一种变形,一种突破。"

像往常一样,坎宁汉通过随机来决定各个部分的长度(长度从15秒到2分钟不等)、舞蹈音节的顺序、它们在表演空间中的位置以及它们在舞者之间的分布。坎宁汉创作了64个舞句,另外还有29个备用舞句,可用于重复的情况下或需要其他动作的可能性。这涉及大量的图表:"我称它为文书工作,但约翰·凯奇称它为作曲。"

《五石》的音乐由凯奇和大卫·都铎创作,后来小杉武久加入《五石之风》的创作中。与之前由三位作曲家创作的乐谱不同,比如《信号》和《乡村即景》的乐谱(由凯奇、都铎和戈登·穆玛创作),以及那些音乐家们一起演奏或依次演奏的"事件"演出的乐谱,《五石之风》的乐谱据凯奇说"算是创作出来的"。

凯奇这样描述他对乐谱的整体组织:

> 用随机的操作,我为三位演奏者组成了一个具有灵活开始和结束的时间段框架,其中一位演奏者在30分钟之后才开始演奏(小杉武久)。我没有以任何方式具体要求大卫·都铎或小杉武久完成他们的部分。然而,对于迈克尔·普格利斯的部分,我与他制定了具体的计划,在特定的时间段内使用泥鼓,随后在巡回演出中交替使用这些计划。这些计划包括在即兴演奏时是否使用通过将鼓移近麦克风产生的电子回声。[2]

都铎对他的贡献描述如下:

> 《五石之风》是一个电子生成的作品,基本上是打击乐性质的。这些声音来自通过电子"门"传递的地球振动(不是地震)的录音。这个门可以被"调整",包括频率和持续时间。由此产生的声音被其他电子元件进一步处理,产生各种各样的音色。
>
> 在作品的第二部分《风》中,电子门的作用有时是相反的,控制声音的释放而不是攻击,使声音具有更多的连续特性。[3]

小杉武久在《风》的制作开始时加入普格利斯和都铎的行列，给整部作品加进了30分钟：

> 我以交替使用小提琴（拨奏）、作为声音传感器的"压力树"（打击乐器）和竹笛（吹奏）来开始我的表演。这些声音偶尔通过采样机（时间调制）进行处理，此外一直通过数字多效果器（混响）进行处理。[4]

小杉武久这一部分的乐器由小提琴、人声和竹管组成，并在每次表演中利用随机的操作而发生变化。竹管可以用萨克斯风的吹口来演奏，也可以像澳大利亚迪吉里杜管那样吹入。声音元素是一种萨满教式的咒语，从低音域到假声，是一种呈现阴阳关系的男性或女性的声音。

坎宁汉请他的前艺术顾问马克·兰卡斯特为《五石之风》进行设计（由于第一次演出将在欧洲进行，现在居住在英国的兰卡斯特更容易到场）。在布景上，大量的绳索悬挂在紫色的背景幕布上，偶尔会飘动。虽然这个布景在柏林以及后来在德国的巡回演出中使用过，但在阿维尼翁，《五石之风》是以荣誉法庭的墙为背景演出的。因此，这部完整的作品直到年底在法国巡回演出时才被赋予完整的舞台布景。该作品最后于12月在巴黎城市剧院演出。

虽然《五石之风》是一部全舞团的作品，但坎宁汉要求兰卡斯特像他自己一样，将"作品中的舞者视为独立的'人物'"。兰卡斯特据此设计了各种颜色和剪裁的衬衫和紧身衣；还有舞者可以在不同时刻穿的裙子和长裤。坎宁汉自己的服装是一件连体服，与背景幕布的紫色色调相同，所以他有时会与背景融为一体。

・・・

在柏林演出后的德国巡演中，其中一位舞者阿兰·古德受伤，需要在杜伊斯堡和科隆更换节目。坎宁汉在寻找替代者时，灵光突现，想到将《混乱》作为保留剧目作品演出的想法。尽管自1971年3月以来，这个作品就没有以这种方式演出过，但几乎所有的舞蹈编排都包括在巡演期间演出的活动内容中，所以坎宁汉决定将其作为保留剧目作品演出，尽管没有原来的配乐（由一柳慧负责）和布景（由弗兰克·斯特拉设计）。普格利斯、小杉武久和都铎提供了音乐，舞者们穿着兰卡斯特设计的"事件"演出服装。

7月9日和10日，在返回纽约和前往阿维尼翁之间，舞团在第一届纽约国际艺术节期间，在纽约炮台公园城的一个露天剧场对仍未完成的《五石之风》进行了两次预演。他们也在北卡罗来纳州达勒姆的杜克大学的美国舞蹈节上进行了演出。

在阿维尼翁，《五石之风》与《空间点》或《雨林》一起演出。演出于8月1日开始；8月3日的演出不得不取消，因为正如坎宁汉所预测的那样，确实刮起了西北风，而且还出现了巨大的冰雹风暴。这是舞团历史上第一次取消演出。第二天晚上，《雨林》的演出没有布景，因为大风会把沃霍尔枕头刮走（一位观众要求退钱，投诉舞团的演出是不完整的）。

9月10日，坎宁汉参加了白南准的另一个公共电视盛会《包裹世界》(*Wrap around the world*)，他和都铎在其中表演了名为《跨太平洋双人舞》(*Transpacific Duet*)的节目。国内巡演在秋季重新开始，在波士顿、斯坦福、加州和科罗拉多斯普林斯进行了演出。然后，舞团在犹他州的圣丹斯住了下来，参加由卡普兰导演的录像制作。当这次短暂的驻留成为可能时，卡普兰和坎宁汉已经决定，没有足够的时间为录像创作一部新作品,但《变化中的舞步》可以为了这个目的而进行改编。

> 为了《变化中的舞步》的录像制作,莫斯和我谈到了打破框架的问题,允许舞者有所突破有所作为,甚至打破框架后再次回到框架之中,允许摄像机拥有以前没有探索过的独立性。
>
> 《变化中的舞步》是一部已经为舞台制作的编舞作品。舞团熟悉它,并且因为它的结构灵活,可以让摄像机自由发挥。莫斯说,这种重叠段落的灵活结构允许我在巡演期间拍摄作品的舞台排练,并寻找不同的场景设置来安排舞者。拍摄后,在剪辑室决定每个部分的顺序。舞蹈的每个部分都是分别处理的,舞者的数量由空间决定……
>
> 音乐是后期添加的,约翰·凯奇给我寄来了成品录音,我可以根据感觉把它放在最佳的地方。
>
> 《变化中的舞步》的独特之处在于,它有一段历史,因为莫斯在 1973 年首次创作了这个作品。在 1974 年的排练中,制作了一盘黑白的半英寸开卷录像带,我认为在可能的情况下,使用这些历史录像将是有趣的。部分段落在黑白档案材料和目前的彩色材料中重复,让观众看到从舞者到舞者之间的舞蹈编排以及改编传承的历史层次。[5]

11 月中旬,舞团返回法国,在土伦、格勒诺布尔、卡昂、勒阿弗尔和布雷斯特进行演出,其中一些演出包括《五石之风》。巡演于 12 月 7 日在布雷斯特结束,但舞团于 12 月 20 日至 29 日返回法国,在城市剧院进行假日季演出,并在圣诞节周末休息。

1989 年

《货物 X》

《货物 X》是另一个为期三年,由明尼阿波利斯沃克艺术中心赞助的第一个委约项目作品,这次是与得克萨斯大学奥斯汀分校的沙里尔舞蹈团合作,由雅各夫·沙里尔(Jacov Sharir)执导。坎宁汉舞团在奥斯汀驻留完成作品的期间,舞团也在休斯敦和圣安东尼奥进行了演出。而在奥斯汀在 1 月底的演出同时,还举行了"莫斯·坎宁汉:批判性视角"的会议。

《货物 X》是一部为七个舞者创作的作品,有两个交替的演员阵容。这个标题没有特别的意义,坎宁汉告诉一位采访者:"它是编造的。它可以代表任何东西。货物的意思是我们周围来回移动的东西,尽管它与舞蹈没有任何关系。我想,如果我加上一个 X,那就会进一步混淆它的意义。"[1]

最重要的装饰元素是一个梯子,它立在舞台后面,也在舞蹈编排中发挥了作用:舞者会在演出过程中移动它,把它倾斜,把它放在一边或把它从一个地方挪到另一个地方。他们离开舞台只是为了取回塑料花,并将其系在梯子上。观众可以根据自己的意愿自由地解释这些动作和道具的意义。虽然舞蹈的普遍情绪是轻松愉快的,但围绕着梯子的动作也给了作品一种末世论的感觉。

我的想法是使用一个大约 6 或 7 英尺高的梯子。我们在纽约的工作室里有一个梯子可以使用——它是一个有顶的梯子,可以把颜料桶放在上面。但我们 11 月在法国土伦巡演时,我走进剧院,发现那里有一个漂亮的梯子——它就像是孩子们心目中的梯子。我看着它心想,"这太不可思议了——我想要那个梯子"。

剧院的技术工作人员一开始对此有些不解,然后这些工作人员的领队说,他认为我们不应该拥有它,因为它是一个传家宝。它制造于 1900 年左右,是手工制作的。他觉得它不应该离开土伦。他们的联络人向领队解释说:"但你们必须明白,这意味着这个代表土伦的梯子将会走向全世界。"他们想了想,认为那是他们想要看到的结果,所以如果我们再给他们一个梯子的话,他们就同意把梯子给我们。最终,我们给了他们一个蓝色的金属梯子。我们演出了两场,在第二场演出后,全组工作人员都认为他们喜欢我们的表演,所以他们很高兴把梯子给我们。[2]

舞蹈有三个可能的结尾,坎宁汉最初计划了五个,但只有三个完成了。当他看到表演所用的舞台时,他就会决定使用哪个结尾。如果舞台两侧没有空间,梯子被抬到台下的结尾就不能使用。

多夫·布拉德肖让舞者穿上紧身衣和紧身裤,从她当时的绘画所使用的调色板中选择颜色,包括深灰色、绿色、紫色、浓粉色、黄绿色和金色。她在观看排练后决定哪些舞者将穿哪种颜色的衣服。

小杉武久的音乐名为《光谱》(Spectra)。他对采访者说："对'光谱'这个词，我的意思是一种余像(after-image)或回声。这一想法包括声音的余像。"[3]作者补充说："在作品中，小杉武久把非常简单、自然的声音与非常复杂的电子技术结合起来。他通过数字处理设备运行各种声源。"[4]在用于产生声音的物体中，有几个小盖子和一些高度抛光的鹅卵石。小杉武久还使用了弗拉明戈歌手的磁带录音，并在表演中模仿这些声音来发出声音。

《场域与舞者》

2月17日，在得克萨斯的演出结束后不久，舞团在明尼阿波利斯进行了另一场首演，这是沃克艺术中心委约的第二个项目。《场域与舞者》是为14名舞者制作的，他们被分成四组，两组3人，两组4人。坎宁汉承认，他脑海中有四个元素的想法，即土、空气、火和水。每组都有自己的一套舞句，并且每组都是以各自跳舞开始，然后依次与其他各组跳舞。单独跳舞的时候，他们以其原初的形式表演他们的内容；与其他小组一起的时候，他们表演的便是其变化的形式。因此，与坎宁汉的大多数作品相比，这个作品有一个更清晰明显的结构。

音乐由伊万·切列普宁(此人为佳吉列夫的俄罗斯芭蕾舞团创作音乐的尼古拉斯·切列普宁[Nicholas Tcherepnin]的孙子)创作，名为《创意行动》(The Creative Act)，副标题是"马塞尔·杜尚文本的衬腔式复调音乐"。它由小杉武久、罗伯·米勒(Rob Miller)、迈克尔·普格利斯和大卫·都铎演奏，还有舞团的音乐家。一位音乐家演奏了一种被称为"火箭筒鼓"的原声乐器，一种半音阶曲调的膜鸣乐器。这种声音完全经由电子化处理，独立于其他音乐家产生的声音；由杜尚和凯奇朗读的杜尚文本的磁带被播放；小杉武久用蹩脚的英语朗诵同样的文本，并吹奏口琴，这些声音也进行了电子化处理和操作。

设计是由克里斯汀·琼斯(Kristin Jones)和安德鲁·金泽尔(Andrew Ginzel)负责,这两位艺术家自1983年以来一直在合作,创作的舞台造型"与宇宙中的物质和精神力量有关,同时存在于物理学、哲学和诗歌领域"[5]。安娜·基塞尔戈夫对布景的描述如下:

> 舞台背景是一个横向条纹的灰色调幕布。14名舞者的服装上也是同样的灰色调。在幕布后面,小灯偶尔会像星星一样闪烁着。在舞台左侧,一组电动红色杆子不断地从一边倾斜到另一边。舞台上方的右侧,悬挂着一个月亮状的圆盘,在表演过程中时明时暗。一个钻石形状的物体从上面垂下来,月亮也在幕布上投下它的影子。[6]

· · ·

舞团回到纽约参加其一年一度的城市中心演出季,该演出季于2月的最后一天开始。《五石之风》《货物 X》和《场域与舞者》都是首次在纽约演出,《原生之绿》也在三年没有作为保留剧目演出后重新复排。在这个演出季之后,舞团立即对英国进行了短暂的访问,在莱斯特国际舞蹈节上进行了一系列有布景(来自《雨林》或《漫步时光》)的四次"事件"演出。艺术节在该市的海马克剧院举办。另一项活动,也是用《雨林》的布景,于4月的头两天在坦佩的亚利桑那州立大学举办。

迄今为止,舞团在华盛顿特区的演出都是在利斯纳礼堂不完善的舞台上进行的(除了1985年12月在肯尼迪中心荣誉晚会上表演的《原生之绿》的节选)。5月的第一周,舞团终于在肯尼迪中心

《场域与舞者》，1989 年
人物从左到右：克里斯·科马尔、海伦·巴罗、卡罗·泰特尔鲍姆、大卫·库利克、维多利亚·芬莱森和罗伯特·伍德（Robert Wood）
摄影：约翰·埃尔伯斯

的艾森豪威尔剧院进行了一整周的演出。

7月，舞团回到了欧洲。在都灵的两场"事件"演出后，他们在那一年的阿尔勒艺术节上进行了为期一周的驻场演出。这些演出再次与一个会议相吻合，主题是"瞬间，记忆和遗忘"。为了配合这个主题，坎宁汉舞团表演了一个回顾性的"阿尔勒事件"，包括《故事》《冬枝》《逆流》《循环》《漫步时光》《甘菲德牌戏》《信号》《一两天》《躯干》《场景》《咆哮曲》和《五石之风》的节选，其中一些是为这个场合特别重新编排的。这个活动用《漫步时光》的布景演出。保留剧目节目单上包括新作品《发明》(Inventions)的预演。这些演出是在美丽的古罗马剧院进行的，兰伯特舞蹈团和巴黎歌剧院编舞研究小组也在那里进行了表演，两者表演的节目都包括了坎宁汉的作品(分别是《七重奏》和《水湾2》)。此外,活动期间还在午夜放映了坎宁汉的电影。在回国之前,作为美国艺术节的一部分,舞团在戛纳的影节宫进行了一次演出。

• • •

1989年对坎宁汉来说是一个令人吃惊的丰收年。9月的第三个星期,舞团在伯克利的加利福尼亚大学驻场,有演出和另外一个研讨会,整个活动的标题是"为莫斯·坎宁汉庆祝"。在本书作者对坎宁汉和凯奇进行的一次公开采访中,一位观众问道:"你们在家里的个人生活是什么样的?"他们沉默了一会儿,然后,凯奇笑着回答:"嗯,我做饭。"他顿了顿,又说道:"莫斯洗碗。"[7]

不仅《发明》进行了首次完整的演出,而且另一个新的舞蹈,即今年的第四个舞蹈,也在9月22日首次演出:

《八月的步伐》

《八月的步伐》是为全舞团编排的舞蹈,不包括坎宁汉在内。这个标题指的是1989年8月,在舞团从阿尔勒回来后不久,以及他们去伯克利之前,编排了这个作品。坎宁汉说,"当时的节奏是忙乱的"。由于一些舞者在部分排练期间因受伤而缺席,他就只能和有时间的人一起工作:"我不得不开始创作双人舞。"

像往常一样,坎宁汉使用了一种基于《易经》的随机过程。结构是一系列的七段双人舞,有中断,就像早期的双人舞一样,不同的是,这里15个舞者中的每个人都有不同的动作连续性。坎宁汉说:"当他们一起做一些事情时,这是因为数字的出现。"例如,他一开始就给了维多利亚·芬莱森"几乎所有连起来跳的部分",

同时也给了罗伯特·斯温斯顿连续跳的部分，然后看他们一起跳时有什么可能性。在不同的时刻，一个或另一个舞者失去了平衡，就会引入一个循环的运动主题。例如，在某一时刻，一个女舞者被她的舞伴以失去平衡的姿势支撑着，"如果他们放手，就会都摔倒"。

这些"中断"不仅仅是另一对搭档的简单交叉，就像《双人舞》那样。坎宁汉最初把它们分开计算，不是在连续性方面，而是（例如）中断时涉及多少个舞者。这些片段随后被插入到作品中。

这首名为《和平会谈》的音乐是普格利斯为一部保留剧目作品（有别于他为之提供伴奏的"事件"表演）所作的第一个配乐。据普格利斯说，它是基于"在社会和政治上有问题国家建立全球联盟的概念"。他选择了这些国家的打击乐器，以说明通过原始节奏来实现和平交流。这些乐器包括中国手鼓、美国本土鼓、巴西拨铃波琴和西塔琴。这些乐器有些是用录音带录制的，有些是由普格利斯和小杉武久现场演奏的。

1988年5月，凯奇因莫斯科大剧院乐团成员要表演他的音乐而访问俄罗斯时，遇到了列宁格勒的画家兼行为艺术家谢尔盖·布加耶夫（Sergei Bugaev），他使用的艺名是"阿弗里卡"（Afrika）。1989年3月访问纽约时，布加耶夫曾表示有兴趣与坎宁汉合作，坎宁汉同意让他设计一个新作品。这个设计是在一张壁纸的背面完成的，艺术家用一个纸筒邮寄到纽约。背景幕布的右侧是一些彩色的象形图——一条鱼、一辆汽车、一个升起的太阳等——以民间艺术的方式制作，并沿两条垂直线排列。每个图像都有编号。还有一些看起来像官方的（但实际上并不是真的）橡皮图章印记。服装是高领毛衣和长裤，男士穿白色，女士穿黑色，背上印有数字（"与众不同的女了"穿着一半黑，一半白）。这些数字与象形文字所对应的数字不一致。

《发明》

第二天晚上,即 9 月 23 日,《发明》上演。这是为全舞团的 15 人(不包括坎宁汉)创作的又一部作品,其中一次出现的人数不超过 7 人。坎宁汉对其结构描述如下:

> 舞蹈由六十四个独立的舞句组成,这些舞句的连续性由随机操作安排,任何一个舞句都有可能随机增加或创新。

凯奇的音乐名为《雕塑音乐会》(Sculptures Musicales),这个标题和音乐的过程一样,来自杜尚在《雕塑音乐会的绿盒子》(Green Box for a Sculpture musicale)中的说明:"声音从不同的地方持续和离开,形成一个有声的雕塑,持续不断。"由舞团音乐家实现的音乐,按照凯奇的话说,由许多"出自沉默并一直延续,像雕塑一样,然后消失"的声音组成。"然后,除了舞者他们自己发出的声音之外,就是一片寂静"。这些声音的性质是由表演者决定的。

《发明》的设计是由费城艺术家卡尔·基尔布洛克(Carl Kielblock)负责完成的:服装(紧身衣和紧身裤)在橙色背景幕布下呈现出深浅不一的绿色。基尔布洛克说,选择绿色是源于他对世界色彩的观察,绿色的种类比任何其他颜色都多。橙色被选作背景幕布的颜色,是作为绿色的补充色。灯光设计的灵感来自中国古老的文本《黄帝内经》,其中的哲学是基于五行的。季节和颜色之间存在协调关系,促使基尔布洛克根据季节的循环为舞蹈打光,依次为红、黄、白、黑和绿色(黑色阶段时,舞台被暗化)。在第一场演出中,这个周期以春天开始和结束,但每场演出的灯光设计是根据其发生在一年中的不同时间来变化的。

· · ·

10月底，舞团第二次回到英国，在沙德勒之井进行了为期两周的演出季。同时，为了庆祝凯奇、坎宁汉和贾斯珀·约翰斯的友谊和合作，在伦敦安东尼·德奥菲（Anthony d'Offay）画廊举办了展览，以"飞机上的舞者"为题——这是约翰斯一系列画作的标题，其中一幅属于坎宁汉，他名字的字母（反向）与系列标题的字母在两幅作品的底部边缘穿插（"一天晚上，贾斯珀·约翰斯拿着用牛皮纸包着的东西来吃晚饭，他说'小心点，它还是湿的'"。这就是那幅画）。凯奇的代表作品是《钢琴与管弦乐音乐会》中的《钢琴独奏》乐谱，坎宁汉的代表作品是一些录像。展览于次年年初在利物浦泰特美术馆举行。

自从舞团在英国演出保留剧目作品以来，已经过去了两年多，有几部最近的作品要在英国首次演出，包括那年创作的四部作品。坎宁汉甚至决定改变最初宣布的节目：在第三个节目中，原本没有安排的《八月的步伐》取代了已经包含在第一个节目中的《制造》。这意味着这个系列包括了两个他没有出现其中的节目——这是第一次。虽然一些观察家认为这将成为一种常见的情况，但它并没有成为一种常态，至少三四年内都没有。

舞团今年的旅行仍未结束：11月中旬，他们回到法国，参加法国和德国短暂巡演的第一次演出任务，在巴黎的喜歌剧院举办了一场"事件"表演，由当代舞蹈剧院/火星国际主办。此外，在弗里德里希港、法兰克福和梅斯也有单场演出。在这次巡演之前，克里斯·科马尔曾去西雅图为白南准上演了《七重奏》。

1990s

1990 年

这一年以在中西部和新英格兰的巡演开始。城市中心的年度演出季从 3 月 13 日至 25 日进行，包括《八月的步伐》和《发明》在纽约的首次演出，以及另一部新作品：

《两极》

坎宁汉同意在即将到来的夏天担任巴尼奥莱国际大赛的评委，这个大赛委约他与 MC93/波比尼剧院和坎宁汉舞蹈基金会共同创作一部作品。与《货物 X》一样，新的舞蹈《两极》是一部为七名舞者创作的作品，并且有替换的演员阵容。"两极"在字典中的定义不仅指两极分离，而且还指它们之间的吸引力，坎宁汉对于这一事实很感兴趣。因此，作品中有两种不同类型的动作，一种是静态的，另一种是动态的。对于静态动作，坎宁汉将身体分为不同的部分，并注意到每个部分可以移动的方式：例如，下臂比上臂的动作更加有限，上臂可以从肩部以较大的弧度移动。他利用随机的过程来确定身体的哪一部分会在任何特定的时刻移动（因此，在某种程度上，他又回到了他在 1953 年最早的随机独舞《无题独舞》中使用的过程）。这些静态动作通常由两名舞者，有时是三名或四名舞者完成，他们保持在原地；只有在很少的情况下，这些动作由一名舞者完成。

大卫·都铎的配乐《虚拟焦点》(*Virtual Focus*)取决于舞者服装上的金属材料条、背景幕布后的金属屏幕以及作曲家控制的雷达和超声波频率之间的互动。这就像一个反馈系统，频率传输路径上的任何干扰都会产生一个信号，从而激活音乐。结果是随机的产物。由于都铎随机选择他向其发送雷达和超声波信号的舞者，以及他发送的时刻，因此不同的演出，其乐谱也不同。

威廉·阿纳斯塔西设计的背景幕布由坎宁汉的两幅放大的画组成：舞台右边是一只猫头鹰和一只看起来又像乌鸦又像鸬鹚的鸟；舞台左边是又像野兔又像家兔的兔子。由阿纳斯塔西设计的服装是黑色紧身衣和紧身裤，舞者在紧身衣外面穿着透明的衬衫，上面用音乐中使用的金属材料条作为装饰。灯光是由卡尔·基尔布洛克设计的，他是前一年《发明》的设计师。

在城市中心的演出季期间有一个作品进行了复排：《痕迹》，由凯奇作曲，马克·兰卡斯特设计。这部作品在演出季中只上演了两次，然后又回到了之前状态，作为"事件"表演的材料。

在莫斯·坎宁汉工作室，一个已经存在了一段时间的学徒计划，在克里斯·科马尔的指导下，被正式确定为剧目候补演员小组（RUG）。这些舞者学习以前的保留剧目，并在排练期间与舞团成员一起工作。当一个舞者离开舞团时，他或她的替代者通常从剧目候补演员小组的舞者中挑选。

这一年的国外巡演于4月中旬开始，在阿姆斯特丹的音乐剧院进行了三场演出。在这里，坎宁汉为1984年的《图片》所做的笔记被展示在门厅里。这次演出之后紧接着是在意大利五个城市的巡演：克雷莫纳、摩德纳、巴里、雷焦艾米利亚和费拉拉。

6月，坎宁汉去了法国，履行他在巴尼奥莱担任评委的责任。与此同时，科马尔和凯瑟琳·科尔为了从6月6日开始进行一系列的10场演出,在巴黎为巴黎歌剧院的芭蕾舞团教授《空间点》。坎宁汉从未看过这个演出,因为他还忙着为塞纳·圣丹尼省博比涅市文化中心比赛结束后的演出进行自己舞团的排练,这将是《两极》的欧洲首演。之后,舞团前往加那利群岛,在拉斯帕尔马斯和特内里费参加活动庆典演出。在那里,他们有足够的休息日,他们能够享受阳光和大海。在回国之前,他们又回到意大利,在佛罗伦萨舞蹈节上进行了两次活动庆典演出。

回到纽约之后,舞团于8月18日在纽约达姆罗施公园举行了另一个单场"事件"演出,作为林肯中心户外系列活动的一部分。在剧目候补演员小组成员的协助下,舞团在大约5000名观众面前跳舞,这无疑是其在美国任何单场演出中拥有的最多的观众。9月10日,坎宁汉和贾斯珀·约翰斯在白宫的仪式上获得了乔治·布什总统颁发的国家艺术勋章。

美国舞蹈是9月和10月举办的第四届里昂双年舞蹈节的主题(一个美国故事);坎宁汉舞团在维勒班的国家公众剧院进行了三场带有舞台装饰(来自《漫步时光》《雨林》和《五石之风》)的庆典演出,在格勒诺布尔的卡戈剧场(Le Cargo)进行了第四场"事件"演出。随后,9月25日至10月6日,他们在巴黎城市剧院举办了一个演出季,同时在当代舞蹈剧院还举办了一系列课程和讲座。在巴黎演出期间,坎宁汉去了伦敦一天,领取1990年的数字舞蹈大奖,该奖每年颁发奖金3万英镑给对英国舞蹈有杰出贡献的人,奖金将交给获奖者所选择的舞蹈项目。坎宁汉把他的奖金给了兰伯特舞团,舞团受他的委约要创作一部新作品(这个委约任务直到两年后才得以完成)。

11月初,坎宁汉舞团在印度文化关系委员会和印美教育与文化小组委员会的赞助下,开始了在印度四个城市的巡演(新德里、加尔各答、班加罗尔和孟买)。在每个城市都有两场演出,总是上演同样的节目:《雨林》《八月的步伐》和《图片》。

在这繁忙的一年结束时,还有最后一个巡演任务:在安大略省多伦多的五场演出(在蒙特利尔的另一个巡演任务由于剧院的舞台工作人员罢工而被取消)。

1991 年

在《交换》最后一次演出（在伦敦的沙德勒之井剧院）的十年后，坎宁汉在3月为舞团在城市中心的年度演出季复排了这个舞蹈。他自己的角色给了阿兰·古德，坎宁汉为他精心编排了一些舞蹈内容。《交换》演出了三次，只比1990年《痕迹》的复排多了一次，但在这一年的晚些时候，它将有更多次的演出。另外还有两个全新的舞蹈：

《邻居》

《邻居》是一部为三个女人和三个男人创作的作品，坎宁汉将他们描述为"三对邻居夫妇，可能来自郊区"。当被问及这是否是他对这个主题的全部看法时，他回答说："这还不够吗？"马克·兰卡斯特再次为这个作品进行设计，他为背景幕布创造了一个几何设计，这与他在1990年创作并在伦敦的梅厄·罗恩画廊（Mayor Rowan Gallery）展出的一系列绘画有关。兰卡斯特曾写道：

这是在坎宁汉舞团的二十多个设计中，第一次出现背景幕布与绘画有直接关系的情况。1990年的几幅画包含了取自十八世纪宁芬堡的丑角（Harlequin）和丑角的妻子(Colombine)人物的几何图案。正是在创作这些相对较小的画作之一时,我想到了用类似的图案作为背景幕布的想法,我于1990年9月在巴黎向莫斯·坎宁汉提出了这个可能性。1991年初,我被告知,作品中会有六位舞者,三个女人和三个男人。我决定幕布上的颜色将是黄色、蓝色、黑色和米白色的组合……

服装有六种不同的颜色,与背景幕布的颜色密切相关,但不重复,介于浅橙色和淡紫色之间,每种颜色都与银色或金色结合,并且每种颜色都垂直地一分为二。背景幕布的空间模糊性被连续的灯光变化巧妙地利用,在这种情况下,舞蹈处于一种清晰、明亮的氛围,灯光的指引使人联想到一种田园诗般的场景。[1]

设计方案被证明非常适合这个作品,其轻快和诙谐的意大利式舞蹈编排,相当于坎宁汉的芭蕾小跳。小杉武久的音乐《溪流》(*Streams*)是由作曲家表演的电子作品。

《追踪者》

《追踪者》是坎宁汉首次使用了一个名为"生命形态"①的三维

---

① 坎宁汉的"生命形态"是一款创新的计算机软件,用于舞蹈编排和创作。该软件最初由坎宁汉与河床(Riverbed)公司合作开发,于1990年代初推出。以下是关于"生命形态"的一些重要信息:
初衷和目标:坎宁汉希望通过计算机技术来扩展和探索新的舞蹈创作方法。"生命形态"的设计旨在帮助编舞者构建和测试新的舞蹈动作和组合,从而突破传统编舞的限制。
功能和特点:三维建模——"生命形态"允许用户创建和操控三维人体模型,这些模型可以执行复杂的舞蹈动作。动作库——软件内置了大量的舞蹈动作和姿势,编舞者可以直接使用或进行修改。可视化——编舞者可以在屏幕上实时观看舞蹈动作的执行,并进行调整和优化。

(转下页)

人体动画系统来部分开发的作品,这个系统由汤姆·卡尔弗特(Tom Calvert)博士设计,他是不列颠哥伦比亚省温哥华市西蒙弗雷泽大学的计算科学和人体运动学教授。卡尔弗特以前曾制作过将拉班舞谱计算机化的程序,他与西蒙弗雷泽大学的两位编舞家凯瑟琳·李(Catherine Lee)和塞克拉·施普霍斯特(Thecla Schiphorst)合作,开发了一个可以帮助舞蹈创作的程序。他们知道坎宁汉对新技术感兴趣,因此决定将这个程序提供给他。希普霍斯特多次前往纽约为他提供指导,在他们的会谈中,坎宁汉就如何改进这个程序提出了若干建议。

> 标题《追踪者》来自舞蹈电脑上的一个按钮,叫作"追踪"。它也指的是用摄像机追踪。在屏幕上,身体相对于空间移动,就像在舞台上一样,但如果你按下"追踪"按钮,你就会像摄像机一样靠近。我在电脑上做的第一件事是步行序列——所以它又像"追踪"一样。
>
> 大约25%或30%的动作是以某种方式在电脑上完成的,有时可能只是一个站姿,我会把它像照片一样放进存储器。我先输入一个姿势,然后是另一个,接着需要考虑如何从一个过渡到另一个。在那个时候,还没有能力制作一个完整的短句。

(接上页)使用和影响:创作工具——坎宁汉在许多作品中使用了"生命形态",探索了新的编舞可能性。教育和传播——"生命形态"不仅在专业舞蹈领域中广泛应用,还被用于舞蹈教育和训练,帮助学生理解和掌握复杂的舞蹈动作。

后续发展:"生命形态"后来演变为"舞蹈形态",并继续为全球编舞者和舞蹈爱好者提供支持和灵感。

总之,"生命形态"是坎宁汉在舞蹈编排和创作领域的一项重要创新,通过将技术与艺术相结合,为现代舞蹈的发展开辟了新的途径。

《追踪者》，1991 年
人物从左到右： 迈克尔·科尔、艾米莉·纳瓦尔（Emile Navar）、莫斯·坎宁汉、卡罗·泰特尔鲍姆和罗伯特·伍德
摄影： 约翰·埃尔伯斯

坎宁汉把这个过程比作他早期的随机作品。事实上，一个装置已经被纳入了"生命形态"程序，使他能够从计算机内存中随机地提取动作序列。

坎宁汉对一位采访者说，"从一开始，我最感兴趣的不是存储器——它不是简单的符号——而是我可以创造新的东西"。在同一次采访中，他说："我看了一些东西后觉得这对一个舞者来说是不可能的。但是，如果我仔细观察，就能想到一种可以实现的方式。不完全是在屏幕上呈现，但它可以促使我的眼睛去看我以前从未考虑过的东西。"[2]

《追踪者》中的某些动作——手臂角度与腿部反节奏动作——是一种可以立即被识别为源自计算机的动作（坎宁汉的方法是先

做腿部的动作,然后是手臂和上身的动作,最后把它们组合在一起。他以同样的方式将这些舞句教给舞者)。这种动作曾在1990年的《两极》中出现过;虽然坎宁汉没有用"生命形态"程序来开发那个舞蹈,但他已经开始尝试使用这个程序,而且似乎已经开始对他产生了一些影响。同时,坎宁汉明确表示,"我不期望舞者看起来像计算机……你希望舞者看起来像拉班舞谱吗"[3]?在《追踪者》的片段中,当舞者形成小组和大的集群时,大概不是计算机生成的;因为在这个软件的早期模型中,一次只能处理一个人物。

这部作品是为11名舞者制作的(最初是那些不在《邻居》中的舞者),包括坎宁汉本人。谢幕时,他和其中两名女性一起在舞台上,他挥了挥手示意表演的开始。后来,他又进场了两三次,有一次他携带了一个便携式把杆,然后用它作为辅助工具来表演他的一些动作,就像他在舞蹈教室里做的那样。《追踪者》舞台上不同地方发生了一些奇特的小事件——比如有一次,一个女舞者向后弯曲四肢着地做了一个"桥"的姿势,而一个男舞者爬到了她身体下面的空间——这使得它有时看起来像超现实主义的艺术作品,甚至像早期超现实主义的作品,比如耶罗尼米斯·博斯的《圣安东尼的诱惑》(Temptation of Saint Anthony)。不管是有意还是无意,这和"计算机"序列给予作品一种与以往坎宁汉舞蹈非常不同的特质。

《追踪者》的音乐(《引力的声音》[Gravitational Sounds])和设计分别由伊曼纽尔·迪马斯·德梅洛·皮门塔和多夫·布拉德肖负责,他们都曾在1987年参与《制造》的创作。

· · ·

据坎宁汉舞团上次在斯德哥尔摩演出已经是二十五年前的事了;1991年4月,他们回到那里,在奥斯陆进行了四场演出(三场剧目演出,一场"事件"演出)。此外,还在与剧院处于同一栋建筑的舞蹈博物馆(Dans Museet)举办了研讨会、电影放映会和展览。

在过去的几年里,埃利奥特·卡普兰一直在制作一部名为《凯奇/坎宁汉》的纪录片,拍摄舞团的排练和演出,采访凯奇和坎宁汉以及他们的许多朋友和同事,收集档案材料,最后按照凯奇的意愿,部分根据随机的过程编辑所有这些内容。3月24日,这部影片在纽约法语联盟的一个慈善放映会上进行了首次试映。

5月,在加利福尼亚大学洛杉矶分校短暂演出后,舞团于6月前往欧洲,首先在奥地利克雷姆斯的瓦豪戏剧节(多瑙河音乐节)上演出,在那里举办了两场活动,然后在瑞士苏黎世的詹姆斯·乔伊斯/约翰·凯奇节上演出,这是一项包括展览、阅读、音乐、戏剧和舞蹈在内的宏大活动。舞团演出了一周,在此期间,苏黎世市为此次活动委约的另一部新作品在6月20日首次演出:

《海滩飞鸟》

"在河流和海洋之间,海滩飞鸟。"这句话指的是詹姆斯·乔伊斯在《芬尼根守灵夜》之后计划的下一本书,约瑟夫·坎贝尔曾经告诉凯奇这本书将被称为《海洋》。最初有人向凯奇提议让他和坎宁汉为苏黎世音乐节创作一部新作品时,他曾想过以此为题创作一部大型作品,但当时没有合适的空间来做这样的项目。所以他最终创作了《海滩飞鸟》。

与随后所有舞蹈一样,《海滩飞鸟》的部分内容是通过使用"生命形态"程序创作的。和《追踪者》一样,这是一部为11名舞者创作的作品,这次没有坎宁汉。他的舞蹈编排通常在节奏上是严格的,但这部作品的节奏更加流动——几乎没有拍子,因此各部分的长度在不同的表演中有所不同。正如坎宁汉自己所说,这都是基于个人的身体表达。舞者不必完全同步。他们可以像一群鸟一样,当他们突然起飞的时候一起起舞。他们实际上并不完全同步,只是看起来像在同一时间起飞。[4]

即便如此,坎宁汉并不打算让这个标题被字面上理解(尽管它经常被这样解读)。然而,这显然是他的另一项自然研究,基于他对鸟类以及对人类的观察:

我脑中有三样东西:首先当然是飞鸟,或者是动物等其他东西,还有海滩上的人们。我在岸上最兴奋的事情就是观察岩石,你绕着它走一圈,它每次都会呈现出不同状态,好像它也有生命。这三个形象就是我在工作中所追求的重点。在以我通常的方式分解结构时,我用这三样东西来进行思考……

它并不意味着某种特定的鸟,而且使用了鸟的概念,然后因为舞者也是人类,我觉得不必一起考虑进去。[5]

凯奇的音乐《四的三次方》是为四位演奏者创作的,包括一架或两架钢琴、十二根雨声棒、小提琴或振荡器,以及沉默。它由"四个演奏者的四个活动组成,在给定的时间范围内相互渗透",具体如下:

1. 在单一时段内静默(每个演奏者可能什么都不做)。
2. 雨声棒的声音,不用摇动只需使其倾斜(每个演奏者有三个雨声棒)。由另一根雨声棒的倾斜引起的在同一根雨声棒上的倾斜延伸应该是几乎无法察觉的。

3. 其中一个演奏者有办法在 C″″ 调[比中央 C 调高四个八度]附近表达一个正弦波或者在这个频率范围内，不用揉弦，以难以察觉的弓法，非常安静地演奏一个小提琴的和声。

4. 《扩展摇篮曲》(Extended Lullaby) 1—6 和 7—12 的节选(任何长度小于 12 个八分音符，由埃里克·萨蒂的《烦恼》(Vexations)的固有旋律和对位旋律随机决定的变化)，在一台或两台相隔很远的钢琴上缓慢而安静地演奏(一台在观众席"里面"，另一台在"外面")。两台钢琴同时演奏时，不能有相同的节奏，也不能像是一起演奏。

居住在新墨西哥州陶斯的画家玛莎·斯金纳经常为表演中的舞团画素描，她提交了一份《海滩飞鸟》的设计理念，坎宁汉决定采用她的设计。舞蹈演员穿着相同的紧身衣和紧身裤，白色到锁骨的地方，然后从指尖到指尖(舞蹈演员戴着手套)是黑色的，贯穿胸部的上方。背景幕布是一块白色的纱布，根据斯金纳用随机的方法设计的灯光图，背景幕布上的灯光的颜色和强度都有变化——时间与舞蹈结构完全没有关系，尽管灯光的变化被解释为可能是海滩上从黎明到黄昏的变化。

· · ·

舞团在法国度过了秋天的大部分时间，包括 9 月在巴黎城市剧院的两个星期。第一周的每场演出都有《交换》，同时上演了《原生之绿》和一部新作品，这部作品是由巴黎秋季艺术节委约创作以庆祝其 20 周年纪念，并由坎宁汉献给已故的米歇尔·盖伊(他在前一年去世)，整个演出季也是如此：

《珍珠菜》

　　这是为包括坎宁汉在内的16名舞者组成的整个舞团而创作的作品。根据《牛津英语词典》的定义，"珍珠菜"是"两种生长在潮湿地方的小型直立植物"的名称，其中一种是金色或黄色，另一种是红色、紫色或带刺的。这种植物的植物学名称是"利西马西亚"，来自它的发现者的名字——利西马科斯（Lysimachus）。英文名称"珍珠菜"是希腊语或拉丁语单词的误译，构成了这个名字。"这一切都与舞蹈无关，"他说道，"这个舞蹈，随着时间的推移，仿佛置身于田野中，在那里，生命可能既狂野又宁静。舞蹈的空间被分为13个独立区域，或'领土'，正如它们最初的命名，在其中任何一个'领土'都可能发现珍珠菜。"

　　尽管它的动作和结构都异常优美，但《珍珠菜》并没有在保留剧目中停留太久。坎宁汉经常使用的一种结构手段是将一个舞句分解成各个组成部分；当一个或多个舞者完整地表演这个舞句时，其他人只表演其中的一部分或几部分。《珍珠菜》中的一个长段将这一手段用到了极致，如艾玛·戴蒙德表演了一个长而缓慢的短句，被舞台上的其他舞者以分段的形式呼应。她有时先由一个男舞者支撑，然后是另一个男舞者；其他舞者则在没有支撑的情况下表演这个动作。最后，两个男舞者把她抬走了。

　　至于坎宁汉本人，虽然他可以做的确实越来越少，但他找到了越来越多的方式去做，事实上，他在《珍珠菜》中的表演比平时更长。舞蹈开始时，他独自站在舞台上，弓着背，双脚向两边依次滑动，好像在召唤舞者，然后在他们一个个进入时前后移动。就像早期的一些舞蹈（如《画谜》）一样，他似乎在控制或指挥年轻的舞者，向他们演示动作，他们随后进行重复，只是需要更大的动作幅度。

　　这部名为《混合信号》(Mixed Signals)的音乐是迈克尔·普格

利斯继为坎宁汉剧目创作的第二部配乐,第一部是为1989年的《八月的步伐》所作。他将《混合信号》的特征描述为"令人惊喜的是,通过8至16个扬声器之间传递32个向后、向前、半速向前和半速向后的马林布拉音调。四个马林布拉在演出中即兴演奏"。

曾为《发明》(1989年)和《两极》(1990年)设计灯光的卡尔·基尔布洛克是《珍珠菜》的设计师。一如既往,坎宁汉让他自由地做他想做的事。基尔布洛克事先做出的唯一决定是不使用蓝色。服装是在舞蹈编排完成之前设计的,它们均为手工绘制,从灰色背景开始,加入五种颜色:黑色、白色、红色、绿色和黄色。

• • •

在巴黎演出季第二周的周一,当城市剧院没有演出时,《凯奇/坎宁汉》在夏悠宫的法国电影资料馆上映。《海滩飞鸟》《邻居》和《追踪者》在随后的一周里都在法国进行了首次演出。

11月,在马德里的秋季艺术节上进行了四场演出之后,舞团回到了巴黎。在那里,他们将在法兰西岛的小城镇进行巡回演出,名称为"舞蹈之岛"。他们在每个地方都上演了由《邻居》《八月的步伐》和《追踪者》组成的节目,除了最后一个地方孔拉维尔,舞团在那里的一个非常小的圆形剧院中上演了一场"事件"演出。欧洲巡演在图卢兹附近的布拉尼亚克上演了两场相同的剧目表演后结束。

这一年以另一个电影项目结束。坎宁汉和卡普兰想拍一部35毫米的宽银幕电影,并决定《海滩飞鸟》是一个合适的主题。这部改编的电影被称为《镜头下的海滩飞鸟》,比原来的版本略短,坎宁汉增加了三个未曾出现在舞蹈中的舞者。这部电影是在现场拍摄的,首先是在纽约皇后区历史悠久的考夫曼电影制片厂(舞蹈的后半部分,以彩色画质进行拍摄);然后是在纽约市的工业超级工作室(舞蹈的前半部分,以黑白画质进行拍摄)。

1992 年

由得克萨斯大学奥斯汀分校共同委约创作的三部曲中的第二部，于 1992 年 1 月的最后一天在那里首次演出：

《地址变更》

有人认为这部作品的标题是指莫斯·坎宁汉工作室和坎宁汉舞蹈基金会办公室的街道地址从西街 463 号改为白求恩街 55 号。虽然两者都在维斯特贝斯大楼里，但主要办公室现在在白求恩街的入口处，而不是在西街。坎宁汉本人有些隐晦地写道：

> 地址是一个固定的地方。你搬到另一个不同的固定地点就会改变地址。在移动的过程中，你是混乱的，你的平衡被打破了，你会感到迷惑。
> 舞蹈中的团体从一个人到一个最多可容纳 5 个人的团体，性别混合，从 1 个性别到 2 个性别的各种数字组合。
> 这些要素是舞句，总共 32 个，通过随机的操作，与失衡相结合，要么是一个人，要么是组合在一起。舞句是固定的；失衡则有一定的自由。[1]

"失衡"的主题在作品中经常出现,舞者会倾斜,甚至跌倒。接近开始时,两个女舞者(金伯利·巴托斯克和拉莉莎·麦戈德里克[Larissa McGoldrick])跑到舞台中央,在那里跳着,原地转圈,然后各自拉着对方的左手向后面倾倒,直到她们都跌坐下来。有好几次,三个男舞者互相靠在一起,直到其中两个人倒在地上。舞者们三个人为一小组,单腿站立,直到倒地。弗雷德里克·加夫纳腿部僵直地向后走,直到他几乎翻倒在地。很多时候,坎宁汉的舞蹈已结束,但动作还在继续;之后,舞台清空了,停顿片刻后便是一片漆黑,然后大幕落下。

沃尔特·齐默尔曼(Walter Zimmermann)的音乐《自我遗忘》(*Self-Forgetting*)是根据麦斯特·艾克哈特的一篇文章改编的,为小提琴、手风琴或口琴、玻璃口琴、牛铃和说话声谱曲,还可以加上其他乐器,比如吉他。乐谱由舞团的音乐家们演奏;每个人都演奏相同的内容,但节拍是自由的,齐默尔曼的想法是,这个作品"各行其是,然后在最后汇合在一起"。

《地址变更》是玛莎·斯金纳设计的第二个坎宁汉舞蹈。布景是基于她最近完成的一系列小型随机风景画(第七号)之一,其材料是帆布、野樱染色的丝绸、蓝色玉米粉、黄色玉米粉、火和油,它们被镶嵌在木板上,尺寸为13英寸见方。服装与背景幕布上的颜色都是相同的大地色;服装上都有一条红色的条纹,从身体的一侧延伸到腿上。

⋯⋯

2月底,舞团首次访问阿拉斯加,在安克雷奇的阿拉斯加表演艺术中心进行了两场演出。纽约城市中心的年度演出季于3月17日开幕,包括《海滩飞鸟》《珍珠菜》和《地址变更》的首次纽约演出,以及由原设计者查尔斯·阿特拉斯为其设计了新服装的《波段/插入》的复排。

《接触点》

春天,坎宁汉终于有时间为兰伯特舞蹈团完成了两年前由他的数字舞蹈大奖赞助的新作品的委约。新的舞蹈《接触点》也将进入坎宁汉舞团的剧目演出。

这一次,坎宁汉遵循的程序与1985年为宾夕法尼亚芭蕾舞团创作《拱廊》时不同。当时,他与自己的舞团合作,这支舞蹈后来教给了芭蕾舞演员;这一次,兰伯特舞团派了七名舞者到纽约,与坎宁汉的舞者一起在维斯特贝斯工作室排练。坎宁汉舞团的版本将有两个演员阵容,而《接触点》是由二个演员阵容同时创作的。兰伯特舞蹈团的艺术总监理查德·阿尔斯顿对这一过程描述如下:"莫斯的目的是为每个小组创造出作品不同的部分,然后以一种轮流的方式将编舞教给其他小组。"[2]兰伯特舞蹈团的舞者们于1992年6月在伦敦皇家剧院的演出季中首次表演了这一作品,最后的排练由克里斯·科马尔监督。坎宁汉再次使用"生命形态"电脑程序来设计编舞。

正如标题(和服装)所暗示的那样,《接触点》在感觉上是好玩的,虽然不是指字面意义上任何特定的游戏。大部分动作都是运动性的,但总是有静止的时候;在最后时刻,"舞者们手拉手形成了一幅图画,然后又散开形成最后一个画面——舞台下的舞者,突然被置于黑暗之中,在舞台上阳光下舞者的映衬下形成一幅剪影"[3]。

迈克尔·普格利斯这样描述他的乐谱《冰风》(*Icebreeze*):

> 这部作品的灵感来自我和莫斯·坎宁汉舞团对阿拉斯加的访问,以及太平洋的风和声音。此外,我最近一直在研究手鼓,我在作品中使用了手鼓,虽然不是为了再现海洋的任何特定声音。手鼓、风杖、冲浪鼓和水琴被用来

唤起我对太平洋的回应。

《接触点》，1992 年
艾玛·戴蒙德和大卫·库利克
摄影：约翰·埃尔伯斯

马克·兰卡斯特的设计包括一个柠檬黄色的背景幕布，在背景幕布前面有一个白色的柱子，上面有一个双门（仿照奇彭代尔的设计）。舞者在舞蹈中的不同节点开关这个门。服装由夏季休闲装和运动装组成，是兰卡斯特和服装设计协调人苏珊娜·加洛在最初的排练期间在纽约购买的。

· · ·

1992年8月12日,约翰·凯奇在他和坎宁汉合租的第六大道公寓中风后去世。当时舞团正在排练;坎宁汉第二天就回到了工作岗位,并在夏天余下的日子里完成了一个新的舞蹈。7月和8月,在现代艺术博物馆的花园里举行了一系列凯奇音乐的音乐会,其中大部分是凯奇和坎宁汉一起参加的;最后一场音乐会是在凯奇去世后举行的。

9月,一系列的欧洲演出开始了;第一场是在卢森堡,舞团被邀请在第二届欧洲感官综合大会(the Second European Congress of Viscero Synthesis)上演出。从那里,舞团去了法兰克福,在凯奇生前计划的庆祝他八十岁生日的晚会上演出。他们短暂地回到了纽约,然后在10月初回到德国,在德累斯顿和科特布斯进行演出。巡演继续在法国的克莱蒙费朗和尼姆进行,然后在比利时的安特卫普进行。接下来,舞团去了英国,先去了北安普顿,然后去了伦敦;在这两个城市,他们都进行了"事件"演出。除了坎宁汉和舞者们在哀悼凯奇的离去之外,这也是舞团的一个动荡时期,其特点是舞者和管理部门之间存在着深刻的分歧——这种情况在一年内都不会得到解决。

在此期间,舞团再次回到国内,在10月的最后一天,在维斯特贝斯工作室举行了"纪念约翰·凯奇"的庆祝活动,来自美国和欧洲各地的人们都来参加了这个活动。

《进入》

坎宁汉在凯奇去世时正在创作的舞蹈是巴黎秋季艺术节的一个委约作品,于11月17日开始在巴黎加尼叶歌剧院进行五场系列演出。15日,也是在加尼叶歌剧院,新电影《镜头下的海滩飞鸟》首次放映。《进入》是一部长篇作品,持续时间为一小时,每晚与保留剧目中的不同作品一起演出。

> 舞蹈的标题《进入》来自"生命形态",即我使用的舞蹈计算机程序。
>
> 在这个长达一小时的舞蹈中,有将近三分之一的动作的舞句最初是在电脑上完成的,并编入了电脑。然后,这些舞句就进入到存储器之中,以便在需要时调出……
>
> 舞蹈《进入》的结构是基于一系列的数字,1到15。它们出现的顺序是通过随机的操作得出的。1到15指的是《进入》中的舞者人数,再加上一个另外的人,就是我自己。
>
> 此外,其中一个数字,即12,通过随机的操作被再次划分为1至12个,作为一种额外的可能性。
>
> 每一节的持续时间,以及任何一节中舞者的划分、进场和退场,都是随机获得的。
>
> 舞蹈《进入》关注的是参与不同运动体验的人类。[4]

坎宁汉自己在舞蹈中也有两次单独的出场;正如他告诉采访者的那样,"在一个部分中我静止不动,而在另一个部分中我试图移动"[5]。他在第一次出场时,在舞台上不同位置采取的三个静态姿势的时间长度,与凯奇的《4分33秒》的三个"乐章"相对应。在所有人退场之前,他也加入了最后的群舞,除了迈克尔·科尔、琼·芙丽贝瑞和弗雷德里克·加夫纳,他们在幕布落下的时候在舞台上跳跃着。

其他引人注目的部分包括加夫纳的长篇独舞,以及艾玛·戴蒙德和罗伯特·斯温斯顿从舞台后部慢慢前进,胳膊和腿部相互交错的双人舞(这让人想起《咆哮曲》中的双人舞序列)。

有一些人认为《进入》是一部关于死亡的舞蹈,但最后的跳跃

《进入》，1992 年

人物从左至右：兰德尔·桑德森、罗伯特·斯温斯顿、迈克尔·科尔、艾玛·戴蒙德、拉莉莎·麦戈德里克、帕特里夏·兰特、琼·芙丽贝瑞（Jean Freebury）、卡罗·泰特尔鲍姆、詹妮弗·韦弗、海伦·巴罗和阿兰·古德（跪着的舞者）

摄影：约翰·埃尔伯斯

部分无疑给观众留下一种感觉就是舞蹈仍在继续。坎宁汉自己也承认，"我怀念与凯奇的谈话，不一定是关于舞蹈，而是关于许多事情，因为他总是有一种看待事物的新方式"；但他坚持认为，"作品没有受到凯奇死亡的影响"[6]。尽管如此，他并不否认"即使他自己的作品避免了叙事，他或任何舞者，都可以成为一个戏剧人物"[7]。

关于他的乐谱，大卫·都铎写道：

> 《神经网络＋》(Neural Network Plus) 是第一部融合了围绕英特尔公司的模拟神经网络芯片设计的合成器的作品。音乐过程展示了该设备对多种外部信号的反应能力，这些信号由表演者控制，增加了声音结果的复杂性和不可预测性。

斯金纳的背景幕布和服装设计使用了埃利奥特·卡普兰的电

脑视频的照片。舞者穿着棕褐色的紧身衣;在舞蹈前半段,女舞者穿着短夹克,上面的图案与背景幕布上的相似。随着舞蹈的进行,舞者们逐渐换上了黑色的紧身衣,尽管有一次克里斯·科马尔穿着红衬衫和裤子出现,随后他也换上了黑色的衣服。坎宁汉的服装由裤子和衬衫组成,颜色与其他舞者的服装相同。

《场景图》(rideau de scene,用于歌剧院的整个演出,但后来只用于《进入》本身)取自约翰·凯奇的一幅画(他在去世前选择的),"Where R=Ryoanji R/2——1990年3月"(同样的图画也被用于10月底的凯奇庆典的邀请函)。

• • •

巡演和动荡还没有结束:从巴黎出发,舞团去了杜埃,在那里进行了一场活动演出,然后又去了以色列,于11月底在特拉维夫进行了三场演出,12月2日在耶路撒冷进行了一场演出。

在这一整年里,美国和欧洲的舞蹈和电影节、博物馆和电影院都在放映《凯奇/坎宁汉》。

1993 年

2月,舞团开始了在明尼苏达州的另一次驻场演出,坎宁汉为红翼市1904年建造并精心修复的谢尔顿剧院的小舞台设计了一个"事件"演出。接下来,他们乘车前往该州北部的莫尔黑德,在莫尔黑德州立大学进行了另一场活动演出。在那个演出季,明尼阿波利斯的沃克艺术中心正在举办一个名为"激浪派精神"(The spirit of Fluxus)的展览,为了庆祝这个展览,在该市市中心的标靶中心的竞技场健身俱乐部举办了一个名为"激浪竞技场"(FluxArenaRama)的盛会;在这里,舞团也在"蓝色篮球场"进行了一场"事件"演出,而明尼苏达大学剧目舞蹈团(URepCo)则在壁球场上为其《变化中的舞步》的演出进行了预演。

最后,舞团于2月26日和27日在诺斯罗普礼堂进行了两场剧目演出,其中包括由沃克艺术中心、诺斯罗普礼堂和坎宁汉舞蹈基金会委约创作的三部曲中的第三部作品。

《双掷》

《双掷》是坎宁汉利用随机的程序将两个独立的舞蹈合并而成,它是为14名舞者创作的作品。标题包含着这个过程中掷两次硬币的意思,但像坎宁汉通常的作品一样,其意义是模糊的:双重性是这个舞蹈的一个基本概念。

设计者是坎宁汉本人,他对布景、灯光和服装的想法分别由舞团的制作人艾伦·科普(Aaron Copp)和苏珊娜·加洛实现。他们在背景幕布的前面挂着一个黑色的纱幕,两边有空间让舞者绕过它,这样他们就可以在纱幕后面和前面都被看到。坎宁汉给了库普一份随机产生的灯光提示清单。每个舞者都有两套服装,这样就可以根据他们所表演的舞蹈来穿:一套是练习服,另一套更明显是"演出服装"——为了满足坎宁汉希望,舞者在某种透明覆盖物下看起来是裸体的愿望,加洛给他们穿上了肉色的紧身衣和紧身裤,他们在外面穿了一件用黑网纱制成的外衣,每件都是不同的设计。

这两种服装设计所形成的对比使人感觉舞者居于两个全然不同的世界,而他们只有在穿上黑网纱的服装时才会进入纱幕后面的区域,这使得这种感觉更为强烈。正如黛博拉·乔伊特(Deborah Jowitt)所写:"面纱上一定有裂缝,将两个世界/舞蹈分割开。不仅舞者穿着一种服装退场,又穿着另一种服装重新出现,而且这两组的人能够看到并接触到彼此。"[1]事实上,舞者实际上是相互支撑的,其中一个部分是由一对舞者同时表演的双人舞,一个穿着非正式服装,另一个穿着黑色服装(对坎宁汉来说,不寻常的是,在这个部分,男舞者支撑其他男舞者,女舞者支撑其他女舞者)。

乔伊继续说道:"通过《双掷》中非同寻常的双人舞和突然而起的群舞动作,坎宁汉不断加深我们对现实中不同层次共存的认知。不管是什么形式的探索促使这个舞蹈出现,都不可能不把它当作一种慰藉,即我们所说的死亡可能只是时空结构中的一个开口,死人和活人在同一个舞台上共舞。"[2]不用说,坎宁汉不承认他有这样的意图。

音乐《变形》(*Transfigurations*)是由小杉武久创作和演奏的,他告诉坎宁汉,这个舞蹈"让他想到了被蚊子攻击的熊"[3]。为了产生所需要的声音,小杉武久调整了一个无线电接收器,用无线电发射器进行广播,并对信号进行数字处理——改变音高、移动拍摄等。由此产生的声音被分配到八个音频通道中。在演奏这个作品时,小杉武久继续微调和改变这个过程,与发射器产生的和他在大厅里听到的声音互动;某种程度的结构出现了。

◆ ◆ ◆

这一年年初,克里斯·科马尔被任命为艺术总监助理;他以前作为编导助理的职位被分配给罗伯特·斯温斯顿。科马尔作为舞者的最后一次演出将在夏天进行。

3月,舞团在城市中心举行了一年一度的演出季。在这次演出季中,一位评论家称他们是"有史以来在一个屋檐下集合了最好的舞者"[1]。他们在这个演出季中首次表演了《接触点》,并在纽约首次表演了《进入》和《双掷》。在夏天,舞团在雅各布之枕舞蹈节和北卡罗来纳州罗利的美国舞蹈节上演出,后者委约坎宁汉创作一部新作品作为其60周年庆典的一部分:

《CRWDSPCR》

坎宁汉对标题的解释如下:

"生命体"——舞蹈计算机的使用产生了这个标题。计算机技术正在改变我们的语言,简缩词语。

从它的原始形式——"Crowdspacer",我使用了两个变体——"人群间隔器"(Crowd Spacer)和"人群领步人"(Crowds Pacer)。

该舞蹈给人的最初印象是不间断的,甚至是狂热的活动,其间只被帕特里夏·兰特(后来由巴努·欧根来跳)的一段长而缓慢的独舞打断,她从舞台的左前方呈对角线走到舞台右后方。弗雷德里克·加夫纳也有一段更有活力的独舞,他在其中上下跳跃了二十多次。

音乐《蓝调99》是由约翰·金创作的,他在首演时与约翰·D. S. 亚当斯和小杉武久一起演奏。它是通过对多布罗钢吉他的声音进行电子转换而产生的,用滑音演奏。据一位采访者回忆,金说"坎宁汉给了他三个关于这个舞蹈的信息:它的长度、它的标题,以及舞台上会有几组舞者……金立刻想到了一幅城市生活的画面,并知道他必须要做什么"[5]。

马克·兰卡斯特的多色服装将舞者的身体纵向地和横向地分为 14 个部分;坎宁汉曾告诉兰卡斯特,这就是"生命形态"电脑程序的作用。其他影响来自俄罗斯建构主义画家卡西米尔·马列维奇(Kasimir Malevich)的服装设计。在绘制了舞者的基本图样后,兰卡斯特让人复印了这些图样,然后给这些图样上色——最初是男性 30 张,女性 30 张。然后他将这些照片缩减到所需的数量,选择那些在颜色和划分种类上最多样化的照片。苏珊娜·加洛将这些设计随机分配给各个舞者,剪下碎片,染色,然后重新组合。起初,兰卡斯特使用两种颜色,然后增加了第三种颜色;他还给一些服装添加了白色区域。他决定不使用原色,而是使用介于原色之间的颜色;灰色也很重要。有一个海蓝色的背景幕布,灯光以斑驳的地板图案为特色。

• • •

舞团从罗利直接飞往法国,在土伦附近的瓦隆堡的节日中演出。7 月 23 日和 24 日,舞团在露天舞台上进行了《进入》的演出。

在此之前,第一个晚上演出是《海滩飞鸟》,第二个晚上是《邻居》。之后,舞团返回纽约,一个月后再飞回欧洲,在柏林菩提树下国家歌剧院演出;同样,《进入》每晚都和不同的作品一起演出(《海滩飞鸟》《地址变更》《双掷》)。

在凯奇去世之前,他一直在与洛杉矶当代艺术博物馆的馆长朱莉·拉扎尔(Julie Lazar)合作,举办一个名为"Rolywholyover"(自然是取自乔伊斯的一个词)的展览,副标题是"博物馆的精彩表演"。他的想法是,展览的部分内容将根据计算机生成的随机操作,每天都在变化。该展览最终于 9 月 8 日开幕。当月晚些时候,坎宁汉舞团在纽约乔伊斯剧院的一场义演中表演了《地址变更》,以庆祝舞蹈基金成立 20 周年(不过,该基金不久后就不存在了)。该节目与美国芭蕾舞剧院共同演出,后者表演了弗雷德里克·阿什顿的《交响变奏曲》,而马克·莫里斯(Mark Morris)舞团则表演了莫里斯的《伟大二重奏》(*Grand Duo*),这是一个独特而奇妙的组合。

与此同时,坎宁汉有两个编舞项目要做。第一个是为波士顿芭蕾舞团创作的作品,由肯尼迪中心的芭蕾舞委约项目主持,"这是一个多年期的项目,由美国主要编舞家为六个国家优秀的芭蕾舞团委约并制作的新芭蕾舞剧……《破浪者》(*Breakers*)是这个项目产生的第四个首映作品"[6]。这一次,坎宁汉恢复了他一贯的做法,在自己的舞团里创作这部作品,然后由科马尔和斯温斯顿把它教给波士顿芭蕾舞团的舞者。这部作品的首演本应于 10 月在华盛顿肯尼迪中心举行的芭蕾舞团演出季中进行,但由于歌剧院音乐家的罢工,这个演出季被取消了,首演也被推迟了。

第二个项目更加宏大:很明显,坎宁汉和凯奇在两年前苏黎世的詹姆斯·乔伊斯/约翰·凯奇艺术节时不得不搁置的作品——《海洋》,现在可以作为布鲁塞尔和阿姆斯特丹艺术节的委约作品来实现。坎宁汉因此开始了编舞工作,计划在年底前完成三分之一,其余三分之二在 1994 年的头几个月完成。

1994 年

1月初,舞团出发去日本巡演。按照他的计划,坎宁汉这次巡演出发前已经编排了三分之一的《海洋》。在两个星期内,舞团访问了四个城市:东京、高松、大阪和京都。从日本回来后,坎宁汉恢复了《海洋》的工作,并在舞团开始城市中心的年度演出季之前完成了第二部分。

在这个演出季开始前一周,米哈伊·巴里什尼科夫(Mikhail Baryshnikov)的"白橡树舞蹈项目"(White Oak Dance Project)在纽约州剧院开启了一个短暂的演出季,剧目包括由克里斯·科马尔上演的坎宁汉的《信号》的复排,并由布莱斯·马登(Brice Marden)进行新的服装和灯光设计。巴瑞什尼科夫慷慨地提出将3月1日的开幕之夜作为坎宁汉舞蹈基金会的慈善活动,以庆祝坎宁汉的75岁生日(有点过早,实际上是4月16日)。

在之后的整个坎宁汉演出季,舞团首次在纽约演出了《CRWDSPCR》以及复排的《声音之舞》,由科马尔和梅格·哈珀演出,这支舞蹈自1980年夏天以来一直都没有演过。受波士顿芭蕾舞团安排,它也首演了一支新的舞蹈:

《破浪者》

《破浪者》最初是为波士顿芭蕾舞团的肯尼迪中心芭蕾舞委约项目创作的作品，我只知道这是一个古典舞者的舞团，除此之外一无所知。我在我的舞团编排了这个舞蹈，仍然使用了我所感兴趣的动作理念，而没有关注特意为古典舞者排练的舞蹈。

结果可能是同一个舞蹈的两个变体，一个是为我的舞团制作的，另一个由克里斯·科马尔和罗伯特·斯温斯顿为波士顿芭蕾舞团舞者做了改变，波士顿舞者根据他们的训练和投入，以他们的方式呈现了复杂的舞姿。[1]

《破浪者》是为14名舞者创作的舞蹈，与坎宁汉最近的所有作品一样，部分编排使用了"生命形态"计算机程序。波士顿芭蕾舞团的版本在坎宁汉舞团首演两周后在肯尼迪中心首次演出。

约翰·德里斯克（John Driscoll）在他的乐谱上写了一个未发表的说明，《赛博梅萨》（*CyberMesa*）：

《赛博梅萨》的重点是利用声学共振（从微观到建筑规模）。它将独特的乐器（超声长号）——这些乐器可以呼应小型的物理运动（共振渔竿麦克风），而这些麦克风可以扫描到表演空间的共振节点和其他声学与电子产生的声源进行结合。

这个作品中还使用了两张定制的CD，由汤姆·汉密尔顿（Tom Hamilton）制作的数字音频，其中包含了录制的原始材料。这些原始信号通过双CD播放器上播放，允许表演者随机访问两个多小时的记录材料中的任何一点,并有0—50%的速度变化。一个四通道的电子平移装置也有助于创造一个动态的空间声音架构。

设计者是玛丽·简·肯顿,她写道:

我是一个画家,在20世纪60年代末和20世纪70年代初用网格上的矩形进行创作,后来为了应对那个时期不断变化的艺术氛围,我觉得从字面上把矩形从画布上拿下来,用一些矩形组成一个作品,以这样的方式继续进行创作更有趣也更及时。

1973年,我开始创作一件名为《自由矩形》(*The Free Rectangles*)的大型作品,我现在仍在创作。它是用丙烯酸颜料在厚重的压制板上制作的。随着时间的推移,我开始在纸上用水彩进行类似的分组,其中一个我送给了约翰·凯奇和莫斯·坎宁汉,最终我对其进行了大幅添加,以便它可以在约翰·凯奇的装置艺术作品《翻滚的马戏团》(*Rolywholyover A Circus*)①里使用。这件作品标题为《漂浮的矩形》(*The Floating Rectangles*),包含了400多件小作品。

当莫斯·坎宁汉让我为舞团做设计时,我想做一些

---

① 《翻滚的马戏团》是凯奇在其艺术生涯晚期创作的一件多媒体装置作品。它融合了音乐、视觉艺术和舞蹈等多种艺术形式,反映了凯奇对随机性和非线性结构的兴趣。这件作品的名字源于凯奇对混乱和不确定性的迷恋,体现了他希望打破传统艺术界限的意图。展览空间根据凯奇的理念进行布置,展品的排列和展示方式常常随机变化,以确保每次参观体验都不同。这种随机性是通过计算机生成的随机数来实现的。展示了凯奇在音乐和艺术方面的创新,还影响了后来的许多艺术家和策展人,激发了对装置艺术和跨界艺术形式的探索。这件作品挑战了传统艺术展览的静态和固定性,强调了观众参与和艺术体验的独特性。

与我的绘画兴趣有关的事情,我就随意地将它改成《漂浮的矩形漂浮》(*The Floating Rectangles Floating*)作为我的设计的暂定的标题。我设想舞者衣服上的装饰条在被他们的动作激活时,可以真的漂浮起来。

在一次制作会议上,莫斯·坎宁汉舞团的制作人艾伦·科普和波士顿芭蕾舞团的制作总监菲利普·乔丹提出了在背景中使用单独构建的矩形的想法……我的草图假设了一个背景幕布,直接在上面画上巨大的矩形拱门,但艾伦的想法允许我自己的绘画和素描拥有那种绘画的丰富性。

《破浪者》的设计与我自己的作品的关系是非常清楚和明显的……虽然灯光是线性的,并且在不同的演出中保持不变,但它坚持了我的标准程序,即建立一个几何底层结构,然后在基本方案中探索各种色彩和纹理的变化。

· · ·

4月,"Rolywholyover"展览来到了纽约的所罗门·R.古根海姆博物馆的苏活区(SoHo)分馆。同月,"镜头中的坎宁汉"——影视中的坎宁汉作品回顾展在该市的沃尔特黄金宝剧院开幕,作为"捕捉编舞:舞蹈和电影大师"系列的一部分,现代艺术博物馆在坎宁汉75岁生日之际推出了一个纪念他的艺术装置。

5月初的一个周末舞团对加州伯克利进行了访问,开启了舞团最广泛的国内外巡演计划之一:不少于7次跨大西洋的往返旅行以及一次巴西之行。在这之前,坎宁汉完成了《海洋》的第三部分,并在布鲁塞尔戏剧艺术节(Kunsten Festival des Arts)的赞助下,于5月18日在布鲁塞尔的皇家马戏团进行了首次演出:

《海洋》

凯奇的想法是,在一个圆形空间的中央呈现舞蹈,观众围绕着舞者,音乐家进一步从各个方向围绕着观众,112名音乐家分布在这个空间的四周,这样声音就会从多个方向传来。乐队没有指挥。约翰·凯奇曾与安德鲁·卡尔弗(Andrew Culver)讨论过这个项目,安德鲁将他的想法输入电脑中;安德鲁相信,采纳约翰的想法,可以完成这个作品。大卫·都铎创作了乐谱的电子部分,使用了水下的声音。

这部作品分为19个部分,有15名舞者参与。原则上,我使用了以《易经》中八卦的数量为基础,用64个舞句作为动作的来源。由于舞蹈的长度,我决定将这个数字增加一倍,这样最多可有128个舞句。舞蹈长达一个半小时,与我们的一个"事件"演出的时间相同。

圆形的舞蹈编排开辟了许多可能性,特别是在方向和朝向方面。它不是平面的空间,而是弯曲的。其结果是,考虑到可能的变化频率,它需要更长的时间来编排。通常我发现,在一个小时的工作之后,我才编排了15秒的内容……

这个作品的形式允许独舞、双人舞、三人舞和四人舞,以及群体舞蹈,意味着舞者的数量可以是从五人到最多十五人的任何数目。布鲁塞尔的皇家马戏团的一端有四个入口和出口通道。我给它们贴上了1号、2号、3号、4号的标签,然后通过随机的操作,向舞者指出他们将使用其中的哪个入口或出口。

每次我们重温已经完成的工作,我都会看到错失的

《海洋》，1994年在威尼斯凤凰歌剧院
人物从左到右：珍妮·斯蒂尔、托马斯·卡利、马修·莫尔、琼·芙丽贝瑞、格伦·拉姆齐和谢丽尔·塞里恩
摄影：克劳德·格夫纳

可能性；通过随机的操作，我试图利用它们。在圆形空间中工作是神奇的，关于空间，它使人想起爱因斯坦关于弯曲空间的理论——而我们通常会认为是平面的。我告诉舞者："你必须设想自己在一个一直在转动的旋转木马上。"我使用随机操作来确定他们在一个音节的每个时刻所面临的位置。很难却非常有趣。

我们在布鲁塞尔演出了《海洋》之后，将在纽约再进行两周的排练，然后用三天时间改编这个作品以便在阿姆斯特丹音乐剧院演出。在那里，舞台可以延伸到房子里，舞台后面将有音乐家和观众来形成这个圆圈。[2]

《海洋》的构思归功于坎宁汉和凯奇。坎宁汉本人没有参加舞蹈，但他坐在都铎和他的电子设备电池旁边的一张小桌子上，做笔记和提供提示，因此作品中也能感受到他的存在。都铎在《探测：海洋日记》（Soundings: Ocean Diary）中写到了音乐中的电子部分：

每个表演者使用不同的声音素材,来自周边的"海洋"来源:海洋哺乳动物、北极冰川、鱼类、遥感勘测和声呐、船舶噪声。

这些声音通过一组输入修改器进行预处理,然后通过一组输出修改器进行声学呈现,这大大改变了声音的特性。

影响这些变化的电子元件的选择可以根据每场演出而有所不同。

音响系统采用了复杂的电子平移过程,将声音分布在三个系统中:两个各由四个扬声器组成的扬声器群,它们是可移动的,悬挂在空间两侧的天花板上;还有一个由四个额外的通道组成的环绕组群。这样就限定了三个不同的建筑空间。

根据作曲家的设想,声音材料将不时地随着不同音乐家的内容(invited contributions)而有所变化。[3]

音乐的管弦乐部分,即卡尔弗的《海洋1—95》,由荷兰芭蕾管弦乐团演奏,并由一些比利时的学生音乐家来增强。卡尔弗写道:

《海洋1—95》由32067个事件组成,分布在2403页纸上,分配给112位音乐家。没有乐谱,无法同时观看所有将会同时演奏的部分。没有指挥,但是有两个人——阿图罗·塔马约和乔治·埃利奥克托斯——出色地给音乐家们介绍他们各自的职责。在整个演奏过程中,有5个同时但不同步的作品序列,当情况允许的时候,演奏者从一处跳到另一处,从一个层次过渡到另一个层次,5个层次中的每一层次都有19个曲目,所以就有了标题中的95个曲目。每当演奏者进入一个新曲目,演奏者会发现它是根据不同的规则和参数(20个中的1个)组成的,而且必须根据 7 套表演惯例中的 1 套来表演……《海洋 1—95》是我对约翰·凯奇的致敬。[4]

《海洋》是玛莎·斯金纳设计的第三个坎宁汉的舞蹈,她写道:

> 为了与詹姆斯·乔伊斯相匹配,我从《白鲸》中获得了灯光的灵感,并从荷马的"酒暗色的大海"中获得了服装的来源,为莫斯提供了一个文学的设计。
>
> 温暖的海浪像酒一样泛着红晕。
> 金色的犁耙深陷蓝色之中。
> 那是一片清澈湛蓝的天空。在一片蔚蓝之中,海天交融……空气中透着沉思般的纯净与柔和……(海天之间)只有光影的变化。
> 晨光熹微之中,只能从光线感知太阳的位置,他一束束的光线越来越强而有力。他就像巴比伦国王和王后的冠冕,统治着一切。大海就像一个熔金的熔炉,闪耀着金光,翻腾着热气。
> (赫尔曼·麦尔维尔)[5]

> 有三套服装;在我们与舞者合作之前,我们不知道如何以及何时进行更换,也不知道舞台上是否会同时出现不止一套服装。只有当我们来到这个空间,我们才能开始灯光的布置。[6]

· · ·

6 月初,在带着《海洋》去阿姆斯特丹之前,舞团在里斯本进行了五场保留剧目演出。在荷兰艺术节上的演出是在月底;为了这次演出,音乐剧院被改造成了圆形剧场。

他们很快回到纽约,舞团在中央公园的夏日舞台上只出现了一个晚上(7月15日),节目名为"4分33秒和其他无意的声音/向约翰·凯奇致敬。欧文·克雷门"——凯奇将他著名的"无声"的作品的乐谱给了他——讲了这部作品的历史,在大卫·都铎的演奏中坎宁汉和他的舞者进行了表演。

《4分33秒》

在作品的三个"乐章"中,每个舞者都选择了三个位置;灯光的变化意味着每个乐章的开始。

• • •

7月底,舞团在维也纳,在名为"维也纳脉搏舞动"(Im Puls·Tanz in Wien)的节目中演出,这是维也纳国际舞蹈节的一部分。当然,正是在三十年前,坎宁汉舞团在维也纳进行了第一次"事件"演出,即《博物馆"事件"1号作品》。为了纪念那个周年纪念日,三场演出中的第二场(在人民剧院,而不是像三十年前那样在20世纪博物馆)是一场"事件"演出,甚至包括一些可能是在1964年演出的段落(例如,《五人组舞》和《永恒》的节选)。

一个月后,舞团再次跨越大西洋进行演出,这是自1979年以来首次在爱丁堡艺术节上演出。他们两周后回到纽约,在乔伊斯剧院开启了为期一周的"事件"演出季。罗伯特·劳森伯格再次与坎宁汉合作,创作了一幅大型绘画(名为《沉浸》[*Immerse*])作为布景。在这些"事件"演出的最后两场中,《4分33秒》是压轴戏。在这个短暂的演出季之后,舞团立即前往匹兹堡进行为期一周的驻场演出,其中包括小组讨论、展览、电影放映、讲座以及在这周结束时的一场剧目演出。

到了 10 月的第二周，舞团又回到了欧洲，先是在波尔多附近的圣梅达尔（Saint-Medard-en-Jalles），然后是在安特卫普，对国际艺术中心（deSingel）进行了回访。曾有消息称《海洋》将在巴西圣保罗进一步演出，但后面就没有下文了；相反，10 月底，舞团在那里的庞培亚文化体育中心举办了三场"事件"演出，这是一个文化综合体的一部分。

在这异常繁忙的一年中，还有最后一次巡演，这次巡演很长，包括了法国的几个城市和德国的一个城市：里昂、路德维希港、穆尔豪斯、阿利尼、尼姆、普罗旺斯和马赛。舞团终于在圣诞节前几天回到了家。

英国女王伊丽莎白二世将 1992 年描述为王室的"恐怖年"，而 1994 年对莫斯·坎宁汉舞团来说是"奇迹与恐怖的一年"。在这一年里，困扰舞团的内部纷争终于得到了解决，但并非没有痛苦。同时，这也是一个在国内外许多城市取得胜利的一年。从 1944 年莫斯·坎宁汉与约翰·凯奇在纽约举行了第一次音乐会，坎宁汉曾说那场音乐会标志着他作为编舞家的职业生涯的开始，50 年后，这对搭档的合作在《海洋》这一作品的诞生中得到了最终体现。

引发重大发现的四个事件

—— 1994 年 9 月 19 日 ——

莫斯·坎宁汉

在从事舞蹈工作的过程中,有四个事件令我在工作中有重大发现。

第一件事是我最初与约翰·凯奇的合作——早期的独舞,当时我们开始把音乐和舞蹈分开。这是在20世纪40年代末。当时我们正使用凯奇所说的"节奏结构"——在音乐和舞蹈之间商定的时间长度作为结构的开始和结束点——我们分别在舞蹈编排和音乐创作上各自工作。这使得音乐和舞蹈在结构点之间具备了独立性。从一开始,以这种方式工作给了我一种舞蹈的自由感,而不是对我已经习惯的逐个音符程序的依赖。我对舞蹈和音乐之间的明确性和相互依存性有了更深的体会。

第二件事是我在20世纪50年代开始在编舞中使用"机遇编舞"。我对"机遇"的使用与编舞有明确的关系。我利用了许多不同的随机操作,但原则上,它涉及编创大量的舞句,每个舞句都是独立的,然后应用随机过程来发现连续性——舞句的次序排列,特定动作在时间上和节奏上如何运作,有多少和哪些舞者可能参与其中,以及它在空间的位置和如何划分。它让我不断有新的发现,即如何从一个动作到下一个动作,几乎不断呈现出挑战想象力的情况。我继续在我的工作中利用"机遇编舞",在每次舞蹈创作工作中找到体验它的新方法。

莫斯·坎宁汉工作室，第三大道 498 号，1970 年
人物从左到右：瓦尔达·塞特菲尔德、莫斯·坎宁汉、梅尔·王、蔡斯·罗宾逊和苏珊娜·海曼·查
摄影：杰克·米切尔

　　第三件事发生在 20 世纪 70 年代，我们使用录像和电影进行工作。摄像机空间带来了一个挑战。它有明确的限制，但它也提供了在舞台上无法实现与舞蹈合作的机会。摄像机可以固定一个视角拍摄，但它也可以移动。它可以切换到第二台摄像机，这可以改变舞者的大小，也影响到时间和动作的节奏。此外，它还能展现一种在舞台上不能完全做到的舞蹈：可以使用在更广阔的剧场环境中未能显现的细节。录像和影像的合作也给了我重新思考某些技术元素的机会。例如，人们在电视上捕捉图像的速度使我在课堂工作中引入了与节奏有关的不同元素，为我们常规课堂工作增加了一个新的维度。

　　第四个事件是最近的一次。在过去的五年里，我一直在使用一台舞蹈计算机——"生命形态"，它是由不列颠哥伦比亚省西蒙弗雷泽大学的舞蹈和科学系合作开发的成果。它的用途之一是作为一个记忆装置：老师可以把课堂上的练习放到电脑的内存中，学生可以查看这些练习，以了解情况。我已经把我们在课堂作业中使用的一些特定练习放在内存中。但我的主要兴趣是探索发现。通过这个被称为"序列编辑器"的工具，人们可以编排动作，把它们放在内存中，最终形成一个动作舞句。这可以从任何角度进行检查，包括在空中俯瞰的视角，这对舞蹈和摄像机的工作来说当然是一个福音。此外，它还提供了一直存在的可能性，就像照片一样，它经常可以捕捉我们眼睛从未见过形态。在电脑上，节拍可以被改变，我们以慢动作查看身体如何从一个姿势变化到另一个。显然，它可以产生一些人类做不到的姿势和运动连接，但正如最初在节奏结构上，然后是使用"机遇编舞"，接着是在电影和录像上使用摄像机，现在是使用舞蹈计算机，我再次意识到了新的创作工作的可能性。

  我的创作工作一直都在进行中。完成一个舞蹈往往只会让我对下一个作品产生灵感，即便最初只是一个模糊的想法。因此，我认为每个舞蹈作品不是一个目标，而是在旅途中的一个短暂停留。

莫斯·坎宁汉与他的舞者们

莫斯·坎宁汉

舞者们是并将一直是我作品的生命所在。我最为感激他们,因为无论在顺境还是逆境中,他们都全心投入、充满活力和意愿投身于这项长期以来超出多数人(不论是表演者还是观众)经验的工作,并且能够以平和的心态面对冷漠甚至敌对的观众。我希望他们能同意,尽管作品很不寻常,但我们一直努力保持一种对我来说就像走钢索般的平衡。一方面要有动作的清晰度、力量、技艺及其对身体的严格要求,就像柔韧的钢一样。另一方面则是允许你保持人性的放任(如果我可以用这个词)。这是一种美妙的表演禅理。

致 77 岁的莫斯·坎宁汉 *

加里森·基勒

曾经有一位舞者名叫莫斯,
他痴迷舞蹈,爱得深沉。
在不同方向演绎每个片段,
再以倒叙重现一切,舞步精妙。

他认识一位作曲家名唤凯奇,
他不曾在纸上谱写音符,
却引导音乐家们各就各位,
在舞台上以呼吸编织旋律,流动无声。

他们的作品如现代舞的灯塔
将随机性带入艺术开创先河,
人们猜测这便是天才之作,
余者悄然离场,无声无息。

他们对研究孜孜不倦
创作灵感源自禅宗的启迪,

---

* 由本文作者 1997 年 5 月 19 日在布鲁克林音乐学院为莫斯·坎宁汉舞蹈基金会筹款时撰写并朗诵。

《芬尼根守灵夜》和湖边垂钓,
在那里,
偶尔垂钓到条纹鲈鱼。
他们将随机数据输入电脑,
程序读取并生成新作,
直到有一天某个冒失鬼
将其编程打印出《仙女》(Les SYLPHIDES)。

莫斯别无选择,只能说"好",
而这作品竟成为璀璨的成功,
米莎(Mischa)、马克·莫里斯、
挪威男声合唱团,还有我在其中扮演主角——Les[①]。

必须承认,这个"角色"并不难:
简约,前卫,富有创新。
我登台鞠躬,向观众挥手,
然后回家,在院中劳作。

[①] 仙女这部芭蕾舞剧本身没有叫"Les"的角色,基勒通过这种方式继续了这整首诗的俏皮语气,用"Les"与仙女标题互动。

文献目录

约翰·凯奇,《沉默》(Silence,康涅狄格州米德尔敦,1961年版)。

莫斯·坎宁汉,《变化:编舞笔记》,弗朗西斯·斯塔尔编著(纽约和美因河畔法兰克福,1968年版),未注明页码。

莫斯·坎宁汉,《音乐与舞蹈之间的协作过程》(A Collaborative Process between Music and Dance),载于《三季刊》(TriQuarterly)第54期,1982年春,第173—186页。重印于彼得·吉娜(Peter Gena)和乔纳森·布伦特(Jonathan Brent)主编,《约翰·凯奇读本》(A John Cage Reader,纽约,1982年版),第107—120页。

罗伯特·邓恩(Robert Dunn),《约翰·凯奇》[作品目录](John Cage [catalogue of compositions],纽约,1962年版)。

詹姆斯·克洛斯蒂编著,《莫斯·坎宁汉》(Merce Cunningham,纽约,1975年版)。

理查德·科斯特拉尼茨(Richard Kostelanetz)编著,《约翰·凯奇》(John Cage,纽约,1970年版)。

杰奎琳·莱斯凯夫,《舞者与舞蹈》,修订版(The Dancer and the Dance,纽约和伦敦,1991年版)。

卡尔文·汤姆金斯,《新娘与单身汉:五位先锋派大师》(纽约,

1965年版)。

卡尔文·汤姆金斯,《墙外》(Off the Wall,纽约州加登城,1980年版)。

大卫·沃恩编著,《莫斯·坎宁汉与舞蹈团》[纪念册](Merce Cunningham & Dance Company,纽约,1963年版),未标明页码。

坎宁汉作品中英文对照表

A

《爱的艺术》*Amores*　94,101,153,156,198,215

B

《八月的步伐》*August Pace*　451,454,457,460,470
《白石之诗》*From the Poems of White Stone*　219
《班卓》*Banjo*　145,146,156,197
《变化中的舞步》*Changing Steps*　342,344,345,351,354,387,
　　402,445,479
《变奏》*Variation*　115
《变奏曲 V》*Variations V*　279,280,283,286,291,294,297,311
《波段/插入》*Channel/Inserts*　396,398,399,401,403,472
《波斯特公园》*Borst Park*　339
《不合时宜的激情》*Effusions Avant L'heure*　95,101

C

《CRWDSPCR》　481
《场景》*Locale*　379,382,383,387,391,399,450
《场域与舞者》*Field and Figures*　448,449

《敞开的道路》The Open Road　76,77
《成双》Paired　256,260,266

D

《德利神曲》Deli Commedia　420,427
《德罗门侬》Dromenon　76,77
《地址变更》Change of Address　471,472,483
《电视重播》TV Rerun　338
《冬枝》Winter Branch　247,257－260,263,266,268,269,271,272,274,279,280,351,378,450
《独白》Soliloquy　54,58
《独舞》Solo　77,148,343,344,354,365,366,402
《独舞和三人的十六支舞》Sixteen Dances for Soloist and Company of Three　4,110,111,113

E

《俄瑞斯特斯》Orestes
《二手》Second Hand　160,323－325,332,341,351,354

F

《发明》Inventions　450,451,453,457,458,470
《方格游戏》Squaregame　362,363,386
《符文》Rune　221－225,229,231,260,271,359,405,410

G

《甘菲德牌戏》Canfield　313－315,340,341,450
《拱廊》Arcade　423－425,473
《孤独人交响曲》Symphonie Pour Un Homme Seul　122,124,

126,130,143,145,164,218,434

《故事》Story 247,249—253,255,260,262—264,270,271,275,280,450

《光明的种子》Seeds of Brightness 40

H

《海滨》Coast Zone 407—410,415,416,420

《海滩飞鸟》Beach Birds 466,468,470,472,483

《海洋》Ocean 1,2,466,483,484,487—489,491,493

《黑暗之池》Pool of Darkness 101,103

《痕迹》Trails 402,415,458,461

《华尔兹舞和拉格泰姆游行》Waltz and Rag-time Parade 106

《滑稽可笑的相遇》Antic Meet 17,199,208,209,213—215,221,229,239,260,262,270,271,280,365,367

《画谜》Rebus 354,355,366,469

《婚礼》Les Noces 125,157,434

《混乱》Scramble 295,297—299,335,365,444

《货物 X》Cargo X 446,449,457

J

《机遇组舞》Suite by Chance 131,136—139,142,145,148,153,155,156,159,240

《即兴创作》Ad Lib 40

《疾行者》Roadrunners 383,384,386,391

《集合》Assemblage 308

《加洛普舞》Gallopade 400,403

《交换》Exchange 375—378,386,461,468

《接触点》Touchbase 473,474,481

《进入》Enter 2,475,476,478,481－483
《剧院作品》Theater Piece 229

K

《空间点》Points in Space 428,431,434,437,444,459
《快速蓝调》Fast Blues 63
《狂欢》Carousal 435,438

L

《蓝色工作室：五个片段》Blue Studio: Five Segments 357
《两步舞曲》Two Step 96,98,101,153
《两极》Polarity 457,459,465,470
《邻居》Neighbors 461,465,470,483
《六拍律动》Fielding Sixes 393,398,409,412,425,427
《旅行日志》Travelogue 366－368,386

M

《漫步时光》Walkaround Time 303－305,308,311,348,437,449,450,459
《梦》Dream 82,101,103
《迷宫之舞》Labyrinthian Dances 189,190

N

《逆流》Cross Currents 265,266,278,418,450
《农场前夕》Grange Eve 426,427

P

《咆哮曲》Roaratorio 392,393,411,412,423,427,429,434,450,

476

《分屏》Fractions　371,372

《片段》Fragments　153—155,371,372,374,399

《破浪者》Breakers　483,485,487

Q

《七重奏》Septet　88,145,148,150,151,156,162,180,203,260,270,297,330,335,365,431,432,435,437,451,454

《躯干》Torse　359,360,366,372,387,401,416,450

R

《人与春令》Springweather and People　162,189,198,215,216,240

《如何走、踢、落、跑》How to Pass, Kick, Fall and Run　284,297

S

《三重节奏》Tripled-Paced　45

《奢华的逍遥》Lavish Escapade　172—174,197,235

《神秘的冒险》Mysterious Adventure　58,60—62,76,156

《声音之舞》Sounddance　350,351,354—356,365,366,484

《十一》Eleven　438—440

《时空单人组舞》Solo Suite in Space and Time　143,144,148,156,174

《数字》Numbers　403

《双打》Doubles　417,421

《双人舞》Duets　391—393,404,412,435,437,438,452

《双掷》Doubletoss　479—481,483

《水湾 2》 *Inlets 2*　412,413,416,429,451
《水湾》 *Inlets*　370,371,376,377,412,413
《四壁》 *Four Walls*　51—54
《四季》 *The Seasons*　68—76,80,90,104,107,156,239,370
《四人舞》 *Quartet*　405,410
《随意投掷》 *Tosed as It is Untroubled*　45,48
《碎片》 *Shards*　155,156,432,433

T

《踏步》 *Tread*　321,323,354,367
《探戈》 *Tango*　147,377,380
《田园之歌》 *Idyllic Song*　54,55,323
《图片》 *Pictures*　414—417,424,458,460
《图腾祖先》 *Totem Ancestor*　42,45,48,153

W

《往事随风》 *The Unavailable Memory of …*　45,48
《危机》 *Crisis*　103,231,233,240,246,256,260,261,270—272,
　278,280,321,427
《维斯特贝斯》 *Westbeth*　351,353,357,365
《位置》 *Place*　288—290,297,378
《文艺复兴的证词》 *Renaissance Testimonials*　40,43
《我们的信条》 *Credo in Us*　40,41,49,51,65
《无焦之根》 *Root of an Unfocus*　45,46,48,53,76,152,153
《无题独舞》 *Untitled Solo*　148,151,152,156,167,173,194,197,
　235,263,271,311,422,457
《五人组舞》 *Suite for Five*　174,175,177,187,189,193,195,
　198,224,235,260,263,271,280,352,424,492

《五石之风》Five Stone Wind 441—445,449,450,459

《舞句》Phrases 418,419,421

《舞者和管弦乐队的博弈》Gambit for Dances and Orchestra 220

《物体》Objects 330

X

《细微之事》Minutiae 156—159,187,365

《夏日空间》Summerspace 209—214,240,260,262,279,280,284,286,288,299,351,364,366,376

《乡村即景》Landrover 336,337,339,351,391,442

《想要变成鸟的男孩》Boy who Wanted To Be A Bird 116

《向瓦哈肯祈祷》Invocation to Vahakn 63

《鞋履十拍》10's With Shoes 398

《信号》Signals 326,330,337,338,351,366,431,442,450,484

《循环》Loops 335,344,391,401,450

Y

《野餐波尔卡》Picnic Polka 197

《夜间漫步》Night Wandering 215,231,235,246,260,269—271,278,279

《夜曲》Nocturnes 179—182,184,214,260,261,268,272,278,280,311

《一角钱之舞》Dime in a Dance 145—148,156,194

《一两天》Un Jour Ou Duex 345,347,425,450

《异形人》Changeling 197,214,215,229,235,260

《银河》Galaxy 171,172,215

《永恒》Aeon 238,240,241,243,246,260—262,270—272,280,492

《雨林》Rainforest　299,301,303,310,311,338,364,365,438,444,449,459,460

《原生之绿》Native Green　422,424,426,449,468

《原野之舞》Field Dances　247—249,252,260,265,267,278,280

Z

《在黑山的第一个夏天》First Summer at Black Mountain　83

《珍珠菜》Loosestrife　469,470,472

《制造》Fabrications　430,431,436,454,465

《转移：五章组曲》A Diversion　87,88,101

《追踪者》Trackers　462—466,470

《自发之地》Spontaneous Earth　45,49

《佐迪尔达公主和她的随从》The Princess Zondilda and Her Entourage　63,65,66,76

注 释

1919—1939 年

[1] 莫斯·坎宁汉,引自莱斯凯夫,《舞者与舞蹈》,第 33 页。
[2] 坎宁汉,引自阿伦·M. 克里格斯曼(Alan M. Kriegsman),《莫斯·坎宁汉迟来的首演》("Merce Cunningham's Overdue Debut"),载《华盛顿邮报》(*The Washington Post*),1989 年 4 月 30 日,G10 页。
[3] 坎宁汉,皮埃尔·拉蒂格(Pierre Lartigue),《舞蹈之乐:芭蕾历史》(*Plaisirs dela danse：Une Histoire du ballet*,巴黎,1983 年版)的序言。
[4] 参见安·特劳特·布林克斯(Ann Trout Blinks)、安·塞耶(Ann Thayer),《世界著名舞者在森特罗利亚开始其艺术生涯》("World-Famous Dancer First Began His Art in Centralia"),载《森特罗利亚镇每日纪事报》(*The Centralia Daily Chronicle*),1986 年 8 月 30 日,B1 页。
[5] 莫斯·坎宁汉,引自莱斯凯夫,《舞者与舞蹈》,第 33 页。
[6] 莫斯·坎宁汉,《无常的艺术》,载费尔南多·彪马(Fernando Puma)主编,《7 艺术》第 3 期(*7 Arts*,科罗拉多州印第安山,1955 年版),第 76 页。
[7] 同上,第 76—77 页。
[8] 《森特罗利亚镇上的同学讲述他们的舞者》("Centralia Classmates Tell about Their Dancer"),载《森特罗利亚镇每日纪事报》,1986 年 8 月 30 日,B1 页。
[9] 出处同上。
[10] 莫斯·坎宁汉,引自克里格曼,《莫斯·坎宁汉迟来的首演》,G10 页。
[11] 邦妮·伯德和尼娜·方纳夫,二人与作者的访谈。
[12] 根据莫斯·坎宁汉 1939 年 3 月 21 日提交给加利福尼亚州奥克兰米

尔斯学院本宁顿舞蹈学院的入学申请,他在康尼什曾师从艾伦·伍德·墨菲(Ellen Wood Murphy)和斯蒂芬·巴洛格(Stephen Balogh)学习音乐;他还在那里学习了服装设计。感谢本宁顿学院的苏珊·斯戈尔巴蒂(Susan Sgorbati)提供这份文件的副本。
[13] 伯德,伯德与作者的访谈。
[14] J. R. R.,《摩尔节之夜的喜悦》("Moore Festival Night Pleases"),载《西雅图时报》(*Seattle Times*),1938年5月7日,第8页。
[15] 《跳康尼什舞的当地男孩》("Local Boy in Cornish Dance"),《森特罗利亚论坛报》(*Centralia Tribune*),1938年3月11日,第1页。
[16] 康尼什剧院节目单,1938年4月29日—30日。
[17] 莫斯·坎宁汉,坎宁汉与作者的访谈。
[18] 康尼什剧院节目单,1939年5月4日—5日。
[19] 贝拉·莱维茨基,莱维茨基与作者的访谈。
[20] 拉里·沃伦,《莱斯特·霍顿:现代舞先驱》(*Lester Horton: Modern Dance Pioneer*),纽约,1977年版),第87页。
[21] 同上,以及《从印第安纳州开始》("Starting from Indiana")、《莱斯特·霍顿的舞蹈剧场》("The Dance Theater of Lester Horton"),载《舞蹈视角》(*Dance Perspectives*,第31期,1967年秋),第15、68页。
[22] 伯德,伯德与作者的访谈。
[23] 约翰·凯奇,《目标:新音乐,新舞蹈》("Goal: New Music, New Dance"),载《舞蹈观察者》,1939年12月,第296—297页。本文收录于凯奇,《沉默》,第87—88页。
[24] 坎宁汉和伯德,二人与作者的访谈。
[25] 《西雅图交响乐团组织的俄罗斯芭蕾前奏》("Seattle Prelude to Ballet Russe Planned by Symphony Group"),载《西雅图时报》,1939年1月15日,第4版,第1页。
[26] 林肯·柯恩斯坦,载克洛斯蒂编著,《莫斯·坎宁汉》,第89页。
[27] 伯德,伯德与作者的访谈。
[28] 1980年7月,伦敦拉邦动作与舞蹈中心,《想象的风景》节目说明。
[29] 约翰·凯奇,《约翰·凯奇25周年回顾音乐会录音笔记,纽约市政厅,1958年5月15日》("Notes to the Recording of the 25-Year Retrospective Concert of the Music of John Cage",纽约,1959年版)。本文收录于科斯特拉尼茨编著,《约翰·凯奇》,第128页。
[30] 参见邓恩,《约翰·凯奇》,第35—36页。1958年回顾音乐会的节目单(见前一条注释)列出了最初的表演者谢妮娅·凯奇、多丽丝·丹尼森、玛格丽特·詹森和坎宁汉。1939年的舞蹈表演并未列入邓恩的目录,该目录中的首次音乐会演出时间是1939年12月9日,地点在康尼什学院。

[31] 简·埃斯蒂斯(Jane Estes),《康尼什舞蹈团》("Cornish Dance Group"),载《阿格斯》[西雅图]第46号,第11期,1939年3月18日,第5页。
[32]《康尼什展示超现实主义艺术》(Cornish Shows Surrealist Art),载《西雅图邮讯报》(Seattle Post-Intelligencer),1939年1月22日,6S页。
[33] 约翰·凯奇,《沉默》,XI页。
[34] 南希·威尔逊·罗斯,《为什么我相信自己生来就是佛教徒》("Why I Believe I Was Born a Buddhist"),《亚洲》(Asia)第3号,第5期(1981年1月/2月):第11页。
[35] 约翰·凯奇,《〈关于莫斯·坎宁汉的随笔、故事和评论〉("Essays, Stories and Remarks about Merce Cunningham")的撰稿》,载《舞蹈视角》第34期(题为《漫步在空间中的时光》["Time to Walk in Space"],1968年夏),第13页。
[36]《本宁顿学院公报》(Bennington College Bulletin),第7号第3期(1939年2月),引自萨利·安·克里斯曼(Sali Ann Kriegsman),载《美国现代舞：本宁顿时代》(Modern Dance in America: The Bennington Years,波士顿,1981年版),第82页。
[37] 1939年3月21日,坎宁汉申请米尔斯学院本宁顿舞蹈学院入学时所附的课程表,1939年3月21日。
[38] 参见克里斯曼,《美国现代舞》,第87页。
[39] 路易斯·霍特,《美国现代打击乐》("Modern American Percussion Music"),载《舞蹈观察者》第6号第7期(1939年8月—9月),第250页—251页。
[40] 埃瑟尔·巴特勒,引自萨利·安·克里斯曼,《美国现代舞》,第84页。
[41] 莫斯·坎宁汉,引自同上,第257页。
[42] 伯德,伯德与作者的访谈。

1939—1941年

[1] 莫斯·坎宁汉,致邦妮·伯德的信,无日期。
[2] 南希·威尔逊·罗斯,致邦妮·伯德的信,无日期。
[3] 约瑟夫·H.梅佐(Joseph H. Mazo),《回忆玛莎》(Martha Remembered),载《舞蹈》第65号第7期(1991年7月),第42页。
[4] 萨利·安·克里斯曼,《美国现代舞》,第101页。
[5] 尼娜·方纳洛夫,方纳洛夫与作者的访谈。
[6] 克里斯曼,《美国现代舞》,第211—214页。
[7] 埃德温·丹比,《与舞者一起：格莱姆的〈忏悔者〉和〈致世界的公开信〉;巴兰钦的〈栏杆〉》("With the Dancers: Graham's 'El Penitente'

and 'Letter to the World';Balanchine's 'Balustrade'")，载《现代音乐》18号第3期(1941年3月—4月)，第197页。本文收录于丹比，《舞蹈文集》(*Dance Writings*)，罗伯特·康菲尔德、威廉·麦凯(William MacKay)主编(纽约，1986年版)，第73页。

[8] 丹比，《与舞者一起：芭蕾舞剧院；格莱姆的〈潘趣与朱迪〉》("With the Dancers: Ballet Theatre; Graham's 'Punch and the Judy'")，载《现代音乐》，1942年1月—2月。本文收录于丹比，《舞蹈文集》，第85页。

1942年

[1] 莫斯·坎宁汉，与作者的对话。
[2] 让·厄德曼，厄德曼与作者的访谈。
[3] 厄德曼，引自萨利·安·克里斯曼，《美国现代舞》，第229页。
[4] 邓恩，《约翰·凯奇》，第35页。
[5] 莫斯·坎宁汉，《变化》。

1943年

[1] 莫斯·坎宁汉，引自莱斯凯夫，《舞者与舞蹈》，第83—84页。
[2] 这次音乐会的节目单收录于科斯特拉尼茨编著，《约翰·凯奇》。
[3] 埃德温·丹比，《格莱姆的"死亡与登场"和"塞勒姆·肖尔"》("Graham's 'Deaths and Entrances' and 'Salem Shore'")，载《纽约先驱论坛报》，1943年12月27日，第8页。本文收录于丹比，《舞蹈文集》，第187页。

1944年

[1] 莫斯·坎宁汉，《变化》。
[2] 莫斯·坎宁汉，《音乐与舞蹈之间的协作过程》，第173页。
[3] 莫斯·坎宁汉，引自莱斯凯夫，《舞者与舞蹈》，第39页。
[4] 莫斯·坎宁汉，《变化》。
[5] 莫斯·坎宁汉，《音乐与舞蹈之间的协作过程》，第174页。
[6] 莫斯·坎宁汉，引自汤姆金斯，《新娘和单身汉》，第244—245页。
[7] 让·厄德曼，《什么是现代舞?》("What Is Modern Dance?")，载《瓦萨校友杂志》第33号第3期(1948年2月)，第24页。
[8] 这段舞蹈的描述首次出现在坎宁汉和凯奇于1944年11月20日在弗

吉尼亚州里士满女子俱乐部的演出节目单。
[9] 邓恩,《约翰·凯奇》,第 16 页。
[10] 丹比,《莫斯·坎宁汉》,载《纽约先驱论坛报》,1944 年 4 月 6 日。本文收录于丹比,《舞蹈文集》,第 207 页。
[11] 莫斯·坎宁汉,《音乐与舞蹈之间的协作过程》,第 174 页。
[12] 同上,第 174—175 页。
[13] 盐湖城报纸上的剪报,出处不明。
[14] 莫斯·坎宁汉,《四壁》,第十四幕。感谢埃尔斯·格雷林格提供的文本副本。
[15] 这部名为《舞蹈与戏剧的融合》(Integration of Dance and Drama)的影片收藏于纽约公共图书馆舞蹈收藏部。这些节选也收录在埃利奥特·卡普兰的电影肖像《凯奇/坎宁汉》(1991 年)。
[16] 参见黛博拉·乔伊特,《拯救佩里-曼斯菲尔德》("Saving Perry-Mansfield"),载《舞蹈杂志》,1992 年 1 月,第 67 页。
[17] 在首场演出中,旋律由长笛独奏奏出,当时正好有长笛演奏者。
[18] 节目说明,弗吉尼亚州,里士满女子俱乐部,1944 年 11 月 20 日。随后的演出中省略了引号中的文字。
[19] 舞蹈《二手》(Second Hand),1970 年。
[20] 尼娜·方纳洛夫,方纳洛夫与作者的访谈。
[21] 玛莎·格莱姆,引自罗伯特·康曼迪,《玛莎·格莱姆的伟大力量》("The Great Force of Martha Graham"),载《这个世界》(This World),1974 年 11 月 3 日。

1945 年

[1] 邓恩,《约翰·凯奇》,第 17 页。
[2] 埃利奥特·卡特,《为格莱姆编写的乐谱;哥伦比亚的节日,1946 年》("Scores for Graham; Festival at Columbia, 1946"),载《现代音乐》第 23 号第 1 期(1946 年冬),第 54 页。
[3] 埃德温·丹比,《坎宁汉独舞》("Cunningham Solo"),《纽约先驱论坛报》,1945 年 1 月 10 日。本文收录于丹比,《舞蹈文集》,第 279—280 页。
[4] 丹比,《达德利—马斯洛—贝尔斯和坎宁汉》("Dudley—Maslow—Bales and Cunningham"),载《纽约先驱论坛报》,1945 年 1 月 29 日。本文收录于丹比,《舞蹈文集》,第 283—284 页。
[5] 丹比,《坎宁汉的神秘的冒险》("Cunningham's Mysterious Adventure"),载《纽约先驱论坛报》,1945 年 5 月 19 日。本文收录于丹比,《舞蹈文集》,第 317 页。

1946 年

[1] 贝比·多兹和拉里·加拉(Larry Gara),《贝比·多兹的故事》(*The Baby Dodds Story*,洛杉矶,1959 年版),第 90—91 页。
[2] 纽约亨特剧院第二场演出节目单,1946 年 5 月 12 日。
[3] 弗吉尼亚·博斯勒·多丽丝(Virginia Bosler Doris),多丽丝与作者的访谈。
[4] 安·戴利(Ann Daly),《匹兹堡的舞蹈:前五十年,1910—1960 年》("Dance in Pittsburgh: The First Fifty Years, 1910‑1960"),载《卡内基杂志》(*Carnegie Magazine*),1985 年 1 月/2 月,第 18 页。

1947 年

[1] 约翰·凯奇,凯奇与作者的访谈。
[2] 莫斯·坎宁汉,《变化》。
[3] 芭蕾舞协会公开说明书,1946 年—1947 年活动安排,无日期。
[4] 邓恩,《约翰·凯奇》,第 33 页。
[5] 1947 年 5 月 18 日,纽约齐格菲尔德剧院芭蕾舞协会舞蹈音乐会节目单注释。
[6] 莫斯·凯奇,《论早期作品》(*On Earlier Pieces*),载科斯特拉尼茨编著,《约翰·凯奇》,第 129 页。
[7] 林肯·柯恩斯坦,引自克洛斯蒂编著,《莫斯·坎宁汉》,第 89 页。
[8] 邓恩,《约翰·凯奇》,第 33 页。
[9] 莫斯·坎宁汉,《变化》。
[10] 塔纳奎尔·勒克莱克,引自南希·雷诺兹(Nancy Reynolds),《回顾剧目:纽约城市芭蕾舞团 40 年》(*Repertory in Review: 40 Years of the New York City Ballet*,纽约,1977 年版),第 80 页。
[11] 野口勇,《雕塑家的世界》(*A Sculptors World*,纽约,1968 年版),第 130 页。本文收录于科贝特·斯坦伯格(Cobbett Steinberg)编著,《舞蹈选集》(*The Dance Anthology*,纽约,1980 年版),第 190—191 页。
[12] 弗朗西丝·赫瑞吉,《与舞者一起:设计师野口勇将雕塑搬上舞台》("With he Dancers: Designer Noguchi Brings Sculpture to the Stage"),载《PM 杂志》(*PM*),1947 年 7 月 13 日,第 26 页。
[13] 《芭蕾舞协会》(*The Ballet Society*)(第一卷[1946—1947 年],纽约,1947 年版),第 55 页。
[14] 埃德温·丹比,《美国芭蕾舞》(*The American Ballet*),载《肯扬评论》(*Kenyon Review*)第 10 号第 4 期(1948 年秋):第 638—651 页。本

文收录于丹比,《舞蹈文集》,第 525 页。
[15] 柯恩斯坦,引自克洛斯蒂编著,《莫斯·坎宁汉》,第 89 页。
[16] 安娜·基塞尔戈夫(Anna Kisselgoff),《城市芭蕾舞团 30 岁了,仍是一个不同的鼓手》("City Ballet Turns 30, Still a Different Drummer"),载《纽约时报》,1976 年 11 月 19 日,C22 页。
[17]《芭蕾舞协会》,第一卷,第 52 页。
[18] 现为卢萨达夫人(Lady Lousada),与帕特里夏·麦克布莱德(Patricia McBride)没有关系。
[19] 纽约亨特剧院舞蹈音乐会节目单上的注释,1947 年 12 月 14 日。
[20] 多萝西·贝里亚,贝里亚与作者的访谈。
[21] 卢·哈里森,致乔纳森·谢弗(Jonathan Sheffer,Eos 乐团的指挥家)的信,日期不明(约 1996 年 4 月)。感谢乔纳森·谢弗提供此文件副本。
[22] 哈里森,致谢弗的信,1996 年 4 月 14 日,载于 1996 年 7 月 28 日纽约 1996 林肯中心音乐节上 Eos 乐团音乐会的节目单。
[23] 尼克·克雷维茨基,《莫斯·坎宁汉和舞团》("Merce Cunningham and Company"),载《舞蹈观察者》第 15 号第 1 期(1948 年 1 月),第 5 页。

1948 年

[1] 埃伦·卡夫,《[欧文·]肖和坎宁汉分析戏剧和舞蹈的独立性》("[Irwin] Shaw and Cunningham Analyze Isolation of Drama and Dance"),载《瓦萨杂记杂志》(*Vassar Miscellany News*)第 32 号第 18 期(1948 年 3 月 3 日),第 5 页。
[2]《坎宁汉》,《瓦萨纪事报》(*Vassar Chronicle*),1948 年 3 月 6 日。
[3] 莫斯·坎宁汉,《音乐与舞蹈之间的协作过程》,第 175 页。
[4] 马丁·杜伯曼,《黑山:社区探索》(*Black Mountain: An Exploration in Community*,纽约,1972 年版),第 288—290 页。
[5]《校园新闻》(*Campus News*),载《黑山学院公报》(*Black Mountain College Bulletin*)第 6 号第 4 期(1948 年 5 月),第 5 页。感谢玛丽·艾玛·哈里斯提供这份刊物的副本。
[6]《今晚开始的'新艺术周末',由人文实验主义者的四个系列节目中的第一个节目开场》("'New Arts Weekend' Starts Tonight with First Program in Series of Four by Experimentalists in Humanities"),载《斯蒂芬斯生活》(The Stephens Life,密苏里州斯蒂芬斯学院)第 20 号第 28 期(1948 年 5 月 7 日),第 1 页。
[7] 邓恩,《约翰·凯奇》,第 7 页。
[8] 巴克明斯特·富勒,引自一份日期不明的剪报。

[9] 伊莱恩·德·库宁,《德·库宁的回忆》("De Kooning Memories"),《时尚》(*Vogue*,纽约),1983年12月,第394页。
[10] 同上。
[11] 杜伯曼,《黑山》(*Black Mountain*),第301—304页。
[12] 德·库宁,《德·库宁的回忆》,第394页。
[13] 凯奇,《为萨蒂辩护》("Defense of Satie"),载科斯特拉尼茨编著,《约翰·凯奇》,第81页。
[14] 杜伯曼,《黑山》,第291—92页。
[15] 帕特·格兰特(Pat Grant),《舞蹈汇演的评价;表演者的解释》("Dance Recital Evaluated; Explained by Performers"),载《瓦萨纪事报》第6号第16期(1949年3月12日),第3页。
[16] 赫塔·保利(Herta Pauly),《保利小姐认为坎宁汉-凯奇的表演令人愉快》("Miss Pauly Finds Cunningham-Cage Performance Delightful"),载《瓦萨杂记杂志》第33号第18期(1949年3月16日),第3—4页。
[17] 邓恩,《约翰·凯奇》,第10—11页。
[18] 演讲—演示节目单,纽约库珀联盟,1950年11月24日。
[19] 贝里亚,贝里亚与作者的访谈。
[20] 参见科斯特拉尼茨编著的《约翰·凯奇》,图版17。
[21] 约翰·凯奇,《沉默》,XI页。

1949年

[1] 西比尔·希勒,致作者的信。希勒的评论,《莫斯·坎宁汉》,载《舞蹈新闻》第14号第3期(1949年3月),第9页。
[2] 约翰·凯奇,《〈关于莫斯·坎宁汉的随笔、故事和评论〉的撰稿》,载《舞蹈视角》第34期(题为《漫步在空间中的时光》,1968年夏),第19页。
[3] 参见埃尔斯沃·J. 斯奈德(Ellsworth J. Snyder),《约翰·凯奇生平年表》("Chronological Table of John Cage's Life")。本文收录于科斯特拉尼茨编著,《约翰·凯奇》,第36页。
[4] 米娜·丹尼尔(Minna Daniel),丹尼尔与作者的访谈。
[5] 莫斯·坎宁汉,致约翰·赫里克的信,1949年3月。信件仍在赫里克手中。
[6] 莫斯·坎宁汉,《一个美国人在巴黎/莫斯·坎宁汉的报道》("An American in Paris/A Report from Merce Cunningham"),载《舞蹈观察者》第16号第9期(1949年11月),第132页。
[7] 1995年,在纽约克劳什尔画廊(Kraushaar Galleries)举办的海利克回

顾展"五十年庆典"中的墙标信息。当然,另一位使用凯奇《危险之夜》(Perilous Night)标题的艺术家是贾斯珀·约翰斯,他在1982年的一幅画作中使用了这一标题。

[8] 莫斯·坎宁汉,《一个美国人在巴黎》,第132页。

[9] 同上。

[10] 莫斯·坎宁汉,坎宁汉与作者的访谈。也可参见坎宁汉,《一个美国人在巴黎》,以及保罗·鲁施特拉特(Paul Ruhstrat),《巴黎的舞蹈场景》("The Dance Scene in Paris"),载《舞蹈观察者》第15号第8期(1948年10月),第100—101页。

[11] 贝蒂·尼科尔斯,尼科尔斯与作者的访谈。

[12] 感谢皮埃尔·拉蒂格向我提供了演出的确切日期以及凯奇手写的邀请函副本。

[13] 莫斯·坎宁汉,《一个美国人在巴黎》,第132页。

[14] 莫里斯·普歇特,《1948—49年巴黎芭蕾季》("The 1948‑49 Ballet Season in Paris"),《芭蕾年鉴》(Ballet Annual,伦敦,1950年版)第4期,第123页。作者未能找到这篇评论的原文。

[15] 尼科尔斯,尼科尔斯与作者的访谈。

[16] 莫斯·坎宁汉,《一个美国人在巴黎》,第131—132页。

1950年

[1] 罗伯特·萨宾,《莫斯·坎宁汉舞蹈表演》("Merce Cunningham Dance Recital"),载《美国音乐》(Musical America)第70号第3期(1950年2月),第353页。

[2] 尼克·克雷维茨基,《莫斯·坎宁汉》,《舞蹈观察者》第17号第2期(1950年2月),第25页。

[3] 约翰·凯奇,《沉默》,第127页。

[4] 同上,IX页。

[5] 同上,第126页。

[6] 迈耶·夏皮罗,《现代艺术/19至20世纪/论文选集》(Modern Art/19th & 20th Centuries/Selected Papers,纽约,1978年版),第219页。

[7] 卡尔文·汤姆金斯,《滑稽的缪斯》("The Antic Muse"),载《纽约客》,1981年8月17日,第80页。

[8] 阿道夫·戈特利布和马克·罗斯科,《声明》("Statement"),收录于赫索·契普(Herschel B. Chipp)编著,《现代艺术理论:艺术家与艺术批评家资料集》(Theories of Modern Art: A Source Book by Artists and Critics,伯克利,1968年版),第545页。转引自芭芭拉·哈斯克

尔(Barbara Haskell),《砰!波普艺术、极简主义和表演艺术大爆发,1958—1964》展览目录(纽约,1984年),第89页。
[9] 卡尔文·汤姆金斯,《滑稽的缪斯》,第80页。
[10] 玛丽·艾玛·哈里斯,《黑山学院的艺术》(*The Arts at Black Mountain Collge*,马萨诸塞州坎布里奇,1987年版),其中认为这件事一定发生在那一年的5月。
[11] 雷米·查利普,查利普与作者的访谈。

1951年

[1] 汤姆金斯,《约翰·凯奇》,《新娘和单身汉》,第105页。
[2] 《易经》或称《周易》(*The I Ching or Book of Changes*,纽约,1950年版),卫礼贤(Richard Wilhelm)译,卡罗·F.贝恩斯转译成英文,荣格(C. G. Jung)作序。
[3] 约翰·凯奇,《作曲》(*Composition*),《沉默》,第59页。
[4] 莫斯·坎宁汉,《音乐与舞蹈之间的协作过程》,第175—176页。
[5] 莫斯·坎宁汉,《两个问题和五支舞》("Two Questions and Five Dances"),载《舞蹈视角》第34期(题为《漫步在空间中的时光》,1968年夏),第49/51页。
[6] 雷米·查利普,《偶然的创作》("Composing by Chance"),载《舞蹈》第28期第1号(1954年1月),第17、19页。
[7] 约翰·赫里克,赫里克与作者的访谈。
[8] 雷米·查利普,《偶然的创作》,第17页。
[9] 玛格丽特·劳埃德,《舞蹈中的新奇事物》("Novelties in the Dance"),载《基督教科学箴言报》,1954年1月9日,第4页。
[10] 帕特·邓巴,《米尼大厅的现代舞表演》("Modern Dance Recital at Meany Hall"),载《西雅图时报》,1951年4月13日,第29页。
[11] 路易斯·霍斯特,《莫斯·坎宁汉和舞蹈公司》("Merce Cunningham and Dance Company"),载《舞蹈观察者》第21号第2期(1954年2月),第26页。
[12] 大卫·都铎,都铎与作者的访谈。
[13] 莫斯·坎宁汉,引自汤姆金斯,《75岁的莫斯》("Merce at Seventy-Five"),载《纽约客》,1994年3月7日,第74页。

1952年

[1] 节选自《孤独人交响曲》,后更名为《拼贴》。
[2] 莫斯·坎宁汉,《变化》。

[3] 莫斯·坎宁汉,未发表的笔记。
[4] 同上。
[5] 维姬·戈德堡(Vicki Goldberg),《打破规则者之间的 53 年纽带》("A 53-Year Bond between Breakers of Rules"),载《纽约时报》,1995 年 3 月 5 日,第 32 页。
[6] 唐纳德·麦凯尔,麦凯尔与作者的访谈。
[7] 琼·布罗迪(Joan Brodie),《编舞学》("Choreographics"),载《舞蹈观察者》第 19 号 5 期(1952 年 5 月),第 70 页。
[8] 汤姆金斯,《新娘和单身汉》,第 117 页。
[9] 匿名,《伯恩斯维尔美术学校的暑期》("The Summer at the Burnsville School of Fine Arts"),载《舞蹈观察者》第 19 号 9 期(1952 年 11 月),第 139 页。
[10] 同上。
[11] 见玛丽·艾玛·哈里斯,《黑山学院的艺术》(The Arts at Black Mountain College),第 231 页。
[12] 莫斯·坎宁汉,《音乐与舞蹈之间的协作过程》,第 176—177 页。
[13] 见理查德·科斯特拉尼茨,《与约翰·凯奇的对话》("Conversation with John Cage")。本书收录于科斯特拉尼茨编辑,《约翰·凯奇》(John Cage),第 27 页。
[14] 约翰·凯奇,"前言"(Foreword),《沉默》,第 X 页。
[15] 弗朗辛·杜·珀莱西·格雷,《黑山,一个美国的地方》("Black Mountain, an American Place"),载《纽约时报书评》(New York Times Book Review),1977 年 7 月 31 日,第 7 版,第 3 页。杜伯曼(Duberman)的《黑山》(Black Mountain)中引用了一个略有不同的版本,第 352 页。
[16] 卡尔文·汤姆金斯,《想象中的景观里的人物》("Figure in an Imaginary Landscape"),载《纽约客》第 40 卷,1964 年 11 月 28 日,第 104 页。本书收录于汤姆金斯的《新娘和单身汉》中,第 117 页,以及《墙外》(Off the Wall),第 74 页。《墙外》中的叙述与早期版本略有不同。
[17] 迈克尔·科比,"引言"(Introduction),《偶发艺术》(纽约,1965 年版),第 31—32 页。
[18] 哈斯克尔,《砰!波普艺术、极简主义和表演艺术大爆发,1958—1964》,第 31、110 页。
[19] 关于凯奇 1952 年作品目录,参见邓恩,《约翰·凯奇》,第 43 页。都铎在 1952 年 8 月 12 日在黑山演奏了这首作品。然而,黑山 1952 年 8 月的日历给出的都铎音乐会日期是 8 月 11 日(星期一),而不是 12 日。据此,凯奇应在 16 日举办音乐会,坎宁汉在 17 日。这些演出似

乎没有节目单。剧院活动的确切日期不详。
[20] 哈里斯,《黑山学院的艺术》(The Arts at Black Mountain College),第226—228页。
[21] 玛丽·艾玛·哈里斯,哈里斯与凯奇的访谈,1974年,见科斯特拉尼茨,《与凯奇交谈》(纽约,1988年版),第104页。
[22] 约翰·凯奇,引自杜伯曼的《黑山》(Black Mountain),第351页。杜伯曼引用了其他几种不同的表演描述,见第350—358页。
[23] 约翰·凯奇,引自汤姆金斯的《墙外》(Off the Wall),第70页。
[24] 同上,第77页。
[25] 卡罗琳·布朗,无题论文,载《舞蹈视角》(Dance Perspectives)第34号(1968年夏季,题为《空间漫步的时光》),第29页。
[26] 参见米娜·莱德曼,《约翰·凯奇:我自己的观点》("John Cage: A View of My Own"),收录于彼得·吉娜·乔纳森·布伦特编著,《约翰·凯奇读本》(A John Cage Reader),第152—153页。
[27] 布朗,布朗与作者的访谈。

1953年

[1] 路易斯·古特曼(Louise Gutman),《莫斯·坎宁汉讲座—示范》,载《舞蹈观察者》第20号第7期(1953年8—9月),第107页。
[2] 莫斯·坎宁汉,《变化》。
[3] 莫斯·坎宁汉,引自莱斯凯夫,《舞者与舞蹈》,第90页。
[4] 卡罗琳·布朗,与作者的访谈。
[5] 莫斯·坎宁汉,《变化》。
[6] 同上。
[7] 雷米·查利普,《关于莫斯·坎宁汉及其编舞:偶然创作》("Concerning Merce Cunningham and His Choreography: Composing by Chance"),载《舞蹈》第28号第1期(1954年1月),第19页。
[8] 莫斯·坎宁汉,《变化》。
[9] 节目说明,马林纪念剧场,加州旧金山,1955年11月15日。
[10] 厄尔·布朗,雷米·查利普、玛丽安娜·西蒙和大卫·沃恩,《美学的形成:莫斯·坎宁汉和约翰·凯奇》("The Forming of an Aesthetic: Merce Cunningham and John Cage"),1984年6月16日,在舞蹈评论家协会会议上举行的小组讨论的文字记录,发表于《芭蕾评论》(Ballet Review)第13号3期(1985年秋季),第38页。
[11] 卡罗琳·布朗,布朗与作者的访谈。
[12] 邓恩,《约翰·凯奇》,第8页。
[13] 莫斯·坎宁汉,《变化》。

[14] 卡罗琳·布朗,无题论文,载《舞蹈视角》第 34 期(题为《空间漫步的时光》,1968 年夏季),第 30 页。
[15] 节目说明,里斯剧院(Theater de Lys),纽约,1953 年 12 月 29 日至 1954 年 1 月 3 日。
[16] 莫斯·坎宁汉,《变化》。
[17] 卡罗琳·布朗和玛丽安娜·普瑞杰·西蒙,二人与作者的访谈。
[18] 感谢珍妮丝·罗斯(Janice Ross)提供的这些信息,包括坎宁汉在这个场合演讲的文本副本。
[19] 副标题和节目说明首次出现 1955 年 10 月 18 日在纽约布朗克斯维尔的萨拉·劳伦斯学院(Sarah Lawrence College)的演出节目单。
[20] 莫斯·坎宁汉,《变化》。
[21] 约翰·凯奇关于《七重奏》的注释,收录于沃恩编撰,《莫斯·坎宁汉及其舞团》(Merce Cunningham & Dance Company)。
[22] 这里使用的是原始表演者的名字。
[23] 玛西亚·B. 西格尔(Marcia B. Siegel)的《变化的形状》(The Shapes of Change,波士顿,1979 年版)中有《七重奏》的详细描述,第 324—332 页。
[24] 约翰·帕西瓦尔(John Percival),《原创性至上》("Originality to the Fore"),载《新日报》(伦敦),1964 年 8 月 14 日。
[25] 同上。
[26] 莫斯·坎宁汉,《变化》。
[27] 莫斯·坎宁汉,《两个问题和五支舞》,载《舞蹈视角》第 34 期(题为《空间漫步的时光》,1968 年夏季),第 51 页。
[28] 卡罗琳·布朗,无题论文,载《舞蹈视角》第 34 期(题为《空间漫步的时光》,1968 年夏季),第 29 页。
[29] 莫斯·坎宁汉,《变化》。
[30] 汤姆金斯,《墙外》,第 102 页。
[31] 罗伯特·萨宾、尼克·克雷维茨基和路易斯·霍斯特,《莫斯·坎宁汉及其舞团》,载《舞蹈观察者》第 21 号第 2 期(1954 年 2 月),第 25—26 页。
[32] 阿纳托尔·楚乔伊,《莫斯·坎宁汉及其舞团》,载《舞蹈新闻》第 24 号第 2 期(1954 年 2 月),第 10 页。
[33] 多丽丝·郝林(Doris Hering),《莫斯·坎宁汉及其舞团》,载《舞蹈》第 28 号 2 期(1954 年 2 月),第 69、70、73 页。
[34] 节目说明,马林纪念剧场,旧金山,1955 年 11 月 15 日。
[35] 玛格丽特·劳埃德,《舞蹈中的新奇事物》("Novelties in the Dance"),载《基督教科学箴言报》,1954 年 1 月 9 日,第 4 页。
[36] 卡罗琳·布朗和玛丽安娜·普瑞杰·西蒙,二人与作者的访谈。

1954 年

［1］该场景最终版本的照片收录于《罗伯特·劳森伯格展览目录》（华盛顿特区，1976 年版），第 80 页。
［2］莫斯·坎宁汉，《变化》。
［3］节目说明，纽约亨利街剧场（Henry Street Playhouse），1955 年 5 月 27 日。
［4］莫斯·坎宁汉，《变化》。
［5］同上。
［6］同上。
［7］沃尔特·索雷尔，《舞者获得古根海姆奖》（"Dancer Gets Guggenheim Award"），载《普罗维登斯星期日杂志》（*Providence Sunday Journal*），1954 年 6 月 20 日，第 7 版，第 4 页。
［8］约翰·凯奇，《〈关于莫斯·坎宁汉的随笔、故事和评论〉的撰稿》，载《舞蹈视角》第 34 期（题为《空间漫步的时光》，1968 年夏季）：第 13 页。
［9］《莫斯·坎宁汉获得古根海姆奖》（"Merce Cunningham Receives Guggenheim Award"），载《舞蹈观察者》第 21 号第 7 期（1954 年 8—9 月），第 107 页。

1955 年

［1］厄尔·布朗，《美学的形成：莫斯·坎宁汉和约翰·凯奇》，载《芭蕾评论》第 13 号第 3 期（1985 年秋季），第 30—32 页。
［2］玛丽安娜·西蒙、卡罗琳·布朗和雷米·查利普，三人与作者的对话。

1956 年

［1］节目说明，圣母大学，1956 年 5 月 18 日。这一说明的另一个版本出现在 1957 年 1 月 12 日布鲁克林音乐学院的演出节目单中："这支舞蹈及其音乐的复杂性来自不同事件的叠加，这些事件如同自然界中的元素，例如，空气、土地、火和水同时作用时的关联，仅仅因为它们同时发生在同一时间和地点。"
［2］厄尔·布朗，《莫斯·坎宁汉》，克洛斯蒂编撰，第 76—77 页。另见《美学的形成：莫斯·坎宁汉和约翰·凯奇》，1984 年 6 月 16 日在舞蹈评论家会议上举行的小组讨论的文字记录，载《芭蕾评论》第 13 号第 3 期

(1985 年秋季),第 25 页。
[3] 节目说明,圣母大学,1956 年 5 月 18 日。
[4] 莫斯·坎宁汉,《变化》。
[5] 在另一个版本中,这部分被称为"策划情节"(Hatch the plot)。
[6] 节目说明,圣母大学,1956 年 5 月 18 日。"芭蕾"后来被修正为"舞蹈"。
[7] 约翰·凯奇关于《五人组舞》(Suite for Five)的注释,收录于沃恩编撰,《莫斯·坎宁汉及其舞团》。
[8] 莫斯·坎宁汉,《音乐与舞蹈之间的协作过程》,第 177—178 页。
[9] 莫斯·坎宁汉在新泽西州新布朗斯维克道格拉斯学院(Douglass College)的一次演出中的讲话,1959 年 10 月 16 日,部分引自《变化》。
[10] 莫斯·坎宁汉未发表的手稿笔记。
[11] 约翰·凯奇关于《五人组舞》的注释,收录于沃恩编撰,《莫斯·坎宁汉及其舞团》。
[12] 埃里克·萨蒂生前计划写六首《夜曲》(Nocturnes),但只完成了五首。在舞蹈中,这些作品按照与钢琴谱不同的顺序演奏,顺序为 3、5、1、4、2。
[13] 莫斯·坎宁汉,《变化》。
[14] 莫斯·坎宁汉,引自莱斯凯夫《舞者与舞蹈》,第 92 页。
[15] 曼彻斯特,《莫斯·坎宁汉及其舞团》("Merce Cunningham and Dance Company"),发表于"季度回顾"(The Season in Review),载《舞蹈新闻》第 46 号第 3 期(1965 年 3 月),第 8 页。
[16] 约翰·凯奇关于《夜曲》的注释,收录于沃恩编撰,《莫斯·坎宁汉及其舞团》。
[17] 莫斯·坎宁汉手稿笔记,可能用于讲座示范,日期不详。
[18] 约翰·凯奇关于《夜曲》的注释,收录于沃恩编撰,《莫斯·坎宁汉及其舞团》,页码不详。

1957 年

[1] 莫斯·坎宁汉在研讨会"四位编舞家将发言和舞蹈"(4 Choreographers Will Speak and Dance)中的声明,亨利街剧场,纽约,1957 年 4 月 27 日。转载于《现代舞蹈今日特写:非客观编舞者》("Close-Up of Modern Dance Today: The Non-Objective Choreographers"),载《舞蹈杂志》第 31 号第 11 期(1957 年 11 月),第 22 页。
[2] 见《编舞学》,载《舞蹈观察者》第 24 号第 8 期(1957 年 10 月),第 116 页。
[3] 莫斯·坎宁汉,《变化》。
[4] 尼古拉斯·肯扬(Nicholas Kenyon),《被遗忘的革命家》("A Forgotten Revolutionary"),载《纽约客》,1979 年 10 月 22 日,第 182—188 页。

［5］玛格丽特·劳埃德,《莫斯·坎宁汉及其舞者》,载《基督教科学箴言报》,1957年12月16日。
［6］布朗,布朗与作者的访谈。
［7］卡罗琳·布朗,《关于偶然性》("On Chance"),载《芭蕾评论》第2号第2期(1968年),第18页。
［8］莫斯·坎宁汉,《两个问题和五支舞》,载《舞蹈视角》第34期(题为《空间漫步的时光》,1968年夏季),第51页。
［9］卡罗琳·布朗,《关于偶然性》,载《芭蕾评论》第2号第2期(1968年),第18页。

1958年

［1］节目说明,纽约城市音乐厅,1958年5月15日。
［2］威廉·费特曼(William Fetterman),《莫斯·坎宁汉和约翰·凯奇:编舞逆流》("Merce Cunningham and John Cage: Choreographic Cross-Currents"),收录于大卫·沃恩编辑,《莫斯·坎宁汉:创造性元素、编舞与舞蹈》(*Merce Cunningham: Creative Elements, Choreography and Dance*),第4卷第2部分,伦敦,1997年版。其中记录了坎宁汉在指挥《钢琴与管弦乐音乐会》时的动作时,使用了弗里德里希·佐恩(Friedrich Zorn)的记谱法。
［3］约翰·凯奇,手稿笔记,日期不详。
［4］节目说明,第十一届美国舞蹈节,康涅狄格学院(Connecticut College),新伦敦,康涅狄格州,1958年8月14日。
［5］莫斯·坎宁汉写给罗伯特·劳森伯格的信,1958年7月12日,转载于《变化》。拼写和标点未作更改。
［6］莫斯·坎宁汉,《音乐与舞蹈之间的协作过程》,第178页。
［7］约翰·凯奇,手稿笔记,日期不详。
［8］厄尔·布朗,发表于布朗、雷米·查利普、玛丽安娜·西蒙和大卫·沃恩的《美学的形成:莫斯·坎宁汉和约翰·凯奇》,载《芭蕾评论》第13号第3期(1985年秋季),第38页。
［9］吉尔·约翰斯顿,《莫斯·坎宁汉及其团队》,载《村之声》(*The Village Voice*),1960年2月24日,第6页。
［10］杰克·安德森,《莫斯·坎宁汉及其舞蹈团——布鲁克林音乐学院——1969年4月15日、16日和18日》("Merce Cunningham and Dance Co.—Brooklyn Academy of Music—April 15, 16, and 18, 1969"),载《舞蹈杂志》第43号第6期(1969年6月),第34页。
［11］莫斯·坎宁汉,手稿笔记,日期不详。
［12］莫斯·坎宁汉,《变化》。这些笔记更完整的版本发表于《舞蹈》杂志

40号6期(1966年6月),第52—54页,题为《夏日晴空故事》(*Summerspace Story*)。

[13] 同上。

[14] 约翰·凯奇,手稿笔记,日期不详。

[15] 诺拉·艾芙隆(Nora Ephron),《寻找芭蕾的3个角色,或者《夏日晴空》的起源》("Characters in Search of a Ballet, or the Genesis of 'Summerspace'"),载《纽约时报》[巴黎版],1964年6月14日。

[16] 路易斯·霍斯特,《第11届美国舞蹈节》("11th American Dance Festival"),载《舞蹈观察者》第25号第7期(1958年8—9月),第102页。

[17] 曼彻斯特,《莫斯·坎宁汉及其舞团》,载《舞蹈新闻》第36号第3期(1960年3月),第11页。

[18] 约翰·凯奇关于《夜间漫步》的注释,收录于沃恩编辑,《莫斯·坎宁汉及其舞团》。

[19] 莫斯·坎宁汉,《变化》。

[20] 约翰·凯奇,手稿笔记,日期不详。

[21] 沃尔特·索雷尔,《莫斯·坎宁汉:创造属于自己的世界的艺术家》("Merce Cunningham: An Artist Creating a World All His Own"),载《新伦敦日报》(*New London Day*),1963年8月17日,第7页。

[22] 理查德·巴克尔,《机会的邀请》("Invitation to the Chance"),载《星期日泰晤士报》(*Sunday Times*),1964年8月2日,第20页。

[23] 亨利·大卫·梭罗,《瓦尔登湖》(*Walden*),1854年,收录于卡尔·伯德(Carl Bode)编辑,《便携版梭罗——修订版》(*The Portable Thoreau—Revised Edition*,纽约,1979年版),第282页。

[24] 玛格丽特·厄兰格,《莫斯·坎宁汉在伊利诺伊大学》("Merce Cunningham at the University of Illinois"),载《舞蹈观察者》第26号第8期(1959年10月),第121—122页。

[25] 《大学通讯/来自伊利诺伊大学》("College Correspondence/From University of Illinois"),载《舞蹈观察者》第25号第7期(1958年8—9月),第110页。

1959年

[1] 《音乐-舞蹈节目集》,《香槟-厄巴纳信使报》(*Champaign-Urbana Courier*),1959年2月24日,第7页。

[2] 琳恩·鲁德洛(Lynn Ludlow),《舞蹈和音乐分道扬镳:坎宁汉引用的独立存在》("Dance, Music Parting Ways: Independent Existence Cited by Cunningham"),载《香槟-厄巴纳信使报》,1959年3月4日,

第 10 页。
[3] 莫斯·坎宁汉,《变化》。
[4] 玛格丽特·厄兰格,《莫斯·坎宁汉在伊利诺伊大学》("Merce Cunningham at the University of Illinois"),载《舞蹈观察者》第 26 号第 8 期(1959 年 10 月),第 122 页。
[5] 莫斯·坎宁汉,《变化》。
[6] 节目说明(诗歌的英文释义),1959 年当代艺术节,伊利诺伊大学,1959 年 3 月 14 日—15 日。
[7] 莫斯·坎宁汉写给唐娜·堀埃(Donna Horié)的信,日期不详。
[8] 凯奇在他的《我们在哪里吃饭? 我们吃什么?》("Where Are We Eating? And What Are We Eating?")中描述了舞团的饮食习惯和巡演中的其他冒险经历,收录于克洛斯蒂编辑,《莫斯·坎宁汉》,第 55—62 页。
[9] 莫斯·坎宁汉,《变化》。
[10] 同上。
[11] 约翰·凯奇关于《符文》的注释,收录于沃恩编辑,《莫斯·坎宁汉及其舞团》。
[12] 莫斯·坎宁汉,《X. 16.59》,手稿收藏于坎宁汉舞蹈基金会档案。

1960 年

[1] 沃尔特·特里,《坎宁汉舞团展示前卫作品》("Cunningham Dance Group Gives Avant Garde Works"),载《纽约先驱论坛报》,1960 年 2 月 17 日,第 19 页;《与现代派一起结束戏剧周:坎宁汉先生》("Theater Week End with the Moderns:Mr. Cunningham"),载《纽约先驱论坛报》,1960 年 2 月 21 日,第 4 版,第 5 页。另见吉尔·约翰斯顿,《莫斯·坎宁汉·及其团队》,载《村之声》,1960 年 2 月 24 日,第 6 页;《多么奇怪》("How Strange"),载《时代周刊》杂志 75 号 9 期(1960 年 2 月 29 日):第 44 页;《超出——远远超出》("Out—Way, Way Out"),载《新闻周刊》55 号 9 期(1960 年 2 月 29 日),第 62—63 页。
[2] 约翰·凯奇,引自邓恩,《约翰·凯奇》,第 42 页。
[3] 威廉·弗拉纳根,《约翰·凯奇的新作品/这场音乐首演就是一场疯狂的三环马戏》("New Work by John Cage/A 3-Ring Circus of Lunacy Is This Musical Premiere"),载《纽约先驱论坛报》,1960 年 3 月 8 日,第 13 页。
[4] 匿名,《有节奏的无政府状态》("Anarchy with a Beat"),载《时代周刊》杂志,1960 年 3 月 21 日,第 46 页。

［5］莫斯·坎宁汉,《变化》。
［6］约翰·凯奇关于《危机》的注释,收录于沃恩编辑,《莫斯·坎宁汉及其舞团》。
［7］同上。
［8］维吉尔·汤姆森,《斯特拉文斯基——杰苏阿尔多》,载《纽约时报》,1960年10月2日,第2版,第11页。
［9］伊冯·瑞纳,《关于一支为10人和12张床垫编排的舞蹈〈六重奏的部分〉的一些回顾性笔记》("Some Retrospective Notes on a Dance for 10 People and 12 Mattresses Called 'Parts of Some Sextets'"),于1965年3月在康涅狄格州哈特福德的沃兹沃斯美术馆和纽约的贾德森纪念教堂演出",载《图兰戏剧评论》(*Tulane Drama Review*)10号(T-30,1965年冬季),第168页。

1961年

［1］第十四届美国舞蹈节的节目单,康涅狄格学院,新伦敦,康涅狄格州,1961年8月17日。
［2］约翰·凯奇关于《永恒》的注释,收录于沃恩编辑,《莫斯·坎宁汉及其舞团》。
［3］约翰·凯奇,手稿笔记,日期不详。
［4］同上。
［5］约翰·凯奇关于《永恒》的注释,收录于沃恩编辑,《莫斯·坎宁汉及其舞团》。
［6］同上。
［7］参见邓恩,《约翰·凯奇》,第30页。
［8］威廉·戴维斯,在与萨莉·贝恩斯(Sally Banes)于1980年3月3日进行的未发表访谈。
［9］莫斯·坎宁汉关于《永恒》的手稿笔记,日期不详。这是出现在《变化》中的笔记的更长版本。其中还重现了两个"试验顺序"(trial orders)和巡演版本的一个顺序。
［10］约翰·凯奇,手稿笔记,日期不详。
［11］汤姆金斯,《墙外》,第223页。
［12］莫斯·坎宁汉,手稿笔记,约1961年。

1962年

［1］参见汤姆金斯,《墙外》,第193—198页;约翰·伍尔普,《那天晚上,他们终于看到发生了什么》,载《时尚杂志》(*Esquire*)LX号5期(1963

年 11 月),第 134 页—138 页、第 184 页—187 页。

1963 年

[1] 莫斯·坎宁汉,手稿笔记,无日期。
[2] 贾斯珀·约翰斯在此时期绘制了《原野画作》(Field Painting)。
[3] 莫斯·坎宁汉,引自露丝·福斯特《骨子里知道》(Knowing in My Bones,伦敦,1976 年版),第 29 页。
[4] 约翰·凯奇,写给彼得·耶茨(Peter Yates)的信,无日期。
[5] 约翰·凯奇,手稿笔记,无日期。
[6] 引自同上。
[7] 莫斯·坎宁汉三部分《故事/一支舞蹈和一次巡演的故事》,发表于《舞蹈封面》(Dance Ink)第 6 号第 1 期(1995 年春季)、第 2 期(1995 年夏季)和第 3 期(1995 年秋季),讲述了 1964 年世界巡演以及其中《故事》的表演。
[8] 然而,坎宁汉说:"我们从未在第一次演出中完全演出所有的部分。"
[9] 由作曲家本人撰写的关于音乐的详细注释,收录于坎宁汉《变化》。
[10] 莫斯·坎宁汉,手稿笔记。综合了坎宁汉在《变化》和《舞蹈视角》第 34 期(题为《空间漫步的时光》,1968 年夏季)中略有不同的叙述。
[11] 1963 年 7 月由加州大学洛杉矶分校美术制作委员会出版的传单。
[12] 汤姆金斯,《墙外》,第 230 页。
[13] 卡罗琳·布朗,《关于偶然性》,第 21 页。
[14] 参见萨莉·贝恩斯,《莫斯·坎宁汉的"故事"》,《第十二届年度舞蹈历史学者协会文集》("Twelfth Annual Conference Sciety of Dance History Scholrs"),1989 年 2 月 17 日—19 日(加利福尼亚州,1989 年),第 96—110 页。这篇论文基于贝恩斯与坎宁汉舞团的几位前成员关于《故事》的访谈。
[15] 引自同上。
[16] 这份笔记首次出现在 1963 年 10 月 23 日—24 日,阿肯色州小石城阿肯色艺术中心剧院的剧场节目单。

1964 年

[1] 这份提示单摘录自坎宁汉的笔记,《故事/一支舞蹈和一次巡演的故事[第 3 部分]》中,发表于《舞蹈封面》第 6 号第 3 期(1995 年秋季),第 33 页。
[2] 莫斯·坎宁汉,《变化》。
[3] 同上。

［4］莫斯·坎宁汉为哥伦比亚广播公司(CBS)摄像机三号的"'事件'演出录像［A Video Event］(第一部分)"所作的评论，1974年5月。
［5］莫斯·坎宁汉，《变化》。
［6］莫斯·坎宁汉，手稿笔记，无日期。
［7］莫斯·坎宁汉，引自莱斯凯夫，《舞者与舞蹈》，第105页。
［8］节目笔记，沙德勒之井剧院，伦敦，1964年8月1日。
［9］艾蒂安·贝克尔，《图像与技术：莫斯·坎宁汉》(*Image et Technique*)，16毫米黑白胶片，1964年。
［10］格雷斯·格鲁克(Grace Glueck)，《里奥·卡斯特里盘点30年的艺术销售》，载《纽约时报》，1987年2月5日，第C19版。
［11］汤姆金斯，《墙外》，第10页。
［12］参见凯瑟琳·S.洛巴赫(Katherine S. Lobach)，《绝非三四拍／1964年6月24日》，摘录于坎宁汉的《故事／一支舞蹈和一次巡演的故事［第一部分］》，发表于《舞蹈封面》第6号第1期(1995年春季)，第18页。
［13］迈克尔·怀特写给作者的信，1964年6月15日。
［14］剧目单，沙德勒之井剧院，1964年7月27日至8月1日。
［15］亚历山大·布兰德，《前所未见的深度》，载《观察者》，1964年6月28日。
［16］布兰德，《未来绽出》，载《观察者》，1964年8月2日。转载于布兰德的《舞蹈观察家1958—1982》(伦敦，1985年版)，第65页—67页。
［17］大卫·沃恩，《世界巡演的冒险》，载《纽约时报》，1965年1月3日，第2版，第13页。
［18］约翰·凯奇，《〈关于莫斯·坎宁汉的随笔、故事和评论〉的撰稿》，《舞蹈视角》第34期(题为《空间漫步的时光》，1968年夏季)，第22页。
［19］《我们的音乐评论家》《坎宁汉舞团的独舞会》，载《印度时报》(*Times of India*)，1964年10月30日。
［20］参见汤姆金斯，《墙外》，第232页。

1965年

［1］克利夫·巴恩斯(Clive Barnes)，《美国舞者赢得了伦敦的喜爱》，载《纽约时报》，1964年8月3日；《流行芭蕾》，载《时代周刊》，1964年8月14日；弗朗西斯·梅森(Francis Mason)，《伦敦喜欢美国舞者》，载《纽约时报》，1964年12月27日。
［2］莫斯·坎宁汉，引自爱伦·休斯，《舞蹈：莫斯·坎宁汉回归》，载《纽约时报》，1965年2月13日。
［3］最初的评论包括弗朗西斯·赫瑞吉，《美国舞蹈剧院加入实验》，载

《纽约邮报》(New York Post),1965年3月5日;休斯,《舞蹈:林肯中心》,载《纽约时报》,1965年3月5日;沃尔特·特里,《大胆、喧闹的客人》,载《纽约先驱论坛报》,1965年3月5日。休斯后续发表了《舞蹈聚焦》,载《纽约时报》,1965年3月21日。特里发表了《稍微宽容一点,莫斯》,载《纽约先驱论坛报》,1965年3月21日。

[4] 乔治·贝斯威格,《绝非愚蠢之作:对坎宁汉的评价》("No Dolt Can Do It: An Appraisal of Cunningham"),载《舞蹈新闻》,1965年5月。

[5] 卡罗琳·布朗的无题论文,收录于詹姆斯·克洛斯蒂编,《莫斯·坎宁汉》,第30页。

[6] 莫斯·坎宁汉,《变化》。这个注释的不同版本出现在坎宁汉,《音乐与舞蹈之间的协作过程》,第180—181页。

[7] 莫斯·坎宁汉,《变化》。

1966年

[1] 路易斯·L.劳埃德写给作者的信,1966年8月23日。

[2] 莫斯·坎宁汉,《变化》。

[3] 1966年11月9日/10日巴黎香榭丽舍剧院第四届国际舞蹈节节目单中的注释。作者翻译自法文。

[4] 戈登·穆姆,《现代舞蹈的四种声音环境》,《冲击:当代舞蹈年刊》(Impulse: The Annual of Contemporary Dance)(题为《舞者环境》,旧金山,1967年版),第14页。

[5] 玛丽·卡拉克(Mary Clarke),《莫斯·坎宁汉与舞团》,载《舞蹈时报》(Dancing Times),1967年1月。

[6] 匿名(约翰·帕西瓦尔),《自己解释的芭蕾》,载《泰晤士报》(The Times),1966年11月24日。

[7] 彼得·威廉斯(Peter Williams),《任何事都可能发生》,载《舞蹈与舞者》,1967年1月。

[8] 坎宁汉,引自迈克尔·威廉斯(Michael Williams),《莫斯开辟了新领域》,载《芝加哥每日新闻》(Chicago Daily News),1966年10月19日,第6版,第53页。

[9] 安·巴泽尔(Ann Barzel),《舞蹈迷的双重享受》,载《芝加哥美国人》(Chicago American),1966年10月20日。

[10] 雪莉·詹瑟引自大卫·沃恩,《为正确的人演出》,《芭蕾评论》第1号第6期(1967年)。

[11] 帕特里斯·德努萨克(Patrice de Nussac),《香榭丽舍剧院迷你裙对抗晚礼服》,载《法国晚报》,1966年11月11日。

[12] 莫斯·坎宁汉,引自莉迪亚·乔(Lydia Joel),《舞蹈管理研讨会召

开》,载《舞蹈》,1967年2月。

1967年

[1] 莫斯·坎宁汉,《变化》。
[2] 贾斯珀·琼斯,引自休伯特·萨尔(Hubert Saal),《莫斯》,载《新闻周刊》,1968年5月27日。
[3] 引自弗兰克·斯特拉与作者的谈话。
[4] 戈登·穆玛,《现代舞蹈的四种声音环境》,《冲击:当代舞蹈年刊》(题为《舞者环境》,旧金山,1967年版),第14页。
[5]《在绘画学校举行的独特而激动人心的'事件'演出》,《萨默塞特报道者》(Somerset Repoter,缅因州斯科伊根),1963年8月14日。
[6] 莫斯·坎宁汉,引自拉里·芬利(Larry Finley),《蛋头是脱衣舞女吗? 伊利诺伊大学小组讨论艺术》,未标识报纸,厄巴纳,1967年11月。

1968年

[1] 莫斯·坎宁汉,《变化》。
[2] 更全面的描述参见大卫·沃恩,《然后我想到了马塞尔(Marcel):莫斯·坎宁汉的《漫步时间》》,收录于《艺术与舞蹈:现代对话的图像,1890—1980》(*Art and Dance: Images of the Modern Dialogue, 1890‑1980*)展览目录(波士顿,1982年版)。重印于理查德·科斯特拉尼茨主编的《莫斯·坎宁汉:时空之舞》(新泽西州潘宁顿,1993年版),第66—70页。
[3] 莫斯·坎宁汉,引自露丝·福斯特《骨子里知道》(伦敦,1976年版),第39—40页。
[4] 雷内·克莱尔,《自由属于我们》(*A nous la liberté*)和《开幕式》(*Entr'acte*),英文转述及动作描述由理查德·雅克(Richard Jacques)和尼古拉·海登(Nicola Hayden)编写(纽约,1970年版)。另见海宁·里施比特(Henning Rischbieter)主编,《20世纪艺术与舞台》(*Art and the Stage in the 20th Century*,康涅狄格州格林威治,1968年版)。
[5] 路易斯·劳埃德写给坎宁汉舞蹈基金会的信,1968年8月8日、9日、10日和16日。
[6] 莫斯·坎宁汉,引自罗伯特·康曼迪,《用相机作曲》,载《这个世界》,1968年11月10日。
[7]《独特的舞蹈节目》,《旧金山纪事报》(*San Francisco Chronicle*),1968年10月10日。

[8]康曼迪,《用相机作曲》。

1969年

[1]莱斯凯夫,《舞者与舞蹈》,第115页。

1970年

[1]帕特里克·奥康纳,《坎宁汉迷人的踏步(*Tread*)》,载《泽西日报》(*Jersey Journal*),1970年1月6日。
[2]唐·麦克唐纳,《莫斯的品质》,载《秀》(*Show*),1970年4月。
[3]莫斯·坎宁汉,《音乐与舞蹈之间的协作过程》,第181—182页。
[4]参见卡罗琳·布朗的无题论文,收录于詹姆斯·克洛斯蒂所编《莫斯·坎宁汉》,第25页,以及迈克尔·斯内尔(Michael Snell)(詹姆斯·克洛斯蒂的笔名),《坎宁汉与评论家》,载《芭蕾评论》第3号第6期(1971年),第27—35页。
[5]莫斯·坎宁汉,引自莱斯凯夫,《舞者与舞蹈》,第89页。
[6]同上,第89—90页。
[7]同上,第108页。
[8]同上。

1971年

[1]参见卡罗琳·布朗的无题论文,收录于詹姆斯·克洛斯蒂编,《莫斯·坎宁汉》,第27页。
[2]新闻稿,底特律艺术学院,1972年2月25日。

1972年

[1]莫斯·坎宁汉,手稿笔记。
[2]莫斯·坎宁汉为《'事件'演出录像(第一部分)》所作的旁白,哥伦比亚广播公司三号摄像机拍摄,1974年。
[3]参见卡罗琳·布朗的无题论文,收录于詹姆斯·克洛斯蒂编,《莫斯·坎宁汉》,第26页。
[4]新闻稿,底特律艺术学院,1972年2月25日。
[5]参见克里斯蒂安·沃尔夫在詹姆斯·克洛斯蒂编,《莫斯·坎宁汉》中的注释,第26页。

[6] 黛博拉·乔伊特,《只是我跑起来的开始》,载《村之声》,1973 年 3 月 22 日。

1973 年

[1] 莫斯·坎宁汉,引自莱斯凯夫,《舞者与舞蹈》,第 83 页。
[2] 莫斯·坎宁汉,《音乐与舞蹈之间的协作过程》,第 182 页—183 页。
[3] 莫斯·坎宁汉最初的作品标题是《巴黎拼贴》。《一两天》(UN JOUR OU DUEX)是凯奇从关于琼·米罗的一段法文翻译文本中引用的。
[4] 剧场节目单,巴黎国家歌剧院,1973 年 11 月。
[5] 查尔斯·阿特拉斯为电影《漫步时光》首映的节目单注释。
[6] 莫斯·坎宁汉,引自莱斯凯夫,《舞者与舞蹈》,第 190 页。

1974 年

[1] 卡伦·卡雷拉斯主编,《电影和录像带》(Films and Videotapes,纽约:坎宁汉舞蹈基金会),无日期,第 17 页。
[2] 莫斯·坎宁汉,引自莱斯凯夫,《舞者与舞蹈》,第 190 页 –191 页。

1975 年

[1] 莫斯·坎宁汉,引自莱斯凯夫,《舞者与舞蹈》,第 120 页。
[2] 同上。
[3] 同上。
[4] 同上,第 199—120 页。
[5] 同上,第 191—192 页。
[6] 艾琳·克罗齐,《看看发生了什么》,载《纽约客》,1975 年 3 月 10 日。

1976 年

[1] 莫斯·坎宁汉关于《躯干》的注释,1976 年。《躯干》的编舞和过程更详细的描述在莱斯凯夫,《舞者与舞蹈》,第 17—24 页。
[2] 莫斯·坎宁汉,引自莱斯凯夫,《舞者与舞蹈》,第 120—121 页。
[3] 卡伦·卡雷拉斯主编,《电影和录像带》,无日期,第 14 页。
[4] 安娜·基塞尔戈夫,《纽约公共电视台的 300 万美元"舞蹈系列"》,载《纽约时报》,1975 年 6 月 13 日。
[5] 莫斯·坎宁汉,《音乐与舞蹈之间的协作过程》,第 184 页。

1977 年

［1］米歇尔·波特，《做任何事的许可》，载《舞蹈纪事》(*Dance Chronicle*)第 16 号第 1 期(1993 年)，第 18—19 页。
［2］凯奇，引自梅琳达·巴格林(Melinda Bargreen)的文章《变化与凯奇》(*Change and Cage*)，出自一份未标识的剪报(可能来自《西雅图时报》[*The Seattle Times*])，1977 年 9 月。
［3］卡伦·卡雷拉斯主编，《电影和录像带》，无日期，第 16 页。
［4］同上，第 9 页。
［5］玛格丽特·费特洛(Marguerite Feitlowitz)，《布景设计师需要了解的关于视频的事情》("What the Set Designer Needs to Know about Video")，载《剧场批评》(*Theatre Crafts*)第 18 号第 7 期(1984 年 8 月/9 月)，第 72 页。

1978 年

［1］马克·兰卡斯特，引自玛格丽特·费特洛，《布景设计师需要了解的关于视频的事情》，第 72 页。
［2］莫斯·坎宁汉，引自杰奎琳·莱斯凯夫，《舞者与舞蹈》，第 155 页。
［3］阿拉斯泰尔·麦考利，《快乐的小流氓》("*Happy Hooligan*")，载《纽约客》，1992 年 4 月 27 日。

1979 年

［1］参见大卫·沃恩，《莫斯·坎宁汉会谈》("Merce Cunningham Talks")，载《苏活周报》(*Soho Weekly News*)，1980 年 2 月 13 日，第 13 页。
［2］卡伦·卡雷拉斯主编，《电影和录像带》，第 10 页。
［3］参看杰奎琳·莱斯凯夫，《舞者与舞蹈》，第 195—199 页；沃恩，《场景：莫斯·坎宁汉和查尔斯·阿特拉斯的合作》("Locale: The Collaboration of Merce Cunningham and Charles Atlas")，载《千禧电影杂志》(*Millennium Film Journal*)第 10/11 期(1981/1982 年秋/冬)，重印于理查德·科斯特拉内茨主编，《莫斯·坎宁汉：时空之舞》，第 151—155 页。
［4］莫斯·坎宁汉，引自杰奎琳·莱斯凯夫，《舞者与舞蹈》，第 154—155 页。

[5] 同上。
[6] 同上。
[7] 表演艺术服务机构新闻稿,纽约,1982 年。

1980 年

[1] 莫斯·坎宁汉,引自杰奎琳·莱斯凯夫,《舞者与舞蹈》,第 156 页。
[2] 同上,第 157 页。
[3] 参看史蒂芬妮·乔丹(Stephanie Jordan),《拉班中心的坎宁汉和凯奇》("Cunningham and Cage at the Laban Centre"),载《舞蹈时报》,1980 年 10 月,第 38—39 页。
[4] 莫斯·坎宁汉,引自詹妮弗·丹宁,《新年的 25 个文化愿望》("25 Cultural Wishes for the New Year"),载《纽约时报》,1980 年 12 月 28 日。本文引用的是坎宁汉的原稿,而不是文章中的内容。

1981 年

[1] 查尔斯·阿特拉斯,阿特拉斯与作者的对话。
[2] 阿特拉斯,为《波段/插入》的放映所作的节目单注释,卡内基音乐厅影院,纽约,1982 年 3 月 21 日。
[3] 莫斯·坎宁汉,引自莱斯凯夫,《舞者与舞蹈》,第 156 页。
[4] 参见莫斯·坎宁汉,《坎宁汉的舞蹈日记》("Diary of a Cunningham Dance"),载《纽约时报》,1981 年 3 月 15 日;大卫·沃恩,《波段/插入:坎宁汉和阿特拉斯(续集)》("Channels/Inserts: Cunningham and Atlas [continued]"),《千禧电影杂志》第 12 期(1982/1983 年秋/冬):第 126—30 页。
[5] 莫斯·坎宁汉,引自莱斯凯夫,《舞者与舞蹈》,第 157 页。
[6] 表演艺术服务机构新闻稿,纽约,1982 年。
[7] 莫斯·坎宁汉,引自莱斯凯夫,《舞者与舞蹈》,第 157 页。
[8] 表演艺术服务机构新闻稿,纽约,1982 年。
[9] 参见莫斯·坎宁汉,《音乐与舞蹈之间的协作过程》,第 119—120 页;另见史蒂芬妮·乔丹,《国际舞蹈课程》("International Dance Course"),载《舞蹈时报》,1981 年 11 月,第 102 页。

1982 年

[1] 莫斯·坎宁汉,引自莱斯凯夫,《舞者与舞蹈》,第 156—157 页。

［2］表演艺术服务机构新闻稿，纽约，1982年。
［3］节目单，佩奇礼堂，杜克大学，北卡罗来纳州达勒姆，1982年6月16日。
［4］莫斯·坎宁汉，引自莱斯凯夫，《舞者与舞蹈》，第157—158页。
［5］大卫·都铎，都铎与作者的访谈。

1983 年

［1］莫斯·坎宁汉，引自莱斯凯夫，《舞者与舞蹈》，第158页。另参见对坎宁汉的匿名采访（卡尔文·汤姆金斯），《镜头之中》("The Camera Looking")，载《纽约客》，1983年2月14日。
［2］莫斯·坎宁汉，引自詹妮弗·丹宁，《莫斯·坎宁汉的新"冒险"开始了》("New 'Adventure' Begins for Merce Cunningham")，载《纽约时报》，1983年3月20日。
［3］同上。
［4］卡伦·卡雷拉斯主编，《电影和录像带》(Films and Videotapes)，第5页。
［5］节目单注释，兰伯特芭蕾舞团，北方皇家音乐学院，曼彻斯特，1983年2月7—19日。
［6］莫斯·坎宁汉，引自莱斯凯夫，《舞者与舞蹈》，第158页。
［7］莫斯·坎宁汉，与皮埃尔·拉蒂格的访谈。作者翻译自法文。
［8］莫斯·坎宁汉的手稿笔记，以及节目单注释，城市中心剧院，纽约，1984年3月8日。

1984 年

［1］艾琳·克罗齐，《三位长者》("Three Elders")，载《纽约客》，1984年3月26日，第114—119页。
［2］莫斯·坎宁汉，《导致大发现的四个事件》("Four Events That Have Led to Large Discoveries")，未发表的笔记，1994年9月19日。
［3］克罗齐，《三位长者》。
［4］莫斯·坎宁汉，引自杰克·安德森，《出人意料的莫斯·坎宁汉》("The Surprising Merce Cunningham")，载《纽约时报》，1985年3月3日，第2节，第19页。
［5］莫斯·坎宁汉，引自安德烈娅·格罗斯基·胡贝尔(Andrea Grodsky Huber)，《莫斯·坎宁汉为舞蹈带来"无意识的创造"》("Merce Cunningham Brings 'Unpremeditated Creation' to Dance")，载《巴尔的摩太阳报》(Baltimore Sun)，1985年3月24日。

[6] 罗伯特·格雷斯科维奇,《坎宁汉敢于标新立异——舞蹈界因此爱上了他》("Cunningham Dares to be Different — and Dance World Loves Him for It"),载《芝加哥论坛报》(*Chicago Tribune*),1985年4月14日。

[7] 安娜·基塞尔戈夫,《舞蹈:莫斯·坎宁汉首演》("Dance: Merce Cunningham Presents a Premiere"),载《纽约时报》,1985年3月6日,第19页。

1985 年

[1] 埃利奥特·卡普兰,《视频艺术/制作视频舞蹈》("Video Art/Producing Videodance"),载《录像艺术》(*Videography*),1985年9月,第65页。

[2] 卡伦·卡雷拉斯主编,《电影和录像带》,第8页。

[3] 节目单注释,城市中心剧院,纽约,1985年3月5—17日。

1986 年

[1] 约瑟夫·盖尔(Joseph Gale),《格兰奇之夜》("A Night on the Grange"),载《独立报》(*Independent Press*),1986年3月26日。

[2] 安娜·基塞尔戈夫,《当社交舞蹈遇见前卫艺术》("When Social Dance Meets the Avant-Garde"),载《纽约时报》,1986年3月30日。

[3] 同上。

[4] 托比·托比亚斯(Tobi Tobias),《针锋相对》("Measure for Measure"),《纽约客》(*New Yorker*),1986年4月7日,第61页。

1987 年

[1] 叶利扎维塔·格尔德特,引自安娜·基塞尔戈夫,《对巴兰钦而言,她的舞蹈是通向未来的道路》("For Balanchine, Her Dancing Was a Path to the Future"),载《纽约时报》,1993年10月10日。

[2] 参见阿拉斯泰尔·麦考利,《莫斯体验》("The Merce Experience"),载《纽约客》,1988年4月4日,第92—96页。

[3] 莫斯·坎宁汉,引自唐纳德·胡特拉(Donald J. Hutera),《定义莫斯·坎宁汉》("Defining Merce Cunningham"),载《洛杉矶时报》(*Los Angeles Times*),1987年4月5日。

[4] 莫斯·坎宁汉,引自唐纳德·胡特拉,《大师排练室一瞥》("Glimpses

into the Rehearsal Studio of a Master"),载《纽约时报》,1987 年 3 月 1 日,第 2 节,第 8 页。
[5] 大卫·都铎,手稿笔记,1987 年。
[6] 参见《坎宁汉与他的舞者们》(Cunningham and His Dancers),小组讨论会的文字记录,载《芭蕾评论》第 15 卷第 3 期(1987 年秋季),第 19—40 页。
[7] 黛博拉·乔伊特,《如此多的金环》("So Many Gold Rings"),载《村之声》,1987 年 9 月 1 日。
[8] 南希·戈德纳(Nancy Goldner),《莫斯·坎宁汉舞蹈家的演出活动》("The Merce Cunningham Dancers Present an Event"),载《费城问询报》(*Philadelphia Inquirer*),1987 年 10 月 17 日。

1988 年

[1] 莫斯·坎宁汉,引自西蒙娜·杜普伊(Simone Dupuis),《坎宁汉:运动是表面的》("Cunningham: le mouvement est superficiel"),载《快报》(*L'Express*),1988 年 7 月 29 日。
[2] 约翰·凯奇,唱片《莫斯·坎宁汉的音乐》(*Music for Merce Cunningham*)的内页注释,莫德唱片公司,1989 年。
[3] 大卫·都铎,同上。
[4] 小杉武久,同上。
[5] 埃利奥特·卡普兰,与迈克尔·斯蒂尔的对话,坎宁汉舞蹈基金会,1990 年 4 月 4 日。

1989 年

[1] 莫斯·坎宁汉,引自杰瑞·扬(Jerry Young),《舞蹈大师:坎宁汉建立风格的传承》("Master of the Dance: Cunningham Builds Legacy of Style"),载《奥斯汀美国报》(*Austin American-Statesman*),1989 年 1 月 21 日。
[2] 同上。
[3] 小杉武久,引自扬,《舞团在奥斯汀的首演为得克萨斯州首创》("Dance Company's Premiere in Austin a First for Texas"),载《奥斯汀美国报》,1989 年 1 月 27 日。
[4] 杨,同上。
[5] 凯瑟琳·冈察洛夫(Kathleen Goncharov),策展人,1991 年第七届印度三年展的注释,拉利特卡拉学院,拉宾德拉巴旺,新德里。
[6] 杰克·安德森,《转瞬即逝的图案唤起短暂的世界》("Fleeting Patterns Evoke an Ephemeral World"),载《纽约时报》,1989 年 3 月 9

日,第 18 页。
[7] 约翰·凯奇,引自珍妮丝·罗斯,《坎宁汉和凯奇:一次创造性的对话》("Cunningham and Cage: A Creative Conversation"),载《奥克兰论坛报》(*The Oakland Tribune*),1989 年 9 月 20 日。

1991 年

[1] 马克·兰卡斯特,未发表的笔记,1991 年。
[2] 莫斯·坎宁汉,引自罗伯特·格雷斯科维奇,《与鼠标共舞》("Dancing with a Mouse"),载《洛杉矶时报》,1991 年 5 月 5 日。
[3] 莫斯·坎宁汉,引自苏珊·梅哈利克(Susan Mehalick),《74 岁时仍是现代主义者》("Still a Modernist at 74"),载《伯克希尔鹰报》(*Berkshire Eagle*),1993 年 7 月 4 日。
[4] 莫斯·坎宁汉,引自乌苏拉·弗拉费尔(Ursula Fraefel),《跳舞——不计数》("Dancing — Not Counting"),《万物之舞》(*Der Tanz der Dinge*)第 13 期(1991 年 9—11 月)。
[5] 同上。

1992 年

[1] 莫斯·坎宁汉,手稿笔记,1992 年 12 月 24 日。
[2] 理查德·阿尔斯顿,《兰伯特之谜》("The Rambert Riddle"),载《即刻舞蹈》(*Dance Now*)第 1 号第 1 期(1992 年春季),第 24 页。
[3] 玛丽莲·亨特(Marilyn Hunt),《乡村舞蹈》("Country Dances"),载《舞蹈》,1992 年 11 月。
[4] 莫斯·坎宁汉,巴黎加尼叶歌剧院节目单上的法文译注原文,1992 年 11 月 17 日/21 日。
[5] 莫斯·坎宁汉,引自珍妮丝·伯曼(Janice Berman),《坎宁汉向前飞跃》("Cunningham Hurtles Forward"),载《纽约新闻日报》(*New York Newsday*),1993 年 3 月 9 日。
[6] 同上。
[7] 同上。

1993 年

[1] 黛博拉·乔伊特,《坎宁汉舞团》,载《村之声》,1993 年 4 月 13 日。
[2] 同上。

［3］莫斯·坎宁汉,引自珍妮丝·伯曼,《坎宁汉向前飞跃》,载《纽约新闻日报》,1993年3月9日。
［4］南希·戈德纳,《莫斯·坎宁汉的三部新作品包括长达一小时的舞蹈〈进入〉》("Merce Cunningham's 3 New Works Include an Hour — Long Dance, 'Enter'"),载《费城问询报》,1993年3月11日。
［5］琳达·贝兰斯(Linda Belans),《神奇的莫斯》("Magical Merce"),载《罗利(北卡罗来纳州)新闻与观察家》(*Raleigh [N. C.] News and Observer*),1993年7月17日。
［6］节目单注释,约翰·肯尼迪表演艺术中心,华盛顿特区,1994年3月22—27日。

1994年

［1］节目单注释,城市中心剧院,纽约,1994年3月8—20日。
［2］莫斯·坎宁汉,节目单注释,布鲁塞尔戏剧艺术节,布鲁塞尔,1994年5月。
［3］大卫·都铎,同上。
［4］安德鲁·卡尔弗,同上。
［5］玛莎·斯金纳,同上。
［6］斯金纳,作者笔记,无日期。

译后记

2014年,北京舞蹈学院建校60周年,时任现代舞中心主任张守和教授经由美国纽约州立大学帕切斯舞蹈学院院长凯若·沃克(Carol Walker)女士推荐,邀请了三位莫斯·坎宁汉基金会教师来访教学,历时三周。其中詹妮弗·高更(Jennifer Goggans)和丹尼尔·麦道夫(Daniel Madoff)与坎宁汉共事多年,曾是坎宁汉舞团的首席舞者。另一位音乐家阿瑟·索拉里(Arthur Solari)与约翰·凯奇共事多年,深谙凯奇的创作方法与风格。这是北舞首次通过经典剧目排演和讲座,系统地接触坎宁汉现代舞技术、编舞理念及与其他艺术的合作,也是我与坎宁汉体系的初见。

隔年,我来到坎宁汉的大本营纽约访学。从身体到方法,再到认知,除了身体力行地研习技术课外,我还从舞团前资深舞者琼·芙丽贝瑞(Jean Freebury)的剧目课中完成了对坎宁汉剧目的拆解分析,配合秒表排练,将"机遇编舞"方法融入复排工作。其间,我走访了数所美国顶级艺术院校,发现坎宁汉的舞蹈技术都是其中不可或缺的必修课程;擦肩韦斯特贝西工作室(如今已是玛莎·格莱姆舞团团址),实地感受了坎宁汉在此与舞者共度创作时光。坎宁汉的创新精神如同这座城市的灵魂,自由呼吸悦动,大胆激进的艺术实验和开放对话如昔日般生动。公开课、讲座、影像放映和工作坊,我在林林总总的艺术活动中穿越历史,目睹坎宁汉丰厚的文化遗产，在当代年轻舞者的身体中得以继承和延续。

2019年夏天再访纽约。一日，我穿过中央公园，意外地发现坎宁汉基金会正在"夏季舞台"举办坎宁汉纪念演出，多年未见的詹妮弗和丹尼尔也在现场。我和他俩兴奋地寒暄之后，詹妮弗提及"让更多中国舞者了解坎宁汉的舞蹈和创作"。那一年恰逢坎宁汉100周年诞辰，尽管当时暴雨倾盆而下，演出被迫取消，但詹妮弗的话留在了我心中。

本书另一位译者刘冰老师也曾有纽约访学的经历，她长年聚焦美国后现代舞蹈的专题研究，并已有多部相关译著出版。出于对坎宁汉的共同关注，我们请教了美国《舞蹈》杂志前任主编温迪·佩蓉（Wendy Perron）女士，在她的推荐下，选择了这本由坎宁汉驻团档案管理员大卫·沃恩撰写的《莫斯·坎宁汉的五十年》进行翻译。大卫·沃恩被誉为最权威的坎宁汉诠释者。

坎宁汉对舞蹈本质的深刻理解和无限创造力，与他的搭档约翰·凯奇一起，对后现代主义和当代艺术产生了深远影响，时至今日仍然焕发着旺盛的生命力，鼓舞着当下的创作者去探索形式和表达的无限可能。希望本书能够惠及更多的中国文化与艺术从业者，点亮艺术实践的探索之路，永绽创意之光。

本书涉及大量的文化、历史、艺术等相关信息，包括人名、地名和作品名称。尽管我们已经进行了仔细查阅和考证，但囿于知识有限，难免会出现翻译上的偏差或错误，恳请专家和读者批评指正。

与坎宁汉相遇十年后，我们迎来了北京舞蹈学院建校七十周年。本书与《莱斯特·霍顿舞蹈技术》《何塞·林蒙舞蹈技术》《崔莎·布朗：编舞即视觉艺术》一同，首次以译丛的形式在中国集结引进并出版了外国舞蹈理论和技术的内容。在此，我们感谢学林出版社在这么短的时间内高效完成出版；同时也要感谢编委会的各位成员的共同努力与并肩前行。

感谢编辑刘媛女士前期付出的辛勤工作,感谢译丛统筹张嵩澜先生付出的工作和心血。感谢北京舞蹈学院创意学院、科研处的出版支持,以及所有助力此书的前辈和友人,你们将激励我们在中国现代舞道路上继续深耕,勇敢前行。

李文祺

2024 年 8 月